오빠가 허락한 페미니즘

강준만 지음

오빠가 허락한 페미니즘

한국 여성의 인권 투쟁사

인물과
사상사

"자신의 역사에 대한 지식을
박탈당한 여성들"

1987년 6월 항쟁 이후 30여 년간 페미니즘 논쟁과 논란이 뜨겁게 벌어졌으며, 이는 현재진행형이다. 너무도 뜨거운 싸움인지라, '전쟁'이라고 불러도 무방할 정도다. 전쟁이긴 하지만, 싸우는 양쪽이 대등하게 싸우는 전쟁은 아니다. 인류 역사 이래로 억압을 받던 사람들이 해방을 위해 벌인 전쟁이 다 그렇듯이, 억압을 받는 쪽에서만 수많은 희생자를 내고 있는 '참혹한 전쟁'이다.

민주화는 억압을 받는 사람들의 목소리가 허용되지 않았던 독재정권 시절과는 달리 "이대론 못 살겠다"는 말을 비교적 자유롭게 할 수 있게 해주었다. 때마침 열린 사이버 세계는 그런 발언 욕구를 가진 사람들을 집결시킬 수 있는 마당을 제공했다. '민주화 이후의 페미니즘'

이 그 이전의 페미니즘과는 근본적으로 다른 투쟁을 할 수 있는 상황이 전개된 것이다.

물론 그 새로운 마당은 '익명의 야수들'이 여성에 대한 언어폭력을 마음껏 저지를 수 있는 재앙을 가져오기도 했지만, 여성들이 더는 숨죽여 지낼 필요는 없었다. 여성들은 이른바 '오빠가 허락한 페미니즘'에 머물지 않아도 좋을 그런 세상을 맞이하게 된 것이다. '오빠가 허락한 페미니즘'이란 무엇인가?

페미니즘에 대해 비판적인 『나무위키』의 정의에 따르면, 평소에는 페미니즘에 관심도 없다가, 급기야 과격한 방법을 채택하니 그제서야 "그런 과격한 방식의 페미니즘은 '이 오빠들'이 허락해줄 수 없다"는 식으로 반응하는 것을 비꼬는 담론 혹은 레토릭rhetoric이다. 『나무위키』는 자주 인용되는 유사한 담론으로 '독재자가 허락한 민주주의', '회장님이 허락한 노동운동', '백인이 허락한 흑인 인권운동', '부모가 허락한 힙합' 등이 있다는 설명도 덧붙인다.

『나무위키』는 이런 정의를 내린 후에 본격적인 비판에 임하는데, 굳이 소개할 필요는 없을 것 같다. 이 책에 등장하는 수많은 '오빠'의 반反페미니즘 주장들에 고스란히 담겨 있는 내용이니, 본문에서 하나씩 검토해보기로 하자. '오빠가 허락한 페미니즘'을 이와 같은 방식으로 이해할 수도 있겠지만, 더 간단하고 정확한 정의를 내려 보는 게 좋겠다. 그건 바로 '오빠가 허락한 페미니즘'은 '가부장제가 허락한 페미니즘'이라는 정의다.

주변을 잘 둘러보시기 바란다. 가부장제를 절대적으로 신봉하는 마초임에도 자신이 페미니스트라고 주장하는 남자가 의외로 많다. 페미니스트라는 말을 입에 올리진 않을망정 여성을 끔찍이 생각하는 듯한 발언을 자주 하면서 폼을 잡는 남자가 아주 많다. 아니 제법 실천도 한다. 그러다가 부지불식간에 가부장제를 건드리는 여성의 말, 아니 시선 하나에도 불같이 화를 내면서 본색을 드러낸다.

이런 오빠들은 가부장제라는 틀을 벗어날 뜻이 전혀 없다. 아니 상상조차 해본 적이 없다. 가부장제는 거역할 수 없는 자연의 법칙이라도 된 것처럼 말이다. 오빠들은 그 틀 안에서 여권女權을 지지하며 온갖 생색을 낸다. 이른바 '억압적 관용repressive tolerance'이다. 지배 세력이 반대 세력에 대한 제한된 관용을 보임으로써 반대 세력의 날카로움을 뭉툭하게 만들고 기존 헤게모니를 정당화하는 효과를 내는 관용 말이다.[1]

오빠들은 제스처야 어떠하건 사실상 억압적인 성격을 갖는 그런 '억압적 관용'을 '페미니즘'이라 불러온 것이다. 페미니스트들이 그건 페미니즘이 아니라고 하자, 그들은 '진정한 페미니즘' 타령을 해대기 시작한다. 누이들의 페미니즘은 '가짜 페미니즘'이고 자신들이 허락하는 페미니즘이 '진짜 페미니즘'이라는 주장을 해대기 시작한 것이다. 페미니즘의 정의까지 독점하겠다는 그런 과욕은 역사의 맥락을 제거하는 수준으로까지 나아간다.

그런 의미에서, 이 전쟁을 유심히 지켜본 나로서는 이 전쟁을 한마디로 정의하라면 '맥락 전쟁'이라는 이름을 붙이고 싶다. 한쪽은 어떤 사건이나 현상의 역사적이고 집단적인 배경과 맥락을 중시하는 반면, 반대편은 그런 배경과 맥락은 무시한 채 개인적인 차원에서 '지금, 여기의 팩트'만을 강조한다. 이렇게 되면 전쟁은 정면충돌하는 무력전으로만 나아갈 뿐, 갈등 해소의 출구를 영영 찾을 수 없게 된다.

그런데 뒤집어보면 개인적인 차원에서 '지금, 여기의 팩트'만을 강조하는 사람들에게도 그런 심성을 갖게 만든 역사적 배경과 맥락이 없을 리 없다. 따라서 역사적 배경과 맥락의 중요성을 강조하는 것이 어느 한쪽의 편을 드는 것은 아니다. 오히려 양쪽의 소통을 위해 양쪽의 역사적 배경과 맥락을 따져보는 작업이 필요하다. 나는 이 책을 통해 그간의 논쟁과 논란을 역사적으로 기술하고 분석함으로써 그런 소통에 기여하고자 한다.

나에게 그럴 자격이 있는가? 다른 분야들도 그렇긴 하지만, 특히 페미니즘은 자격을 꽤 따지는 분야다. 우선 남자냐 여자냐가 중요하다. '남성 페미니스트'가 가능하냐는 논쟁까지 벌어질 정도다. 나는 자격 미달임을 인정한다. 남자인데다 페미니스트도 아니기 때문이다. 아니 페미니스트라고 주장하고 싶은 마음은 꿀뚝 같지만, 그 어느 모로 보건 자격 미달이다.

그럼에도 이 책을 쓰게 된 건 커뮤니케이션 또는 소통이라는 내 전공에 대한 그 어떤 책임감 때문이었다. 앞서 이 전쟁을 '맥락 전쟁'이라고 밝혔듯이, 나는 맥락에 관심이 많다. 나는 디지털 시대에 가장 먼저 죽어나간 게 바로 맥락이라는 점을 애도하지만, 그런 현실을 흔쾌히 인정한다. 개탄을 하면서도 동시에 그런 현실에 적응할 필요가 있다는 뜻이다.

페미니스트들은 무슨 사건이나 논쟁이 있을 때마다 맥락을 소거하는 남자들에 대해 분노하지만, 그게 꼭 남자들의 의도나 음모는 아닐 수도 있다. 카를 마르크스Karl Marx, 1818~1883는 "인간은 그들 자신의 역사를 만들지만 그들이 원하는 대로 만들진 못한다. 그들은 그들이 선택한 환경하에서 역사를 만드는 게 아니며, 그 환경은 직접 과거로부터 발견되고 주어지고 계승된 것이다"고 했다. 그렇듯이, 남자들을 장악해 그들의 이성을 마비시키는 가부장제 체제는 이론만으로 단칼에 해체하거나 뛰어넘을 수 있는 게 아니다.

가부장제엔 상하 구분이 없다. 상층은 그들이 장악한 조직들을 통해 우회적인 방법으로 소기의 목적을 달성할 수 있기 때문에 얼마든지 점잔을 뺄 수 있다. 페미니스트들을 향해 분노와 혐오를 표출하는 사람들은 가부장이나 가부장 후보로서 사는 게 힘든 나머지 억울하고 쌓인 화火가 많은 중하층 남자들이다. 사실 가부장제가 이들마저 억압하고 있는 상황에서 싸움의 전선은 생각하는 것만큼 단순 명쾌하지 않다.

가부장제 체제하에서 몸과 마음이 길들여져 그 이데올로기를 거의 유전자화한 남성들에게 이성은 무력하다. 가부장제 해체는 남녀 모두에게 축복이지만, 단기적으로 눈앞의 기득권을 지키고 싶다는 이성이 장애가 될 수도 있다. 게다가 가부장제 강화에 목숨 걸고 달려드는 막강한 권력이 있다. 바로 대중 미디어다. 이들의 재미 코드는 이미 존재하는 것을 변주하되 강화시키는 방식으로 이루어지기 때문에 도무지 빠져나갈 틈이 없다.

어디 그뿐인가. 가부장제는 교묘한 이중 방어 구조를 갖고 있다. "여성이 약자라고? 우리 집의 왕은 어머니다"라는 어느 댓글이 시사하듯이, 남성들은 자신의 가족을 근거로 '여성 약자론'마저 인정하지 않는다. 어머니는 오랜 희생과 투쟁을 통해 자신이 낳은 자식들을 기반으로 세력권을 구축해 이른바 '자궁 가족uterine family'의 수장이 되는데, 이 자궁 가족이 가부장제를 유지시키는 안전판 노릇을 하고 있는 셈이다.

자궁 가족에서 어머니들은 가부장제의 적극적인 협력자로 활약한다. 당했던 며느리가 시어머니가 되면 달라질 법도 하건만, 그 지긋지긋한 고부 갈등이 여전히 계속되고 있는 이유도 바로 여기에 있다. 물론 그건 어머니의 탓은 아니다. 여성의 결혼을 '시집을 가는' 걸로 여기는 의식과 관행 자체를 깨버려야 어머니도 해방된다.

한국은 사회가 져야 할 비용과 책임을 모두 가족에게 떠넘기는 식으로 압축 성장을 해온 나라인지라, "믿을 건 오직 가족뿐"이라는 신앙이 한국인의 일상적 삶을 지배한다. 여성 혐오는 엄밀히 말하자면, '가족 밖 여성'과 사회에 대한 혐오다. 나의 어머니는 숭배 대상이지만, 너의 어머니는 혐오 대상이다. 그래서 나온 말이 '맘충'이다.

극단적 가족 이기주의와 결합한 가부장제는 내외의 방어벽을 갖고 있는 셈인지라, 난공불락의 요새다. 남성들 중 일부가 그 어떤 깨달음에 의해 가부장제를 넘어서려고 해도 그건 그가 살아야 할 무대요 환경이라는 현실이 가로막는다. 그들이 세상과 충돌하면서 살아갈 수 있겠는가? 혼자 사는 세상이 아닌지라 그 체제에 영합하는 것이 최소한의 생존을 보장해주고 더 나아가 삶의 경쟁력을 키워주는데, 그걸 어찌 포기할 수 있겠는가?

하지만 우리는 목숨 걸고 반대했던 기득권자들의 극렬한 저항과 탄압에도 노예제와 신분제를 깨부순 역사의 수혜자들이 아닌가. 인권 투쟁은 우리 인류의 사명이요 숙명이다. 시간이 얼마나 걸리느냐의 문제일 뿐 결론은 이미 나와 있다. 가부장제는 산산조각 난 채로 부서져 허공으로 사라지게 되어 있다. 다만 우리가 유념해야 할 것은 페미니즘 혁명은 상층부만 갈아 치우면 모든 게 달라지는 일반적인 혁명과는 달리 '장구한 혁명long revolution'이 될 수밖에 없다는 것을 이해해야 한다는 점이다.

'장구한 혁명'의 동력을 확보하기 위해서라도 우리는 역사를 알아야 한다. 정희진은 "남성은 아버지의 어깨 위에서 세상을 조망한다"는 거다 러너Gerda Lerner, 1920~2013의 말을 인용하면서 이렇게 말한다. "남성은 자기 경험과 욕망을 중심으로 족보('역사')를 만든다. 역사 이야기는 남성들이 열광하는 장르다. 자기 삶이 곧 인류의 역사라는 착각을 주기 때문이다. 하지만 여성의 자기 인식은 역사와 연결되기 어렵다. 남성은 자기를 과잉 보편화하고, 여성은 자기 역사를 모른다."[2]

그렇다. 거다 러너가 잘 지적했듯이, "여성들은 그 어떤 인간 집단보다도 오랫동안 타인에 의해 규정되고 '타자'로 규정되었으며, 그 어떤 집단보다도 오랫동안 자신의 역사에 대한 지식을 박탈당했다"[3] 그렇기 때문에 역사부터 되찾아야 하고, 이를 위해 역사를 알아야 한다. 역사는 맥락이다. 여성은 자기 역사를 모르기 때문에 역사를 알아야 하고, 이왕이면 남성의 역사까지 아는 게 좋다. 남성은 자기를 과잉 보편화하기 때문에 여성의 역사를 알아야 한다. 양쪽 모두 그간 무슨 문제로 왜, 어떻게 싸워왔는지, 그 논쟁의 역사도 알아야 한다.

나는 그런 필요에 부응하기 위해 그간 『대중매체와 페미니즘』(1993, 원용진·한은경과 공편역), 『어머니 수난사』(2009), 『룸살롱 공화국』(2011), 『매매춘, 한국을 벗기다』(2012), 『힐러리 클린턴: 페미니즘과

문화 전쟁』(2016) 등의 책을 출간했지만, 이번엔 나름 그 어느 때보다 큰 계획을 세웠다. 18세기로 거슬러 올라가 한국의 페미니즘에 큰 영향을 미친 서구의 페미니즘 역사까지 다루면서 그간 국내에서 출간된 국내외의 모든 페미니즘 관련 서적의 주요 내용도 '지성사'의 관점에서 소개하겠다고 마음먹었다.

물론 이 작업은 책 한 권으로 결코 다룰 수 없는 방대한 작업이기에 연작의 형식을 취할 수밖에 없다. 첫 번째로 내놓는 이번 책은 지금의 현안에 집중하는 내용이다. 나는 평소 페미니즘을 비롯한 사회운동의 역사는 사이버 세계의 등장 이전과 이후로 나뉜다고 생각해왔기에, 우선 사이버 세계 등장 이후의 역사를 다루기로 한 것이다.

이 책은 어쭙잖은 '꼰대질'이나 남자들이 자꾸 여자들을 가르치려 드는 '맨스플레인mansplain'을 배격하면서 가급적 개입을 자제하고 페미니즘 이슈와 관련해 시공간적으로 전체 맥락의 그림을 보여주는 데 치중할 것이다. 다만, 각 장의 끝엔 내 생각과 경험을 1인칭 '나'를 앞세워 허심탄회하게 밝힘으로써 실감을 더하는 동시에 솔직한 자기 성찰을 해보고자 했다. 혹 그럼에도 '꼰대질'이나 '맨스플레인'의 혐의를 제기하는 독자들이 있다면, 내가 이 책에서 시종일관 펼쳐 보이고자 하는 '맥락 전쟁'에 대한 인식의 가치가 그런 혐의를 압도하기를 꿈꿔본다. '오빠가 허락한 페미니즘'의 종언을 위해서 말이다.

2018년 7월

강준만

제1장

▼

낡은 시대와 새로운 시대의 충돌

1990년대

사이버 세계의 축복과 저주

1980년대 후반 일반 대중도 참여할 수 있는 사이버 세계의 등장은 처음엔 여성과 같은 사회적 약자에겐 '축복'으로 여겨졌다. 익명성이 보장된 공간에서 뿔뿔이 흩어져 개인으로만 존재하던 소수자들을 결집시켜 자유롭고 평등한 주장과 소통이 가능하리라는 기대 때문이었다. 하지만 그 '축복'은 동시에 어떤 사람들에겐 마음속으로만 간직하고 있던 사회적 약자에 대한 혐오와 조롱의 심리를 집단적으로 표출할 수 있는 마당을 제공한 '저주'이기도 했다.

그럼에도 이 '축복'과 '저주'가 부딪히는 충돌과 그로 인한 갈등은 사회적 약자들이 목소리를 거세당한 채 숨죽여 지내오던 과거에 비해 조금이나마 더 나은 상황인 건 분명했다. 아니 그렇게 볼 수 있는 걸까? 말은 그리 해놓고도 저어되는 건 익명 군중의 야수화가 이루어지는 사이버공간이 여성에 대한 온갖 성폭력이 양산되는 공장으로 기능하는 현실이 너무도 끔찍하기 때문이다.

최초로 사이버 세계의 문을 열어젖힌 'PC통신'은 개인용 컴퓨터PC와 다른 개인용 컴퓨터를 통신 회선으로 연결해 자료를 주고받는 통신 방식으로, 1978년 미국에서 처음 등장했고, 한국에서는 1984년 5월 데이콤의 '천리안'에서 전자 사서함 서비스를 제공하면서 도입되었다. 이후 1986년 11월 '하이텔'이『한국경제신문』뉴미디어국에서 한국경제 프레스텔Korea Economic Prestel을 개통한 뒤 1987년 4월 '한경 KETEL'로 변경했고, 나우누리 · 포스서브 · 인포서브 · 유니텔 등이 등장했으며, 개인이나 동호회 또는 단체가 개설한 사설 BBS도 활동하기 시작했다.[1]

PC통신은 1990년대 들어 대중화되기 시작했는데, 페미니스트들도 1990년대 중반부터 PC통신 네트워크에 모임을 꾸리기 시작했다. 1994년 천리안의 '여성학 동호회', 1995년 나우누리 여성 모임 '미즈', 1996년 하이텔의 '페미니스트의 천국' 등이 개설되었다.[2]

그러나 우려했던 일들이 터지는 데엔 오랜 시간이 걸리지 않았다. 온라인 성희롱과 폭언, 모욕 등을 일컫는 '플레이밍flaming'은 1990년대 초반부터 사회문제로 대두되었다. 예컨대, 1992년에는 중학교 2학년에 재학 중인 여학생이 PC통신에서 채팅을 하던 중 상대 남성에게 성적 폭언을 듣고 충격을 받아 목숨을 끊은 사건이 벌어지기도 했다.

한국전산원(현재 한국정보화진흥원)이 발간한 1996년 국가정보화 백서를 보면, PC통신 이용자가 가장 많이 사용하는 서비스 유형 1위가 채팅 서비스로 나타날 만큼 초창기 온라인 문화는 채팅이 주도했다. 여기서 대두된 가장 큰 문제가 온라인 성희롱이나 플레이밍이었다. 문제의 심각성이 커지자 PC통신 업체인 유니텔의 여성 이용자들은 1997년부터 한국성폭력상담소와 공동으로 '온라인 성폭력 관련 사이버 토론회'를 열었고, 나우누리 역시 온라인 성폭력 토론실을 열기도 했다.[3]

"여성은 '창녀 정신'을 가져야 한다"

1990년대 중반 PC통신계의 논객, 아니 '악동'은 단연 김완섭이었다. 이른바 '창녀 예찬론'으로 '악명'을 얻으면서 '성도착증 환자'라는 비난을 받기도 했다. 김완섭은 1995년 11월 그간 펼쳤던 주장들을 『창녀론』이라는 책으로 출간하면서 논란을 불러일으킴과 동시에 PC통신에서 치열한 싸움을 다시 불러왔다.[4]

김완섭은 "한국에는 천만이 훨씬 넘는 수의 가정이 있고 대부분의 가정에는 한 사람의 주부가 있다. 이 천만이 넘는 주부 가운데 독립된 인격체로 대접받으면서 당당하게 자신의 삶을 영위하는 여성의 숫자가 얼마나 되겠는가?"라고 물음을 던졌다. 여기까지는 제법 페미니즘의 냄새도 풍겼는데, 문제는 그 다음에 이어진 주장이다.

김완섭은 그런 여성의 수를 1할 미만으로 추정하면서 나머지 9할의 '아내'들은 자신이 남자의 전리품에 불과하며, 평생 동안 무보수 가정부와 유모, 전속 창녀로서 살아간다는 사실을 깨닫고 있지 못하다고 개탄한다. 그러면서 결혼이라는 제도를 통해 남자에게 합법적으로 예속된 여자와 자타가 공인하는 창녀들은 그 본질에서 전혀 다르지 않다고 주장한다. "단지 588의 창녀들이 좀더 전문화되어 있을 뿐이다. 그녀들은 파출부와 유모와 애완용 강아지의 역할은 하지 않는다. '프로'이기 때문이다."[5]

그래서 어쩌자는 건가? 김완섭은 "우리 사회의 생산력이 지금의 10배 이상 획기적으로 개선되지 않는 한 모든 여성은 당분간 창녀로서 살아가야 한다"며 모든 여성이 '창녀 정신'을 가질 것을 촉구했다. 그는 '창녀 정신'이란 "여성의 처지에 대한 과학적인 자각이며, 남성 우위의 사회에서 생존하고 발전하기 위한 여성 계급의 정치 전술"이자 "남성들의 성욕을 충족시켜주는 대가로 반대 급부 자세를 취하는 거래를 자연스럽고 당당하게 여기는 의식 혁명"으로 정의했다.

"그러므로, 여성들이여, 옷을 벗자. 다리를 벌리자. 그리고 애정과 웃음으로 수컷들을 받아들이자. 당분간은 참아야 한다. 창녀 정신, 어쩌면 이것만이 남녀 모두를 혼돈과 갈등으로부터 구원해줄 수 있는 유일한 해결책일지도 모른다."[6]

그런 취지에서 그는 '매춘 · 포르노 육성론'을 역설했다. 그는 한국에서 매춘업과 포르노, 누드쇼, 라이브쇼 등 향락 산업이 번창하게 되면 동남아시아 후진국으로 섹스 관광을 떠나는 한국인의 숫자는 최소한 지금의 절반 이하로 줄어들 것이며, 매춘업을 합법적으로 허용해 건전하고 경쟁력 있는 매춘 기업의 발전을 장려한다면 창녀가 포주에게 막대한 돈을 착취당하는 일은 없어질 것이라고 했다.[7]

이런 주장에 대해 굳이 논평할 필요는 없을 것 같다. 1996년 5월 29일 저녁 7시경 이화여자대학교 대동제 행사장에서 벌어진 몇 장면이 모든 걸 말해줄 테니 말이다. 고려대학교 학생 400여 명이 집단으로 난입해 행사 참여자들을 짓밟고 다음 날 행사를 위해 설치된 무대장치를 부순 이른바 '고대생 이대 대동제 집단 성폭력 사건'이다. 생명공학과 95학번 차모 씨는 기차놀이 대형으로 지나간 미친놈들에 의해 팔뼈가 여러 조각으로 부서졌는데, 그녀의 티셔츠에는 수많은 발자국 흔적들이 찍혀 있었다. 전현경은 다음과 같이 말한다.

"그녀가 병원으로 실려간 후에도 삼사십 분간 더 지속된 난동 장면, 그리고 사고를 키우지 않기 위해 그토록 커다란 혼란 중에도 자리를 지키고 앉아 조용히 노래를 부르던 이대 학생들을 보면서 전체 행사 기획자였던 내 눈에는 불이 나는 것 같았다. 가슴이 타들어갔다. 아무리 많은 눈물을 흘려도 그 불은 잦아들지 않았다. 내 인생 전부를 써서라도 저놈들을, 저런 폭력적인 일들을, 이런 걸 가능하게 한 지금의 세상을 1도라도 바꾸지 못하면 이 불에 내가 타죽을 것만 같았다."[8]

"노출 응원 단속하면 '유방 시위'로 맞서야 한다!"

'창녀론'을 둘러싸고 김완섭과 치열한 논쟁을 펼쳐 압승을 거두었다는 평가를 받은 신정모라는 1996년 8월 29일 천리안에 여성에 대한 노출 단속 문제와 관련해 「노출 응원 단속하면 '유방 시위'로 맞서야 한다!」는 글을 올려 화제를 모으는 동시에 논란을 빚었다.

신정모라는 "노출 단속엔 유방 시위로 맞서자. 나체촌이 필요한 마당에 노출 단속이라니. 노인들이 정치를 하니까 이런 현상이 벌어진다. 노인들은 성욕은 있는데 그걸 풀 정력과 기회가 없으니 몹시 고달프다. 더구나 젊은 여자들 노출된 것을 보고 있자니 보통 괴로운 것이 아니다. 그래서 그 노인네들이 경찰관에게 지시하여 노출 단속을 하게 한 것이다"며 다음과 같이 주장했다.

"한국 사회가 문화적으로 민주화되지 못하고 있는 것은 노인들이 권력을 불공평하게 쥐고 있기 때문이다. 세대교체가 안 되는 사회는 이런 식으로 썩는다. 노출과 성범죄는 반비례하지 정비례하지 않는다. 노출하지 못하게 하는 아랍권 같은 곳에선 남편이 아내를 강간할 권리가 있는 것이다. 그 강간 횟수를 통계내면 여자의 몸을 감추게 하여 물건 취급하는 사회일수록 성범죄는 많으나 성범죄 신고 횟수는 적다. 성범죄가 많아지는 것은 신고 횟수가 늘어나는 것이지 실질적 성범죄가 늘어나는 것과는 상관이 없다."

이어 신정모라는 "남성 중심의 정서 문화는 인간적인 문화가 아니라 개 문화이다. 남자가 성적 매력으로 가득 찬 털 많은 가슴을 보일 수 있듯이 여자는 유방을 보이고 싶어 한다. 여자는 유방이 수치가 아니라 아이를 키우는 자랑거리이며 얼굴 중 하나이다. 남자가 가슴을 내보인다고 여자들은 뭐라고 하지 않는다. 여자 유방 보이는 것 단속하지 마라. 남성 문화 때문에 신체를 가려왔던 여자들은 자기 신체를 노출할 자유가 있다"며 다음과 같이 말했다.

"노출을 단속하면 여대생들은 유방 시위를 하면 좋겠다. 한총련 시위만 해주지 말고 진정 여자의 자유와 권리 확장에 한 번만이라도 데모 좀 하자. 자기 일은 제쳐놓고 남자 꼭두각시 노릇만 해왔던 여대생들, 언제 정신을 차릴라나? 통일 후 여자만 민주화에서 소외되었다는 것을 깨달을라나? 그때 가서도 또 남자 꼭두각시 노릇만 해줄라나?"[9]

이 사건은 흥미로운 결과를 낳았다. 이때 하이텔에서 활동하던 김완섭도 동참해서 대응했으니 말이다. 결국 이들은 천리안과 하이텔에서 각각 이용 중지 징계를 받았다. 천리안에선 신정모라의 아이디를 해지하는 걸 넘어서서 그가 여성학 동호회에 쓴 글까지 모두 삭제해버리는 횡포를 저질렀다. 이에 대해 권김현영은 다음과 같이 말했다.

"이건 너무 과한 검열이었어요. 그런 검열을 허용하게 되면 PC통신을 비롯해서 사설 BBS까지 모두 위험에 처할 수 있는 상황이었거든요. 사설 BBS는 지금으로 치면 초대를 받아야 들어올 수 있는 폐쇄 단톡방 같은 건데, 이런 곳까지 전방위적 검열의 칼날이 날아들 수 있었던 겁니다. 그러니 페미니스트들이 그동안 반복해왔던 성적 자유주의자들과 연대해서까지 이에 반대한 거고요."[10]

"내 몸은 음란물이 아니다"

신정모라는 익명의 남성들에게서 모진 탄압을 감수해야 했다. 10년 후 『대자보』는 신정모라의 글을 다시 올리면서 "피시통신에서 삭제된 '유방 시위'라는 다음 글이 가부장제 사회가 한 여성운동가를 매장시켜야 했을 정도로 잘못된 것인지 가부장제 언론은 답하라. 마초들이 끊임없이 한 여성운동가를 빈정대며 죽이기 위해 '유방 시위'로 유명해진 여자 운운하며 정신적인 폭력을 저질러도 될 정도로 잘못된 글인지 마초들 스스로 다시 점검해보라"며 '이 글을 다시 올리는 이유'

로 3가지를 제시한다.

첫째, 월드컵 거리 응원 성범죄자들이 적반하장으로 늘 그래왔던 것처럼 성범죄 피해자인 여성 노출을 탓하고 있다. 둘째, 20대 여성조차 타이트한 속옷과 브래지어 때문에 뱃살들을 가지고 있을 정도니 가부장제 사회의 여성 몸 억압은 가공할 만하다. 셋째, 30~40년 전에는 한국에서도 여성들이 공개적으로 아이 젖을 먹이기 위해 유방을 드러낼 수 있는 자유가 있었는데, 이거 기가 막히는 페미니즘 역행 현상이다. 여자도 웃통 벗을 자유가 필요하다. 그것은 아이 모유 먹일 자유와 더불어, 유방을 성적 대상으로만 전락시키는 가부장제 성적 학대에 맞설 권리다.[11]

신정모라가 문제를 제기한 지 22년 후인 2018년 드디어 한국에서도 '유방 시위'가 열렸다. 미리 소개를 하자면, 여성들의 페이스북 단체인 '불꽃페미액션'은 2018년 5월 26일 서울 영등포구 하자센터에서 열린 '월경 페스티벌' 행사에서 상의 탈의를 진행했다. 여성이 상의를 벗더라도 음란하게 볼 게 아니며, 여성의 몸은 남성과 똑같이 인간의 신체일 뿐 관음(몰래 훔쳐보는 것)의 대상이 아니라는 취지였다. 이들은 사흘 뒤인 29일 자신들 페이스북 페이지에 월경 페스티벌에서 상의 탈의 장면을 찍었던 사진을 게시했는데, 페이스북코리아는 '나체 이미지 또는 성적 행위에 관한 페이스북 규정을 위반했다'며 사진을 삭제한 동시에 계정 1개월 정지 처분을 내렸다.

이에 불꽃페미액션은 6월 2일 오후 서울 강남구 페이스북코리아 앞에서 남성의 반라 사진은 그대로 두면서 여성의 반라 사진만 삭제하는 페이스북의 성차별적 규정에 항의하는 상의 탈의 시위를 벌였다.

활동가들은 "내 몸은 음란물이 아니다" 등 구호를 외치며 상의를 완전히 탈의했다. 이들이 상의를 탈의하자 경찰이 담요와 이불 등으로 시위자들의 몸을 감싸려 했고, 다른 참가자들이 이를 저지하기도 했다. 참가자들은 '현대판 코르셋 내 몸을 해방하라', '브라 없는 맨가슴을 꿈꾼다' 등의 손팻말을 들었다.[12]

돌이켜보건대, "노출 응원 단속하면 '유방 시위'로 맞서야 한다!"는 신정모라의 주장은 10여 년 후에 세계 각국에서 선을 보인 이른바 '섹스트리미즘Sextremism(성극단주의)'의 원조였다. '섹스트리미즘'은 우크라이나에서 출발한 국제 여성운동 단체 피멘FEMEN이 sex(性)와 extremism(극단주의 · 과격주의)을 합쳐 만든 신조어다. 시위자들이 가슴을 드러내는 등의 극단적 행동을 통해 여성의 몸을 여성운동의 도구로 삼는 것을 일컫는다. 극단주의는 보통 어감이 나쁘지만, 피멘은 극단주의의 일종인 성극단주의가 여성의 권리라는 목적을 추구하는 데 필수적이라고 보고 이를 공개적으로 표방했다.[13]

이문열의 '페미니즘 때리기'와 '현모양처 예찬'

시대를 앞서갔던 신정모라를 탄압했던 가부장제 체제는 '아버지 동정'에 열을 올리고 있었다. 1996년 8월에 출간된 김정현의 소설 『아버지』는 아버지의 무력함과 희생을 그려 수많은 이의 눈물샘을 자극하면서 출간 6개월 만에 100만 부가 팔리는 기록을 세웠다.[14]

문학평론가 홍정선은 이 소설이 베스트셀러가 된 것은 "한국의 전통적인 가족제도가 붕괴되는 과정이 만들어낸 필연적 결과"이며 "과거에 적어도, 표면적으로, 제도적이고 관습적인 차원에서는 무소불위의 권력자였던 가장의 위치가 이제는 한 집안의 불쌍하기 짝이 없는 하인 위치로 전락해버렸다는 세간의 인식과 관련되어 있다"고 했다.[15]

아버지가 그렇게 불쌍하다면서도 한국 사회는 왜 아들에 미쳐 돌아가고 있었던 걸까? 한의사 고광순이 한의원을 열고 나서 제일 먼저 맞닥뜨린 문제는 아들 낳는 약을 처방해달라는 환자들의 요구였다. 남아선호의 병폐가 심각하다는 걸 절감한 고광순은 1996년 말, 한국여성단체연합 사무국장 남인순에게 거의 날마다 전화를 걸어 이 문제로 여한의사회와 함께 토론회를 열자고 졸라댔다. 그 결과 1997년 1월에 서울 프레스센터에서 열린 토론회는 여성계 제1의 과제로 호주제 폐지를 선정했다.

이 토론회에 참석한 원로 여성학자 이효재는 『여한의사회보』에 실린 신정모라의 '부모 성 함께 쓰기'에 깊은 관심을 보이며 부계 혈통주의에 대한 문제 제기가 중요하다고 했다. 바로 이 자리에서 이이효재, 손이덕수, 조한혜정, 이박미경, 오한숙희, 고은광순이라는 새로운 이름이 탄생했다. 곧이어 열린 '3·8 세계 여성의 날'을 기념하는 제13회 한국여성대회에서 여성단체 지도자 170여 명이 '호주제 폐지'의 관련 사업으로 '부모 성 함께 쓰기'를 선언했다.[16]

이런 움직임을 염두에 둔 건 아니었겠지만, 1997년 3월 소설가 이문열은 『선택』을 들고 '페미니즘 때리기'와 '현모양처 예찬'에 나섰다. 발간 3개월 만에 21만 부가 팔렸다. 이문열은 이 소설에 등장하는 '정부인 안동 장씨'는 "남편 아들 손자 3대에서 이른바 칠산림을 배출한 현모양처로서 영남 지방에서는 신사임당과 나란히 우러름을 받는 분

이다"고 했다.[17]

계속 그런 이야기만 했더라면 좋았으련만, 이문열은 '정부인 안동 장씨'와 대비되는 오늘날의 여성들, 특히 『무소의 뿔처럼 혼자서 가라』(1993)는 페미니즘 베스트셀러 소설을 쓴 공지영 등이 몹시 못마땅했던 것 같다. 그는 "특히 지금은 페미니즘 문학의 선봉처럼 오해되고 있으나 실은 한 일탈이나 왜곡에 지나지 않는 이들과 내가 나란히 논의되는 것은 거의 욕스러울 지경이었다"며,[18] 그 페미니즘 문학의 선봉에 대해 다음과 같은 비판을 퍼부었다.

"진실로 걱정스러운 일은 요즘 들어 부쩍 높아진 목소리로 너희를 충동하고 유혹하는 수상스런 외침들이다. 그들은 이혼의 경력을 무슨 훈장처럼 가슴에 걸고 남성들의 위선과 이기와 폭력성과 권위주의를 폭로하고 그들과 싸운 자신의 무용담을 늘어놓는다. 이혼은 '절반의 성공'쯤으로 정의되고 간음은 '황홀한 반란'으로 미화된다. 그리고 자못 비장하게 '무소의 뿔처럼 혼자서 가라'고 외친다."[19]

이문열의 소설에 감명을 받았던 사람이 많았던가 보다. '정부인 안동 장씨'는 나중에(1999년 11월) '이 달의 문화 인물'로 선정된다. 이에 진중권은 "자식 잘 키워 나라에서 봉작을 받은 지 400년 만에 봉작을 또 받은 것이다"며 "이문열 씨에게 이는 가문적 경사겠지만, 우리에게 이는 지난 400년간 우리 의식에 아무런 변화가 없었음을 상기시키는 민족적 초상初喪이다"고 개탄했다.[20]

"모계를 공식적인 부모로 살려내자"

이문열의 『선택』은 일부 보수적인 남성마저 고개를 갸우뚱거리게 만들었다. 서울시립대학교 국어국문학과 교수 이동하는 이문열을 점잖게 나무랐다. 그는 남성이, 그중에서도 특히 작가라는 직업을 가진 사람이 오늘의 여성해방운동에 대해서 무슨 말을 하고자 할 경우에는 다음과 같은 질문을 깊은 고뇌와 부끄러움 속에서 성찰해보는 단계가 반드시 전제되어야 한다고 말했다.

"유교적 가부장제가 절대적인 힘으로 세상을 지배했던 기나긴 세월 동안 가부장제 때문에 여성들이 겪어야 했던 부당한 고통은 얼마만한 것이고 그 가부장제 덕분에 남성들이 누린 부당한 혜택은 또 얼마만한 것인가. 그리고 지금 이 시점에서도 그 가부장제의 문제점이 제대로 극복되지 않고 있기 때문에 여성들이 겪고 있는 부당한 고통과 남성들이 누리고 있는 부당한 혜택은 또 얼마만한 것인가."[21]

이동하가 시사한 가부장제의 추악함은 1997년 9월 10일 택시 기사에게 성폭행당한 이 아무개 씨가 경남 김해시 외동의 한 아파트 14층에서 뛰어내려 스스로 목숨을 끊은 비극적인 사건 이후에 벌어진 일에서도 잘 드러났다. 당시 만 19세였던 이씨는 택시 기사를 반드시 잡아달라는 유서를 남겼다. 이에 대해 당시 MBC 〈뉴스데스크〉는 이렇게 보도했다.

"성폭행을 당했다는 수치심이 꽃다운 나이의 여대생을 죽음으로 내몬 것입니다. 짤막한 유서에는 자살이라는 극단적인 방법을 쓸 수밖에 없었던 답답한 심정이 배어 있습니다. 수치스러운 삶 대신 죽음을 택한 이 양의 선택은 정조 관념이 희박해진 요즘 세태에 시사하는 바가 큽니다."

PC통신 이용자 400여 명은 "성폭행을 당해서 죽었는데 이게 웬 클로징 멘트입니까"라며 항의했고 15개 대학 학생회는 "사과 방송이 나오지 않을 경우 우리는 가능한 물리력을 총동원할 생각"이라는 성명서를 발표했다. MBC 〈뉴스데스크〉는 9월 19일 사과 방송을 내보냈다.[22]

그런 시대착오적인 생각을 하는 사람이 아무리 많더라도, 유교적 가부장제를 되살리기엔 세상이 너무 많이 진보해버렸다. 이문열의 『선택』이 논란이 되던 시기에 '부모 성 함께 쓰기' 운동이 활발하게 전개된 것도 그런 변화상을 웅변해주었다.[23] 이 운동에 동참한 연세대학교 교수 조한혜정은 1997년 4월 『여성신문』에 기고한 「모계를 공식적인 부모로 살려내자」는 칼럼을 통해 부모 성을 함께 써야 하는 이유를 설명했다.

조한혜정은 "많은 여자 아이들이 뱃속에서 죽임을 당하고 또 많은 아이들이 아버지가 없다는 이유로 해외로 입양되어야 하는 현실, 호주제와 국적법을 위시한 갖가지 불합리한 법적 조항이 현재 이 땅의 많은 사람들을 불행하게 만들고 있는데 그런 법안을 절대 고쳐서는 안 된다고 열을 올리는 이들은 누구인가?"라고 물으면서 다음과 같이 말했다.

"성을 간다고 하늘이 무너지지 않으니 어머니 성으로 갈고 싶으면 갈아도 되는 것이며, 할아버지, 할머니들의 이름을 다 써서 여덟 자가 되어도 되는 것이다. 성이 가진 신성성을 깨뜨리는 데서 새로운 정체성의 정치학이 시작될 수 있다."[24]

'IMF 사태'와 '아버지 신드롬'

1997년 하반기 한국엔 경제 위기의 먹구름이 짙게 깔리더니, 결국 11월 21일 한국 경제의 IMF행이 결정되었다. IMF에서 구제 금융을 긴급 지원받지 않으면 모라토리움(지불유예)을 선언해야 할 정도로 국가가 부도 사태에 직면한 것이다. 한남대학교 교수 김용환은 이날을 "1910년 경술국치와 1950년 6·25전쟁 중 군사 작전권을 미군에 넘긴 사건과 더불어 민족 수치를 온 국민에게 안겨준 날"로 규정했다.[25]

1998년 초에 총 외채는 국민총생산 4,000억 달러의 37퍼센트에 달하는 1,500억 달러였다. 1996년까지 7~9퍼센트에 이르던 경제성장률은 1998년에는 -7퍼센트로 떨어졌고, 2~3퍼센트였던 실업률은 9퍼센트로 치솟았으며, 근로자들은 평균 9퍼센트 임금 삭감을 당했다. 비참한 실상은 부도 기업의 수에서도 나타났다. 1996년엔 1,600개이던 것이 1997년 1만 7,200개, 1998년 1~5월 사이에 1만 7,000개로 증가했다. 생활고로 매일 25명씩이나 자살했으며, 절도는 1998년 1~2월에 50퍼센트나 늘어났는데 이 중 상당수 사람들이 초범인 'IMF형 생존범죄'였다.[26]

1996년과 1997년 한국 사회를 강타했던 '아버지 신드롬'은 이런 IMF 사태를 맞아 더욱 애조哀調를 띠게 되었다.『경향신문』1998년 5월 8일자는 "한국의 아버지들에게 1998년의 '어버이 날'은 잔인한 날이다"고 했다. "실직자들은 말할 것도 없이 직장에 살아남은 이들 역시 언제 '잘릴지' 모르는 불안감과 경제난이 주는 스트레스 속에 하루를 보내야 한다. 보너스를 받을 달이라지만 보너스는커녕 봉급마

저 예전의 절반 이하로 줄어들어 철없는 자식들로부터 받는 카네이션은 자괴감만 더해줄 뿐이다."²⁷

아내는 남편의 구타에 시달리는 등 더욱 가혹한 처지에 내몰리고 있었지만, '어머니 신드롬'은 일어나지 않았다. 여성의전화가 줄기차게 벌여온 아내 구타 추방 운동에 힘입어 제정된 가정폭력방지법이 1998년 7월 1일부터 효력을 발생했지만, 일부 언론은 '고개 숙이고 어깨 처진 가장'이라는 식으로 '아버지 신드롬'에 편승하는 태도를 보였다.²⁸

IMF 위기 직후 몇 달 동안 감소한 취업자 수의 75퍼센트를 여성 일자리가 차지하고 있었지만, 여성의 고통은 거의 언급되지 않았다. 이와 관련, 배은경은 "미혼 여성들은 자기가 부양해야 할 가족이 없다는 이유로, 기혼 여성들은 자기를 부양해줄 가족이 있다는 이유로 우선 해고될 수 있었다"며 이렇게 말했다. "1997~8년 시기를 풍미하던 '고개 숙인 아버지', '남편 기 살리기' 담론들은 고용 불안으로 인한 위기를 곧바로 부권 상실의 테마로 번역하고 그 책임을 페미니즘과 여성들에게 전가하는 전형적인 반페미니즘의 선동이었다."²⁹

"이 앉아서 오줌 싸는 빨갱이 년들아"

이렇듯 여성운동엔 최악의 상황이 전개되고 있었다. 1998년 11월 '호주제 폐지를 위한 시민 모임'이 조직되었을 때, 이 모임 초기 게시판은 "이 앉아서 오줌 싸는 빨갱이 년들아"라는 제목의 글로 도배되었다.³⁰ '사이버 테러'로 명명되는 여성 적대적 환경 속에서 대안 공간을 찾기 위한 페미니스트들의 노력은 주로 웹진이나 커뮤니티를 통해 여성들의 목소리를 담는 것으로 이어졌다.

1998년 7월, '호주제 폐지를 위한 시민 모임 창립준비위원회'가 각 사회단체와 PC통신 동호회에 발송한 참여 독려 공문을 보면 하이텔의 '주부동', '이프', '바른 통신을 위한 모임(바통모)', 천리안의 '주부동', '딸사랑', 나우누리의 '생의 한가운데', '일하는 여성의 집', '여성마당' 등이 활발한 활동을 하고 있었다. 1998년 7월엔 최초의 여성주의 웹진 사이트인 '달나라 딸세포'가 창간되었다.[31]

호주제 폐지 운동과 더불어 '부모 성 함께 쓰기 운동'에 앞장선 고은 광순은 1999년 3월 8일 여성대회에 참가해 김건모의 〈핑계〉를 개사한 〈핑계 대지 마, 호주제 폐지해!〉라는 노래를 불러 인기상을 받았다.

"일제 때 만들었던 호주제 악법으로 넌 차별을 하고 있어/내게 그런 차별하지 마 입장 바꿔 생각을 해봐/호주제로 새천년을 바랄 수 있니/삼종지도 사종지도 강요한 호주제/세상에서 유일하게 한국에만 있어/가족법 호적법 속에 숨겨진 의미는/모든 남잔 모든 여자보다 우월하대//이렇게 니가 계속 괴롭힐 줄은 몰랐어/평등사회 숨 쉬고 싶은 내게/아름다운 전통이란 거짓으로/넌 차별을 하고 있어."[32]

1999년 4월 페미니스트 저널이자 도서출판사인 이프(If)는 김신명숙의 『미스코리아 대회를 폭파하라!』를 출간했으며, 5월 15일 제1회 안티미스코리아 대회를 개최했다. 기존 미인대회인 미스코리아 대회는 여성의 성을 상품화하는 대회라는 문제의식에서 출발해 새로운 여성미의 기준을 제시하자는 취지에서 마련한 행사였다.

이 행사는 미디어의 큰 반향을 불러일으키면서 그동안 여성단체들이 미인 대회에 항의해온 운동의 쟁점을 가시화하는 데 기폭제 역할을 했다. 그래서 1988년부터 미스코리아 선발 대회를 생중계해온 MBC가 중계 계약이 끝나는 2001년까지만 미스코리아 선발 대회를 방송에 내보내겠다고 발표하는 성과를 거두기도 했다. 손희정은 "이 행사는 페미니즘의 의제를 이어가되 대중문화를 운동의 장으로 활용하면서 대중성/통속성을 추구했다는 점에서 '파퓰러 페미니즘popular feminism의 한 면모를 보여주는 것이었다"고 평가했다.[33]

반면 이프가 두 번째 단행본으로 2000년 1월에 이하천의 『나는 제사가 싫다: 삼십 년 동안 가부장제와 맞서 싸운 한 여성 작가의 외침』을 출간하자, 당장 서점에서부터 반발이 터져나왔다. 한 지방서점(총판) 사장은 이런 몹쓸 말을 했다. "지금 이걸 책이라고 팔겠다고……우리 때는 얼어붙은 냇물 깨서 빨래 빨아대면서 애들 키우고, 단칸방에서 시부모 모시고 시동생 다 키우고 살았는데. 세상 좋아졌지. 제사가 싫다고? 쯧쯧쯧……"[34]

"여성 노동자는 아쉬우면 동지, 그렇지 않으면 걸림돌인가"

미스코리아 선발 대회는 화제성이 있어 파퓰러 페미니즘의 가능성을 보여주었지만, 강고한 가부장제 고정관념은 정면 돌파 외엔 다른 방법이 없었다. 가부장제 중독은 보수와 진보를 초월해 존재하는 것이어서 그만큼 싸우기가 힘든 것이었지만 말이다.

1999년 5월 노동절을 앞두고 민주노총이 제작한 포스터가 남성 우월주의를 반영해 논란이 일었다. 상단에 "이제 당신만이 희망입니다"

라는 문구가 적혀 있는 이 포스터는 전면에는 컬러로 고용 안정이라고 적힌 붉은 조끼를 입은 남성 상반신을 배치하고 그 뒤로 주름치마를 입고 아기를 안고 있는 여성이 남편을 배웅하는 모습을 흑백으로 처리한 그림이었다.

이에 대해 서울대학교 총학생회는 대자보를 통해 "전체 여성 노동자의 60% 이상이 근로기준법조차 적용받지 못하는 4인 이하 사업장에 근무하며 정리해고 영순위가 되고 있는 참혹한 현실을 도외시하는, 남성 중심 사고가 반영된 포스터"라고 지적했다. 또 여성민우회는 "여성 노동자의 입장이 반영되지 않았다"며 민주노총에 항의 공문을 보냈다.

민주노총은 이에 대해 "노동절 포스터에는 어디까지나 평균적인 한국 노동자의 모습이 그려져 있을 뿐이다"며 "이 그림을 노동 현장과 여성을 무시하는 것으로 판단하는 것은 민주노총에 대한 몰이해와 모독에서 비롯된 것"이라고 해명했다.

이 해명은 사실상 여성 노동자가 민주노총의 고려 대상이 아니었다는 사실을 확인시켜줌으로써 여성들의 분노를 더욱 부채질했다. 이를 두고 PC통신 이용자들을 중심으로 격렬한 논쟁이 벌어졌다. 한 통신인은 "노동절 포스터는 민주노총의 남성, 대기업 중심의 편협한 사고를 반영하는 것"이라며 "여성 노동자는 아쉬우면 동지, 그렇지 않으면 걸림돌인가"라고 비판했다.[35]

나중에 자세히 드러나지만, 사실 민주노총을 비롯한 진보 운동권은 보수진영 못지않게 가부장제에 찌든 곳이었다. 진보 운동권에서 활동하던 여성 활동가들이 1999년 11월 여성 활동가 모임 발족을 선언한 것도 바로 그런 문제를 넘어서기 위한 것이었다.

　이들은 선언문에서 여성이 스스로 '남성' 활동가로 생각해야 옳다고 강요받으면서도 동시에 남성들에 의해 '전통적 여성'이길 요구받는 양립할 수 없는 두 가지 역할, 즉 '이중구속double bind'의 문제를 제기했다.[36] 이런 이중구속은 진보 운동권은 물론 전 사회 분야에 걸쳐 여성을 교묘하고 악랄하게 통제하고 탄압하는 기제로 작동하게 된다.[37]

"여성단체 아줌마들을 다 여군으로 보내버려야 한다"

　1999년 12월 23일 헌법재판소(헌재)는 제대 군인이 공무원 채용시험 등에 응시할 때 가산점을 주는 제도인 군 가산점제가 위헌이라고 판결했다. 헌재는 전체 여성 중 극히 일부만 제대 군인에 해당될 수 있는 반면 남자의 대부분은 제대 군인에 해당하며, 현역 복무가 가능한지는 같은 남자라 해도 본인의 의사와 관계없이 판정 결과 등에 따라 정해지므로, 군 가산점제는 여성과 장애인 등을 차별한다고 보았다.

　위헌 결정 뒤 하이텔과 천리안 등 PC통신 토론 게시판은 남성 항의자의 글로 뒤덮였다. 이런 항의는 열흘 넘게 지속되었다. 2000년 1월 4일 여성민우회는 1만 건이 넘게 올라오는 욕설과 비방을 견디다 못해 게시판을 폐쇄했고, 전국여성노조와 헌법 소원을 낸 학생이 소속된 이화여자대학교 홈페이지는 해킹 흔적이 남은 채, 온갖 욕설로 가득 찼다.

　"이기적인 여성단체 해체 서명합시다. 남성들이여 총궐기하라!"
"여성단체 아줌마들을 다 여군으로 보내버려야 머릿속에 든 똥이 치워질 텐데, 어때유?" "다 정신대로 보내버려! 전쟁 나면 너네들 목숨은 끝이야. 쌍년들아."

욕설하면 신고한다고 한 여성 네티즌에겐 "미친년, 밥 먹고 할 일이 그렇게 없냐. 내가 할 일이 있게 해주지." "고발해봐라, 쌍년아. 하나도 안 무섭다. 내 아뒤(아이디)도 아니니까." 군 가산점 폐지에 찬성한다는 남성 네티즌에겐 "너 미필자지? 여기 있는 여자들한테 인기 끌어봤자 다 폭탄에 미친년들이니까 상관없지만 네 인생이 불쌍하다." 국가가 군대 제도 개선을 해야 한다는 여성 네티즌에겐 "시끄러 쌍년아 너같이 아무것도 모르는 년들이 뭘 안다고 떠들어 떠들긴" 등과 같은 욕설이 날아들었다.[38]

이 군 가산점 '논쟁'과 관련, 권김현영은 평소에 알고 지내던 사람이 어떤 통신망에서 토론을 망치는 주범이라는 것을 발견하고 경악해 "그런 생각을 가지고 있는 줄 몰랐는데 어떻게 된 거냐?"라는 이메일을 보냈다고 한다. 그랬더니 그 친구에게서 전화가 걸려왔다. 그 친구는 웃으면서 통신에만 들어가면 다른 사람이 된 것처럼 글을 쓰게 된다고 했다. "진지할 것 없잖아. 너도 너무 열 받지 마." 권김현영은 "이렇게 어떤 사람들에게는 사이버스페이스의 인격은 현실의 인격과 동일하지 않다"고 개탄했다.[39]

이후 "군 가산점 폐지는 한국 온라인 여성 혐오의 기원이자 마르지 않는 샘"이 된다.[40] 분노하는 남성들이 그 분노의 반의반만이라도 남자들 사이에서 계급에 따라 벌어지는 병역 비리의 척결과 군 생활 개선을 위해 쏟았다면 좋았으련만, 그런 일은 일어나지 않았고 모든 책임을 여성에게만 묻는 기이한 일이 벌어진다.

/ 제1장

내가 온몸으로 느낀 1990년대 풍경의 본질

나의 1990년대는 34세에서 44세에 이르는 내 인생의 황금기였다. 이 시대의 열정적인 관찰자로서 나는 1990년대에 대한 애정과 더불어 향수를 갖고 있다. 1990년대 초 이른바 '신세대' 열풍이 불어 닥치자 문화연구자로서 그 정체를 알아야 한다는 어쭙잖은 사명감으로 동료 학자들과 함께 당시 신세대 문화의 발상지로 여겨지던 서울 압구정동을 답사하러 가기도 했다. 사실 답사를 빙자한 구경이었겠지만, "바람 부는 날이면 압구정동에 가야 한다"던 시인 유하의 꼬드김에 넘어간 건지도 모르겠다. 그게 엊그제 같건만 이젠 그 시절을 역사적 분석의 대상으로 삼을 만큼 많은 시간이 흘렀으니, 참으로 인생무상人生無常이다.

어느 시대치고 격변의 시대가 아니었던 적은 없지만, 1990년대의 격변은 물리적 충돌이 아닌 의식의 충돌이 거세게 일어났다는 점에서 이전의 격변과는 성격을 달리했다. 1987년 6월 항쟁 덕분에 우리는 민주화를 이룩했다. 비록 1987년 12·16 대선은 민주화 진영의 분열로 전두환의 친구인 노태우의 승리로 끝났지만, 민주화의 물결은 도도한 흐름을 타고 사회 구석구석을 흠뻑 적셔나갔다. 세계도 격변의 소용돌이에 빠져들고 있었다. 1989년 11월 9일 베를린장벽이 붕괴되었고, 1990년 10월 3일 독일은 공식적으로 통일을 선포했다.

세계 곳곳에서 이념은 여전히 펄펄 살아 움직였지만, 미국과 소련의 패권하에 세계가 양분되어 싸움을 벌이던 '이념의 시대'는 1990년대의 개막과 함께 안녕을 고하기 시작했다. 한국에선 민주화 투사 김영

삼이 1990년 1월 22일 그가 평생 타도의 대상으로 삼았던 세력과 손을 잡고 살을 섞은 후 1992년 대통령 선거에서 승리함으로써 역사의 자연스러운 발전이라기보다는 인위적인 결단에 의해 '이념의 시대'가 몰락하고 있었다.

수많은 지식인이 1990년대는 '문화의 시대'임을 선포하고 나섰다. 그러나 그 문화는 전통적인 의미의 문화는 아니었다. 정확히 말하자면, 시장 논리의 지배를 받는 소비 문화였다. 1990년대는 '소비의 시대'였다. 절제 없는 소비였다. 허세가 난무했다. 그건 지도층까지 지배한 시대정신이었다. 이른바 'IMF 환란'은 그 틈을 파고들었고, 그로 인해 한국 사회는 한동안 통곡하고 신음했다.

그 와중에 김대중이 1997년 대선에서 승리해 한국 최초의 평화적·수평적 정권 교체에 성공함으로써 새로운 시대의 문을 더 활짝 열어젖혔지만, 낡은 시대와 새로운 시대의 충돌로 인한 파열음은 곳곳에서 터져나왔다. 페미니즘은 그러한 충돌이 일어난 격전지 중 한 곳이었다. 페미니즘의 관점에서 보자면 당시는 여전히 야만의 시대였다. 아들을 낳아주고 돈을 받기로 한 이른바 '씨받이' 계약이 무효냐 아니냐 하는 법정 투쟁이 벌어지는가 하면, 정체 불명의 '태아 성감별 진단시약'이 호주에서 몰래 수입되어 시중에 나돌던 시절이었다.

당시 페미니즘의 가치는 동정과 연민에 호소할 때에만 먹힐 수 있었는데, 이를 잘 보여준 게 1992년에 방영된 MBC-TV 드라마 〈아들과 딸〉이었다. 어머니(정혜선 분)가 어찌나 아들(최수종 분)을 우대하고 딸(김희애 분)을 박대하던지, 이 드라마를 빠트리지 않고 본 나조차 괜히 탤런트로서 연기를 했을 뿐인 정혜선과 최수종을 미워하고 김희애를 동정할 정도였다. 이 드라마는 남아선호, 해도 너무 하지 않느냐는 메시지를 전했다는 점에서 당시에 선보일 수 있었던 '페미니즘 드라마'의 상한선이었다.

페미니즘은 상아탑의 세계에만 갇혀 있던 시절이었지만, 이 시대에 대중화되기 시작한 PC통신은 페미니즘의 전선을 상아탑에서 시장으로 이동시켰다. 1984년 사회학, 여성학, 인류학을 연구하던 소장 여성학자 100여 명이 모이면서 태동한 '또 하나의 문화' 등이 여성운동의 산실 노릇을 하면서 널리 유포된 페미니즘 담론은 PC통신을 통해 시장의 언어로 변환되면서 그 세력권을 확장시켜나갔다.

물론 거센 반발이 일어났다. 전통적인 반反페미니즘 남성들, 'IMF 환란'으로 인해 뿌리 채 흔들린 가부장제를 비극적이고 낭만적인 '아버지'의 이름으로 수호하려는 남성들, 병역제도의 모순과 비리에 대한 분노를 억눌러오다가 '군 가산점' 문제로 폭발시킨 남성들과의 한판 충돌이 벌어지기 시작했다.

이는 이후에 벌어질 본격적인 충돌의 예고편이었다. 진보를 내세운 남성들은 반페미니즘 성향을 비교적 음지에서만 드러내고 있었지만, 이제 곧 태동할 인터넷 시대는 음지와 양지의 구분을 없애면서 그들이 진정한 '진보'인가 하는 의문을 제기하게 만든다. 낡은 시대와 새로운 시대의 충돌, 이게 바로 내가 온몸으로 느낀 1990년대 풍경의 본질이었다.

제2장

▼

'몸에 각인된 타성'을 둘러싼 투쟁

2000~2009년

인터넷이 유행시킨 '된장녀'

2000년대는 인터넷의 시대였다. 1999년 6월부터 초고속인터넷 사업이 시작되어 인터넷은 급속하게 확산되었고, 네티즌의 영향력도 더욱 커졌다. 2000년 2월 말 기준 인터넷 이용자 수는 1,297만 명에 이르렀지만, 인터넷의 보급 속도는 세계에서 가장 빨라 곧 사실상 전 국민이 인터넷을 통해 자신의 주장을 펼 수 있는 시대가 된다.[1]

인터넷의 대중화로 여성들의 사이버공간 진입 장벽이 훨씬 낮아지면서 2000년 4월 오픈한 여성주의 웹사이트 '언니네'를 비롯해 여성주의 사이트들이 잇따라 개설되지만, 그와 동시에 여성에 대한 혐오와 모욕의 언어도 날개를 달았다.

2000년 초 익명의 네티즌이 한국 여성들의 허영심을 비난하며 '된장녀'라는 단어를 쓰면서 이 단어가 널리 퍼져나간 것도 바로 그런 경우였다. 이 단어는 2004년 12월부터 2005년 4월경 일부 네티즌들이 된장녀에 대한 풍자와 패러디를 여러 건 올리면서 화제가 되고, 2006년부터 본격적으로 유행해 일상적인 언어가 된다.

된장녀란 단어의 어원에 관해서는 여러 가지 설이 있는데, '젠장→된장'의 변화를 통해 된장녀로 불리게 되었다는 설, 똥과 된장을 구별 못한다는 의미에서 된장녀라 불리게 되었다는 설, 그들이 즐겨 들고 다니는 스타벅스 커피를 희화화한 것이라는 설 등이 있으나 어느 것이 맞는지는 확실치 않다.[2]

최태섭의 분석에 따르면, "된장녀에 대한 남자들의 반감의 핵심은, 내가 감당할 수 없는 물질적인 욕망을 가지고 있기 때문에 내가 성관계를 할 수 없는 대상이라는 지점이었다".[3]

2000년대 들어 핵가족화에 따른 가족의 구조 변동은 '과격'이라는 표현이 어울릴 정도로 심해졌다. 통계청 조사(2000년)에 따르면 전국 혈연 가구 1,192만 8,000가구 중 부부 또는 부부와 자녀의 1~2세대로 구성된 가구가 전체의 90퍼센트에 달하며, 조부모-부모-자녀로 구성된 3세대 동거 가구는 단지 9.9퍼센트에 그쳤다. 또 혼자 사는 1인 가족이 전체의 15.5퍼센트에 이르렀다.[4]

그런 구조 변동에 따라 아버지의 위상도 크게 달라졌다. 2000년 1월에 출간되어 선풍적인 인기를 누린 조창인의 소설 『가시고기』는 아버지를 '돌 틈에 머리를 박고 죽어가는 아빠 가시고기'로 묘사했다.[5] 아버지가 어머니 못지않은 '희생의 대명사'로 떠오른 것이다.

2000년 어버이날을 하루 앞둔 5월 7일, KBS-2 TV 〈추적 60분〉은 특별 기획 프로그램 '아버지라는 이름의 약자弱者'를 통해 가정과 직장, 사회에서 외면당하는 아버지의 모습을 드라마틱하게 보여주었다. 아버지는 이제 아내나 아이들에게서 따돌림을 당하거나 심지어 일방적으로 부인에게 이혼을 요구받는 등 집 밖으로 내몰리기까지 하는 것이 현실이라는 것이다.[6]

'운동 사회 성폭력 뿌리 뽑기 100인 위원회'

그러나 아버지의 위상 변화는 가정에서 일어난 문제였을 뿐, 사회는 여전히 여성에 대한 성폭력이 난무하는 정글 세계와 다를 바 없었다. 여기엔 보수와 진보의 차이도 없었다. 2000년 6월 '여성 활동가 모임'과 서울여성노조가 공동 주최한 '이제는 말하자, 운동 사회 성폭력' 토론회에선 충격적인 증언들이 쏟아져나왔다.

이 토론회가 계기가 되어 "'진보'를 표방하는 운동 사회 안에 만연한 성폭력을 문제화하겠다"는 취지로 '운동 사회 성폭력 뿌리 뽑기 100인 위원회'가 결성되었다. 이들은 12월 11일 대학 총학생회, 노조, 사회운동단체 등에서 벌어진 성폭력 가해자 16명의 이름을 사회운동가들이 주로 사용하는 PC통신 게시판 '진보넷'에 공개했다.

이 공개로 '술자리에서 강제 키스하기' 같은 성추행부터 강간, 강간미수 같은 성범죄가 가해자 실명과 함께 드러났다. 100인 위원회는 "(운동 사회에서는) 법적 보호를 받을 문제조차 은폐되고 오히려 피해자에게 협박과 2차 폭력이 가해졌다"고 밝혔다.

시민단체와 여성계에서는 의견이 엇갈렸다. 일부는 "명단 공개의 기준이 모호하고 피해자의 일방적인 진술에 의존하고 있다"고 말한 반면 일부에서는 "진정한 자유 투쟁을 위해서는 운동권이야말로 보수 이데올로기에서 자유로울 수 없다"면서 실명 공개를 옹호했다. 실명 공개와 관련, 여성 활동가 전희경은 다음과 같이 말했다.

"사회 전체에 성폭력이 만연해 있음을 모르는 사람은 없었지만, 스스로 '운동가'로 정체화하고 있던 여성들에게 충격적이었던 건 '진보'를 자임하는 자들이 그토록 자주 그토록 많이 성폭력을 저지르고도 아무 일 없이 조직의 대표가 되고, '진보 인사'로 분류되어 언론에 인터뷰를 하고 있다는 사실이었다. 이런 상황을 돌이켜보면, '가해자 실명 공개'는 당시의 격분의 크기에 비해 아주 소박한(!) 발상이었다."

그럼에도 '100인 위원회'는 운동 사회 내부에선 조직 내부 성폭력은 발설하지 않는다는 금기를 깼다는 이유로 '극단적 부르주아 페미니스트', '프락치', '백색 테러단', '홍위병', '광기 어린 정신병자들의 행진' 등과 같은 극렬한 비난을 받았다.

가해자 중 소설가 ㅂ씨와 KBS 노조 ㄱ부위원장은 성폭력 사실을 전면 부인하며 100인 위원회를 명예훼손 혐의로 형사 고소했다. 그러나 ㅂ씨의 경우, 2001년 7월 검찰은 "운동 사회 내 성폭력 사례를 공개함으로써 경각심을 일깨우고 공론화해 성폭력을 예방하려는 의도였다는 사실이 인정된다"며 100인 위원회를 불기소 처분했다. 언론노조의 조사 결과 부위원장의 성폭력 혐의도 인정되어 노조에서 제명된 후 1년여의 형사소송을 거쳐 2002년 10월 강씨가 소를 취하함으로

써 사건이 일단락되었다.[7]

운동 사회 성폭력을 은폐하는 '음모론'과 '조직 보위론'

기소되었던 활동가인 전희경에게 "이후 2년여 세월은 명예훼손 역
고소에 대응하느라 피해자들과 함께 검찰과 법원에 출두하고, 변호사
를 만나고, 성명서를 쓰고, 거리 시위를 하고, 후원금을 모으고, 연대체
를 꾸리고, 언론을 상대하는 일들로 채워졌다".[8]

100인 위원회는 가입과 탈퇴에 특별한 제한이 없는 열린 구조와 더
불어 위계가 없는 수평적 네트워크 조직 형식을 취했는데, 이는 그런
험난한 투쟁엔 전혀 도움이 되지 않았다. "'수평적 네트워크'라는 건
누구나 평등하게 참여할 수 있다는 뜻이기도 하지만, 동시에 누구나
평등하게 뒤로 빠질 수 있다는 뜻이기도 하다.……가장 민주적이고자
했던 조직론이 가장 부정의한 분업을 가져오는 아이러니에 나는 참담
한 심정이었다."[9]

전희경은 한국여성의전화 연합이 기획하고 정희진이 엮어 2003년
12월에 출간한 『성폭력을 다시 쓴다』에 기고한 글에서 당시 겪어야
했던 극심한 고통을 토로했다. 가해자들만 문제가 있는 게 아니었다.
그간 스스로 '진보적' 여성운동, '남성 진보 진영'의 일원으로 생각해
온 여성단체들도 문제였다.

"연대를 제안하는 과정에서 어떤 여성단체는 '일단 노조의 자정 능
력을 믿어보자'는 입장을 취하기도 했다.……'진보 진영'과 여성운동
단체의 친밀성과 위계 관계는, 여성단체 활동가 중에서도 100인위를

'안기부 프락치'로 생각한 이들이 있을 정도로 영향을 미쳤다."[10]

전희경은 운동 사회에서 성폭력 사건이 일어났을 때 이를 은폐하는 메커니즘이 있는데, 그건 바로 운동 사회에 만연한 '음모론'과 '조직 보위론'이라고 지적했다.

음모론은 성폭력을 여성-남성의 문제가 아닌 남성-남성의 문제, 즉 권력의 문제로 바꿔치기를 하는 못된 수법이다. "피해 여성들은 행위의 주체가 아니라 '배후 세력'의 조종에 의해서만 움직이는 '수단'일 뿐이며, 성폭력은 여성 인권침해가 아니라 남성 간 권력 투쟁에서 활용되는 '빌미'일 뿐이다."

조직 보위론은 "'진보의 대의'를 위해 활동하는 운동 조직을 '적'의 공격으로부터 '보위'하기 위해 성폭력 사건이 조직 밖으로 알려져선 안 된다"는 논리다. "이 논리는 성폭력 사건에 대해 함구령을 내리고, '조직 내에서 해결하는 것을 원칙'으로 제시함으로써 피해자가 외부의 도움을 받을 수 없도록 고립시킨다."[11]

이 음모론과 조직 보위론은 이후 진보 진영 내부에서 일어난 성폭력을 은폐하고 왜곡하는 전가의 보도로 활용되는 끈질긴 생명력을 자랑하게 된다.

"이 사태에 분노하지 않는 자는 인간이 아니다"

2001년 1월 김대중 정부는 여성부를 출범시켰다. 이후 여성부는 '여성에게 제도적 특혜를 남발하고 쓸데없는 정책으로 예산을 낭비하는 변질된 페미니즘'의 상징이 되면서 일부 남성들의 집중적인 폭격 대상이 된다. 민간 여성단체나 페미니스트 개인이 주장한 것도 곧 '여성부의 만행'으로 둔갑하며, 과자 '죠리퐁'이 여성의 성기를 연상시킨다는 이유로 여성부가 유통 금지를 추진한다는 오래된 루머는 끊임없이 재생산된다.[12]

크게 놀랄 일은 아니었다. 당시 한국 사회의 수준은 2001년 3월 중순부터 4월 초까지 창작과비평사(창비) 인터넷 사이트 자유게시판이 쑥대밭이 된 사건을 통해 적나라하게 드러났으니 말이다.

발단은 시인 박남철이 올린 장문의 글이었다. 이 글엔 곳곳에서 여성에 대한 성적 비하가 난무했다. "열린 XX와 그 적들", "벌린 XX", "꼴린 XX", "암똥개", "개XX", "변소", "구더기 몇 마리나 득실댈" 등의 노골적인 표현과 함께 "금-OO"이라며 특정인의 이름이 연상되는 호칭을 넣었다. 또한 특정인 김 아무개 씨를 둘러싸고 떠도는 소문을 빌려 그를 모욕했다. 문학평론가 반경환까지 가세해 김 아무개 씨의 실명을 거론하면서 자신과 친분이 있는 박남철을 옹호했다.

어느 네티즌은 "이 사태에 분노하지 않는 자는 인간이 아니다"고 절규했는데, 놀랍게도 다른 남성 문인들은 인간이길 포기하려는 자세를 취했다. 이 사건을 다룬 『한겨레21』에 따르면, 일련의 사태를 지켜본 한 문인은 "우리 문단이 안고 있는 고질적인 문제들이 최악의 버전으로 나타난 것"이라고 지적했다. 『한겨레21』은 "혹여 '똥물' 튈까 몸 사리는 문단의 태도와 남근주의적 여성 모독이 바로 그것이다"며 다음과 같이 말했다.

"사흘간 문제의 글을 방치해 비판받았던 창비는 그 뒤로도 박씨에게 공개 경고를 하거나 아이피(IP) 차단을 검토하는 등의 가시적인 조처를 취하지 않았다. 창비의 고문 중 한 사람은 이에 대해 '민감한 문제라 나서서 이야기하기가 좀 그렇다'며 '어린애도 아닌데 어떻게 입에 재갈을 물리겠느냐'고 반문했다."[13]

'월장 사건'에서 드러난 '페니스 파시즘'

비슷한 시기에 그 유명한 '월장 사건'이 터졌다. 부산대학교 여성학 소모임 학생과 졸업생들이 만든 여성주의 웹진 『월장』이 2001년 4월 창간호에 「도마 위의 예비역」이라는 글을 선보인 지 10일 만에 남성 네티즌들에 의해 초토화된 사건이 벌어진 것이다. 여자 후배에게 음담패설을 하고 술을 따르게 하는 등 대학 내 군사문화의 문제점을 짚는 이 글에는 "예비역을 100% 적으로 상정하고"라는 문구가 포함되어 있었다.

『월장』의 게시판에는 전국의 예비역들이 몰려와 욕설을 퍼부어댔다. "야 이X들아. 군대 가봐. 누군 되고 싶어 예비역 되냐." "대한민국 젊은 X들이 다 그렇지 뭐. 특히 돌대가리 빡아 성격장애자 추녀 페미들." 여기에 "옷 벗어라" 등 성적 모독이 올라오더니 급기야 회원 신상 정보가 유출되면서 실제적이고 구체적인 협박이 이어졌다.[14]

부산대학교 총여학생회는 부산성폭력상담소와 함께 '사이버 성폭력 대책위'를 구성했으며, 소속 학과와 실명이 공개된 『월장』 편집장은 수업시간에 다른 사람과 동석을 해야 할 정도였다. 100여 일 가까이 지속된 "이 사건은 인터넷이라는 공간이 오프라인(현실 세계)과 연결되어 어떻게 여성들의 발언력을 빼앗고 위축시키는지 압축적으로 보여줌과 동시에, 여성들로 하여금 어떻게 이 공간을 전유할 것인지 전략적으로 사고하게 만드는 계기가 되었다."[15]

『월장』편집인들은 나중에(2002년 1월)『언니네』와 나눈 인터뷰에서 다음과 같이 회고했다.

"사실, 그렇게 집단전으로 갈 거라고는 생각지도 못했었어요. 맨 처음 입장 글을 쓸 당시에는 너무 힘들어서 일일이 대응을 못했었는데, 오히려 그렇게 수세적인 상황이 우리를 더 불리한 입장으로 몰아넣고 있다는 것을 깨달았어요. 그 와중에 진중권 씨가 뛰어들게 되면서 다행히 논의의 상대가 되지 않는 사람들은 많이 정리가 되기도 했구요. 어느 정도 거리두기가 필요한 인터넷상의 논쟁의 전략에 대해서 많이 생각하게 되었고, 그 상황에서는 사이버상의 논쟁을 통해『월장』의 문제 제기를 설득시킨다는 것이 무리가 있다는 것도 깨달았죠."[16]

2001년 6월 창비 사건과 월장 사건 등 성희롱·성폭력 문제를 노혜경·진중권·권김현영 등 9인이 쓴『페니스 파시즘』이 출간되었다. 이 책을 기획한 도서출판 개마고원은 "한국 마초들에게서 버전만 달리 한 채 고스란히 반복되는 파시즘적 폭력성"에 '페니스 파시즘'이라는 이름을 붙이면서 이렇게 말했다.

"이는 어쩌면 파시즘의 정체를 까밝히려 했던 모든 파시즘론이 아직도 범접하지 못한, 아니 이 남성 지배 사회가 오히려 감추고자 애썼던 근원적 파시즘 아니겠는가. 남성의 허약함을 은폐하는 치졸한 가면, 이제 그 이름을 남성에게 회부한다."[17]

"정통 가족제도 파괴하는 민족 반역자 물러가라!"

2003년 여성들의 대의이자 인권 투쟁은 단연 호주제 폐지였다. 일제가 1921년 공포한 '조선호적령'으로 인해 만들어진 호주제의 폐지는 식민 잔재의 청산을 의미하는 것이기도 했건만, 호주제 기득권 남성들은 호주제 사수에 목숨을 건 듯 보였다. 2003년 5월 한국씨족연합회 등으로 구성된 '정통가족제도수호범국민연합'은 다음과 같은 살벌한 전쟁 용어들을 쏟아냈다.

"호주제 폐지하면 한국 가족제도가 박살납니다!" "반만년 문화 배달민족에게 사회주의 가족법이 웬 말이냐!" "호주제가 폐지되면 부모형제 남이 되고 일가친척 없어진다!" "정통 가족제도 파괴하는 민족 반역자 물러가라!" "호주제 폐지 주장자들의 논리는 공산도배들의 주장과 다를 바 없다."[18]

2003년 9월 25일 법무부가 마련한 호주제 폐지안에 관한 공청회에서 부산대학교 법대 교수 김상용은 "우리 민족 구성원 모두가 성을 가지게 된 것은 약 100년 전의 일이다. 한말에 노비제도가 철폐되면서 비로소 모든 사람들이 성을 갖게 된 것"이며 "조선 중기까지만 하더라도 인구의 절반 정도를 차지하고 있던 노비를 비롯한 무성층도 조선 후기에 이르러 점차 양인화되면서 성을 가지게 되었"다고 말했다.

그러자 공청회장에 있던 할아버지들의 분노가 폭발했다. "너 어디 김씨야? 본관을 밝혀! 저런 자식 주둥이로 밥이 들어가니 나라가 망하는 거여! 저런 불쌍놈이 있나. 끌어내, 퇴장시켜! 우리 조상님들의 50%가 노예였단 말이냐!"[19]

서울대학교 생명과학부 교수 최재천은 2003년 11월 헌법재판소에 제출한 의견서에서 "생물학적으로 암컷이 수컷보다 진화에 기여하는 바가 크므로 호주제는 과학적 근거가 전혀 없다"고 밝혔다. 그는 "한국에서 40~50대 남성 사망률이 다른 나라에 견줘 크게 높은 것은 남성 중심주의적 호주제의 영향 때문"이라고 분석하면서 "남성들이 가부장의 멍에를 벗지 못하다 보니 스트레스와 술 등으로 건강을 해치게 된다"며 "허울뿐인 가부장 계급을 떼어내면, 편해지는 건 남성들"이라고 주장했다.[20]

호주제 폐지 운동에 앞장선 고은광순은 2004년 1월에 출간한 『한국에는 남자들만 산다: 그들만 모르는 그들의 이야기』에서 '웃픈' 이야기를 소개했다. 호주제 폐지 문제로 고은광순과 사이버 논쟁을 벌인 한 네티즌은 자신의 어머니를 생각하면 '눈물이 글썽'하고 '가슴 저리기도 하고 애틋하기도' 하다는 등 지극한 어머니 사랑을 드러냈다. 그러나 그는 호주제 폐지에 대해선 '어머니 모독'이라며 다음과 같이 주장했다는 것이다.

"호주제 폐지라는 말도 안 되는 사람들의 주장을 보면서 정말 화가 납니다. 우리 어머니가 힘들게 자식 키우신 것을 무시하는 발언을 어떻게 계속 놓아둘 수 있단 말입니까? 어머니는 집에서 노예였단 말입니까? 그래서 어머니가 소중히 생각해오신 가정을 없애버려야 한단 말입니까? 정말 파렴치한 범죄자들입니다."[21]

2005년 3월 2일 '호주제 폐지'

호주제에 대한 이해 수준이 겨우 그 정도냐고 혀를 끌끌 찰 일은 아니었다. 반대론자들의 대부분이 그런 수준에 머물러 있었으니 말이다. 2004년 12월 3일 국회 법제사법위원회 호주제 관련 민법 개정안 공청회에선 4시간 30분 동안 격론이 벌어졌다. 정부가 제출한 개정안의 골자는 호주제 폐지, 부부 합의에 의한 어머니의 성姓·본本의 승계 가능, 자녀의 복리를 위해 필요한 경우 성 변경 가능, 동성동본 금혼 제도를 근친혼 금지 제도로 대치, 양자도 친자처럼 호적에 올리는 친양자 제도 도입 등이었다.

공청회에선 때 아닌 '색깔론'이 튀어나왔다. 정통가족제도수호범국민연합 대표 구상진은 "10월 시청 앞 여성 축제에서 '주체적 시각으로 난자를 평가하자'는 구호까지 사용된 점을 볼 때 개정안이 북한 공산주의 가족법과 무관하다고 보기 어렵다"며 호주제 문제를 '색깔론'과 연결하는 주장을 폈다. 한국성씨총연합회의 가족법연구원장 정환담도 "가족제도의 해체는 소비에트에 의한 가족제도가 근본적 원리"라고 주장했다.

반면 한국가족법학회 부회장 이승우는 "민법상의 가家와 가족은 현실적인 가족과는 전혀 다른 형식적인 존재에 불과하다"며 "호주제가 폐지돼 없어지는 가족은 현실의 가족이 아니라 법상의 추상적 가족"이라고 반박했다. 한국여성단체연합 대표 남인순은 "호주제가 가부장적 사고를 재생산해 오히려 갈등을 조장하고 가족을 해체시킨다"며 "호주제가 폐지되면 합리적이고 건강한 가족 관계가 확립될 것"이라

고 주장했다.[22]

2004년 12월 15일 호주제 폐지에 반대하는 전국 유림과 시민단체가 서울역광장에서 '호주제 수호 범국민궐기대회'를 열었다. 이 집회에는 성균관 소속 전국 234개 향교, 성균관 유도회 16개 시도 본부와 301개 지부, 전국 16개 향교재단이사회, 여성유도회 중앙회와 지부 등 유림과 호주제폐지반대시민단체연합, 자유시민연대, 헌법을 생각하는 변호사 모임 등에서 1만여 명이 참가했다.

그러나 시대의 대세를 막을 수는 없는 일이었다. 2005년 2월 3일 헌법재판소 전원재판부는 호주제의 근거와 뼈대가 되는 민법 제778조와 제781조 1항, 제826조 3항의 일부가 혼인과 가족생활에서 개인의 존엄성과 양성평등을 규정한 헌법 제36조 1항에 위반된다며 재판관 6대 3 의견으로 헌법 불합치 결정을 냈다. 헌법 불합치 결정이란 심판 대상 법률이 위헌임을 확인하면서도, 곧바로 단순 위헌 결정을 할 경우 벌어질 법적 공백과 혼란을 막기 위해 법이 개정될 때까지 한시적으로 해당 조항의 효력을 유지하도록 하는 변형 결정이다.[23]

2005년 3월 2일 국회 본회의는 호주제 폐지를 주요 내용으로 하는 민법 개정안을 찬성 161, 반대 58, 기권 16표로 통과시켰다. 2년 11개월간의 유예기간을 거쳐 2008년 1월 1일부터 시행되는 이 민법 개정안은 페미니즘 운동의 기념비적인 성과였다. 김경희는 2004년 3월 2일 국회를 통과해 2004년 9월 23일부터 시행된 '성매매 특별법'과 더불어 호주제 폐지를 진보적인 노무현 정부와 여성운동이 만들어낸 '국가페미니즘'으로 평가했다.[24]

'개똥녀'와 '페미니즘의 도전'

2005년 6월 온라인 여성 혐오 단어에 '개똥녀'가 추가되었다. 서울 지하철 2호선에 탑승한 한 여성이 데리고 탄 애완견이 갑자기 설사를 하면서 시작된 일이었다. 이 여성은 당황하면서 개는 닦았으나, 지하철 바닥에 떨어진 개의 배설물은 치우지 않고 다음 정거장인 아현역에서 내렸다. 결국 같은 칸에 있던 다른 사람들이 바닥에 떨어진 개의 배설물을 치웠다. 이 사건을 지켜본 한 사람이 애완견의 배설물을 치우지 않고 자리에 앉아 있는 여성의 사진과, 나중에 애완견을 데리고 사진 속의 주인공이 내린 다음 어떤 할아버지가 개의 배설물을 치우는 사진, 이렇게 두 장의 사진을 찍고 이 상황을 설명한 글을 인터넷에 올렸다.

이 사진과 글은 6월 5일부터 여러 사이트에 퍼졌고, 인터넷 뉴스 사이트에 실리면서 폭발적으로 퍼져나갔다. 이 사건의 파장이 커지면서 마녀사냥과 다를 바 없는 누리꾼들의 비난이 쏟아졌고, 미국의 『워싱턴포스트』는 인터넷이 평판에 미치는 가공할 위력을 보여준 사건으로 'Dog Poop Girl(개똥녀)'을 주목했다. 『위키백과』는 이 사건에 대해 이런 평가를 내렸다. "이 사건은 블로그와 뉴스 포털사이트로 대표되는 인터넷의 영향력을 실감하는 계기가 되었으며, 인터넷 시대에는 어느 누구든지 순식간에 사회적으로 널리 알려질 수 있다는 사실을 다시 한번 확인시켰다."[25]

이 사건에 영감을 받은 미국 법학자 대니얼 솔로브Daniel J. Solove는 2007년에 출간한 『인터넷 세상과 평판의 미래』에서 8개 장 가운데

제1장을 이 사건에 할애했다. 개똥녀 사건은 인터넷, 프라이버시, 규범, 정보화 시대의 생활 등이 서로 얽히며 많은 흥미로운 이슈를 불러일으켰다는 이유에서였다. 미국의 한 네티즌이 개똥녀 기사에 단 다음과 같은 댓글은 모두를, 특히 여성을 긴장시키기에 족했다. "옳고 그름을 떠나, 인터넷은 잔인한 역사가다."[26]

2005년 11월 여성학자 정희진의 『페미니즘의 도전』이 출간되었다. 2013년 2월 개정증보판이 나온 이 책은 여성은 물론 수많은 남성을 페미니스트로 개종시키는 등 페미니즘의 확산에 큰 영향을 미쳤다.[27] 예컨대, 이 책이 세상에 나온 2005년 국어국문학과 철학을 공부하는 대학생이었던 최승범의 증언을 들어보자.

최승범은 평소 좋아하던 선배 둘이 연애를 시작하자 여자 선배에게 장난삼아 '형수님'이라 불렀다. 선배는 "나는 남자 친구를 통해 널 만나지 않았어. 남자의 무엇으로 불리기도 싫고. 그렇게 부르지 말아줘"라고 정색하면서 『페미니즘의 도전』을 선물하며 '말과 성차별' 부분을 꼭 읽어보라 했다. 이 책은 최승범이 그동안 지녀온 생각들을 하나둘 붕괴시킨 '인생 책'이 되었고, 결국 나중에 남자 고등학교에서 학생들에게 페미니즘의 가치를 이해시키는 페미니스트 교사로 맹활약하게 된다.[28]

여성주의 책을 섭렵하면서 페미니스트로 거듭난 '기생충 박사' 서민도 "영향력만 놓고 보면 정희진이 쓴 『페미니즘의 도전』은 내가 평생 읽은 책 가운데 단연 1위"라고 했다. 그는 자신이 받은 영향력과 전공인 기생충학에서 얻은 한 가지 통찰을 연계시켜 다음과 같은 명언을 남긴다. "기생충 중에서도 암수가 사이가 안 좋고 암컷이 독박

육아 하는 종은 근근이 살다가 결국 멸종돼요. 하지만 암수가 화합하는 기생충은 번성하죠. 이렇게 여혐이 계속되다간 우리나라도 조만간 멸종할 날이 올지도 모르겠습니다."[29]

왜 여성학은 수요가 없어졌나?

도전엔 시련이 뒤따르기 마련이었다. 남성들의 반격backlash이 워낙 거센 탓이었을까? 2000년대 중반부터 여성운동이 위축되는 추세를 보이기 시작했다. 여성부는 2005년 6월 '여성가족부'로 이름을 바꾸고 개편되었는데, 이는 "성평등을 정부 정책 전반에 확산시키려는 목표를 순치시키고 다시 '가족 내 존재로서의 여성에게 잘해주는' 것으로 회귀하는 결정적 신호탄이었다."[30]

2005년 페미니스트 잡지 『이프IF』가 폐간하는 등 '페미니즘', '페미니스트'를 전면에 내건 활동이나 단체들이 급속하게 사라져갔다. 2007년 숙명여자대학교에서는 협동 과정으로 10년간 존재했던 여성학과가 '철거' 선고를 받았는데, 대학 측에서 밝힌 이유는 "여성학은 이제 수요가 없다"는 것이었다.[31]

여성학은 경제적 여유가 있을 때에나 가능하다는 뜻이었을까? 당시 상황은 최악의 취업난이 사회를 무겁게 짓누르고 있었으니 말이다. 2006년 취업 시장엔 '삼일절', '십오야', '이구백', '십장생' 등의 신조어들이 생겨났다. '삼일절'은 31세면 취업길이 막혀 절망한다, '십오야'는 15세만 되면 앞이 캄캄해진다, '이구백'은 20대 90퍼센트는 백수, '십장생'은 10대들도 장차 백수를 생각해야 한다는 뜻이었다.[32]

2006년 10월 1일 치러진 서울시 공무원 932명을 뽑는 시험에 15만 명이 지원함으로써 그런 신조어들이 결코 '말장난'만은 아니라는 걸 실감케 했다. 932명을 뽑는 시험에 감독관이 1만 5,000명, 시험장이 143개 학교, 시험 관리 비용이 무려 18억여 원에 달했다. 심지어 지방에서 상경하는 응시생을 위해 KTX 임시 열차가 배정되었고, 시험 날이 일요일임에도 일부 교통 문제가 빚어졌다. 중앙선관위 9급 공무원 공채의 경쟁률은 무려 1,997대 1에 이르러, 경쟁률이 거의 '로또' 수준이라는 말까지 나왔다.[33]

2006년 말 기준으로, 한국의 비정규직 비중은 35.5퍼센트(545만 7,000명, 정부 발표)~55퍼센트(845만 명, 노동계 발표)였다. 통계청에 따르면 2007년 비정규직 근로자는 전년에 비해 24만 6,000명 늘어난 570만 3,000명으로 전체 임금 노동자의 35.9퍼센트에 이르렀다. 비정규직 근로자의 한 달 평균 임금은 126만 6,000원으로 정규직 임금 200만 8,000원의 63.5퍼센트에 불과했고, 퇴직금과 상여금, 유급휴가 등 근무 환경에서도 큰 격차를 나타냈다. 월 100만 원 미만을 받는 저임금 노동자의 63.1퍼센트가 비정규직이며, 비정규직의 고용보험 가입률은 38.8퍼센트에 지나지 않았다.[34]

'88만원 세대'의 탄생

2007년 7월 1일 시행된 비정규직법은 비정규직을 위한다고 만든 법이지만, "2년 이상 근무한 비정규직을 전원 정규직화한다"는 법 조항이 기업들로 하여금 비정규직을 대량 해고하게 만드는 사태를 낳았다. 2007년엔 근로자 300명 이상 기업이 비정규직법 적용을 받지만, 100명 미만 기업까지 확대되는 2009년엔 더 큰 혼란이 일어날 것으로 예상되었다.

2007년 8월 우석훈과 박권일은 『88만원 세대: 절망의 시대에 쓰는 희망의 경제학』을 출간해 '88만원 세대'를 2007년 최고의 신조어로 만들었다. 이들은 취직도 어렵지만 취직에 성공한 20대도 대부분은 비정규직이라며 우리나라 비정규직 20대의 월 평균 급여가 '88만 원'이라는 분석을 내놓았다. 20대의 상위 5퍼센트만이 5급 공무원이나 대기업·공기업 등의 좋은 직장에 들어갈 수 있고 나머지 95퍼센트는 비정규직이며, 비정규직의 월 평균 임금인 119만 원에 성인들에 대한 20대의 평균 임금의 비율인 74퍼센트를 곱하면 이들의 월 평균 임금은 88만 원에 불과하다는 것이다.[35]

'88만원 세대' 외에도 2007년 한 해 동안 수많은 신조어가 등장했다. 30대 절반이 백수라는 뜻의 '삼태백', 취업을 위해 어학 연수나 유학을 떠난 학생들을 가리키는 '영어 난민', 온라인 입사 전형에 수만 명의 지원자가 몰려 시스템이 다운된 사례를 꼬집은 '서버 전형', 고시족과 공시족(공무원 시험을 준비하는 구직자)이 결합된 '고공족考公族', 취업을 위해 명문대로 편입하려는 '메뚜기 대학생', 취업 뒤에도 습관적으로 구직 활동을 계속하는 '구직 중독증', 재취업을 위해 몰래 공부하는 '도둑 공부' 등 신조어엔 끝이 없었다.[36]

이 모든 우울한 풍경은 통계청의 '2007년 사망 및 사망 원인 통계 결과'로 집약되는 듯했다. 한국의 자살률이 10년 새 갑절로 뛰어 최고치를 나타냈는데, 하루 33.4명꼴로 목숨을 끊었고 특히 한창 일할 나

이인 20대의 자살은 1년 새 50퍼센트 가까이 늘었다. 연령별로 보면 10대 이하는 교통사고가, 20대와 30대는 자살이, 40대 이상은 암이 각각 사망 원인 1위였다.[37]

우석훈과 박권일은 "20대를 위해서 뭔가를 만들어내야 한다"고 주장했지만, 정부와 정치권은 너무도 무능해 뭘 만들기는커녕 사태를 더욱 악화시키고 있었다. 이를 예상한 듯, 그들은 "20대여, 토플 책을 덮고 바리케이드를 치고 짱돌을 들어라"라고 주장했지만,[38] 젊은 남성들의 분노는 정부와 정치권을 향하기보다는 개인 영역에서 잠재적 경쟁자인 여성을 향하는 듯 보였다.

"오빠는 필요 없다"

2008년 3월 8일 '세계 여성의 날International Women's Day' 100주년을 맞았지만, 한국 여성계는 여성운동의 침체에 대해 고민을 하지 않을 수 없는 처지에 놓이게 되었다. 하지만 4월 18일에 타결된 한미 쇠고기 협상은 훗날의 행동 페미니즘을 예비한 '쇠고기 촛불집회'를 낳게 만들었다.

4월 29일 MBC 〈PD수첩〉 '긴급 취재 미국산 쇠고기, 과연 광우병에서 안전한가' 편이 미국 쇠고기에 대한 광우병 의혹을 제기한 이후, 5월 2일 여중고생들이 최초로 '협상 무효'를 요구하며 촛불 점화를 했는데, 여기엔 1만여 명이 참가했다. 이 소녀들이 밝힌 촛불은 1987년 6·10 항쟁을 방불케 한 '6·10 100만 촛불대행진'으로 발전되었다. 바로 이때의 소녀들이 7년 후 한국 여성운동사의 한 장을 장식할 '메

갈리아' 탄생의 터전이 된 여초 커뮤니티의 주요 구성원들이 된다.[39]

'촛불소녀'들은 '6·10 100만 촛불대행진'을 촉발시킨 주역이었건만, 페미니즘은 촛불집회 지지자들에게조차 '공공의 적'처럼 간주되고 있었으니, 세상에 이런 배은망덕이 없었다. 2008년 10월 송준호는 "한국에서 '페미니즘'이라는 말처럼 거센 반감을 사고 있는 용어도 드물다"고 했다. "지난 10여 년 간 페미니즘 진영과 격렬한 논쟁을 벌여온 마초(남성 우월주의자)들은 결국 이들을 '꼴통 페미'라고 명명하고 등을 돌렸다. 하지만 '꼴통 페미'라는 단어의 이면에는 페미니스트들의 막강한 '공격력'에 대한 마초 남성들의 무력감도 함께 담겨 있다."[40]

그러나 진짜 문제는 '진보 진영의 가부장제'였다. 페미니즘의 우군이 되어야 할 그들 역시 페미니즘을 적으로 돌리고 있었으니, 페미니스트들로선 엎친 데 덮친 격이었다.

2000년부터 '운동 사회 성폭력 뿌리 뽑기 100인 위원회' 활동으로 진보 진영의 성폭력을 고발했던 전희경은 2008년 10월에 출간한 『오빠는 필요 없다: 진보의 가부장제에 도전한 여자들 이야기』에서 사회운동과 여성주의 운동에 몸담았던 90학번부터 04학번 여성 21명의 입을 빌려 이른바 '진보'라고 일컬어지는 학생운동과 사회운동 진영 내부의 가부장성을 생생하게 보여주었다. 여러 충격적인 증언을 소개하면서 전희경은 다음과 같이 말했다.

"성별 권력관계가 작동하는 모든 곳에 여성에 대한 폭력은 존재하지만, 운동 사회에는 내부의 성폭력을 묵인·은폐·재생산하는 독특한 논리와 체계가 작동해왔다는 점에서 분석이 필요하다. 사건을 은폐

/ 제2장

하고 묵인함으로써 결과적으로 가해자는 옹호하고 피해자를 운동 사회에서 추방하는 고유의 메커니즘이 존재해왔다는 것이다."[41]

그 지긋지긋한 '음모론'과 '조직 보위론'은 건재했다. 대의를 위해 참으라는 '대의론'도 있었다. "'무슨 여성운동이 있어. 그냥 민중 해방 되면 그게 여성해방이지', 거의 그런 분위기. 그런 부분들을 문제 제기 하거나 얘기하는 자체가 되게 반동적으로 보이는 거예요." "예전에 있었던 성폭력 사건 해결이 어려웠던 것도 '노동운동에서 내걸고 있는 이슈가 제일 중요한데 니네가 거기서 성폭력 사건 얘기하면 이 이슈가 희석화되지 않느냐'고."[42]

"해일이 일고 있는데 겨우 조개나 줍고 있냐"

대의론·음모론·조직 보위론은 진보 진영에만 있는 것은 아니었다. 하지만 진보 진영은 달라야 하지 않느냐는 점에서 진보 진영이 더욱 비판을 받는 것으로 볼 수 있고, 이런 비판에서 유시민이라는 이름이 자주 거론되는 것도 그가 누리고 있는 대중적 인기와 영향력이라고 하는 점에서 이해할 수 있겠다.

전희경은 "2002년 대선 기간 당시 개혁당 수련회에서 성폭력 사건이 일어나 당 내부의 여성 활동가들을 중심으로 특별위원회가 구성되고 실명 공개 서명운동 등 사건을 해결하려는 움직임이 조직화된 일이 있었다"며 다음과 같이 말했다.

"그러나 당시 개혁당의 주요 인사 유시민 의원은 '해일이 일고 있는데 겨우 조개나 줍고 있냐'며 이런 노력을 비난했는데, 이것은 무엇이 ('해일'만큼) 중요한 문제인지, 반면 성폭력 사건은 얼마나 ('조개 줍기'만큼) 사소한 문제인지에 대한 위계적 인식을 보여주는 또 다른 예다."[43]

2008년 12월 6일에 일어난 민주노총 조합원 성폭력 미수 사건은 진보 진영의 그런 문제점을 또다시 여실히 드러내 보였다. 이 사건의 진실을 정리한『하늘을 덮다: 민주노총 성폭력 사건의 진실』(2013)엔 전희경이 지적한 은폐 수법이 다시 나온다.

이 사건은 이석행 민주노총 위원장이 수배 중이던 2008년 말께 이 위원장의 도피를 도운 여성 전교조 조합원을 민주노총 간부 김 아무개 씨가 성폭행하려 했던 사건이다. 이를 문제 삼으려는 피해자를 지도부는 이렇게 달랬다. "전교조나 민주노총이 매우 어려운 시기다. 정부나 보수 언론이 이 사실을 알면 이를 빌미로 탄압하고 조직을 와해시키려고 할 것이다. 참아달라."[44]

그런 은폐 시도로 이 사건은 사건 발생 60일이 지난 2009년 2월 5일에서야 세상에 알려졌는데, 인터넷에 오히려 피해자를 비난하는 글들이 올라온 것도 익숙한 풍경이었다. "뭔가 음모가 있다. 현 집행부와 다른 의견 그룹이 집행부를 사퇴시키려고 사실을 왜곡한다.""피해자가 성폭력 사건으로 조직을 말아먹으려 한다.""그만한 일로 조직을 위기에 빠뜨리고, 가해자들의 활동을 못하게 하는 것은 과도한 요구다."[45]

미리 이야기를 하자면, 이 사건은 당시 사건 은폐의 주역 중 한 명으로 의혹을 받은 전前 전교조 위원장 정진후가 2012년 4·11 총선에서 통합진보당 비례대표로 공천을 받으면서 다시 불거진다(2009년

1월 제14대 전교조 신임 위원장으로 새로 취임한 정진후는 사건을 은폐하려해 성폭력 2차 가해자로 지목된 전교조 관계자 3명의 징계를 요구받았다. 당시 전교조는 이들에 대해 성폭력 징계 위원회를 열어 제명했으나 이후 성폭력 징계 재심위원회와 전교조 대의원 대회를 거치면서 수위가 낮아져 징계는 경고로 확정되었다).

3~4월 내내 매일같이 피켓 시위와 촛불집회가 벌어졌다. 이런 상황에서도 통합진보당 공동대표 유시민은 "내가 그분들과 얘기해봐서 아는데 정진후 후보에게는 문제가 없다"는 식의 발언을 함으로써 항의 여성들을 분노하게 만들었다.[46]

유시민이 3월 13일 MBC 〈100분 토론〉에서 정진후를 옹호하자, 트위터 등에선 "성폭력 피해자, 〈100분 토론〉 유시민의 정진후 감싸기에 오열. 통합진보당 정진후에 대한 공천을 취소하라!!" 등의 비판이 줄을 이었다. 성폭력 피해자 지지 모임은 유시민을 허위 사실 유포로 고소하겠다고 밝혔다. 지지 모임은 15일 오후에 낸 보도자료에서 다음과 같이 밝혔다.

"통합진보당의 정진후 비례 후보 철회를 지속적으로 제기할 것이며, 정진후 후보 감싸기를 위해 사실 관계를 왜곡하고 허위 사실을 유포하는 유시민 공동대표의 행보에 대해 지속적으로 대응할 것이다."[47]

이 사건은 오늘날까지도 논란이 계속되고 있지만,[48] 유시민은 개혁당 시절의 조개론에 이어 통합진보당 시절의 '정진후 감싸기'로 인해 여성운동가들 사이에선 성폭력과 관련된 '조직 보위론'의 대표적 옹호론자로 떠오르게 된다. 국내 페미니즘 책들에서 '조직 보위론'과 관련된 이야기가 나올 때마다 어김없이 '유시민의 조개론'이 거론되는 데엔 바로 이런 역사가 있다.

연예계 · 정관계 성 접대 사건

2009년 3월 7일 인기 드라마 〈꽃보다 남자〉에 출연한 탤런트 장자연이 술자리 접대와 성상납 강요 등을 폭로한 문건을 남기고 스스로 목숨을 끊어 큰 충격을 주었다. 이 사건과 관련, 연예기획사 간부인 A씨의 증언에 따르면, "연예기획사 소속 여배우가 룸살롱에서 술접대를 하는 관행은 분명히 있습니다. 회사 규모와 상관없이 사장 마인드에 따라 벌어지는 일이죠. 몇 년 전부터 기획사들의 주식시장 상장 붐이 일면서 '돈줄'이 되어줄 외부 투자자들에게 접대를 하는 경우가 늘어났는데 그때 여배우가 동행하게 되곤 합니다."

이 사건을 계기로 나중에(2009년 4월) 한국방송영화공연예술인노동조합(한예조)이 연기자 183명을 대상으로 설문조사한 결과 19.1퍼센트인 35명이 '나 또는 동료가 성상납을 강요받았다'고 밝혔다. 5명 중 1명꼴이었다. 한예조는 확보된 '가해자 리스트'까지 공개하지는 않았지만, 가해자의 직업은 방송사 PD, 작가, 방송사 간부, 연예기획사 관계자, 정치인, 기업인 등이었다. 여성 연예인들의 술자리 접대는 주로 룸살롱에서 이루어졌기에 이는 '룸살롱 사건'이기도 했다.

이 사건의 와중인 3월 24일 밤 청와대 국정기획수석실 산하 방송통신비서관실 김모 행정관과 같은 부서 장모 행정관, 방통위 과장급 간부 등이 서울 마포구 노고산동의 한 룸살롱에서 케이블 방송업계 관계자에게서 향응을 받은 사실이 수일 후에 드러나 큰 논란을 빚었다. 특히 김 행정관은 이날 룸살롱에서 술 접대를 받은 뒤 인근 신촌의 A모텔에서 성매매를 하다가 기습 단속에 나선 경찰에 적발되었다. 경찰은 이날 A모텔에서 김 행정관을 포함해 2명을 성매매 혐의로 붙잡아 불구속 입건했다.

『한겨레21』은 「은밀하고 노골적인 접대의 속살」이라는 기사를 통해 "청와대 행정관 성매매 의혹 · 장자연 씨 자살 사건으로 살펴본 '고위층 접대'를 둘러싼 세 가지 시선"을 다루었다. 접대하는 남자, 접대하는 여자, 접대받는 남자라고 하는 3가지 시선이다. "두 사건의 공통점이 있다. 뭇사람은 접근이 불가능했던 '고위층 접대'의 속살을 들췄다. 이 경우, 경찰은 굼뜨고 위약하다는 점도 닮았다.……장자연 씨가 울고, 업체 사장은 머리를 조아리고, 청와대 행정관은 웃는 '계급'의 거래소."

기업들의 접대비는 2007년 6조 3,647억 원에 달해 처음으로 6조 원을 넘어섰는데, 실제 접대비는 이보다 훨씬 더 많았다. 접대비를 복리후생비, 지급 수수료 등에 계상計上하는 일이 흔했기 때문이다. 룸살롱에서의 술자리 접대는 곧잘 '성 접대'까지 이어졌다. 2009년 4월 포털사이트 커리어www.career.co.kr가 직장인 887명을 대상으로 접대 문화에 대해 조사한 결과 25.6퍼센트가 성 접대로까지 이어진다고 답했다.

음성적인 접대가 꽃을 피우면서 이른바 '풀살롱'도 늘어갔다. 풀살롱은 '원스톱 서비스'로 성매매까지 할 수 있는 룸살롱이었다. 특급 호텔과 룸살롱이 '성매매 공조'를 하는 수법도 널리 쓰였다. 여종업원을 100여 명이나 두는 중소기업 수준의 거대한 룸살롱을 가리키는 '기업형 룸살롱'이 갈수록 늘었다.[49]

그런데 놀랍고도 흥미로운 건 남성들 중엔 이에 대해 분노하는 사람들도 별로 없었다는 점이다. 분노는 페미니즘을 위해서만 발휘하겠다는 듯한 상황이 2010년대에 전개된다.

페미니즘에 대한 나의 위선과 뻔뻔함

남자라도 이론에만 머무르는 페미니스트가 되긴 쉽다. 문제는 몸이다. 실천이다. 가부장제의 독재 체제하에서 성장한 남자들이 머리로는 페미니즘을 껴안을망정 '몸에 각인된 타성'은 삶의 현장에서 실천을 완강히 거부한다. 나 역시 그런 사람이다. 무엇보다도 가사노동 분담을 늘 설거지하는 걸로만 때워온 위선자다. 위선자가 되고 싶진 않아서 나는 페미니스트가 아니라고 말한다. 뻔뻔하다.

2000년대는 그런 위선 또는 뻔뻔함이 폭발한 시기였다. 나는 그래도 정도의 차이는 따져보아야 하는 것 아니냐는, 즉 "나는 최악은 아니다"는 방패를 앞세워 최악을 기록하는 이런 책을 쓰고 있다. 이건 논리학에서 말하는 '차이 없는 구별의 오류distinction without a difference'인지도 모른다. 누군가가 "나는 그 사람을 때리지 않았어. 단지 그 사람 얼굴이 내 주먹에 와 닿았을 뿐이야"라고 말하면 개그로 통용될지 몰라도 남자들은 정색을 하고 그런 개그를 해댄다.

"나는 페미니즘에 반대하지 않아. '가짜 페미니즘'에 반대할 뿐 '진정한 페미니즘'은 지지해." 이건 2010년대 후반에 유행하게 될 남자들의 진지한 개그지만, 이런 '진정한 페미니즘' 타령의 씨앗은 이미 2000년대에 뿌려지고 있었다. 페미니즘을 전면 부정하긴 어렵다는 것 정도는 깨달은 남자들은 계급, 대의, 공정 따위의 가치들을 내세워 페미니즘을 능멸하는 짓을 당당하게 저지르고 있었다.

인터넷 시대의 개막을 장식한 '된장녀'의 발설자들은 내심 자신의 '투철한 계급의식'을 내세워 자위를 하고 싶어 했겠지만, 그들은 자신에게 직접적인 피해를 주는 윗계급 남자들의 갑질과 횡포엔 그런 관심을 보인 적이 없었다. "세상이 다 그런 거지 뭐"라는 체념의 지혜를 발휘하는 데 매우 능동적이었다. 세상이 다 그렇다는 건 '몸에 각인된 타성'에 따른 것이지만, 그 타성은 남녀평등을 배제한 가운데 형성된 것이었다. 그래서 그들은 페미니즘엔 분노했다.

진보 운동권의 반페미니즘도 마찬가지였다. 운동권에서도 여성의 역할은 시녀였다. 운동권 남성에게 시녀의 인권도 존중해야 한다는 최소한의 의식은 있었을망정, 그런 존중이 조직의 안전과 번영에 해가 된다면 그건 가차 없이 내던져도 좋을 그런 하찮은 것이었다. 조개를 줍는 건 필요하거나 좋은 일일망정 해일이 일고 있을 땐 절대 해선 안 되는 그런 일이었다.

명색이 세상을 바꾸겠다는 운동권이 그 모양이었을진대, 기존 세상을 그대로 지키자는 사람들이 호주제 폐지를 반대하고 나선 건 너무도 당연한 일이었다. 그들의 '몸에 각인된 타성'이 운동권의 그것보다는 훨씬 강했을 것이기에 오히려 반대 운동이 너무 온순했던 것에 감사해야 했던 건 아니었을까?

'88만원 세대'의 탄생이 예고된 암울한 경제 상황은 페미니즘을 사치스럽고 거추장스러운 장식물 정도로 여기게 만드는 정서의 확산에 기여했다. 이 또한 자신이 겪는 고통에 대한 푸념이나 화풀이를 늘 힘이 센 주범보다는 주변의 힘없는 사람에게 해온 '몸에 각인된 타성'에 따른 생존 방식이었는지도 모른다.

'몸에 각인된 타성'이 여자에겐 없었겠는가. 세상에는 두 종류의 여자가 있다. '몸에 각인된 타성'을 거부하면서 투쟁하는 여자와 용인하면서 순응하는 여자다. 물론 우리는 후자를 탓할 수 없다. 타성에 순응하지 않을 때 거센 탄압이 들어오는 걸 감당하라고 말하는 건 과도한 요구다. 공격적 타성과 방어적 타성으로 인해 여성학이 일시적으로 위축되긴 했지만, '페미니즘의 도전'은 이제 역류시킬 수 없을 정도로 광범위한 뿌리를 내리고 있었다. 이제 우리는 그 뿌리에서 비롯된 약동의 현장을 2010년대에 목격하게 된다.

제3장

▼

사회적 삶을 타락시킨 가부장제의 폭력

2010~2014년

한국은 세계가 알아주는 '룸살롱 공화국'

2009년 이후 여성들이 남성의 대학 진학률을 역전했지만, 전체 성별 임금 격차는 여성이 남성의 67.7퍼센트 수준에서 답보하고 있었다. 그럼에도 이후 페미니즘에 대한 반감은 날이 갈수록 심해졌고, 2010년 극우 성향의 혐오 전문 인터넷 사이트인 '일간베스트저장소(일베)'의 탄생과 활약은 청소년의 여성 혐오에도 큰 영향을 미쳤다. 일베가 언론에서 종종 언급되기 시작한 것은 2012년부터지만, 혐오가 재미있는 놀잇거리가 될 수 있다는 가능성의 현실화는 의미심장한 것이었다.

그런 상황에서 여성가족부가 2011년 청소년 유해가요 지정, 밤 12시부터 오전 6시까지 16세 미만 청소년의 게임 이용을 차단하는 인터넷 게임 셧 다운제를 실시한 것이 결정적 계기로 작용한다. 황정미가 잘 지적했듯이, "청소년 문화와 인터넷 게임의 세계를 이해하지 못하는 여성가족부는 남성 네티즌, 특히 청년과 청소년 남성들의 공적이 되었다. 안티페미니즘 정서는 표현의 자유를 제한하는 규제에 대한 분노와 여성가족부에 대한 비난을 결합시켰다."[1]

가진 게 없는 사람들은 사이버 세계에서 놀고, 가진 게 많거나 얻어먹을 일을 많은 사람들은 룸살롱에서 놀았다. 2010년 3월 8일 기획재정부 장관 윤증현의 외신 기자 간담회에서 미국의 『월스트리트저널』 기자 에번 람스타드Evan Ramstad가 "한국 여성의 사회 참여율이 저조한 것은 룸살롱 등 잘못된 직장 회식 문화 때문이 아니냐", "기업체에서 재정부 직원들을 룸살롱에 데려가는 것으로 아는데 이에 대한 기준이 있느냐"는 질문을 던져 논란을 빚었을 정도로, 대한민국은 세계가 알아주는 명실상부한 '룸살롱 공화국'이었다.

공직자들의 룸살롱 스캔들은 매년 수차례씩 터져나왔지만, 달라지는 건 없었다. 2010년 4월, 이전의 모든 '법조 룸살롱 스캔들'들을 압도하고도 남을 대형 스캔들 사건이 터진다.

부산·경남지역 등에서 활동한 전 건설사 대표 정모 씨가 "지난 20여 년간 100여 명의 검사에게 수시로 촌지와 향응을 제공하고 일부는 성 접대까지 했다"고 주장하면서 스폰서 내역이 담긴 문건을 언론에 넘겨줌으로써 벌어진 사건이다. 4월 20일 밤 MBC 〈PD수첩〉이 문제의 문건과 인터뷰를 토대로 정모 씨가 작성한 검사 실명 리스트를 방송함으로써 세상이 발칵 뒤집혔다고 해도 좋을 정도로 큰 충격을 안 겨주지만, 이 또한 결국엔 아무 일도 없었다는 듯 사라지고 만다.[2]

'고려대 의대생 성추행 사건'의 비극

많은 한국인에게 사회는 혐오와 착취의 대상이었을 뿐이고, 그들이 굳건하게 지키고자 하는 건 오직 가족이었다. 2011년 5월에 일어난 '고려대 의대생 성추행 사건'은 사건 자체도 충격이었지만, 부모의 추태도 충격이어서 과연 "가족이란 무엇인가?"라는 의문을 새삼 불러일으켰다.

이 사건은 배모 씨(26세)가 의대 동기들과 함께 경기도 가평의 한 민박집으로 여행을 가면서 시작되었다. 이곳에서 배씨와 공범인 동창들은 피해 여학생이 술에 취해 잠들자 옷을 벗기고 휴대전화 카메라로 촬영한 혐의로 기소되어 10월 1심에서 징역 1년 6월~2년 6월의 실형이 선고되었다.

그런데 이 사건의 뒷이야기가 알려지면서 대중의 분노를 자아냈다. 8월 17일 오전 〈CBS 김현정의 뉴스쇼〉에 출연한 피해자 언니 A씨에 따르면, 첫 공개 재판 당시 가해자 부모들은 기자들에게 "피해자가 문제가 있었다. 우리 아들은 잘못이 없다"는 식으로 말했으며, A씨 동생을 만나 "이런 게 알려지면 가해자도 끝난 거지만, 피해자도 이제 끝난 것이다"라고 말하기도 했다. A씨는 "6년 동안 동생과 함께 학교생활을 했던 학생들이라 실망감이 크다. 동생은 그들을 믿고 그랬던 것인데, 이런 일이 벌어지니 사람이 무섭다는 생각을 많이 한다"고 했다.[3]

재판 과정에서 밝혀진 바에 따르면, 배씨와 어머니 서모 씨(52세)는 경찰 수사가 한창이던 6월 고려대 의대 동아리방을 찾았다. 이들은 학생 21명에게 피해 여학생이 문제가 있다는 내용의 사실 확인서를 나누어주고 서명날인을 받았다. 확인서에는 "피해자가 평소 이기적이고 학교생활에서 친구들과 어울리지 못해 인격 장애가 있는 것 아니냐는 말이 돌았고, 가해 학생들이 그나마 피해자가 학교생활을 유지할 수 있도록 도왔다. 학우들 사이에서는 이번에 불거진 강제추행 사건 역시 피해자의 인격 장애적 성향 때문에 부풀려진 것 아니냐는 견해가 우세하다"고 적혀 있었다.[4]

결국 서씨는 나중에 법적 처벌을 받게 되지만, 내 새끼를 위해선 다른 집 새끼는 함부로 짓밟아도 된다는 생각은 소름끼칠 정도로 잔인한 일이었을 뿐만 아니라 페미니즘의 관점에서 보더라도 너무도 비극적인 일이었다. 왜 비극인가? 이 땅엔 서씨와 같은 어머니들이 아주 많았기 때문이다. 이게 바로 가부장제 '자궁 가족'의 비극이 아니고 무엇이랴.

"어떤 옷차림이든 성추행·성폭력을 허락하는 건 아니다"

이 '고려대 의대생 성추행 사건'은 한국의 '슬럿 워크slut walk', 즉 '잡년 행진'으로 이어지는 결과를 낳았다. 성추행을 저지른 의대생 처벌에 대한 고려대학교의 미온적인 태도에 항의하면서 일어난 '고대 앞 슬럿 워크 1인 시위'가 발단이 되었다. 누리꾼들이 잇따라 고려대학교 앞에서 노출이 심한 옷을 입고 "어떤 옷차림이든 성추행·성폭력을 허락하는 건 아니다" 등의 피켓을 들고 시위를 벌인 것이다.

　slut은 "난잡하게 놀아먹는 계집, 잡년"이란 뜻인데, slut walk(슬럿 워크)는 캐나다에서 시작한 여성운동으로, 직역하면 '헤픈 여자 옷차림으로 걷기'라는 뜻이다. slut walk는 2011년 1월 24일 캐나다 요크 대학에서 일어난 캠퍼스 강간 사건과 관련된 안전 교육 강연에서 마이클 생귀네티Michael Sanguinetti라는 경찰관이 "여자들이 성폭행 희생자가 되지 않으려면 '매춘부slut'처럼 옷을 입고 다니지 말아야 한다"고 한 발언이 발단이 되어 일어난 시위다.

　4월 3일 토론토에서 3,000명이 모여 성폭행 피해자의 야한 옷차림을 문제 삼는 사회를 향해 시위를 벌였는데, 7월 초까지 보스턴, 시애틀 등 북미 주요 도시와 런던, 시드니 등 세계 60여 개 도시로 시위가 이어졌다. 미국 페미니스트 작가 제시카 발렌티Jessica Valenti는 "슬럿 워크는 불과 수개월 만에 지난 20년간 페미니즘 운동 사상 가장 성공적인 운동이 되었다"고 평가했다.[5]

　한국에서 진행된 slut walk는 '잡년 행진'이라는 이름으로 벌어졌다. 7월 16일, 소위 '야한' 옷을 입은 10여 명의 참가자는 오후 2시 서울 안암동 고려대학교에서 '고려대 의대생 성추행 사건'에 항의한 뒤 오후 4시부터는 100여 명이 참가한 가운데 광화문 원표공원에서 '막춤'을 추며 새로운 형태의 항의를 시작했다. 참가자들은 가슴이 파인 옷·짧은 치마 등 남성의 눈길을 끄는 옷들을 주로 착용했는데, 망사 스타킹을 신은 사람도 있었고, 상의를 벗고 브래지어만 입은 여성도 있었고, 짧은 치마를 입고 여장을 한 남성 참가자도 있었다. 이들은 "옷은 양념이 아니다. 그녀는 먹을 것이 아니다" 등의 현수막을 들고

행진했다.[6]

　다음 해인 2012년 7월 28일 오후 서울 종로2가 탑골공원 앞에서 열린 '잡년 행진' 문화제엔 150여 명의 여성이 참가했다. 훤히 드러낸 어깨와 다리에 "내 몸 함부로 만지지 마"라는 글귀를 적은 여성 참가자들은, 주위 시선에 아랑곳없이 음악에 맞춰 춤을 추고 노래를 불렀다. 일부 술 취한 노인들은 "덜 벗었다, 벗으려면 더 벗어라!" "벗은 애들이 너무 못생겨서 보기 싫다!"고 참가자들을 향해 외쳤다. 사회를 맡은 '혜원'은 "지난해에 이어 또다시 잡년 행진을 하는 이유는, 우리 사회에 아직도 성범죄의 원인을 피해자에게 돌리는 사람들이 있기 때문"이라고 말했다.[7]

　slut walk는 페미니즘 진영 밖은 물론 안에서도 찬반 논란을 불러일으켰다. 주요 비판은 여성해방을 위한 거시적인 고찰과 그에 따른 행동이 결여된 가운데 페미니즘 운동을 고작 "내가 원하는 걸 입을 수 있다 can wear what I want" 수준으로 사소화·격하시키는 게 아니냐는 것이다. 이런 비판에 대해 발렌티는 여성 성폭행의 책임을 여성에게 돌리는 '피해자 탓하기victim blaming'는 지난 수십 년간 건재해온 것으로, 이는 결코 작은 문제가 아니라고 반박했다.[8]

"우리는 진보의 치어리더가 아니다"

　2012년 1월 말 이른바 '〈나꼼수〉 비키니-코피 사건'이 일어났다. 〈김어준의 나는 꼼수다〉(〈나꼼수〉)는 김어준(전 『딴지일보』 총수), 정봉주(제17대 국회의원, 민주당 교육연수 위원장), 주진우(『시사IN』 사회팀장),

김용민(시사평론가)이 진행하는 팟캐스트 방송으로 2011년 4월 29일 개국해 이 사건이 일어난 시점에선 "강력한 대중적 영향력을 떨치며 정치적 저항의 아이콘으로서의 위상을 확고히 한" 상태였다.[9]

사건의 발단은 BBK 주가 조작 사건에 대한 의혹 제기에 대해 공직선거법 위반과 허위 사실 유포 혐의로 기소된 상태에 있던 정봉주가 2011년 12월 22일 대법원에서 징역 1년의 실형이 확정되어 12월 26일 수감되면서부터였다. 정봉주 수감 이후 결성된 '나와라 정봉주 국민운동본부(국민본부)'는 회원들에게 홈페이지에 정봉주의 석방을 주장하는 1인 시위 인증샷을 올려달라고 독려했다. 정봉주 팬 카페인 '정봉주와 미래권력들(미권스)' 회원들이 국민본부의 회원으로 활동했고, 미권스에는 삼국카페의 20~30대 여성들이 활동하기도 했다.

2012년 1월 20일 한 여성이 비키니 수영복을 입고 가슴 부위에 응원 메시지, "가슴이 터지도록 나와라 정봉주!!"를 쓴 모습을 찍은 인증샷을 국민본부 사이트에 올렸다. 1월 21일 김용민은 〈나꼼수〉 방송에서 정봉주의 근황을 이렇게 전했다. "정 전 의원께서는 독수공방을 이기지 못하시고 부끄럽게도 성욕 감퇴제를 복용하고 계십니다. 마음 놓고 수영복 사진을 보내시기 바랍니다."

1월 27일 주진우는 홍성교도소에서 정봉주 접견 신청서에 적은 내용인 "가슴 응원 사진 대박이다. 코피를 조심하라!"를 찍은 사진을 트위터에 공개했다. 그러자 다음 날인 1월 28일 작가 공지영은 트위터에서 "남자의 70%가 성매매 경험이 있는 나라에서 여자의 몸에 대한 시각은 당연히 정치적이며, 수구와 마초들이 좋아하는 방식으로 여성의 성징을 드러내는 석방 운동을 개인적으로 반대한다. 그것에 대해

75

대수롭게 여기지 않는 〈나꼼수〉 팀과 의견을 달리한다"며 〈나꼼수〉에게 사과를 요구했다.[10]

바로 직후 미권스 회원인 '똥을품은배'는 「우리는 진보의 치어리더가 아니다」라는 글을 게재하면서 비키니 시위 사진에 달린 댓글에 실린 남성들(로 추정되는 사람들)의 성적 소비를 비판했다. 이후 몇 달 동안 인터넷을 뜨겁게 달군 논란의 핵심이 된 이 글은 2008년 당시 광우병 소고기 수입 반대 촛불집회에서 전경들의 군홧발에 글쓴이의 플랫 슈즈가 밟힐 때 자신이 느꼈던 공포를 서술하는 것으로 시작하면서 "인터넷에서 남성들이 '논객 노릇'에 빠져 있을 때, '감정적인' 여성들이 조직적으로 거리로 나와 현장에 뛰어들었다"고 역설했다.

그러나 그렇게 수많은 여성이 적극적으로 정치를 만들어내고, 거리와 온라인, 생활의 현장에서 생생한 활약을 했음에도 〈나꼼수〉가 등장하자 〈나꼼수〉에 의해 여성들이 '새롭게' 정치화되고 있는 양 대상화되고 있는 현실에 '똥을품은배'는 분노를 표했다. "위대하고 거창하고 숭고한 정치적 대업은 모두 언제나 어디까지나 전통적인 남자님들 영역이고, 여자들이 발버둥 치며 주도해온 것들은 새로운 취미이자 조금 색다른 소꿉놀이고, 언제까지나 그저 신기한 현상이기만 한가."

이어 '똥을품은배'는 한 걸음 더 나아가 좀더 민감한 문제를 건드렸다. 촛불집회 당시 예비군들에게 관심을 받던 여성 시위대의 모습과 "다른 거 해드릴 건 없고 안아드리겠다"던 한 여성의 행동을 일례로 들어 여성들조차 이와 같은 상황에 기여하는 행동을 하고 있다고 비판한 것이다. 그는 "그녀들이 시위에서 남성들에 대한 상납의 형태로 여성성을 팔았다"고 지적하면서, 그간 여성들이 실천해온 숱한 '정치'

의 실천에도 결국 여성들의 역할은 '진보의 치어리더'에 머물고 있는 것은 아닌지 개탄했다.[11]

"권력의 불평등 관계가 없으면 성희롱이 아니다"?

1월 30일 진중권은 트위터에서 "비키니 사진을 올린 것은 한 개인의 자유에 속하는 행위라고 보지만 그 사진을 소비하는 마초적 방식은 경계해야 한다"고 밝혔고, 1월 31일 『경향신문』은 「주류가 된 〈나꼼수〉, 시험대 오르다」는 기사에서 이택광, 권혁범 등의 남성 평론가와 지식인들의 인터뷰 내용을 인용해 이번 사건을 통해 〈나꼼수〉의 "강한 마초이즘"이 폭로되었다고 하면서 "'진보'라고 불리는 사람들이 젠더(성)와 섹슈얼리티에 대해선 성찰을 게을리했다는 증거"라고 성찰을 요구했다. 2월 1일 한국여성단체협의회는 성명서를 통해 비키니 시위와 이에 대한 〈나꼼수〉 멤버의 트위터 발언이 "표현의 자유와 단순한 유머 코드를 넘어선 명백한 성희롱적 발언"이라고 비판했다.

하지만 2월 3일 MBC 기자 이보경은 "가슴이 쪼그라들도록 나와라 정봉주"라는 구호를 가슴에 쓴 비키니 인증샷을 자신의 트위터에 올렸고, 이어 처음에 비키니 시위 사진을 올렸던 '불법미인'이 "〈나꼼수〉 듣고 비키니 시위한 거 아니다! 〈나꼼수〉가 사과하는 건 나의 뜨거운 가슴으로부터의 진실된 외침을 모욕하는 것!"이라는 글을 찍은 사진을 미권스 카페에 올려 변함없는 지지 입장을 표명했다.[12]

2월 4일 오후 김어준은 서울 마포아트센터에서 시사주간지 『시사IN』 주최로 열린 '시사IN 토크 콘서트'에서 '비키니 1인 시위 인증샷'

논란에 대해 "성희롱할 의도가 없었다"며 "성희롱이 아니다"라고 주장했다. 그는 "성희롱에는 권력의 불평등 관계가 전제돼야 한다"며 "사진을 올린 여성이 우리 때문에 성적 수치심을 느꼈다고 말했다가는 우리한테서 불이익을 당할 것 같다는 관계가 우리와 그녀 사이에 존재해야 한다는 것"이라고 강조했다.

그는 "우리에게 (성희롱할) 의도가 없었지만 그녀도 그렇게 받아들이지 않았다"며 "우리에게는 그녀가 싫다는데도 수영복을 올리라고 말할 권리가 없고 거꾸로 그녀가 성적 수치심을 느끼는데 그 말을 못하게 할 권력도 없다. 따라서 성희롱이 성립하지 않는다"고 주장했다. 그는 다만 "여성이 오랜 세월 성적 약자였기 때문에 이런 이슈에 예민할 수 있고 그럴 권리가 있는 것을 인정한다. 그건 약자의 권리"라고 말했다.

하지만 김어준은 "동시에 자신의 몸을 이용해 정치적 표현을 할 자유가 있고 그 권리도 인정돼야 한다"며 "자신이 불쾌하다고 이 권리를 제약해서는 안 된다"고 덧붙였다. 그는 "(논란이 불거진) 다음 날에라도 설명했으면 금방 끝났을 일이지만 내가 못하게 했다"며 "모든 논란에는 기승전결이 있다. 나올 수 있는 얘기가 다 나오는 게 좋고 그다음에 정리하면 되니 억울해도 참으라고 한 것"이라고 말했다.[13]

이에 대해 사회비평가 박권일은 훗날 이렇게 평했다. "김어준 씨 발언은 그의 젠더 문해력gender literacy이 얼마나 처참한 수준인지를 다시금 폭로할 뿐이다. 김씨 주장대로라면 권력관계상 중학교 남학생이 여성 교사를 성희롱하는 일은 성립될 수 없다. 하지만 그런 성희롱 사건은 실제로 빈번히 벌어졌고 여전히 벌어지고 있다. 어떻게 그럴 수 있을까? 남성 중심-여성 혐오 사회에서 생물학적 남성이라는 사실은 그 자체로 권력이며 때로 감독하고 평가하는 교사 권력마저 넘어서기 때문이다."[14]

"누님들 왜 그래 부끄러워요, 했어야지!"

2월 9일 정봉주가 삼국카페 측에 보낸 사과 편지가 공개되었다. 여기서 정봉주는 "대한민국에서 진보의 가치를 지향하면서도 양성평등적 교육을 제대로 받지 못했을 뿐 아니라, 성적 약자의 위치에 있는 '여성 문제'에 대해서도 다른 어떠한 진보적 가치보다, 진지하게 고민해본 적이 거의 없습니다"라고 고백했다.

2월 10일 김어준은 〈나꼼수〉 방송을 통해 "비키니 시위 사진을 올린 여성의 생물학적 완성도에 탄성을 지른 것은 사실이지만 그보다는 시위의 발랄함, 통쾌함에 감탄했다"면서 "이 두 가지가 양립할 수 있다는 것을 인정하지 않으면 '섹시한 동지'는 존재할 수 없다"라고 목소리를 높였다.

김어준은 이 사건을 성희롱 사건이 아니라고 규정하고, 문제의 발언을 마초 문화의 소산으로 보는 인식을 비판했다. "여성이 약자이기 때문에 예민할 필요가 있다"면서도 한국 여성운동이 '피해자 프레임'을 벗어날 시점이 왔다는 것이다. 그리고 그는 자신이 일부러 일체의 발언을 하지 않음으로써 논의의 현주소를 드러내게 만들려 했고, 현재로서 논의가 미진한 면이 있지만, 주진우 기자에 대한 탄압 국면에 대응하기 위해 이 국면을 일단락 짓겠다고 말했다.[15]

2월 11일 권김현영은 『오마이뉴스』 인터뷰에서 "이 여성이 올린 사진이 갖고 있는 폭발력이 있었다. 말 그대로 '뉴클리어 밤(핵폭탄)'이었다. 이 명백하게 폭발력을 가지고 있는 사진을 받았을 때 저는 주진우가 '누님들 왜 이러세요. 너무 부끄럽잖아요'라고 이야기했어야 한다고 생각한다"며 다음과 같이 말했다.

"사진의 성적인 의미를 무시하지도 않고, 시위 방식의 발랄함을 인정하는 방식. 그들의 지금까지의 워딩에서는 그렇게 이야기가 됐어야 한다. 정봉주는 '저는 부인도 있는 몸입니다. 이러지 마십시오' 이렇게 이야기했어야 한다. 그걸 가지고 갑자기 '대박', '코피 조심'이라느니, '생물학적 완성도'가 어쩌네 하면서 이 여성의 정치적 발랄성을 다른 방식으로 수신했기 때문에 이 농담은 실패했다. 이 실패한 농담은 결국 여성들에게 '진보 진영에서 우리는 누구였나'라는 반복된 의문까지 불러일으켰다."[16]

2월 12일 최태섭은 「〈나꼼수〉 '실패한 농담'이 남긴 뒷맛」이라는 글에서 "이 사태가 농담을 다큐로 받아친 사태인 것은 맞다. 그런데 문제는 그 농담이 재미없었고, 심지어는 어떤 이들의 분노를 살만한 것이었다는 점이다"며 다음과 같이 말했다.

"이 사태에 대한 〈나꼼수〉의 방관과 뒤늦은 해명들은 미권스가 삼국카페를 '살생부'에 올린 것이나 일부 지지자들이 '〈나꼼수〉 멤버들 지치고 힘든데 몸 보시를 해도 모자랄 판에 수영복이 대수냐 가슴이 아니라 XX에다가도 정봉주 나와라 해도 아무 문제없다' 따위의 댓글로 성폭력적 언행을 휘두른 것을 참지 못한다면, 또 비키니 사진을 보고 생물학적 완성도에 감탄하지 못한다면 혹은 그런 시선에 불쾌함을 느낀다면 '우리 편'이 아닌 것인가라는 의문을 자아낸다."**17**

"내가 여성을 왜 혐오하느냐. 나는 여성을 좋아한다"

2012년 5월 일본 여성학자 우에노 지즈코上野千鶴子의 『여성을 싫어하는 일본의 미소지니女ぎらいニッポンのミソジニ-』가 국내에서 『여성 혐오를 혐오한다』라는 제목으로 번역·출간되었다. '여성 혐오'는 영어 미소지니misogyny를 번역한 것인데, misogyny는 부정접두사 'mis~'에 여성을 가리키는 'gyn'가 결합된 단어.

이 책의 출간 이후 '여성 혐오'라는 말이 널리 쓰이게 되는데, 이 말은 나중에 적잖은 오해와 혼란을 초래한다. 여성에 대한 일상적인 차별, 무시, 배제를 '여성 혐오'라고 칭한 것에 대해 일부 남성들이 "내가 여성을 왜 혐오하느냐. 나는 여성을 좋아한다"라고 대꾸하는 등 '여성 혐오'라는 개념을 이해하지 못하는 일이 벌어진 것이다. 이에 대해 장슬기는 다음과 같이 말한다.

"약자가 강자에게 갖는 감정은 혐오보다는 분노에 가깝다. 따라서 여성 혐오, 동성애 혐오(호모포비아), 외국인 혐오(제노포비아) 등의 말은 논리적으로 가능할 수 있지만 책 제목처럼 '여성 혐오를 혐오한다'고 해버리면 '혐오'를 마치 '동등한 주체 간의 대립 상황'에서 사용할 수 있는 용어처럼 느끼게 만든다. 의도와 무관하게 '여성 혐오를 혐오'하면서 '남성 혐오'라는 말은 예정됐다. 여성 혐오를 남성이 할 수는 있지만 이에 대항해 여성들이 남성을 혐오하긴 어렵다."**18**

지즈코도 지적했듯이, '여성 멸시'가 더 알기 쉬운 번역어일 게다.

"나는 여성을 좋아한다"고 말하는 남성은 '파블로프의 개'처럼 좋아하는 것이니, 그게 바로 멸시가 아니고 무엇이겠느냐는 것이다. "여자를 성적 도구로밖에 보지 않기 때문에 어떤 여자든 상관하지 않고 알몸이나 미니스커트 같은 '여성을 나타내는 기호'만으로 즉각적인 반응을 나타낸다."[19]

잦은 오해를 유발하는 용어는 좋지 않다. 그래서 '여성 혐오를 혐오한다'는 '여혐혐'에 동의하지 않는 여성학자들도 있다. 예컨대, 윤지영은 "여성 혐오의 혐오는 여성 혐오에 대한 분노"라고 정의 내린다.[20] 어찌 되었건, '여성 혐오'라는 용어에 대한 오해 때문인지 아니면 일부러 오해하고 싶었던 건지는 알 수 없지만, 남성들이 '여성 혐오'를 오해하거나 인정하지 않았을 뿐만 아니라 오히려 '남성 혐오'라며 반격하는 일이 대대적으로 벌어지기 시작한다.

"가족은 사랑 공동체가 아니라 경제 공동체"

2013년 1월 조주은의 『기획된 가족: 맞벌이 화이트칼라 여성들은 어떻게 중산층을 기획하는가?』라는 책이 출간되었다. 국회 입법조사처 여성 가족 담당 입법조사관으로 일하는 조주은은 자신의 박사학위 논문을 토대로 "나를 포함한 맞벌이 여성들은 왜 이리 미친 듯이 바쁜 걸까?"라는 물음에 답하기 위해 미성년자 자녀를 둔 서울의 30~40대 전문직 여성 20명에 대한 인터뷰 중심으로 이 책을 썼다. 이 책의 핵심 주장은 사랑 공동체였던 가족이 경제 동맹체로 기획되고 관리되어 가고 있다는 것이다.

놀라운 건 남편(24분)보다 7배(2시간 38분)나 많이 가사 노동을 하는 맞벌이 주부들이 그 불평등에 저항하지 않는다는 점이다. "싸움을 소모적이라고 여기는 거죠. 불만이 쌓이다가도 월급날 두둑이 채워지는 통장을 보면 모든 게 용서되면서 일종의 동지애마저 생긴다는 겁니다." 배우자의 외도에 대해서도 너그러워진다. "여기엔 두 가지 전제가 있습니다. 내가 모르게 (외도)할 것, 가계에 손실을 끼치지 않을 것. 높은 자녀 양육비와 부동산 가격을 고려할 때 이혼은 매우 비경제적인 선택이 되므로 '콩가루 가족'이 늘어만 갑니다."

조주은은 애초 여성주의가 맞벌이 가족에 주목했던 것은, 여성의 사회 진출이 가족 안에서 성평등을 실현할 수 있다는 가능성 때문이었지만, 한 치 앞을 모르는 불안과 경쟁, 속도의 시대에 맞벌이 여성들은 오히려 보수화되고 있다고 말한다. "평일의 장시간 노동도 가족의 물질적 토대를 마련하는 데 기여한다면 감내하는 거죠. 직장 생활을 계속하기 위해 시댁과의 갈등을 최소화하면서 그들의 지원을 적극 이끌어냅니다." 그렇다면 여성들은 행복할까? "인터뷰한 여성들의 집에 가보니 화장실에 벽시계가 걸려 있는 집들이 꽤 많았어요. 똥도 잘라가면서 눠야 할 만큼 시간 관리는 경쟁 사회 최고의 미덕이 되었죠. 그들을 기다리고 있는 건 우울증, 아니 과로사일지도 모릅니다."[21]

"기획된 가족, 경제적 동맹자로서의 가족? 너무 비인간적인 거 아니야? 가족이, 부부 관계가 그러면 안 되지." 조주은은 그렇게 생각하는 독자가 있다면, 그 역시 가족에 대한 애잔한 향수를 갖고 있다는 증거일 수 있다고 말한다. 사실 대부분의 가족은 여성이 보기에 늘 많은 노동과 갈등, 때로는 폭력을 감수해야 했던 비인간적인 곳이었다는 것이다. 조주은은 "이 책에 등장하는 여성들도 자신들이 만들어가고 있는 가족·직장의 가치나 규범과는 다른 욕구를 갖고 있다"며 다음과 같은 결론을 내린다.

"인간의 의식의 밑바닥에는 통제되거나 관리되고 싶지 않은 욕망, 본능을 발산하고픈 욕망, 때로는 누구의 시선도 의식하지 않고 흐트러지고 싶은 욕망, 동맹에서 탈퇴하여 자유롭고 싶은 욕망이 존재한다. 그러한 욕망을 어떻게 해소할 것인지는 자신에게 달려 있다. 그 어느 때보다 '자기만의 방'이 필요한 시기이다. 일부 '기획된 가족'의 구성원은 역설적이게도 자기 가족을 기획한 방식 그대로 술집, 나이트클럽 등에서의 일탈 계획, 휴대전화 관리 등의 방법을 통해 '사생활을 기획'하며 그런 욕망을 은밀하게 해소하고 있는지도 모르겠다."[22]

페미니즘을 구속하는 '불륜 공화국'

하긴 이미 오래전부터 한국은 '불륜 공화국'이란 말이 나올 정도로 은밀하게 기획된 스트레스 해소법이 남녀를 막론하고 일상적인 게 되어가고 있었다. 예컨대, 2004년 10월 기준으로 지상파 방송 3사의 방영 드라마 23편 가운데 65퍼센트 가량의 드라마는 어떤 형식으로든 불륜을 극 전개의 주요 장치로 활용했는데, 이에 대해 드라마 작가와 PD들은 "드라마가 현실의 반영이기 때문"이라고 주장했다. 〈아내의 반란〉 연출을 맡은 PD 곽영범은 "여러 아줌마들 만나서 얘기 들어보면 강남 쪽의 유부녀치고 애인 없는 사람이 없단다"라고 말했다.[23]

2006년 『한국일보』 기획취재팀이 여성 포털사이트 '젝시인러브

xyinlove.co.kr'와 공동으로 기혼 여성 대상의 설문조사를 실시한 결과, 응답자 194명 중 '직접 외도를 했다(56명)' 또는 '외도 문제로 고민했다(36명)'는 여성이 92명으로 전체의 절반(48퍼센트)에 육박했다. 특히 외도 경험이 없는 여성 중에서도 '주변에서 외도를 본 적이 있다'는 응답자는 61명(31퍼센트)에 이르는 반면, '외도를 본 적이 없다'는 응답은 22명(11퍼센트)에 불과했다.[24]

이후 어떻게 달라졌을까? 조주은은 서울대학교 법학전문대학원 교수 양현아의 『한국 가족법 읽기』(2012) 출간 기념회에 참석했는데, 이 자리에서 공개 발언을 한 어느 방송국 중견 PD의 말을 소개했다.

"시청자의 의식 수준이 높아지면서 이제 드라마를 만들 때 성차별적인 내용은 빠지는 경향이 있다. 예전에는 이른바 '불륜' 드라마가 욕을 먹으면서도 인기였는데 그 이유는 뭔가 드라마틱해 보이기 때문이다. 그런데 이제는 일상에서 불륜 안 하는 사람이 없기 때문에 불륜 드라마를 안 만들려고 한다. 이런 한국 사회에서 도대체 부부가 무엇인지, 가족이 무엇인지를 규명하는 책이 나와야 하는 것 아닌가?"[25]

조주은은 이 발언 내용에 수긍하면서 이런 질문을 던진다. "일부일처제를 내용으로 하는 가족제도에서 도덕적으로 올바르지 않은 '불륜'으로 의미되는 관계가 늘어난다는 것은 무엇을 의미하는가?" 그렇게 살려면 이혼을 하는 게 좋지 않을까? 이혼율은 증가하는 추세를 보이긴 하지만, 늘어나는 '불륜 커플'의 추세를 감안하면 그다지 높은 편은 아니다. 왜 그들은 이혼하지 않는 것일까? 조주은은 3가지 이유를 제시한다.

첫째, 우리나라의 이혼 제도가 가정 파탄에 책임이 있는 유책 배우자의 이혼 청구는 허용하지 않기 때문이다. 둘째, 우리나라의 높은 자녀 양육비와 부동산 가격을 고려할 때 이혼은 매우 비경제적인 선택이 되기 때문이다. 셋째, 사랑해서 결혼한다는 '낭만적 사랑'이라는 이데올로기가 퇴조했기 때문이다. 즉, 사랑의 도구화, 부부 관계를 비롯한 인간관계의 도구화가 우리의 일상을 지배하고 있다는 것이다.[26]

이런 '기획된 가족'은 페미니즘의 가치를 실현하는 데에 큰 장애가 되었다. 조주은이 잘 지적했듯이, "불안한 사회에 맞서기 위해 부부 관계에서 정서적 상호 소통과 친밀함보다는 경제 관계를 중심으로 한 혼인 안정성이 중요하게 등장함에 따라 남편과 부인 간의 권력관계는 은폐될 가능성이 크다".[27] 이런 권력관계의 은폐는 가족 내부에만 그치는 게 아니라 사회 전 분야로 확산될 수 있다는 데에 문제의 심각성이 있었다. 거칠게 말하자면, 결국 돈이 문제라는 이야긴데, 이는 페미니즘 운동이 문화적 투쟁 못지않게 경제적 투쟁에도 깊은 관심을 기울여야 할 이유라 하겠다.

기본적인 인권 의식이 없는 한국의 진보

2013년 6월 2일 일본의 넷우익 '재일특권을 용납하지 않는 시민모임(재특회)'을 추적한 르포 『거리로 나온 넷우익』의 저자 야스다 고이치安田浩—는 서울에서 열린 출간 기념 공개 대담에서 박권일과 양국의 넷우익 현상에 대해 의견을 나누었다. "일본 넷우익에도 여성 혐오 현상이 나타나는가?"라는 질문에 그는 이렇게 답했다. "재일조선인과 결혼한 일본 여성에 대한 혐오 발언이 없는 것은 아니다. 그러나 한국처럼 강하게 나타나지는 않는 것 같다." 박권일은 이런 의문을 제기했다. "다른 선진 자본주의 국가의 극우 담론을 보더라도 자국의 젊은 여성에 대한 혐오가 한국만큼 극단적으로 드러나는 경우는 찾기 어렵다. 여성 혐오는 한국 넷우익의 '종특(종족특성)'인가?"[28]

그렇진 않았다. 여성 혐오엔 보수와 진보의 구분이 없었으니 말이다. 6월에 출간된 『하늘을 덮다, 민주노총 성폭력 사건의 진실: 잊고 싶은, 그러나 잊혀지지 않는 1639일 생존과 지지의 기록』은 그걸 잘 말해주었다. '민주노총 김○○ 성폭력 사건 피해자 지지 모임'이 쓴 이 책에 대한 '추천의 글'에서 권김현영은 사건이 발생하고 5년이라는 시간이 지났음에도 "피해자는 여전히 분노에 차 있고, 절망하고 있다"고 했다. 그는 이 사건은 '민주주의'와 관련된 문제였다며 다음과 같이 말한다.

"민주노총과 전교조라는 '집단'에 가해진 공격은 속해 있는 집단 구성원 모두의 비호를 받는다. 그런데 그 '집단에 속한 개인'에게 생긴 문제는 그 개인이 누구인지에 따라 집단의 문제가 되기도 하고 개인의 문제가 되기도 한다.……피해 당사자가 사건 이후 겪은 고의적 은폐, 절차적 지연, 책임 떠넘기기, 악의적 소문 유포 등 집단 내부에서 일어난 일련의 상황들은 피해 당사자의 성원권을 효과적으로 박탈했다."[29]

정희진은 "이 책은 성폭력 사건을 통해 드러난 통합진보당, 민주노총, 전교조 소속 일부 간부들(이 글에서 '진보 진영'은 이들을 가리킴)의 손바닥으로도 하늘을 덮을 수 있는 약자에 대한 권력, 관료주의, 무능과 무식에 대한 보고에 멈추지 않는다"고 했다. "한국 사회가 어떻게 작동하는가에 대한 정밀 진단서이다. 청소년에게 가장 권하고 싶다. 나는 이 책이 진보 진영의 성폭력과 은폐, 이에 대한 투쟁의 기록으로만 읽히지 않기를, 간절히 바란다."

이어 정희진은 "우리 사회에서 통용되는 진보 개념은 근대화 시각에서 발전주의progress를 의미한다. 민주주의가 아니다. 한국 사회에서 진보와 보수, 좌파와 우파는 적대하거나 논쟁하는 세력이 아니다. 정상적인 국가 건설이라는 동일한 목표를 갖되 방법이 다를 뿐이다"며 다음과 같이 말했다.

"'공작 정치social rape'라는 표현이 무색할 정도다. 진짜 피해와 무서움은 이것이다. 남성은 물론 많은 여성 활동가들이 이를 주도, 가담했다. 진보라는 과도한 자의식에 비해, 기본적인 인권 개념은 물론 자신이 남성인지 여성인지조차 인식이 없는 이들의 사회생활의 목적을 묻고 싶다."[30]

"성재기, 내일 한강에 투신하겠습니다"

여성 혐오가 좌우를 가리지 않는 '종특'이라면, 그건 그 어느 나라에서도 찾을 수 없는 남북 분단 상황에서 병역의무제의 탓이 컸으리라. 남성에게 유일한 보상인 군 가산점제 폐지에 분노해온 남성연대 대표 성재기가 2013년 7월 25일 남성연대 홈페이지에 "성재기, 내일 한강에 투신하겠습니다"라는 글을 올린 것도 그런 특수성과 무관치 않았을 것이다.

성재기는 여성은 군 복무 면제, 각종 할당제, 여성 전용 시설, 생리

휴가 등의 제도를 통해 과도한 특혜와 배려를 누리는 반면 남성은 역차별당한다고 주장하면서 2008년 남성연대를 설립했다. 그러나 그간 자금난에 시달리면서 파산이 코앞에 임박하자, 아래와 같은 글을 올린 것이다.

"존경하는 시민 여러분. 이제 저는 한강으로 투신하려 합니다. 시민 여러분의 십시일반으로 저희에게 1억을 빌려주십시오. 만약 제가 무사하다면, 다시 얻은 목숨으로 죽을힘을 다해보겠습니다. 그리고 빌려주신 돈은 반드시 갚겠습니다. 부디 엎드려 간청합니다."

다음 날인 7월 26일, 성재기는 동료들이 찍는 카메라를 향해 "감사합니다"라는 말을 남긴 채 서울 마포대교에서 한강으로 뛰어내렸다. 사설 구조요원을 섭외해둔 일종의 '기획 퍼포먼스'였으며, 남성연대는 그날 저녁 지지자들과 '불고기 파티'를 열 예정이었다. 하지만 성재기는 강물에 빠진 후 돌아오지 못한 채 투신 나흘째인 7월 29일 시신으로 발견되었다.[31]

이 어처구니없는 죽음에 대한 일부 남성들의 분노는 여성을 향했고, 그 여파로 여성가족부 홈페이지는 접속자가 폭주해 다운되었다. 범죄심리학자 표창원은 『여성신문』에 기고한 글에서 "성재기 대표와 남성연대, 성 대표의 사망 이후에 발생한 '현상'을 그저 '시대에 뒤떨어지고 열등한 일부 남성들의 투정' 정도로 무시하거나 폄하해서는 안 되는 이유가 있다"며 "성재기 대표를 따르고 그의 빈소를 찾은 사람들의 절대 다수가 청소년과 청년들이었다는 점이다"고 했다.[32]

『시사IN』은 성재기의 삶과 죽음은, 어떤 청년들에게는 '숭고한 영웅 서사'가 되었으며, 그 위력은 상상 이상이라고 했다. 예컨대,

2014년 12월 황선·신은미의 통일 토크 콘서트 현장에서 인화물질을 터뜨린 오민준(가명·19세)은 성재기를 매우 존경한 '성재기 키즈'였다. 그는 2013년 5월에는 "여성부 같은 곳에 가끔 택배로 폭발물을 보내기도 하고 정의의 테러리즘을 시행하는 폭탄마가 되고 싶다"라고 쓰기도 했다.

『시사IN』은 "온라인에서 여성 혐오 담론에 공감하는 이들은 자신이 '약자를 짓누르는 쾌감'을 추구한다고 느끼지 않는다. 그보다는 '이미 여성 상위 시대가 왔는데도, 군 복무와 같은 의무를 남자만 지는 현실'이 부당하다고 느끼는 분노다"며 다음과 같이 말했다.

"특히 청년 남성들이 제 삶의 전망을 부정적으로 평가할수록 모험주의와 극단주의의 토양은 비옥해진다. 앞으로도 더 많은 '성재기 키즈'를 만날 각오를 해야 할지 모른다."[33]

이런 불길한 예측을 뒷받침하듯, 한국 사회는 '잉여 사회'로 접어들고 있었다. 2013년 9월 『잉여 사회』라는 책을 출간한 최태섭은 잉여 사회를 "수많은 잉여가 아귀다툼을 하고, 그중 몇몇이 이기지만 결국 착취당할 기회를 갖게 되는 종류의 사회"라고 정의했다.[34]

그런 비극적인 잉여 사회는 남녀 모두에게 닥친 재앙이었고 여성에게 더 큰 타격을 주었건만, 가부장적 사회체제하에서 그걸 더 절박하게 느낀 남성들은 여성을 동병상련同病相憐의 대상이라기보다는 자신의 잉여화를 가중시킨 원인으로 이해하게 된다.

"며느린가 일꾼인가 이럴려고 시집왔나"

얼굴 못 본 니네 조상

음식까지 내가 하리

나 자랄 때 니 집에서

보태준 거 하나 있나

며느린가 일꾼인가

이럴려고 시집왔나

2013년 추석을 앞두고 젊은 며느리들 사이에서 꽤 공감을 얻은 작자 미상의 「며느리 넋두리」라는 시다. 이 시가 인기를 얻은 건 남성이 차별받는다고 아우성치는 남자들의 '적반하장'에 대한 무언의 항변이 었는지도 모르겠다.

도발적인 항의도 있었다. 추석 연휴 동안엔 한 장의 젊은 며느리 인증샷이 SNS와 인터넷을 발칵 뒤집었다. 차려진 제사상 앞에서 곱게 한복을 차려입고는 가운뎃손가락을 올려 손가락 욕을 날리고 있는 젊은 여성의 사진이었다. 이에 어이없다거나 분노하는 반응이 대다수였지만, 합성 사진일 거라며 변호하는 반응과 '속이 시원하다'며 옹호하는 반응도 있었다.

이 두 가지 에피소드를 소개한 『중앙일보』 논설위원 양선희는 「잔혹 스토리가 난무하는 우리네 명절」이라는 칼럼에서 "이 같은 명절의 '잔혹 스토리'는 실제 상황이다. 이미 '명절'이라는 말은 즐거움·풍족함·가족애와 같은 단어가 아니라 명절 증후군·스트레스·우울증·

이혼 등의 용어와 섞이기 시작했다"며 다음과 같이 말했다.

"여성들은 자기 부부 중심의 핵가족 문제에 간섭하는 시집 식구들을 '시월드'라는 말로 경멸하기에 이르렀다. 이렇게 가족 관계와 개념은 시대의 변화에 따라 변하고 있는데, 명절만 되면 그 변화를 역행하려는 시도가 일어난다. 평소에 잊고 지냈던 조상 숭배와 효도·우애의 코스프레가 강요되고, 가부장적 복고주의가 고개를 들며 가족 간 긴장감을 높이니 명절이 '잔혹한 날'이 된 것일 수 있다는 말이다."[35]

어떻게 해야 명절이 '잔혹한 날'이 되지 않게끔 할 수 있을까? 아니 그게 가능하기는 한 걸까? 7년 전 『한겨레』는 「행복한 설을 위한 '문화혁명'에 나서자」는 사설을 통해 "이 문화혁명의 기본 정신은 배려와 나눔이다"며 "우선 명절 증후군의 가장 큰 원인인 가사 노동을 줄이는 일부터 시작하자. 준비하는 음식 가짓수를 대폭 줄이고, 음식 준비와 설거지 등 가사 노동도 온 가족이 공평하게 부담하도록 만들자"고 했다.[36]

그러나 그런 정도의 변화를 '혁명'이라고 할 수는 없는 일이었다. 아예 명절을 없애버리는 게 혁명에 가까운 일이 아니었을까? 아니 사실 그 일은 혁명이라고 할 것도 없다. 명절 기간을 공휴일화하는 걸 그만두면 간단히 풀리는 문제다. 그 대신 다른 의미 있는 날을 공휴일로 하면 될 게 아닌가.

하지만 기존 명절 체제의 기득권자인 남자들은 물론 '자궁 가족'의 수장인 시어머니들도 그런 정도나마의 혁명을 할 뜻이 전혀 없었다. 그래서, 모든 여성은 아니겠지만, 일부 여성들에게 남은 선택은 '황혼이혼'이었다. 때늦은 복수로 볼 수도 있겠지만, 남은 여생만큼은 '명절의 고통'으로 대변되는 가부장제의 착취에서 해방되고 싶은 열망의 표현으로 보는 게 옳으리라. 2012년 사상 최초로 황혼 이혼이 신혼 이혼을 앞질렀고, 그 추세가 계속된 건 바로 그걸 말해준 게 아니었을까?[37]

페미니즘과 충돌하는 '모성 이데올로기'

2014년 11월 김보성 · 김향수 · 안미선의 『엄마의 탄생: 대한민국에서 엄마는 어떻게 만들어지는가』가 출간되었다. 비슷한 시기에 아이를 낳은 저자 3명이 공저한 『엄마의 탄생』은 영 · 유아기 자녀를 둔 여성들을 중심으로 한국 사회에서 '엄마 노릇'이 어떻게 자본주의적 소비주의와 경쟁주의에 포섭되어 있는지를 담담하게 고발한 책이다.

샤론 헤이즈Sharon Hays는 『모성 이데올로기의 문화적 모순The Cultural Contradictions of Motherhood』에서 현대 미국의 지배적 모성 이데올로기를 '강도 높은 모성 이데올로기Ideology of Intensive Motherhood'라고 규정했는데, 이는 "자녀 중심적이고, 전문가의 지도에 따르며, 감정 소모적이고, 노동 집약적이고, 재정 부담을 감수하는" 엄마 노릇을 의미한다.[38]

저자들은 이런 '강도 높은 모성 이데올로기'가 한국 사회에서 어떻게 극단적인 형태로 나타나면서 여성들을 짓누르고 있는지를 8개 장에 걸쳐 생생하게 묘사하면서 분석한다. 각 장의 잘 정리된, 다음과 같은 제목만으로도 무한 경쟁과 인정 투쟁의 포로가 된 한국 엄마들의 고달픈 삶을 잘 알 수 있다.

"산후조리원, '엄마'를 찍어내다: 엄마 노릇의 첫 교육장", "'나'와

'엄마' 사이에 가로놓인 산후 우울: 여성 스스로의 언어로 이야기해야 할 때", "전문적으로 키우고 있나요?: 유아용품 광고가 만드는 '완벽한 아이' 신화", "도시에서 아이 키우기: 모성을 틀 짓는 공간의 문제", "엄마가 깐깐할수록 아이는 건강해진다?: 엄마 혼자 짊어진 '가족 건강'의 책임", "아기는 언제나 이벤트 중: 상업적 프로젝트가 된 아기 의례들", "지금 시작하지 않으면 늦어요!: 유아기까지 드리운 조기교육 경쟁", "일하는 엄마와 살림하는 엄마의 끙끙앓이: '이상적 어머니'와 '이상적 노동자' 신화에 갇힌 엄마들".

그렇듯 엄마들은 전쟁을 하고 있었다. 날이 갈수록 심화되는 무한 경쟁은 그 전쟁의 참상을 더욱 짙게 만들었다. 저자들은 다음과 같이 말한다.

"엄마 노릇을 완벽하게 해내지 못하면 아이에게 문제가 생길 거라고, 아이의 문제는 엄마의 실패 때문이라고 말하는 사회 속에서, 한국 엄마들은 고품질 자녀를 만들어내기 위해 사력을 다하고 있다. 신자유주의 무한 경쟁 사회 속에서, 먹거리와 입을거리에서부터 각종 질병과 사고, 재난까지 도처에 위험이 산재한 현대 한국 사회 속에서 엄마는 이제 자신의 모든 자원을 동원해 아이를 성공적으로 키워내야만 하는 CEO가 되었다."[39]

저자들은 이런 '강도 높은 모성 이데올로기'는 "자녀를 위한 희생과 헌신을 당연한 것으로 여기며 그러한 엄마를 '정상적이고 좋은 엄마'로 묘사하여 여성을 억압한다"며 "이제는 변화가 필요하다. 점점 더 빠른 속도로 변화하는 사회에서 '좋은 엄마'에 대한 옛 이상만을 부여잡고 있는 것은 더 많은 여성들에게 과중한 짐을 부여할 뿐이다"고 말

한다.[40]

그 어떤 남자건 정도의 차이는 있을망정 이런 엄마의 희생으로 컸겠건만, 이들은 자기들이 그저 바람의 힘으로만 큰 줄 알고 여성의 특권 운운하면서 남자의 권리를 외쳐대니 참으로 딱한 노릇이다. 이는 나의 어머니는 신성하지만, 너의 어머니 즉 아줌마는 혐오스럽다는 이 기적인 가족주의의 산물이었을까?

이후 여러 증거가 나오겠지만, 모성은 페미니즘과 충돌한다. 작가 김효은은 "모성 때문에 종종 반페미니스트가 되곤 한다. 나 역시 살면서 페미니즘이 종종 모성과 충돌하는 지점들을 경험한다"고 토로했는데,[41] 이거야말로 페미니즘의 딜레마다.

아니 딜레마라는 말로는 부족하다. 바로 그 모성이 2015년에 이른바 '맘충mom蟲'이라는 신조어를 탄생시키는 이유가 되니, 이런 기막힌 일이 어디 있으랴. 한국 페미니즘의 선구자인 나혜석1896~1948은 95년 전 출산과 양육의 고통을 적으며 "자식이란 모체의 살점을 떼어가는 악마"라고 했는데,[42] 그렇게 살점을 뜯긴 엄마가 '벌레'라니 이게 도대체 무슨 말이란 말인가. 그렇게 말하는 이들에게 "네 엄마도 벌레냐?"고 묻는다 하더라도, 그건 부질없는 일이었다. 이들이 혐오하는 건 '가족 밖'의 사회였으니 말이다.

나는 한국형 가부장제에서 얼마나 자유로운가?

여성학자 정희진은 한국 사회 가부장제의 특징은 "가부장 없는 가부장제"라고 했다. 제3세계나 피식민 지배를 경험한 남성성과 제국의 남성성은 같을 수 없는데, 한국의 남성성은 책임감, 부양자 보호자 의식, 자율성 등 전통적인 서구 백인 중산층의 남성성과는 거리가 멀다는 것이다. 하기야 가부장 노릇 하기가 어디 쉬운 일인가. 가부장의 권위는 가족을 부양하고 보호하는 책임을 전제로 하는 것인데, 자주 외세의 지배에 시달리면서 전쟁의 참극을 겪어온 한국에서 남성은 가부장으로서 책임을 다하기가 어려웠다.

그렇다고 해서 가부장의 권위마저 포기한 건 아니었다. 책임은 지지 않으면서 권위는 행사하려는 가부장제는 책임마저 여성에게 떠넘기기 때문에 일반적인 가부장제에 비해 여성 차별이 더 심할 수밖에 없다. 그런데 어떻게 그런 가부장제가 가능했을까? '머리말'에서 지적했듯이, 역사적 수난과 비극이 불러온 세속적 신앙, 즉 "이 세상에 믿을 건 오직 내 가족밖에 없다"는 믿음이 극단적인 가족 이기주의를 가능케 했고, 이는 '자궁 가족' 체제를 공고히 했기 때문이다.

한국의 페미니즘이 당면한 최대의 장벽은 가족과 사회의 철저한 분리였다. 집에선 딸바보 아빠일지라도 룸살롱에 가선 딸 또래의 젊은 여자들을 성적 대상으로 삼는 것에 별 심적 갈등을 느끼지 못한다. 그래서 한국은 세계가 알아주는 '룸살롱 공화국'이 되었다. '고려대 의대생 성추행 사건'의 비극이 보여주듯이, 내 아들을 위해서라면 남의 딸은 짓밟아도 좋다고 생각하는 엄마도 많다. 중고등학교에서 학생들 사이에 무슨 성폭력 사건이 일어나면 아들을 둔 엄마들이 보이는 행태는 놀랍도록 비슷하다. 자신의 딸이 그런 억울한 일을 당했다면 목숨 걸고 달려들 사람들이 단지 내 새끼가 아니라는 이유로 그런 짓을 해대는 것이다.

진보 진영은 이 가족 사회 분리 모델을 그대로 답습하면서 여성 동지들을 '치어리더'로 소모했다. 그들을 지배하는 1차 이데올로기는 진보적 가치나 인권 이전에 한국형 가부장제이기 때문에 벌어진 일이다. 자궁 가족 모델에 충실한 여성들 역시 기존 가부장제 수호에 적극 가담했기 때문에 페미니즘의 전선은 꼭 '남성 대 여성'의 전선이라고는 할 수 없었다. 깨어 있던 여성일지라도 '시집을 가는' 순간 가부정적 며느리의 역할을 강요당하고 자식을 낳는 순간 모성 이데올로기의 포로가 되어 페미니즘에서 멀어진다.

한국형 가부장제는 이토록 사회적 삶을 타락시키는 폭력의 주범이자 온상이 되고 말았다. 나는 이 가부장제에서 얼마나 자유로운가? 두려운 질문이다. "나는 자유롭다"고 단언할 수 없기 때문이다. 지금이야 부모님이 다 돌아가셔서 가부장적 굴레에서 비교적 자유로워졌지만, 부모님이 살아 계시던 결혼 초기 나는 아내에게 며느리 역할을 요구하지 않았던가? 부모는 서울에 살고 우리는 전주에 사니, 자주 찾아뵙기라도 해야 한다고 암묵적으로나마 주장하진 않았던가? 평소 이런 문제에 관한 한 '비교적 깨인 사람'임을 자부해온 나는 그런 적이 없다고 굳게 믿었지만, 아내의 기억은 다르다고 한다.

나는 장모님께 잘하려고 애쓴다. 전주에 같이 사니 잘할 수 있는 기회가 많다. 내가 아내에 비해 더 적극적이다. 오히려 아내가 "오버하지 마라"고 반대할 때도 있다. 나는 아내에게 이걸 방증으로 들이밀면서 노인 공경의 문제와 '시집'의 문제를 구별해야 한다고 주장하기도 했다. 아내의 기억이 그 구별을 하지 않아 생긴 문제라는 주장을 감히 시도한 것이다. 결론만 말하자면, 꼼수 궤변이다. 택도 없는 이야기다

(『네이버 국어사전』을 보니, '택도 없다'는 '어림없다'의 전라도 · 경상북도 포항 지방의 사투리라고 한다). 나는 한국형 가부장제에서 자유롭지 않은 영혼임을 인정하지만, 자유를 위한 투쟁을 멈추지 않을 것임을 스스로 다짐한다.

제4장
▼
인내의 임계점과 저항의 티핑포인트
2015년

"나는 페미니스트가 싫다. 그래서 IS가 좋다"

"앞으로도 더 많은 '성재기 키즈'를 만날 각오를 해야 할지 모른다" 고 한 『시사IN』의 예측은 빗나가지 않았다. 2015년 1월 '성재기 키즈' 의 등장을 알리는 어이없는 사건이 벌어진다. 이슬람 수니파 무장단체 이슬람국가IS에 가담하기 위해 터키에서 사라진 김모 군(18세)의 트위터 메시지 사건이다. 그는 2014년 10월 터키로 떠나기 전 자신의 트위터 계정에 "지금은 남자가 차별받는 시대다. 나는 페미니스트가 싫다. 그래서 IS가 좋다"고 남겼다. 이게 알려지면서 네이버 · 다음 등 포털사이트에서 '페미니스트'는 며칠 동안 실시간 검색어 상위권에 머

무릎 정도로 큰 화제가 되는 이상한 일이 벌어졌다.[1]

양선희의 취재에 따르면, 김모 군의 "나는 페미니스트가 싫다"는 말은 생각보다 또래 남성들 사이에 '격한 공감'을 일으켰다. 이렇게 맞장구를 치는 남자가 많다고 한다. "남녀평등이 아니라 남성 노예화다. 여자들은 힘든 일, 돈 드는 일은 남자에게 하라고 한다." "권리 주장에 강한 한국 여자들이 자기에게 유리한 건 옛날식 매너를 강요한다." "요즘 엄마들은 아들의 남성성도 발현하지 못하도록 억압한다." "남성성을 이해 못하는 여성들의 남성 혐오는 페미니즘이라면서 여성 혐오는 왜 범죄라는 건가."[2]

흥미로운 현상이다. 윤지영이 잘 지적했듯이, "학교를 중퇴하고 검정고시 준비 중이던 김모 군은 자신의 열패감이 기인하는 구조가 학벌 중심주의라는 한국 사회의 구조 때문이라고 보기보다, 여성이라는 소수자들이 자신의 몫을 그만큼 찬탈해간다고 본 것이다"[3] 문제는 김모 군이 예외가 아니었다는 점이다. 자신에게 불리하거나 억울한 일이 있으면, 그 진짜 이유는 외면하고 단지 세상 인구의 반이 여자라는 이유만으로(어떤 경쟁에서건 경쟁자들 속에 여자가 포함되어 있다는 이유만으로) 만만한 여자 탓을 하는 게 아예 습관이 되어버렸으니, 이 노릇을 어찌할 것인가.

이렇듯 사태가 이상한 방향으로 전개되자, 한국여성단체연합은 1월 21일 국립국어원에 『표준국어대사전』의 '페미니즘'과 '페미니스트' 정의를 바꿔달라고 요청하는 의견서를 내기에 이르렀다. 이 의견서는 "한국여성단체연합(여성연합)은 국립국어원 『표준국어대사전』의 '페미니즘', '페미니스트' 정의에 대한 문제의식과 한계를 인식하며 이에 대한 의견을 제출합니다. 최근 온라인을 비롯한 한국 사회 전반에서 여성 혐오 현상이 더욱 가시화되고 있는 가운데, 터키에서 실종된 한국인 김모 군의 '페미니스트를 싫어한다'는 트위터 메시지가 알려지면서 '페미니스트' 뜻에 대한 관심이 집중되고 있습니다"라면서 다음과 같이 말했다.

"이러한 가운데 국립국어원『표준국어대사전』에서는 '페미니스트'를 「1」여권 신장 또는 남녀평등을 주장하는 사람, 「2」여성을 숭배하는 사람. 또는 여자에게 친절한 남자'로 잘못 정의하여 '페미니즘'과 '페미니스트'에 대한 오인과 몰이해를 강화하고 있습니다. 이에 '페미니즘' 및 '페미니스트' 정의를 아래 내용을 참고하여 개정할 것을 요구합니다. 현재 여성운동 진영에서는 '페미니즘'을 '계급, 인종, 종족, 능력, 성적 지향, 지리적 위치, 국적 혹은 다른 형태의 사회적 배제와 더불어, 생물학적 성과 사회문화적 성별로 인해 발생하는 모든 형태의 차별을 없애기 위한 다양한 이론과 정치적 의제들'이라는 의미로, 또한 '페미니스트'는 이러한 '페미니즘'을 지지하고 실천하는 사람이라는 의미로 사용하고 있습니다. 국립국어원은『표준국어대사전』의 '페미니즘', '페미니스트' 정의 개정을 비롯한 국어에서의 성차별을 불식시키기 위해 적극 노력해주시기를 촉구합니다."

'페미니즘의 종언'인가?

이 의견서의 핵심은 페미니즘의 뜻을 기존 '여권 신장 또는 남녀평등을 주장하는……'에서 '모든 형태의 차별을 없애기 위한 다양한 이론……'으로 바꿔달라는 것이었다. 그러나 양선희는 「페미니즘의 종언」이라는 칼럼에서 "한데 페미니즘은 지금 사전의 뜻이 맞다. 개념의 발전에 따라 뜻을 보탤 수는 있지만 이를 바꿔 그 역사성과 행적을 숨겨선 안 된다"고 했다.

양선희는 "한때 열렬히 페미니즘feminism(여성주의)을 주창했던 선배는 요즘 '나는 페미니스트가 아니다'고 선을 긋는다. 유능한 '알파걸'들을 탐구한 책에서도 자신이 페미니스트라는 알파걸은 없다고 했다. 각 분야의 성공한 여성들 중 여성운동가들을 비판적으로 보는 사람도 많다"며 다음과 같이 말했다.

"'나는 항상 옳다'는 일부 극렬 페미니스트의 도덕적 선민주의, 여성운동을 발판으로 정계에 진출해 기득권층화한 일부 여성 정치인, 남성에 대한 혐오감으로 변질된 일부 극단적 페미니즘이 주는 불편함이 커서.……과거의 여권女權은 인권의 한 종류라 하기엔 민망할 만큼 열악했다. 페미니즘은 역사적 소명을 다했다. 이젠 페미니즘과 안티페미니즘을 넘어 전혀 새로운 변증법적 합숨에 도달할 차례."[4]

이 칼럼은 한 여성학자에게서 '안티페미니즘'이라는 평가를 받았지만,[5] 중요한 것은 여성으로선 큰 용기를 내서 쓴 것임에도 여성 혐오 일색인 댓글엔 칭찬은 거의 없었다는 점이다. 이는 댓글 공간이 토론 공간이 아니라 배설 공간에 지나지 않는 걸 새삼 입증해주는 게 아니었을까? 댓글러들은 대부분 일방적으로 '남자가 차별받는 시대'라는 김모 군의 주장을 확대재생산하기에만 바빴다.

"양성평등 외친다는 여성부야 누구보다 먼저 나서서 여자들도 군대 가는 법을 만들기 바란다. 아들 가진 부모들은 억울하다."

"소개팅 할 때 남자가 식사 값을 나눠내자고 하면 쪼잔하다고 생각하는 여자들 아직 많고 결혼할 때 남자가 집을 해 와야 한다고 생각하는 여자들 아직 많다. 외벌이로 남자가 돈을 벌어도 집에 오면 가사 분담 당연히 시키는 여자도 많다."

"여자에 대한 각종 혜택과 배려가 듬뿍 담긴 정책을 평등권 확보된 것이라고 오도해선 안 된다. 그것은 남자에 대한 명백한 역차별이다. 요즘은 여자가 성을 무기로 슈퍼 갑질을 하면서 남자를 억압하고 패가망신시키고 있다. 세상에, 민주국가, 법치국가에서 이런 법이 어디 있나? 어차피 경제 위기 오거나 전쟁 발발 혹은 통일이 되면 남한 여자의 노동력은 쓸모없게 될 텐데, 그때 남자들이 철저하게 사회적으로 여자에게 보복할 거다."

"정말 여성들은 알아야 한다. 『여성신문』도 보도했다. 심층 면접을 해보니까 요즘 10대 남학생들은 여성 혐오 감정이 아주 강하다고 한다. 어린 남학생들이 봐도 페미들과 일반 여성들의 행태가 도를 넘어섰다는 게 딱 보이는 거지. 학교만 해도 여교사가 권리만 챙기면서, 힘든 의무는 남자 교사에게 떠넘기는 거, 남학생들 눈에도 보이는 거지. 큰일이다. 10대 시절에 경험한 분노와 혐오 감정은 평생을 갈 텐데, 여자들은 이제 남자의 분노 어찌 감당할까?"

"IS보다 무뇌아적 페미니즘이 더 위험해요"

이런 분노의 표출에 유명 칼럼니스트까지 가세하고 나서는 일까지 벌어졌다. DJ 겸 팝 칼럼니스트 김태훈이 2월 2일 발행된 패션지 『그라치아』 2월호에 「IS보다 무뇌아적 페미니즘이 더 위험해요」라는 칼럼을 기고해 "페미니스트가 싫다"며 IS에 가담한 것으로 알려진 김모 군을 거론하며 다음과 같이 썼다.

"현재의 페미니즘은 뭔가 이상하다. 아니, 무뇌아적인 남성들보다 더 무뇌아적이다. 남성을 공격해 현재의 위치에서 끌어내리면 그 자리를 여성이 차지할 거라고 생각한다. 군 가산제에 반대하는 여성들의 이데올로기가 그렇다. 공평함의 문제는 사라지고 누가 더 유리한가의 문제만 남는다. 당연히 남자들은 반발한다. 교육의 힘으로 참고 이해하려 했던 남녀평등의 문제를 넘어 자신들의 생존이 걸리는 순간 강력히 저항한다. 살아야 한다는 동물적 본능 때문이다. 남성연대와 '일베'가 바로 그 증거다."[6]

논란이 일자 『그라치아』와 김태훈은 사과를 했지만, 여성들은 2월 10일부터 트위터 등 SNS상에서 '#나는 페미니스트입니다' 해시태그 운동을 시작했다. 이 운동이 얼마나 치열했는지는 여성학자 정희진의 다음과 같은 경험담을 통해 미루어 짐작할 수 있겠다.

"2015년, 나는 가는 곳마다 '왜 페미니스트 선언을 하지 않으세요?'라는 항의를 받았다. 나름 겸손한 의미로 '저는 페미니스트를 지향하는 사람이지 아직 페미니스트가 아닌데요. 그리고 20년 전부터 많이 (선언)했는데요'라고 말했다. 그 뒤 나는 트위터에서 '가루가 되도록' 까였다. 맙소사, '나는 페미니스트입니다' 해시태그 운동이 벌어지고 있었던 것이다."[7]

'#나는 페미니스트입니다' 해시태그 운동에 반격이라도 하듯, 네이버는 2월 15일부터 웹툰 〈뷰티풀 군바리〉를 정식 연재했다. 이 웹툰은 여자도 병역 의무를 져야 한다는 법안이 통과된 가상의 한국 사회를 배경으로 하면서 '남자만 당하는 부당함'을 여성이 이해하게 되는 장면에서 남성 독자의 공감을 얻었다.[8]

구자준은 「전략적 여성 혐오 서사의 등장과 그 의미: 웹툰 〈뷰티풀 군바리〉를 중심으로」라는 논문에서 "〈뷰티풀 군바리〉는 남성 청년의 몫을 빼앗는 자로 여성을 지목하며, 올바른 여성상에 대한 인식을 분명히 드러내고 교정 전략 및 대안을 제시하고 있다"며 "많은 이들에게 '역차별'에 대한 담론으로 받아들여지면서, 노골적인 '여성 혐오' 발언에 대해서는 거부감을 드러내는 네티즌까지 독자로 포섭한다"고 했다.[9]

당시 사회적 상황은 어떠했던가? 이른바 '삼포(연애·결혼·출산 포기)세대'에 '사포(삼포+취업 준비로 인한 인간관계 포기)세대', '오포(사포+내 집 마련 포기)세대'라는 말까지 유행할 정도로 청년들의 삶은 계속 어려워지고 있었다.[10] 2월 취업포털사이트 '사람인'이 2030세대 2,880명을 대상으로 "연애, 결혼, 출산, 대인관계, 내 집 마련 중 포기한 것이 있는가"라고 물었더니, 1,660명(57.6퍼센트)이 '있다'는 답을 한 것으로 나타났다.[11]

청년들의 그런 고통은 남녀 모두에게 해당되는 것이었건만, 묘하게도 청년은 남성으로만 대변되었고 이런 왜곡된 상황에서 분노의 폭발은 출구를 찾지 못한 채 엉뚱하게 여성들에게 향했다. 2015년 3월 7일 『경향신문』은 「페미니스트, 어떻게 적이 되었나」라는 기사에서 "'페미니스트'는 낯설고, 불편하고, 때로 강렬한 증오를 불러일으키는 단어다"고 했다.[12]

"참을 수 없는 건 처녀가 아닌 여자"

2015년 4월엔 장동민 사건이 터졌다. 개그맨 장동민은 4월 3일 방송된 JTBC〈마녀사냥〉에서 같이 출연한 한혜진에 대해 "내가 싫어하는 걸 모두 갖췄다. 나도 혜진 씨가 싫어하는 걸 모두 갖췄다"고 했고, MC들이 "한혜진의 어떤 점이 싫냐"고 묻자 "설치고, 떠들고, 말하고 생각하고, 아무튼 모든 걸 갖췄다"고 말했다.[13] 관련 기사들은 이 발언이 "좌중을 폭소케 했다"고 전하고 있어, 그냥 넘어갈 수도 있는 문제였다. 하지만 1주일 후 장동민의 원색적인 여성 비하 욕설 사건 파문이 정점에 이르면서 "설치고, 떠들고, 말하고 생각하는 여자가 싫다"는 장동민의 발언은 새로운 의미를 갖게 되었다.

장동민은 2014년부터 동료 개그맨 유세윤, 유상무와 함께 '옹달샘과 꿈꾸는 라디오'라는 팟캐스트 방송의 진행을 맡고 있었다. 논란이 점화된 것은 2015년 3월 15일 업로드된 49회 방송이었다. 해당 방송분에서 장동민은 코디네이터와의 일화를 이야기하던 도중 "진짜 죽여버리고 싶다"라거나 "창자를 꺼내서 구운 다음에 그 엄마에게 택배로 보내버리고 싶다"라며 욕설을 섞어 말했다. 장동민은 32회째 방송에선 '시X', '개 같은 X', '이 X', '개보X' 등은 물론 "여자들은 멍청해서 머리가 남자한테 안 된다", "창녀야", "참을 수 없는 건 처녀가 아닌 여자" 등의 욕설을 일삼았다.[14]

비난이 빗발치자 이들은 기자회견을 열어 사과했지만, 논란은 사그라들지 않았다. 5월 2일 진중권은 트위터에서 '장동민에 대한 단상'이라는 여러 편의 짧은 글을 통해 장동민의 여성 혐오 발언을 비판하면서도 장동민에게 편중된 대중의 비판에 대해 이의를 제기했다. 그는 "망언을 한 정치인들, 목사님들, 멀쩡히 현직에 남겨두는 사회에서 유독 연예인에게만 가혹하고 싶어하는 대중의 욕망. 거기에는 뭔가 의심스러운 구석이 존재한다"며 "위험하지 않은 대상을 향해서만 분노를 표출하다 보니 공직자 검증의 패러다임이 졸지에 연예인에게로 옮아가는 경향이 발생하는 듯"이라 분석했다.[15]

이에 대해 위근우는 「그 진중권은 어디로 갔을까」라는 반론에서 "그의 문장은 결과적으로 남성의 폭력을 두둔하는 용도로 사용되었다"며 이렇게 말했다. "그는 최근 다시 장동민에 대해 '광대의 철학'이라 감쌌지만, 진중권이 과거 '광대의 철학'이란 글에서 내세운 모델은 스타 학자였던 플라톤을 조롱하고, 최고의 권력자였던 알렉산더 대왕을 멋쩍게 했던 디오게네스다. 만만한 여성을 대상으로 혐오 발언을 하고, 자신을 감싸주는 방송 환경 안에서 안전하게 반성하는 장동민의 무엇을 광대의 철학이라 할 수 있을까."[16]

한국 사회가 연예인에게 가혹한 건 분명했다. 연예인 스캔들 또는 스캔들이라고 할 것도 없는 사소한 문제를 부풀려 장사하는 일부 미디어의 행태와 그걸 소재로 맹목적인 '마녀사냥'에 나서는 익명 네티즌들의 행태는 너무도 가혹해 개탄을 금치 못하게 할 정도였다. 그러나 페미니스트들은 이 사건은 그런 종류의 것과는 전혀 다르다고 보았다. 여성 혐오에서 중요한 건 문화적 영향력이었기에 연예인은 정치인보다 큰 권력을 가진 인물이었고, 따라서 자신의 발언에 대해 책임을 지는 것이 필요하다고 본 것이다. 그러나 장동민은 제대로 책임을 지지도 않았고 여전히 건재했기에 논란은 계속되었다. 장동민의 높은 인기가 오히려 부메랑이 된 셈이었다. 이에 대해 남지우는 다음과 같이 말했다.

"그들의 혐오적 개그에 대한 지적이 방송 직후 일어난 것이 아니라 장동민이 MBC〈무한도전〉의 고정 멤버가 될지도 모르는 상황이 일어난 후에야 논란이 됐다는 점, 그리고 그들의 사과는 여성 혐오 발언에 대한 책임만은 교묘하게 피해갔다는 점, 그들의 끔찍한 언행은 금세 잊히고 텔레비전 이곳저곳에서 여전히 활약하고 있다는 점 때문이다."[17]

"설치고, 떠들고, 말하고 생각하는 여자가 싫다"

사실 장동민이 페미니스트들을 가장 화나게 만든 건 "설치고, 떠들고, 말하고 생각하는 여자가 싫다"는 그의 발언이 개그가 아니라 원색적인 욕설도 불사해가면서 실천하는 그의 신념이었다는 점이다. 사실 이 신념이야말로 남성 우월주의자들이 여성을 옥죄는 가장 근본적인 것이었기에 페미니스트들은 장동민의 발언에 큰 의미를 부여했다.

'설치고 말하고 생각하고'는 'GO WILD, SPEAK LOUD, THINK HARD'라고도 번역되었으며, "2015년 한국에서 가장 뜨거운 반응을 얻은 페미니즘 슬로건"이 되었다.[18] 온라인 도서 판매 업체 알라딘은 발 빠르게 이 문구로 키링keyring을 제작해 사은품으로 증정했다. '와일드블랭크 프로젝트'라는 단체는 이 문구를 새긴 가방을 제작해 텀블벅tumblbug.com에서 2,000만 원이 넘는 후원을 받기도 했다.

심지어 이 슬로건은 책으로까지 등장했다. 정희진 등 여성학자들은 나중에(2017년 1월) 『소녀, 설치고 말하고 생각하라』라는 페미니즘 입문서를 출판한다. 이은솔이 잘 평가했듯이, "여성 혐오의 아이콘이던 장동민의 말이 페미니즘의 슬로건으로 재탄생한, 그야말로 '전복'이다".[19]

정희진은 이 책에 쓴 「왜 페미니즘일까?」라는 서문에서 자신이 "페미니즘을 공부하게 된 까닭은, 우리 사회에서 여성으로 살아가는 것이 남성으로 살아가는 것보다 몇 곱절 더 힘들다는 것을 어른이 되어가면서 알게 되었기 때문"이라고 했다.[20] 그런데 그런 여성들에게 설치지 말고 말하지 말고 생각하지 말라는 것은 그걸 계속 감수하라는 뜻이니, 이거야말로 '적반하장賊反荷杖'이 아니고 무엇이랴.

장동민 사건과 관련, 손희정은 '파퓰러 페미니즘'을 다룬 논문에서 "우리는 대중문화를 지배하고 있는 자본과 연예 권력의 강력한 남성 연대를 확인할 수 있었다. 여성들이 메갈리아와 사회적네트워크서비스SNS를 통해서 조직적으로 움직였던 것과 같이 그들 역시 '상품'이자 '동료'인 남성 연예인을 지키기 위해 조직적으로 여성들의 목소리를 지워나가려 했다"며 다음과 같이 말했다.

"장동민은 아마도 대한민국 페미니즘 역사에서 종종 언급되는 이름 중 하나로 남을 것이다. 그리고 당장 이 싸움의 승패가 어떻게 기록되느냐와 무관하게 그의 이름은 오명으로 남을 공산이 크다. 때때로 그 전략과 전술에 아쉬움이 있을지언정 우리는 옳은 싸움을 하고 있으며 따라서 아주 오랜 시간 후에라도 '이 전쟁'은 우리의 승리로 기록될 터이기 때문이다."[21]

훗날 달라질망정 남성들의 페미니스트에 대한 반감과 혐오는 점점 더 넓어지는 동시에 깊어지고 있었다. 경제적 낙오자를 양산하는 신자유주의의 양극화 시대에서 심화되는 '남성의 위기'가 페미니즘 혐오를 부추기는 것이었으니,[22] 이는 사실상 노동의 문제요, 경제의 문제이기도 했다. 이나영은 "현재 벌어지고 있는 갈등은 '남녀'라는 탈을 쓴 계급 갈등"이라며 "불안정한 현실 속에서 루저가 될 수밖에 없는 많은 이가 분노를 대리 배설할 수 있는 타깃을 찾고 있는 것"이라고 분석했다.[23]

"남자들은 자꾸 나를 가르치려 든다"

2015년 세계 여성의 날(3월 8일)을 전후해 SNS상에서 '맨스플레인mansplain'이라는 단어가 한동안 화제에 올랐다. mansplain은 미국 작가 리베카 솔닛Rebecca Solnit이 2014년에 출간한 『남자들은 자꾸 나를 가르치려 든다Men Explain Things to Me』를 통해 널리 유행한 말이다.

솔닛의 책은 2015년 5월 중순 국내에서 번역·출간되어 '천하제일 맨스플레인 대회'가 열리는 등 한국 사회에 적잖은 영향을 미치게 된다. "설치고, 떠들고, 말하고 생각하는 여자가 싫다"는 장동민의 명언은 장동민이 악역을 맡은 것일 뿐, 한국의 남성들이 갖고 있는 기본 자세였기 때문이다. 그런 자세를 갖고 있는 이들이 여성들을 자꾸 가르치려 드는 건 너무도 당연한 일인데, 솔닛의 책은 그게 얼마나 우스꽝스러우며 어이없는 일인지를 낱낱이 고발한 것이다.

mansplain은 '남자man'와 '설명하다explain'가 결합한 조어로, 남자들이 무턱대고 여자들에게 아는 척 설명하려 드는 현상을 가리키는 말이다. 솔닛은 2008년 3월 어느 날 저녁을 먹다가 예전에도 자주 그랬던 것처럼 "남자들은 자꾸 나를 가르치려 든다"라는 제목으로 글을 써야겠다는 농담을 꺼냈다고 한다.

그렇게 느꼈던 여성이 많았던가 보다. 꼭 그 글을 써야 한다고 다그치는 친구들의 성화로, 솔닛의 생각은 농담이 아닌 현실이 되었다. 솔닛이 그 제목으로 써서 발표한 글은 여성들의 심금을 건드리면서 폭발적인 반응을 얻었고, 누군가에 의해 mansplain이라는 단어가 만들어지고 널리 유통되었다. 이 단어는 2010년 『뉴욕타임스』가 선정한 올해의 단어 리스트에 올랐으며, 2014년 호주에서 '올해의 단어'로 뽑혔다.[24]

솔닛은 그 글에서 "그동안 많은 여자들은 자꾸 여자를 가르치려 드는 남자들과의 싸움에서 짓밟혔다"며 다음과 같이 말했다. "오늘날은 예전보다 좀 사정이 낫지만, 그래도 이 전쟁은 내 생애에는 끝나지 않을 것이다. 나는 아직도 싸우고 있다. 물론 나 자신을 위해서지만, 할 말이 있는 모든 젊은 여성들을 위해서이기도 하다. 그들이 그 말을 할 수 있기를 바라는 마음으로."[25]

천정환은 강한 분노와 불신으로 남성 중심 담론을 대부분 일축했던 여성들이 쓴 '자지랖(XX+오지랖)' 같은 말이야말로 "수입된 '맨스플레인'의 완벽한, 아니 더 강렬한 의역어"라고 했다.[26] 또 어떤 이들은 '좆스플레인'이라는 말도 썼지만, 정희진은 "문제는 맨스플레인이 아니라 그들이 가르칠 내용이 없다는 것이다"고 단칼에 정리했다.[27] 그럼에도 자신의 발언에 책임을 지지 않는 건 물론이고 자신의 무지나 무식에 부끄러워할 일도 없는 익명의 사이버공간은 '맨스플레인'의 홍

수 사태를 낳는다.

"남자는 숨 쉴 때마다 한 번씩 때려야 한다"

이게 바로 2015년 봄까지의 상황이었는데, 이후 2030세대의 경제적 고통이 심화되면서 페미니즘 혐오도 더욱 강해지기 시작했다. 2015년 여름 메르스(중동호흡기증후군) 공포가 한국을 덮치면서 뜻밖의 사건이 벌어지고, 이 사건은 한국 여성운동사에 한 획을 긋는 메갈리아 탄생으로 이어진다.

메르스 공포가 한창이던 2015년 5월 29일 인기 커뮤니티인 '디시인사이드'는 메르스 관련 정보를 공유하는 '메르스 갤러리(메갤)'를 만들었다. 이곳에 메르스 의심 증상을 보이던 두 여대생이 격리 조치를 거부해 메르스를 퍼뜨렸다는 루머에 관한 글이 올라왔다. 해당 여대생들에 대해 디시인사이드의 누리꾼들은 "이러니 김치녀 소리를 듣는다", "원정(원정 성매매) 가는 거 아니냐", "명품백 멘 것이 딱 한국 된장녀", "쇼핑에 환장했다"라며 성적 모욕감을 주는 발언은 물론 한국 여성 전체를 싸잡아 비아냥거렸다.[28]

해당 내용은 사실무근으로 드러났고, 이 소동은 그대로 묻히는 듯했지만, 곧 메갤에는 사실도 아닌 내용으로 '김치녀'라며 한국 여성을 싸잡아 비난한 한국 남성들의 여성 혐오적 행태를 비판하는 글들이 올라오기 시작했다. 이들은 남성과 여성의 젠더 위계를 반전시킨 소설 『이갈리아의 딸들』에 빗대 스스로 '메갈리아의 딸들'로 부르다가 여성 혐오에 대한 저항이 생물학적 여성에만 국한된 것은 아니기에 '메갈리안'으로 바꾸었다. 평등주의egalitarian와 유토피아utopia의 합성어인 이 갈리아Egalia라는 단어가 시사하듯이,[29] 그들이 꿈꾼 건 남녀가 평등한 세상이었다.

온라인상에서 벌어지는 여성 혐오의 중심에는 혐오 전문 사이트 '일베'가 있었는데, 메갈리아는 일베를 중심으로 각종 여성 혐오 용어 들이 퍼져나가는 양상을 '미러링mirroring'으로 대응했다. 미러링은 '거 울mirror처럼 반사해서 보여준다'는 뜻이다. 거울이 좌우를 바꾸어 보 여주듯, '미러링'은 성별의 배치를 뒤집어 보여줌으로써 '여혐혐女嫌 嫌', 즉 '여성 혐오에 대한 혐오'를 실천하는 기법이었다.

여성 혐오자들은 "여자는 삼일에 한 번 때려야 한다"를 줄인 '삼일 한'이라는 단어를 즐겨 썼다. 이에 대항해 메갈리아는 "남자는 숨 쉴 때마다 한 번씩 때려야 한다"는 '숨쉴한'이라는 단어를 만들었다. 허 영심 많은 여성을 일컫는 '김치녀'에 대항해서는 '김치남', '한남충(벌 레 같은 한국 남자)' 등의 용어를 만들었다.

여성을 그저 성기에 빗대어, '여자의 적은 여자'라는 관용구를 '보 적보'로 줄이는 표현에 대해, 메갈리아는 군 폭력 문제 등을 거론하며 '자적자'라고 받아쳤다. '보슬아치(XX+벼슬아치)'에 대해선 '자슬아치', '꽃뱀'은 '좆뱀' 등으로 바꿔 부르며 맞불을 놓았다. '가슴 크기'로 여 성을 평가하는 남성은 '6.9cm짜리 작은 성기'를 가진 존재로 불렸다. 세간에 떠도는 습관적인 여성 비하 발언들은 다음과 같은 식으로 뒤 집어졌다.

"남자는 집에서 조신하게 살림이나 해야 된다." "남자는 집에 가서 애나 봐라." "남자가 공부해서 뭐 하나, 잘생긴 게 최고지." "역시 술은 남자가 따라줘야 제맛이다." "잘생긴 남자 따먹고 싶다." "남고생 따먹고 싶다." "군대 가기 싫었으면 싫어요 했어야지. 즐긴 거 아냐?"[30]

메갈리아는 여성 혐오에 앞장선 인물들을 겨냥한 언어들도 탄생시켰다. "여자들은 더치페이하라"를 외치다 2013년 한강에 투신한 성재기의 투신은 '(무의미하게) 죽다', '끝장나다' 등의 뜻을 가진 '재기하다'란 조롱조 표현으로 쓰였다. 이 밖에 "페미니스트가 싫다"며 IS로 간 김모 군, '개보녀' 등 여성 혐오적인 막말을 한 옹달샘(장동민·유세윤·유상무) 등은 '페미 요정'으로 불렸다. 이들의 언행에서 만연한 여성 혐오를 실감하고 메갈리아와 페미니즘에 입문한 여성이 그만큼 많다는 의미에서였다.[31]

"혐오 발언을 뒤집어서 되돌려주니까 꼼짝 못하더라"

물론 이 모든 과정이 순조로웠던 건 아니다. 처음에 거친 언어를 구사하는 메갈리안이 등장하자 남성 커뮤니티에선 "여자가 어떻게 저런 험한 말을 쓸 수 있나"라며 당황했고, 그동안 김치녀나 된장녀라는 말에 대해서는 자정 능력에 맡겨야 한다던 디시인사이드 운영자가 '김치남'과 '김치녀' 둘 다 사용 금지시키는 일이 벌어졌다. 이에 대해 노혜경은 다음과 같이 말했다.

"그래도 디시인사이드 관리자는 근대의 시민으로서 최소한의 공정성은 가지고 있었다고 본다. 왜냐면 김치남은 김치녀를 뒤집은 것인데, 김치녀는 되고 김치남는 안 된다고 하면 자기가 여성 혐오자라는 걸 커밍아웃하는 것이 되니까 그것이 부끄러운 줄 알았다는 것이다.

여기서 부끄러울 수 있었다는 것이 '대박' 사건이라고 생각한다. 부끄러워하면서 김치남과 함께 김치녀가 금지되는 걸 본 여성들이 '아! 이거 좋은 전략이로구나'라고 생각한 것이다. '뒤집어서 되돌려주니까 재네들이 꼼짝 못하더라' 하면서 자연발생적으로 미러링을 사용했다고 한다."[32]

디시인사이드의 '공정한' 조치에 대응해 메갈리안들은 6월 6일 메갈리아라는 이름의 페이스북 페이지를 개설했다. 신상 노출의 위협을 염려한 운영자는 이를 본인 신상과 다른 가계정으로 만들었는데, 이후 '메갈리아1'에 쏟아진 댓글 공격과 신고 때문에 실명 인증이 필요해졌고, 가계정이라 인증을 하지 못해 '메갈리아1' 페이지는 닫히게 되었다. 하지만 이후 실명 계정으로 운영한 '메갈리아2, 3'은 페미니즘 관련 카드뉴스를 만들거나 페미니즘적인 시선으로 기사 논평을 하는 수준이었음에도 신고 누적으로 삭제되었고, '메갈리아4'에 이르게 되었다.[33] 결국 디시인사이드의 본색이 드러난 이런 어려운 상황 속에서도 메갈리아는 8월 6일 자체 사이트도 출범시키면서 활동을 계속해나갔다.

메갈리아에 대한 반격엔 진보와 보수의 차이는 없었다. 하지만 그 어떤 반격도 한번 터진 봇물을 저지할 순 없었다. 김서영은 메갈리아의 등장은 겉으론 우연인 듯 보이나 사실 언제고 터질 필연이었다고 말했다. 그간 여성들은 참을 만큼 참았다는 것이다.

"2000년대 중반 이후 '개똥녀', '된장녀'를 시작으로 '루저녀', '개념녀', '트렁크녀' 등 각종 '~녀' 시리즈가 줄을 이었다. 모두 여성을 대상화하고 낙인찍는 표현이다.……여성의 피부, 가슴 크기, 얼굴 심지어 성기 색깔까지 평가 대상이 됐다. 2014년쯤 등장한 '김치녀' 담론에서 한국의 여성 혐오는 정점을 찍었다. '된장녀'에서 벗어나기 위해선 검소하게 데이트 비용을 나눠내는 '개념녀'가 되면 됐지만, '김치녀'는 한국 여성이라면 연령·계층을 불문하고 벗어날 도리가 없었다."[34]

왜 여성들이 참을 만큼 참았다는 걸 모르나?

비극은 여성들이 참을 만큼 참았다는 걸 모르는 남성이 많다는 것이었다. 아니 그들은 아예 '지옥'에 빠진 사람들처럼 생각하기를 멈춘 건지도 모를 일이었다. 2015년 8월 1일 『한겨레』 기자 이태희는 다음과 같이 말했다.

"지금의 한국은 '지옥'이다. 2030세대들은 이 나라를 '헬조선hell+朝鮮'이라고 부른다. 10대의 교육지옥, 20대의 취업지옥, 30대의 주거지옥이다. 서울시가 지난해 11월 발표한 '서울시민 연령별 사망 원인'의 세대별 1위를 따져보면 10~30대는 자살, 40~70대 이상은 암이었다. '견디면 암, 못 견디면 자살'이란 말이 나온다."[35]

당시 한국은 진짜 헬조선이었을까? 사람들의 호응을 얻었던 다음과 같은 문답은 많은 것을 생각하게 만들었다.

(문) 한국을 헬조선이라고 부르던데, 진짜 지옥이랑 비슷합니까?

(답) 사실이 아닙니다. 진짜 지옥에선 죄지은 놈이 벌을 받습니다.[36]

죄지은 놈이 벌을 받지 않는 건 물론이고 오히려 더 떵떵거리고 산다는 점에서 헬조선은 결코 헬조선이 아니었다. 어디 그뿐인가. 죄지은 놈 대신 다른 엉뚱한 사람들, 즉 여성이 화풀이 대상으로 지목되었으니, 참으로 기가 막힐 일이었다.

'지옥' 밖에 있던 사람들은 여성 혐오가 큰 문제임에도 "그게 왜 문제가 돼?"라고 생각하는 무감각과 무신경에 빠져 있었고, 이 또한 여성 혐오의 한 근원이기도 했다. 직장 내 성희롱 예방 교육을 집행하는 주무 부서인 고용노동부가 "(면접관이 성희롱성 질문을 하면) 농담으로 잘 받아칠 정도의 여유가 필요하다"는 면접 모범 답안을 내놓은 것이나(2014년 11월), 8월 12일 울산 물총축제 공식 홍보물의 메인 카피가 "누나 나랑 한 번 박자 살살 할게"였던 것은 무엇을 말하는가?[37]

8월 21일 '나쁜 남자들의 바이블'을 표방한 남성 잡지 『맥심MAXIM』이 공개한 9월호 후면 표지 사건도 바로 그런 경우였다. 이 후면 표지는 악역 전문 남성 배우 김병옥이 여성을 납치하는 상황을 연출했는데, 담배를 피우는 김병옥 뒤에 세워진 차량 트렁크 밖으로는 여성의 다리가 청색 테이프로 묶인 채 빠져나와 있었다. 표지에는 "THE REAL BAD GUY(진짜 나쁜 남자)", "50여 명의 악당을 연기하다. 여자들이 '나쁜 남자' 캐릭터를 좋아한다고? 진짜 나쁜 남자는 바로 이런 거다. 좋아 죽겠지?"라는 문구가 적혀 있었다.

논란이 거세지자 맥심코리아 측은 이날 홈페이지를 통해 '화보 전체의 맥락을 보면 아시겠지만 살인, 사체 유기의 흉악 범죄를 느와르 영화적으로 연출한 것은 맞으나 성범죄적 요소는 화보 어디에도 없습니다'고 해명했다. 이어 "일부에서 우려하시듯 성범죄를 성적 판타지로 미화한 바 없다"라며 "영화 등에서 작품의 스토리 진행과 분위기 전달을 위해 연출한 장면들처럼, 이번 화보의 맥락을 압축적으로 보여

주기 위해 그려 넣은 범죄의 한 장면을 극적으로 표현한 것으로 봐주시면 감사하겠다"라고 말했다.[38]

이에 메갈리아 유저들은 『맥심』 편집부와 여성가족부, 간행물윤리위원회를 대상으로 "여성의 현실적인 공포를 성적 판타지로 미화하지 마십시오"라는 서명운동에 돌입했다. 이 같은 사실이 외신으로 알려지면서 미국 맥심 본사가 규탄 메시지를 내는 등 문제가 확산되자 맥심코리아는 뒤늦게 9월 4일에서야 사과문을 냈다. 맥심코리아는 사과와 함께 9월호 전량을 회수하고 수익금 모두를 성폭력 예방 여성단체에 기부할 것을 약속했다.[39]

메갈리아의 승리였지만, 『맥심』 표지의 불편함에 대해 이야기하는 이들을 '프로불편러'라 칭하며 비아냥대는 글이 온라인에 꾸준히 올라왔다. 이에 김홍미리는 "주변인들을 불편하게 하고 싶지 않았고, 화장실 몰카(찍기+보기) 정도는 스스로 부끄러워 그만둘 것이라 여기며 대꾸하지 않았던 방심이 회원 수 100만 명이 넘는 몰카 천국 소라넷을 키워왔다는 걸 기억할 필요가 있다"며 다음과 같이 말했다.

"오래된 '농담'인 여성 혐오는 별 문제가 아니지만 오래된 농담을 거부하는 메갈리안은 이 사회에서 '문제적'이다. 여혐(여성 혐오)을 쏟아내는 페이스북 '김치녀' 페이지는 '좋아요' 회원이 16만 명(159,286명)에 육박하고, 여혐을 반대하며 만들어졌으나 세 번의 폐쇄조치를 당한 끝에 살아남은 '메갈리아4' 페이지의 '좋아요' 회원은 1만명(9,969명)이 채 안 된다. 1만이 채 안 되는 이들에게로 혐오의 시대에 대한 우려가 집중되고 있다."[40]

"남자 10명 중 1명은 짝이 없는 남성잉여세대"

메갈리아 논란이 한창이던 2015년 9월 17일 『시사IN』은 「여자를 혐오한 남자들의 '탄생'」(천관율 기자)이라는 기사를 게재해 큰 화제를 모았다. 이 기사는 데이터 기반 전략 컨설팅 회사 아르스프락시아와 함께 2011~2014년 3년 동안 일베에 올라온 게시글 43만 개를 원자료 삼아 '여성 혐오 담론 지도'를 그렸다.

이 지도는 '군대'가 핵심일 것이라는 통념을 깨트렸다. 여성 혐오 담론 지도에서 군대 문제는 주변부에 고립되어 있고, 단어의 등장 빈도로도 732회에 불과해 20위권 밖이었다. 이 지도에서 두드러지는 키워드는 '김치녀'였다. '여성('여자' 등 유사 단어 포함)'이 1만 159차례 등장하는 동안 '김치녀'는 8,697차례 등장했으니, '김치녀'는 한국의 여성 혐오를 상징하는 단어가 된 것이다. '김치녀'의 탄생 배경은 데이트 경험이었다. 짝짓기 시장, 그러니까 결혼까지 포함해서 '연애 시장에서의 환멸'이 여성 혐오의 뿌리라는 것이다.

여성 혐오 담론에서 '김치녀'란 무엇보다도 '연애 시장에서 반칙을 하는 여자'를 뜻한다. 반칙이란 뭘까. '남녀평등을 외치면서 결정적인 순간에는 남자의 능력을 따지는 여자', '남녀평등을 외치면서 데이트 비용은 남자에게 물리는 여자', '남녀평등을 외치면서 결혼할 때 집은 남자가 마련해야 한다는 여자', '자기 외모는 성형으로 과대 포장하면서 남자의 능력은 칼같이 따지는 여자'다. 포괄적으로 정의 내리면 이렇다. '연애 시장에서 (사람 됨됨이나 사랑이 아니라) 남자가 보유한 자원을 따져서 분수 이상으로 한몫 잡으려는 여자.' 한국의 젊은 남성을 사로잡은 여성 혐오 담론이 내놓는 '김치녀'의 원형이다.

천관율은 "이 여성 혐오자들이 보기에 사랑이야말로 연애 시장에서 유통되어 마땅한 유일한 화폐다. '김치녀'는 연애 시장의 화폐를 사랑에서 남자의 경제력으로 바꿔놓는 시장 교란자다. 이렇게 해서 극적인 가치 전도가 일어난다"며 다음과 같이 말했다.

"여성 혐오는 이 시장 교란자를 단죄하는 정의로운 분노이자, 사랑에 충실한 순수한 남성만이 도달할 수 있는 어떤 숭고한 경지가 된다. 여기까지 오면 여성 혐오는 숨겨야 할 부끄러운 감정이 아니다. 차라리 자긍심의 원천이다. 여성 혐오는 연애 시장에서 최하층에 위치하는 '루저'의 정서를 뛰어넘어 '멀쩡한 젊은 남성'도 공유하는 집단 정서로 진화한다. 이제 페이스북 김치녀 페이지에 실명을 걸고 '좋아요'를 누르는 남자들이 탄생한다."

연애 시장에서 좌절을 느끼고 그 분노를 여성 일반에게 겨누는 남성 집단이 왜 이리도 대규모로 쌓여가고 있는가? 천관율은 이 질문에 답하기 위해 한국은 산아제한 정책과 남아선호 사상으로 인해 세계에서도 손꼽히는 성비 불균형 국가였다는 점에 주목한다. 통계를 확인할 수 있는 가장 오래된 시점인 1975년에도 이미 출생 성비는 112.4로 붕괴 수준이었으며, 가장 심했던 1990년에는 성비가 116.5까지 치솟았고, 성비가 110을 넘긴 해도 13번이나 되었다. 남자 10명 중 1명은 짝이 없는 거대한 남성잉여세대가 탄생했다는 것이다.

게다가 여자보다 남자가 결혼에 적극적인 '문화적 성비 붕괴' 현상도 일어났다. 한국보건사회연구원의 전국 결혼 및 출산 동향 조사(2012)에서 결혼을 '반드시 해야 한다'와 '하는 편이 좋다'를 합친 비율이 남자는 67.5퍼센트였던 반면 여자는 57퍼센트에 그쳤다. 한국의 연애 시장에서는 생물학적 성비 붕괴 위에 '문화적 성비 붕괴' 10퍼센트포인트가 추가로 붙는다는 것이다. 여성이 결혼을 기피하는 주요 이유 중 하나는 가부장제였다. "시댁 중심의 결혼 생활이 부담스러워서 결혼을 회피한다"고 답한 여성이 무려 72.2퍼센트에 이르렀다.

'문화적 성비 붕괴' 현상에서 결혼 기피 여성은 사회적 지위·소득·학력 등에서 상위 10~15퍼센트에 속했기 때문에 나머지 여성들이 그들의 빈 공간을 순차적으로 메움으로써 사회적 지위·소득·학력 등이 낮은 남자들이 남성잉여세대가 되었고, 이들은 선배들이 겪지 않았던 새로운 환경에 놓여 있었다. 이들은 웹과 모바일이 제공한 초연결사회에 살며 대단히 간편하게 서로를 발견하고, 여성 혐오를 배양하고 증폭해낼 공간을 온라인에서 확보했다는 것이다.[41]

흥미로운 분석이다. 10년 전인 2006년 5월 미국『UPI』편집장 마틴 워커Martin Walker는 국제 관계 전문지『포린폴리시』에 기고한「성적 좌절의 지정학」이라는 글을 통해, 아시아에서 남초 현상을 지적하며 "결혼할 수 없는 남성들이 극단적인 민족주의 성향을 보이는 등 많은 문제들을 일으킬 것"이라고 주장했다. 그는 2020년에는 아시아 남성들의 '거대한 성적 좌절'이 발생할 것이라며, 중국에서만 4,000만 명의 미혼 남성들이 성욕을 충족할 수 없게 될 것이라고 추론했는데,[42] 그 예측이 한국에서도 실현되기 시작했던 걸까?

"여성 혐오는 결혼 시장에서 낙오된 남자들의 절망감"

연애 시장에서 여성이 더 희소한 자원이 되었다면, 남성은 왜 '더 많은 호의'가 아니라 '더 많은 혐오'를 택하는가? 연애 시장의 논리로 보면 거의 자해 전략인 여성 혐오가 어떻게 해서 연애 시장에서 탄생할 수 있을까? 천관율은 이 질문에 답하기 위해 진화심리학자 데이비드 버스David M. Buss의 이론에 근거해 "학대란, 자신보다 '시장가격'이 높은 여성 배우자에 대한 무의식적인 가격 홍정 전략이다"고 말한다.

"마치 중고차를 고르며 이리저리 트집을 잡고 사고 기록을 따져 묻듯, 학대는 배우자 여성의 가치를 줄여 잡아 자신을 떠나지 못하게 만드는 도구다. 이 전략은 분명 자기파괴적이고 위험하지만, 자신보다 '시장가격'이 높은 여성은 어차피 떠나갈 가능성이 높기 때문에, 배우자보다 뒤처진 남성에게는 이판사판으로 해볼 만한 도박이 된다."[43]

이런 원인 분석 후, 천관율은 「'메갈리안'…여성 혐오에 단련된 '무서운 언니들'」이라는 기사에선 "미러링이란 여성 혐오의 문법에 익숙하고 충분히 갖고 놀 수 있으면서도 과속하지 않는 사람만이 가능한 외줄타기다"라면서 다음과 같이 말했다.

"맥락 없이 접해야 하는 온라인 공간의 다수 구경꾼에게 메갈발 혐오 발화는 그저 '여자 일베의 등장'으로 받아들여진다. 이 전략은 얼마나 유효할까. 메갈리안에서도 그를 둘러싼 논쟁이 주기적으로 벌어진다. 외부의 시선이야 어떻든, 오랫동안 온라인 공간의 여성 혐오에 시달리며 단련된 이 '무서운 언니들'은 당분간 충격요법을 유지할 생각이다. 메갈리안 홈페이지의 공지사항에 걸린 한 문답이 위 질문을 다룬다. '좀더 성숙하게 논리적인 분위기로 바꾸자? 그 짓 10년 넘게 했다. 돌아온 거 없다.'"[44]

그렇다. 오프라인도 그렇긴 하지만 온라인 공간은 더더욱 '맥락'이 제거되는 곳으로 '맥락 없는 싸움'이 펼쳐지는 난장판이다. 그 어떤 소통의 접점이 만들어질 리 만무하다. "좀더 성숙하게 논리적인 분위기로 바꾸자"는 말은 백번 천 번 옳은 말이지만, 온라인 역사 이래로 그런 분위기가 유지된 곳이 단 하나라도 있었던가? 정치마저 사이비종교로 만들어버린 온라인 고객들에게 더는 무엇을 기대할 수 있을까? 그래서 나온 말이 "그 짓 10년 넘게 했다. 돌아온 거 없다"는 답이었을 테고, 이는 "더 나빠질 게 없다"는 좌절 끝에 나온 체념의 지혜였는지도 모르겠다.

"여자를 혐오한 남자들의 '습관'"

모든 이가 "여성 혐오는 결혼 시장에서 낙오된 남자들의 절망감"이라는 주장에 동의한 건 아니었다. 이라영은 『시사IN』 기사에 대해 "꼼꼼한 분석에도 불구하고, 여성이 남성의 경제력에 더 집중하는 태도를 '보편적 인간의 본성'으로 인정하거나 성비 불균형을 문제의 주요 원인으로 보는 한계도 드러난다"며 다음과 같이 말했다.

"짝을 찾지 못한 남성들이 여성 혐오를 표출한다고 생각하면 오산이다. 성비 불균형은 혐오의 결과이지 원인이 아니다. 여성 혐오가 안전하게 유지되던 가부장제를 여성들이 조금씩 흔들면서 혐오가 '보이게' 되었을 뿐, 혐오 자체가 상승했다고 보긴 어렵다. 그럼에도 이렇게 본격적인 조사와 분석이 생산되는 상황은 고무적이었다. 된장녀와 김치녀가 '탄생'한 지 10년도 넘었지만, 이를 심각하게 여기지 않다가 이 '김치녀'들이 거울을 들어 '한남충'을 만들어내자 비로소 사회는 '혐오'를 인식한다."[45]

하지율은 「여자를 혐오한 남자들의 '습관'」이라는 글에서 『시사IN』의 분석과 해석에 대해 일부 동의한다면서도 아쉬움은 남는다며 이런 의문을 제기했다.

"여혐이 적극적인 가격 흥정의 발로라면, 왜 아직 데이트 경험이 전무한 어린 '모태솔로'나 이미 '연애고자'가 된 남성들까지 여혐에 열광할까."

하지율은 일베의 조상 격이라고 볼 수 있는 인터넷 커뮤니티인 디시인사이드가 일종의 거대한 원시 씨족공동체와 흡사했다는 점에 주목했다. 씨족공동체였기에 여성이 공동체 존속의 주역이 아닌 방해자일 뿐이라는 '전도된 인식'은, 사이버공간에 여혐 정서를 급격히 확산시켰다는 것이다. 그는 결국 일베의 여혐은 분명 '관습'의 영향이 드리워져 있다고 주장했다. 그들만의 "놀이터"의 공식 룰에 따르면, 여성은 '혐오스러운 것'이 아니라, 차라리 '혐오스러워야 하는 것'이었다는 이야기다.[46]

2015년 10월 한국여성정책연구원이 15~34세 남녀 1,500명을 대상으로 조사한 결과(남성의 삶에 관한 기초연구 Ⅱ)에 따르면, 여성 혐오 표현을 접촉한 경험이 있는 이들은 전체 응답자의 83.7퍼센트에 달했다. 된장녀(98.4퍼센트), 김치녀(93.7퍼센트), 김여사(92.1퍼센트), 성괴(성형괴물 · 88.7퍼센트), 삼일한(여자를 삼일에 한 번 때려야 한다 · 35.3퍼

센트) 등의 표현을 접한 것으로 나타났다.[47]

이 조사에서 놀라운 점은 여성 혐오 표현에 공감하는 비율은 청소년이 66.7퍼센트로 여타 세대를 제치고 1위를 차지했다는 점이다. 여성 혐오성 댓글을 단 사람들도 남성 청소년(27.9퍼센트)이 대학생(23.1퍼센트)과 무직 남성(24.2퍼센트)보다 많았다. 사치하는 여성에게 가장 부정적인 평가를 내린 집단도 남성 청소년이었는데, 이들이 이런 여성을 얼마나 만나보았다고 그런 평가를 내린 걸까? 왜 이런 일이 벌어진 걸까?

우선적으로 일베의 영향과 친구들이 하는 걸 따라서 하는 '또래 문화'가 지목되었다. 경기도교육연구원이 9월에 진행한 '중고등학생의 맹목적 극단주의 성향에 대한 연구: 일베 현상을 중심으로'를 보면 고교생 683명 대상 설문조사에서 92.5퍼센트가 일베를 '알고 있다'고 응답했다. 알게 된 주요 경로로는 '친구를 통해서(53퍼센트)' 또는 '인터넷이나 SNS를 통해서(44퍼센트)'였다. 이들은 여성 혐오는 물론 한국의 근현대사마저 일베를 통해 배우게 된다.[48]

메갈리아 '흑역사'인 '좆린이 사건'의 진실

메갈리아는 미러링과 더불어 소라넷 폐지 운동, 몰래카메라(몰카) 근절 캠페인, 아동 성폭력 피해자와 미혼모 시설 후원, 미디어의 성차별 비판 활동 등 여권 신장과 보호를 위한 다양한 활동을 이끌었기에 한국 페미니즘의 새 지평을 열었다는 평가를 받았다. 하지만 혐오를 혐오로 되갚는 방식은 혐오의 재생산에 불과하다는 비판도 받았으며, 특히 지나친 일반화와 성적性的 폄하가 집중적인 비판의 대상이 되었다. 이런 비판엔 '최악'의 사례들이 거론되었다.

한 게시물에서는 "직모直毛인 남자는 폭력성이 있으니 만나지 말라"는 주장을 펼치면서 "역시 갓양남(서양 남자를 신에 빗댄 말)"이라며 서양 남자들을 치켜세웠다. 서양 남자들은 대부분 곱슬머리니 폭력성이 없다는 것이다. 또 성범죄 관련 기사에서는 "한남충 유전자는 어쩔 수 없다", "역시 한남충"이라는 등 모든 한국 남자를 잠재적 성범죄자 취급하는 듯한 댓글도 쉽게 발견할 수 있었다.[49]

2015년 12월엔 메갈리아를 공격하는 사람들이 메갈리아의 '흑역사'로 꼽는 '좆린이 사건'이 일어났다. 한 여성이 익명으로 메갈리아 게시판에 인터넷에서 어렵지 않게 볼 수 있는 '로린이(로리타+어린이)' 발언들을 '좆린이'로 미러링한 글을 올렸는데, 이 글이 삽시간에 다른 커뮤니티로 퍼져나가면서 게시글의 내용을 실제 상황으로 믿어 어떻게 어린아이를 성적 대상으로 보고 '좆린이'라고 부를 수 있느냐는 비난이 쏟아졌다. 게시자는 '미러링'이라고 해명했지만, 비난은 신상 털기와 마녀사냥으로 이어졌다. 게시자의 이름, 과거 직장, 사는 곳, 카톡 아이디 등 개인 정보가 공개적으로 게시되었고 그 글마다 수많은 인신공격성 악플이 달렸다.[50]

이 사건은 두고두고 메갈리아를 비난하는 소재로 사용되지만, 진실을 살펴볼 필요가 있다. 이 게시물을 올린 이는 유치원 여교사였는데 어릴 때 아동 성폭행 피해자였다. 그런데 하도 '로린이, 로린이' 하니까 뒤집어서 '좆린이'라고 미러링한 것이다. 노혜경은 "나는 '좆린이'라는 글이 메갈리아에서 널리 돌아다니는 글인 줄 알고 아무리 미러링을 한다고 해도 어떻게 그렇게 머리 나쁘게 하냐고 생각했다. 그런데 알고 보니까 한 사람이 쓴 글을 이렇게 많이 퍼다 날랐는데 그게 남자들이 퍼뜨린 것이다"며 다음과 같이 말했다.

"안중근 의사를 모욕했다는 것도 자기들이 퍼뜨린 것이다. 이것도 남녀의 지형이 기울어져 있는 상태에서 발생한 일종의 공격이구나 싶었다. 메갈리아 쪽에 있는 여성들과 메갈리아를 반대하고 공격하는 쪽의 남성들과는 파워에서 비교가 안 된다. 한 여성을 공격하는 데 23만 개의 글이 생산되었다. 여자들 가운데 이런 정도로 공격받는데 간 크게 그래도 '좆린이'라고 할 여성이 몇 명 있겠는가? 23만 개의 글 중에서 70~80%는 그 여성을 성토하거나 단죄하기 위해 공격하는 글이다. 23만 대 1로 당하고 있는 것이 여성이라고 할 수 있다."[51]

그러나 이런 실상을 전혀 모르는 사람들은 '로린이'와 '좆린이'를 같은 비중으로 다루거나 오히려 '좆린이'가 더 나쁘다는 입장을 취했다. 맥락 없이 전개되는 '23만 대 1'의 전쟁에서 애초에 '좆린이' 운운한 게 죄였을까? 이후 '좆린이'는 진실과 무관하게 두고두고 메갈리아를 패륜 집단으로 몰아가는 주요 근거 중 하나가 된다.

교수님은 메갈리아를 어떻게 보세요?

『남자들은 자꾸 나를 가르치려 든다』의 저자인 리베카 솔닛Rebecca Solnit은 후속작인 『여자들은 자꾸 같은 질문을 받는다』에서 미국에서 2014년은 여성과 페미니즘의 분수령이었다고 회고한다. 여성들이 강간, 살인, 구타, 길거리 성희롱, 온라인 협박 등 여성에 대한 폭력의 전염병을 잠자코 받아들이기를 거부했다는 이유에서다.

한국에서 여성과 페미니즘의 분수령은 언제였을까? 나는 2015년이라고 생각한다. 2015년은 한국 여성의 장기인 인내의 임계점이자 저항의 티핑포인트라고 할 수 있는 해였기 때문이다. 티핑포인트Tipping Point는 '갑자기 뒤집히는 점'이란 뜻으로 엄청난 변화가 작은 일들에서 시작될 수 있고 대단히 급속하게 발생할 수 있다는 의미로 사용되는 개념이다. '전환점'이라는 의미로 이해해도 무방하다. 흔히 "1989년은 세계화의 티핑포인트였다"고 하는데, 나는 비슷한 식으로 "2015년은 한국 페미니즘 인권 운동의 티핑포인트였다"고 말하고 싶다.

2015년 초 한국여성단체연합이 국립국어원에 『표준국어대사전』의 '페미니즘'과 '페미니스트' 정의를 광범위하게(사실상 온건하게) 바꿔 달라고 요청하는 의견서를 내는가 하면, 사회 일각에서나마 '페미니즘의 종언'이 외쳐지고 있었다. 당시 페미니즘에 대한 극렬한 반감은 적반하장賊反荷杖의 극치를 보여주고 있었지만, 세상 이치라는 게 참 묘한 법이다. 인내는 무한정 동원할 수 있는 자원이 아니며 반드시 임계점이 있다는 게 말이다. 그럼에도 찍어 누르는 압박이 계속된다면? 폭발할 수밖에 없다.

그런 폭발의 주역이 바로 메갈리아였다. 페미니스트를 '무뇌아'라고 주장하는 남자들, "설치고, 떠들고, 말하고 생각하는 여자가 싫다"고 뇌까리는 남자들, 아는 건 쥐뿔도 없으면서 끊임없이 여자를 가르치려 드는 남자들. 이들을 향해 "참을 만큼 참았다"며, "여자는 삼일에 한 번 때려야 한다"를 "남자는 숨 쉴 때마다 한 번씩 때려야 한다"고 반전시키는 도발을 하고 나선 여자들, 그들이 바로 메갈리아였다.

조선시대의 양반이라면 죽으라면 죽는 시늉까지 내던 노비가 고개를 빳빳이 쳐들고 시시비비를 가리는 모습에 충격을 받았을 게 틀림 없다. 2015년의 남자들이 느낀 충격도 더하면 더했지 덜하지 않았다. 이들의 메갈리아 탄압이 수년 후까지 지속되는 걸 보더라도 그건 분명한 사실이다. 역지사지易地思之해보라고 남자들의 언어를 뒤집어 되돌려주는 서비스의 취지를 이해해보려는 뜻은 전혀 없이 갑자기 언어의 품위와 에티켓을 들고 나오면서 "모든 혐오는 나쁘다"고 때 아닌 점잔을 빼는 모습에서도 그런 당혹감을 엿볼 수 있었다.

여성 혐오가 과연 결혼 시장에서 낙오된 남자들의 절망감인지는 모르겠지만, 평소에 죽어 있던 '계급' 문제가 페미니즘을 공격할 때엔 급격히 활성화된다는 점은 분명하다. 여자가 사회적 약자라는 주장에 대한 댓글 반론들엔 한 가지 익숙한 공식이 있다. 그건 바로 뉴스에 등장했거나 자기 주변에 존재하는 힘 있는 여자들의 못된 갑질을 거론하는 동시에 '불쌍한 남자들'의 사례를 제시하는 공식이다.

말이야 바른 말이지만, 힘 있고 못된 여자가 좀 많은가. 그런데 그건 인간의 문제지, 여자의 문제가 아니잖은가. 남자의 문제는 인간의 문제로 보고 여자의 문제는 여자의 문제로 보는 건 심리학적으로 얼마든지 설명할 수 있는 현상이지만, 그걸 무슨 '전가의 보도'나 되는 것처럼 쓰는 건 영 볼썽사납다. 평소 별 관심도 없이 창고에 처박아두었던 계급 문제를 페미니즘 이야기만 나오면 끄집어내 해묵은 먼지를 풀풀 날리면서 자신의 정의로움과 공평무사함을 과시하려 드는 퍼포먼스를 언제까지 봐주어야 하는가?

학생들이 종종 내게 묻는다. "교수님은 메갈리아를 어떻게 보세요?" 뭐 그렇게 긴 답을 원하는 것 같진 않아 이렇게 답했다. "재미있고 발랄하던데." 부작용 운운하는 질문이 이어지면, 이렇게 답했다. "메갈리아가 그렇게 거대하고 강력한가?" 페미니즘을 탄압할 때엔 그런 부작용 타령을 한 사람들이 없었던 것 같다는 말도 덧붙였다.

대중은 '신념의 동물'이라기보다는 '바람의 동물'이다. 거역하기 어려운 변화의 바람이 불면 자신의 신념을 쉽게 내던진다는 의미에서다. 뜻밖의 변화에 열려 있다는 뜻이니, 이게 꼭 대중을 폄하하는 말은 아니다. 맬컴 글래드웰Malcolm Gladwell이 『티핑포인트』라는 책을 끝내면서 아주 멋진 말을 했다. 페미니스트들뿐만 아니라 이 세상이 좀더 살기 좋은 곳으로 변하길 바라며 애쓰는 모든 사람이 되새겨볼 만한 말이다. "당신 주변을 돌아보라. 움직일 수 없는 무자비한 곳으로 보일지도 모른다. 그러나 그렇지 않다. 적소適所를 찾아 조금만 힘을 실어주면 일순간에 바뀔 수 있다."

제5장

▼

'공포' 피해자와 관리자의 충돌

2016년 1~7월

"소라넷이 번창해온 16년간 무엇을 하고 있었나?"

2016년 1월 1일 『중앙일보』 기자 정종훈은 「'일베'가 되어가는 '메갈리아'」라는 칼럼에서 "점점 심해지는 극단적 남성 비하에는 그들이 욕하는 일베가 거울처럼 비춰진다"고 했다. "악은 악으로 대항할 수밖에 없는 걸까. 혐오에 기반을 둔 페미니즘은 대중의 마음까지 멀어지게 한다. 요즘은 쓰레기 같은 글에 건전한 비판 댓글을 달아도 '너 메갈리안이냐'며 비꼬는 반응이 이어진다."[1]

하지만 일베와 메갈리아를 동일선상에 놓고 말하는 게 온당할까? 이 물음에 간접적으로 답해줄 수 있는 건 이즘 화제가 되고 있던 소라넷이었다. 소라넷은 1999년 개설되어 각종 포르노 이미지는 물론 몰카와 더불어서 성범죄 정보가 공유되는 불법 사이트로 회원 수 100만 명에 이를 정도로 국내 최대 규모로 성장했다.

2015년 12월 말에 방영된 SBS 〈그것이 알고 싶다〉의 '위험한 초대남-소라넷은 어떻게 괴물이 되었나' 편은 소라넷의 소위 '베스트 작가(잘나가는 게시자)' 닉네임 '야노'의 행각을 소개했다. 야노는 나이트클럽에서 만난 여자를 '골뱅이(술이나 약물 등에 의해 인사불성이 된 여성을 일컫는 은어)'로 만들어 숙박업소에 데려다 놓고 그 위치를 소라넷의 다른 남성들과 공유한 뒤 '돌려가며 강간'했다고 증언했다. 명백한 성범죄였음에도 소라넷엔 이런 강간 모의가 하루에 적어도 2~3건씩 올라왔다.

이 프로그램이 방송된 이후 시청자 게시판을 비롯한 온라인 공간에선 "모든 남성을 일반화하지 마라"는 남성들의 반발이 빗발쳤지만, 그간의 침묵에 대해선 아무런 말이 없었다. 그들이 공공연히 저질러지는 다른 범죄 행위에 대해서도 그렇게 침묵할 수 있었을까?

여론에 의해 단속하지 않을 수 없는 상황에 내몰릴 때가 되어야 움직이는 경찰도 침묵의 공범이었다. 이와 관련, 문화평론가 손희정은 2016년 1월 13일 「괴물은 침묵을 먹고 자란다」는 칼럼에서 "단속 시작 2주 만에 소라넷 내부에서 활동하던 1,000여 개의 카페를 폐쇄시켰다고 자랑스러워하는 대한민국 경찰은 소라넷이 번창해온 그 16년 동안 어디에서 무엇을 하고 있었나?"라고 물었다.

"이는 소라넷만의 문제도 아니다. 괴물은 어디에나 존재하며, 기실 우리의 일상을 지배하는 남성 중심적 구조 자체가 괴물이다. 괴물은 침묵을 먹고 자란다. 그러므로 이제 남성들의 차례다. '소라넷은 소수만의 문제이며, 남성 전체의 문제라고 말하는 건 일반화의 오류일 뿐이다'라고 물러나 있을 것이 아니라 괴물을 키우는 '침묵과 암묵적 동조'라는 일상을 바꿔야 한다."[2]

일반명사가 된 '메갈리아'

메갈리아는 소라넷 폐지를 위해 청원, 고발, 국정감사에서 소라넷을 엄격하게 수사할 것을 요구한 진선미 의원을 위한 모금 운동 등 다양한 방식으로 소라넷 폐지 운동에 가장 앞장섰다. 그런데 묘한 건 "소라넷은 소수만의 문제이며, 남성 전체의 문제라고 말하는 건 일반화의 오류일 뿐이다"라는 입장을 취했던 남자들은 메갈리아에 게시된, 남성을 비하하는 최악의 사례들에 대해선 전혀 다른 입장을 취했다는 점이다.

그러니 메갈리안들이 메갈리아에 대한 일반화의 오류에 동의할 리는 만무했다. 박수희(25세)는 "'여혐하지 마세요'라고 말할 땐 듣지 않던 남성들이 '성기 크기' 미러링으로 되갚아주니 그제서야 '혐오는 나쁘다'고 하는 게 우스웠다"고 했고, 최파란(23세)은 "미러링을 보고 속이 시원했다. 해방감도 느꼈다"고 말했다. 김재윤(24세)은 메갈리아를 둘러싼 갈등을 학교 폭력에 비유했다.

"일진에게 매일 맞던 애가 '아이씨 그만 좀 해'라고 소리를 질렀어요. 때리지도 않고, 위협하려는 시늉만 했죠. 그런데도 주변에서 '너 좀 조용히 해. 아무리 네가 맞았다고 해도 똑같이 때리면 어떡해. 사이좋게 지내'라고 하는 게, 지금 상황인 거예요."[3]

여성학자인 윤지영은 "메갈리안의 언어는 일베 언어의 단순 복사물이 아니라 비대칭적 젠더 권력구조에서 편향된 힘의 축을 휘젓고 뒤집어보려는 저항의 행위"라고 했고, 신상숙은 "제도적인 수단이나 설득을 통해 상황을 바꿀 수 없을 때 나올 수 있는 최후의 수단 중 하나"라고 분석했다.[4]

하지만 모든 메갈리안이 같은 생각을 갖고 있는 건 아니었다. 메갈리아에서 남성뿐만 아니라 성소수자 등을 비하하는 미러링이 발생하자 이에 반발하는 이들과 지지하는 이들로 내부 논쟁이 발생했다. '자제해달라'는 공지가 뜨자 '계속 해야 한다'고 주장하는 이들은 메갈리아를 떠나 '워마드WOMAD'라는 카페를 만들었다. 워마드는 여자woman와 유목민nomad를 합친 단어였다.

메갈리아 사이트는 2015년 12월에 사실상 운영이 끝났으며, 성소수자 비하 발언을 반대했던 이들은 페이스북으로 자리를 옮겼다. 워마드는 임시 대피소 형태로 옮겨 다니다가 나중에(2017년 2월 7일) 워마드 사이트를 개설하게 된다. 워마드는 미러링을 넘어서 '여성 우월주의'와 '남성 혐오'를 커뮤니티 기치로 내세우며, '남성 멸시주의'를 내세워야 한다는 주장이 힘을 얻기도 한다.[5]

이렇듯 메갈리아는 짧은 기간 내에 내분과 더불어 부침을 거듭했지만, 메갈리아라는 단어는 고유명사가 아니라 일종의 일반명사로서 모든 페미니스트 정치와 정체성을 폭넓게 아우르는 단어로 자리 잡게 된다.[6]

'나쁜 페미니스트들'이 이루어낸 소라넷 폐쇄

메갈리안들이 '나쁜 페미니스트'로 비난을 받던 2016년 3월 때마침 『나쁜 페미니스트』라는 책이 번역·출간되었다. 미국에서 2014년에 출간된 록산 게이Roxane Gay의 『나쁜 페미니스트Bad Feminist』는, 정희진의 깔끔한 평가에 따르면, "가부장제 사회가 강요하는 착한 여자 콤플렉스에 대한 저항이자, '우리'가 서로에게 요구하는 '정치적으로 올바른' 페미니즘에 대한 거부이기도 하고, 동시에 규범화된 페미니즘은 불편하지만 자기만의 신념은 숨기지 않겠다는 '나의 페미니즘My feminism'이다."[7]

이 책이 널리 소개되고 읽히면서 "페미니스트가 되지 않기보다는 나쁜 페미니스트를 택하겠다"는 게이의 선언은 대구에서 '나쁜 페미니스트'라는 여성주의 액션 그룹이 생겨나게 하는 등 한국 여성들에게도 큰 울림으로 다가왔다. 이유진이 다음과 같이 말했듯이 말이다.

"자기만의 페미니즘을 전개하는 일은 외로움을 각오해야 할 일인지도 모른다. 하지만 곧 편안해지지 않을까. '페미니스트라면서 너는 왜 이렇게 정치적으로 올바르지 않은가'라는 공격형 질문을 받아도 괴로워할 필요가 없으니까. '나는 페미니스트다'라는 해시태그(#) 페미니즘에 차마 동참하지 못했던 불완전 페미니스트들이 반갑게 '나는 나쁜 페미니스트다'라고 나올 수도 있겠다."[8]

훗날(2018년 3월) 방송인 오상진은 자신의 인스타그램에 『나쁜 페미니스트』에 대해 "페미니즘을 이야기하면 공격당하는 사람들에게 힘이 될 수 있는 책"이라고 설명하며 책 사진 한 장을 게재한다. 오상진은 "내가 처음 방송을 하던 시기, 아무렇지도 않게 넘어갔었던 유머와 발언들이 이제는 비판의 대상이 되고 이슈가 되는 모습이 보인다"며 "그래도 우리 사회가 많이 진보했다는 생각이 든다"고 밝혔다.[9]

나쁜 페미니스트들의 치열한 투쟁 덕분에 2016년 4월 1일 소라넷이 폐쇄되는 역사적인 성과가 있었다. 이게 잘된 일이라고 생각하는 사람들은 그런 성과를 끌어내는 데에 가장 큰 기여를 한 메갈리아를 칭찬할 법도 했건만, 그런 일은 일어나지 않았다. 오히려 정반대의 일이 일어나기도 했다. 4월 8일 『연합뉴스』는 「소라넷은 어떻게 17년을 살아남았나」라는 기사에서 소라넷 운영자 1인칭 시점에서 소라넷의 흥망성쇠를 '스토리텔링' 방식으로 풀어썼다.

"리벤지 포르노, 강간 모의, 집단 성행위. 이 단어를 느꼈을 때 움찔했는가 아니면 친근함이 느껴졌나. 그렇다면 당신은 우리 고객임이 분명하다. 소라넷 운영자 A다. 아 부끄러워 마라. 당신이 이상한 게 아니다.……관음증, 일탈, 폭력 등 익명성 뒤에서 우리 회원들은 쌓아둔 것을 마음껏 발산하지."[10]

이 기사는 "우리 같은 사이트는 없앤다고 없어지지 않는다"는 식으로 서술해 소라넷을 옹호하는 인상을 주었다. 그래서 일부 네티즌들은 다음과 같이 비판했다. "연합의 소라넷 기사를 '언론의 범죄자 감정이입의 정점'이라고 생각하는데, 기본적으로 기자들은 피해자의 입장에 서기보다는 피해자, 주로 여성을 부각시키면서 이미 피해를 당했고, 심지어 사망한 강력 사건 피해자를 '기사 조회 수의 먹잇감'으로 본다." "17년간 끔찍한 성범죄의 온상이었던 곳이 국민들의 열렬한 관심과 경찰의 오랜 노력으로 폐쇄됐는데 거기에 대한 입장이 '안 없어

질 걸?' '이에요?' 『연합뉴스』는 독자의 빗발치는 항의 끝에 온라인 기사를 3일 만에 삭제했다.[11]

소라넷 폐쇄 이후 '소라넷X'와 같은 유사 소라넷 사이트들이 우후죽순 생겨났듯이,[12] 메갈리아가 가야 할 길은 여전히 멀고도 험했다. 한 달여 후 벌어진 이른바 '강남역 10번 출구 살인 사건'이 그걸 잘 말해주는 것처럼 보였다.

"살女주세요, 살아男았다"

2016년 5월 17일 오전 1시쯤 강남역 10번 출구 근처에 있는 한 주점 건물 남녀 공용화장실에서 34세의 남자가 23세의 여자를 칼로 찔러 숨지게 한 사건이 일어났다. 이 사건은 사건 자체도 충격이었지만 사건의 원인을 둘러싼 논쟁을 불러일으켜 온 세상을 떠들썩하게 만들었다.

화장실에서 1시간 30분 동안 칼을 품고 기다리다 6명의 남성을 보낸 후 처음으로 들어온 여성을 살해한 가해자의 범행 동기를 두고 많은 논란이 있었지만, 그중 하나의 동기로 '여성 혐오' 문제가 대두되었다. 가해자가 경찰 조사에서 "평소 여자들이 나를 무시해서" 범행을 저질렀다고 진술하면서 무고하게 목숨을 잃은 20대 여성을 향한 추모 열기가 강남역 10번 출구를 거점으로 시작되었다. 화환도 줄을 이었지만, 주요 추모 형식은 추모자 자신의 메시지를 담은 '포스트잇' 부착이었다. '살女(려)주세요, 살아男(남)았다', '여자라서 죽었다' 등 쉽게 잠재적 범행 대상으로 지목되는 사회적 약자로서 여성들의 불안감이

표출되었다.[13]

서울을 포함해 부산, 대구, 광주, 대전, 부천, 울산, 청주, 전주 등 전국 곳곳에 마련된 추모 공간에 붙은 포스트잇은 5월 18일부터 7월 15일까지 약 4만 장에 이른다. 5월 23일 우천이 예보되면서 이곳의 포스트잇은 보존을 위해 서울시청 지하 1층 서울시여성가족재단으로 옮겨졌으며, 『경향신문』 사회부 사건팀 기자들은 이 포스트잇이 옮겨지기 직전, 포스트잇 1,004건을 일일이 촬영한 후 문자화하는 전수 조사를 진행했다. 이는 보름 후 『강남역 10번 출구, 1004개의 포스트잇: 어떤 애도와 싸움의 기록』이라는 책으로 출간되었다.

『경향신문』의 분석에 따르면, 억울하게 숨진 피해자의 넋을 기리는 메시지가 전체의 4분의 1 이상을 차지했으며, 다음으로는 "운이 좋아 살아남았다"라는 자조와 피해자에 대한 죄책감이 많았다. '여성 혐오'란 표현은 116차례, "화장실도 무서워서 못 가겠다"며 '두려움'을 토로한 것은 50차례를 넘었다.[14]

사건의 정황, 가해자의 말 모두 '여성'을 정확하게 향하고 있었지만, 범인이 조현병 환자임을 들어 이 사건은 '여성 혐오'와 무관하다고 보는 사람도 많았다. 그래서 여성들의 대대적인 추모가 이어지는 것에 대해 격렬한 사회적 갈등이 일어났다.

한 네티즌은 "이걸 왜 남녀 문제로 몰고 가나요? 인도나 중동 국가를 모르나요? 한국은 정말 치안이 좋은 나라입니다. 왜 남성 전체를 일반화합니까? 많이 불쾌하네요. 솔직히 우리나라에 여성 혐오가 어디 있습니까?"라면서 다음과 같이 주장했다.

"강남역 전세 내셨어요? 순수하게 추모합시다. 배후 세력이 있는 것 같습니다. 언론이 이상하게 몰아가네요. 남자를 무시한 여자들에게는 왜 죄를 묻지 않나요? 적당히 좀 해라 적당히. 이 언론사 한쪽 입장만 자꾸 쓰네요, 실망입니다. 내 주위엔 여혐하는 사람 한 명도 없고 오히려 남자들이 역차별 당한다고요. 여성 혐오는 여자가 하기 나름이지. 짜증난다, 시끄럽다."**15**

"언제든 나에게도 일어날 수 있다는 공포감"

진보적 성향이 있다는 인터넷 커뮤니티 '오늘의유머(오유)'도 '여자라서' 죽었다는 말에 공감하지 못하는 분위기였다. 일베는 '묻지마' 살인을 가지고 여성 혐오로 몰아간다고 비난하면서 급기야 강남역 10번 출구 앞에 "남자라서 죽은 천안함 용사들을 잊지 맙시다"라는 문구를 붙여 '노무현 외'의 이름으로 근조 화환을 세우기까지 했다. 언론도 크게 다르지 않았다. 『한겨레』와 『경향신문』 등 일부 진보 언론을 제외하고, "언론들은 너나 할 것 없이 '여혐-남혐 대결 구도로 변질' 운운하며 성 대결 구도를 만드는 데 힘을 냈다".**16**

『동아일보』 논설위원 송평인은 「'메갈리아'식 여성 혐오 편집증」이라는 칼럼에서 "강남 '묻지마 살인' 사건은 조현병 환자가 저지른 것이다. 그러나 이 사건을 '여성 혐오'로 규정하고 끝까지 억지를 부리는 것 역시 편집증적이라고 할 수 있다"며 다음과 같이 말했다.

"정신질환자의 범죄에 취약한 것은 여성이 아니라 약자 일반이다. 약자에는 어린이와 청소년, 노인, 장애인도 포함된다. 어떤 경우에는 유치원생이 피해자가 됐고, 어떤 경우에는 여성이 피해자가 됐다. 서구 선진국의 대도시 도심에도 남녀 공용 공중화장실은 많다. 남녀 공용 공중화장실을 없애면 여성이 타깃이 된 범죄가 줄어드는지는 모르겠지만 그것이 해답이 될 수 없다. 범죄는 여성 공중화장실에서도 일어날 수 있다. 해답은 여성이 아니라 정신질환자에 주목할 때 찾을 수 있다."[17]

이 사건을 평범한 일상에서 우발적으로 일어난 '하나의 사건'으로 인식한 남성들은 여성들이 느끼는 공포를 이해할 수 없었고 이해할 뜻도 없었다. 그러니 사건이 일어난 장소의 특수성을 이해할 리 만무했다. 중앙대학교 사회학과 교수 이나영은 '강남역 10번 출구'가 크게 두드러졌던 이유 중 하나로 '공간적 특수성'을 지적했다.

"강남역은 단순히 수많은 지하철역 중 하나가 아니라, 강남대로를 중심으로 형성된 8km가량의 다양한 소비 공간과 이면거리에 조성되어 있는 유흥 공간을 상징한다. 인구 이동이 가장 많은 곳이자 만남의 장소요, 낮과 밤이 전도되어 상대적으로 가장 안전하다 여겨지는 이 공간에서 새벽에 일어난 여성 살해 사건은 여전히 모든 공간은 젠더화되어 있고, 안전 또한 젠더화되어 분배된다는 사실을 역설적으로 증명했다."[18]

홍승은은 "어릴 때부터 '밤늦게 돌아다니면 큰일 나'라는 협박 어린 조언을 일상적으로 듣고, 집에 들어갈 때마다 '조심히 들어가고 메시지 남겨'라는 말을 일상적으로 듣고, 밤거리에서 누군가가 쫓아오는 것 같아서 전화 받는 척하며 발걸음을 재촉한 경험이 있는 수많은 여성들에게 그 사건은 '내 일'이었다"고 말했다.[19]

"나는 살아남은 게 아니라 사실 죽어가고 있다"

풍호는 이 사건을 남성과 여성이 갖고 있는 각기 다른 '공유 지식 Common Knowledge'의 차이에서 비롯된 '젠더 전쟁'으로 규정했다. 그는 "공유 지식은 게임 참여자 모두가 아는 지식을 말한다. 자기가 알고 있다는 것을 다른 사람이 알고, 또 그렇다는 사실을 서로가 아는 상황이다. 공유 지식은 집단이 조정 문제(개인의 선택이 타인의 선택으로 달라질 수 있는 게임 상황)를 극복하고 집합 행동을 가능하게 하는 기폭제로 기능한다"며 다음과 같이 말했다.

"중요한 것은 강남역 살인 사건이 그때까지 여성이 공유하는 어떤 한스러운 공포와 분노에 방아쇠를 당겼던 것에 있다. 여성들은 자신이 겪은 작은 불편에서 공포스러운 악몽까지 온갖 경험을 포스트잇에 담아 강남역 10번 출구에 붙였다. 강남역은 여성의 공유 지식을 통해 폭발했고, 이후 공유 지식을 생산하는 공장이 되어 다시 여성을 행동에 나서게 했다."[20]

그런 공유 지식의 원초적 괴리를 문제 삼지 않은 채 벌어지는 논쟁의 품질이 높을 리 만무했다. 수많은 남성이 저마다 자기만은 결백하다며 "모든 남성을 일반화하지 마라"고 비판했다. 이에 대해 페이스북 페이지 '바람계곡의 페미니즘' 운영진은 남성을 '잠재적 가해자'라 지적하는 것은 남성들 모두가 범죄자나 다름이 없다는 의미가 아니라고 말했다.

"밤거리에서 어떤 남성과 마주치든 일단은 두려워할 수밖에 없는 여성의 입장과, 여성을 폭행할지 말지 선택할 수 있는 남성의 입장은 애초부터 다르다는 의미인 거죠. 여성이 조심하지 않아서 강간당했다? 집에 일찍 들어가지 않아서 살해당했다? 21세기인 요즘에도 너무나 쉽게 들을 수 있는 말들이잖아요. 여성을 상대로 작동하는 거대한 성차별 구조의 존재를 상정하지 않고서는 왜 여성들이 이런 부당한 대접을 받아야 하는지 설명할 수 없어요. 그러나 남성들 대부분은 '나는 결백하다'에서 생각을 멈추죠."[21]

5월 20일 서울 신촌 거리에선 '여성 폭력 중단을 위한 필리버스터'가 열렸다. 강남역 사건이 발생한 시각인 새벽 1시까지 8시간 동안 릴레이로 발언을 한 연설자 42명은 성폭행·성추행·성희롱 경험, 뿌리 깊은 가정 내 (성)폭력, 대중교통과 공공장소 등에서 겪는 일상적 성폭력, 외모 압박, 여성 비하적 발언 등에 얽힌 경험담을 쏟아냈다. 3일 전 강남역에 모인 여성들은 "나는 우연히 살아남았다"고 말했지만, 신촌에 모인 연설자들은 "나는 살아남은 게 아니라 사실 죽어가고 있다"며 "반드시 함께 살아남자"고 말했다. 이 연설문은 11월 『거리에 선 페미니즘』이라는 책으로 출간되었다.[22]

'고려대 카카오톡 대화방 언어 성폭력 사건'

다음 날인 5월 21일 전남 신안군 흑산도에서 학부모인 김모 씨(39세), 주민 이모 씨(35세), 학부모인 박모 씨(50세)가 초등학교 관사에서 여교사를 성폭행하는 충격적인 사건이 벌어졌다. 또 하나 충격적인 건 온라인 커뮤니티 '일베' 회원들에겐 이 사건마저 놀이였다는 점이다. 이들은 자랑하듯이 "여교사 윤간 뉴스 그 식당 찾았다", "신안군 기간

제 여교사가 다니는 학교"라는 제목으로 글을 올렸고, 이모 씨(32세) 등 5명은 피해자 '신상 털기'에 나서 피해자 신상과 관련된 글들을 올렸다. 이들은 해당 사건과 전혀 무관한 인물에 관한 정보를 올려 제3자에 대한 허위 사실을 유포한 혐의(명예훼손)로 불구속 입건되었다.[23]

(대법원은 2018년 4월 10일 성폭행 피고 3명의 상고심에서 각각 징역 15년, 12년, 10년씩을 선고한 원심 판결을 확정했다. 이에 일부 네티즌들은 "형량을 더 높여야 한다. 35세 형 살고 나와도 50세도 안 된다. 보복할 수도 있다. 그리고 또 다른 피해자가 생길 거다. 성폭력범들은 무기징역시켜라" 등과 같은 비판적 반응을 보였다.[24])

6월엔 대학생들의 모바일 메신저 '카카오톡' 단체 대화방(단톡방) 내 언어 성폭력 문제가 불거졌다. 이미 2015년 국민대학교에서 동기 여학생들을 "위안부", "빨통"으로 부르고, "D컵인데 얼굴은 별로니까 봉지 씌워서 하자"는 등 남학생들 간 단톡방 성희롱이 폭로되어 사회 문제가 되었음에도 고려대학교에서 비슷한 일이 또 일어난 것이다.

'고려대 카카오톡 대화방 언어 성폭력 사건 피해자 대책위원회'는 "술집 가서 X나 먹이고 자취방 데려와" 등 이 학교 남학생들의 성희롱 발언을 담은 카톡방 대화를 대자보를 통해 공개했다. 여기에는 지하철에서 여성들을 도촬(도둑촬영)한 사진을 공유하는 등 범죄와 관련된 내용도 있었다.[25]

단톡방 내 언어 성폭력은 여러 대학에서 저질러지고 있었다. 이런 현상을 반영하듯, 대학의 총여학생회는 고사 위기에 직면하고 있었다. 2016년 봄 서울 주요 대학 중 활동 중인 총여학생회는 경희대학교와 숭실대학교 2곳뿐이었다. 캠퍼스 내 여성 혐오 때문에 총여학생회장 후보에 나서려는 사람이 없었다.

선거철만 되면 후보자들에게 "뚱뚱하다", "못생겼다"는 식의 외모 비하에서부터 "XX 달고 태어나 학교 돈으로 스테이크나 처먹고 다니냐"는 등 무차별적인 인신공격이 쏟아졌으니 누가 나서려고 했겠는가. 2015년 연세대학교 총여학생회장을 역임한 후 2016년 총여학생회 비대위원장을 맡은 정혜윤은 다음과 같이 말했다.

"총여학생회가 일부로부터 '여성 혐오'의 대상이 됐습니다. 저도 총여학생회에 입후보하면서 '멋있다'는 격려보다는 '버틸 수 있겠냐'는 걱정을 더 많이 들어야 했습니다. 실제 일부에서는 총여학생회장이었던 저를 향해 외모와 성적 비하 등도 상당했던 것으로 들었습니다. 보람보다는 잃는 게 더 큰데, 누가 총여학생회 일을 하려고 하겠나 싶네요."[26]

메갈리아를 보는 '남성 메갈리안'의 시각

여성 혐오는 전 사회적으로 광범위하게 저질러지고 있었지만, 여성 혐오를 반대하며 메갈리아를 공정하게 보려는 남성들도 있었다. 2016년 7월 13일 『경향신문』은 메갈리아를 지지하는 '남성 메갈리안'들의 생각을 소개했다. 잘 소개되지 않는 이야기인지라, 경청해보는 게 좋겠다.

취업준비생 이지훈(29세)은 "억압받는 입장에서는 싸우는 방식이 억압하는 입장에 비해 제한돼 있다. 이렇게 싸움을 할 때 약자 쪽은 항상 검열을 당한다"며 "여성들에게 '올바른 방식으로 싸우라'는 건 사실 굉장히 미안한 부탁"이라고 말했다. 그는 "이 문제에서 결국 가장 명확한 카테고리는 남성과 여성이다. 여성들이 그런 갈등 구도를 추구한다는 게 아니라 상황상 그렇게 될 수밖에 없는 것"이라며 다음과 같이 말했다.

"미러링을 처음 봤을 때, 카타르시스를 느꼈다. 한국 남성들이 여자들을 어떻게 생각하는지 군대에서 참 많이 느꼈기 때문이다. 같이 일하는 여성들 외모 평가부터 시작해서, '개저씨(개+아저씨)'나 할 법한 성희롱이 난무했다. 음악 방송 틀어놓고 '쟤는 잘하게 생겼다', '먹고 싶다' 같은 말 하면서 낄낄대는 거다. 학교도 다르지 않았다. 고려대 단톡방 사건이 멀리 있는 게 아니다."

노승훈(34세)은 "미러링은 남성들을 향한 실제적인 위협이 아니고, 미러링으로 경각심을 갖게 되는 건 남성"이라며 "메갈리안 입장에선 수단과 방법을 가릴 상황이 아니었다"고 말했다. 노씨는 "이제 겨우 1년 활동했는데 남성들의 반발이 무척 크다. 남성들이 미러링을 불편해 하는 건 결국 본인이 (혐오 피해의) 당사자가 아니기 때문이다. '서로 사이좋게 지내자'는 건 지금 단계에서 할 수 있는 제안이 아니다. 오히려 미러링이 무덤덤해질 때까지 욕을 먹어야 되지 않을까 싶다"고 밝혔다.

장정호(25세)는 "미러링은 철저히 만들어진 혐오이자 전략이다. 남성들은 고작 '한남충'이란 말을 듣고 화내기보단 본인이 한남충이 아님을 스스로 증명해내면 될 것"이라고 말했다. 장씨는 또한 "당장 내가 맞을 것 같으면 나도 때리는 게 옳지 않나. 악성적인 여성 혐오에 침묵해놓고 이제 와서 여성들에게 저항하지 말라는 건 저열하다"고 덧붙였다.

유민석(33세)은 "메갈리아의 언어는 기본적으로 약자의 저항 언어다. 사회적으로 억압돼왔고 침묵을 강요당했던 여성들이 가진 힘을 기득권 남성들이 불편해하는 것"이라고 말했다. 그는 "약자가 강자를 미워하고 혐오하는 건 억압당한 역사에서 비롯된 자연스러운 인지상정인 반면, 강자가 약자를 미워하는 건 비열한 짓"이라고 밝혔다. 노예가 주인을 미워하는 것과 주인이 '노예는 더럽고 천박해'라고 하는 것이 질적으로 다르다는 것이다.[27]

"소녀들은 왕자님이 필요 없다"

메갈리아를 둘러싼 갈등의 이면엔 메갈리아의 정체성 문제가 있었다. 메갈리아 내부의 갈등이 말해주듯이, 메갈리아는 계속 변화를 겪어왔다. 그래서 메갈리아4와 그 이전의 메갈리아, 워마드를 구분하는 사람들이 있는가 하면 그게 다 그거라고 보는 사람들도 있었다. 전자에 속하는 노혜경은 다음과 같이 말했다.

"메갈리아에 대한 비난은 옛날 글들과 워마드 사이트에서 흘러나오는 지나친 미러링에 근거를 두고 있다. 그런데 정작 '메갈리아4'는 미러링을 더이상 하지 말고, 여성 혐오의 제도와 문화를 개선하기 위한 행위를 하자고 하고 있다. 이렇게 메갈리아와 워마드는 다르다. 나에게는 다르다는 게 중요하다. 그러나 메갈리아를 비난하는 사람들은 메갈리아 워마드를 구분하지 않는다."[28]

물론 메갈리아에 비판적인 사람들은 그런 구분은 무의미하다고 생각했고, 이런 생각이 바탕이 되어 일어난 게 바로 2016년 7월 하순 넥슨의 성우 교체 사건이다. 시작은 7월 18일이었다. 넥슨 게임 〈클로저스〉의 캐릭터 '티나' 역을 맡은 성우 김자연이 자신의 트위터에 티셔츠를 입은 한 장의 인증샷을 올렸다. 티셔츠엔 이렇게 적혀 있었다. '소녀들은 왕자님이 필요 없다GIRLS Do Not Need A PRINCE.'

이 티셔츠는 페이스북 페이지 메갈리아4에서 기획했다. 메갈리아4는 페이스북에서 일련의 여성 혐오 페이지들은 유지되는데 반해 '메갈리아2', '메갈리아3' 등 여성주의 페이지를 뚜렷한 근거도 없이 페이스북 측이 일방적으로 폐쇄한 것에 대한 소송을 준비하기 위해 모금을 진행하면서 후원의 대가로 이 티셔츠를 지급했다.

일부 남성 누리꾼들은 티셔츠를 만든 주체인 메갈리아를 주목하면서 넥슨 측에 해당 성우의 하차를 요구했다. 이들은 메갈리아는 페미니스트가 아니며, 헤이트 스피치(증오 발언)를 일삼는 혐오 집단에 불과하다고 주장했다. 하루 뒤인 19일, 넥슨은 해당 성우와의 계약 해지를 발표했다. 이에 대해 100여 명의 메갈리안은 22일 경기도 판교 넥슨 사옥 앞에서 "티셔츠 입었다고 (교체하냐 교체하냐)", "뜬금없는 성우교체 (반성하라 반성하라)" 등의 구호를 외치며 항의 시위를 벌였다.[29]

그러나 이 시위의 파장은 크지 않았다. 수개월 후 '반동의 시대와 성전쟁'이라는 주제의 워크숍에서 「게임 내 여성 캐릭터 다시 보기」라는 논문을 발표한 조아라는 "게임 산업에서는 여성을 소비자로 보고 있지 않다"고 말했다. 〈오버워치〉, 〈서든어택2〉, 〈데스티니 차일드〉 등의 게임 속 여성 캐릭터들의 복장과 신체 표현 방식이 논쟁을 불러일으킨 것과 관련, 그는 "여성 캐릭터의 비현실적인 과장된 가슴은 강력한 비난 대상이 되지만 그런 가슴이 어떤 목표를 가지고, 누구에 의해 만들어졌는지는 비난의 정도만큼 논의의 대상이 되지 못했다"면서 게임 속에서 여성 캐릭터들은 여전히 성적 대상화와 성 상품화가 되고 있다고 진단했다.[30]

정의당마저 굴복시킨 반메갈리아 분노

하지만 이 사건을 그런 시장 논리에만 맡겨둘 수는 없는 일이었다. 넥슨의 조치와 관련, 정의당(문화예술위원회)과 녹색당은 "정치적 의견이 직업 활동을 가로막는 이유가 되어서는 안 된다", "게임 속 목소리가 지워져도 우리의 목소리는 지워지지 않을 것"이라며 넥슨을 비판하는 성명을 발표했다. 노동당은 여성 혐오와 반反혐오의 대립으로 이 사건을 규정하며 "메갈티에 강요되는 침묵에 맞서겠다"는 논평을 냈다.

당사자인 김자연은 입장문을 통해 넥슨사와는 계약금을 받았고 잘 해결되었으며 부당 해고가 아니라고 밝혔으나 사태는 진정되지 않았다. 〈클로저스〉 유저들은 메갈리아를 지지하는 웹툰 작가 리스트를 발표하고, 그들이 많이 활동하고 있는 웹툰 전문 사이트 레진코믹스 탈퇴 운동을 벌였다. 메갈리아 지지 작가를 반대하는 일부 유저들은 예스컷(웹툰에 대한 규제)운동을 거론하기까지 했다.[31]

넥슨을 비판한 논평이 발표된 이후 정의당의 논평 댓글란에는 당원들의 비난이 가득했고 탈당계를 제출하는 당원들도 생겼다. 논평이 옹호하고 있는 것이 '메갈리아 성우'라는 이유 때문이었다. 정의당은 이런 압력에 굴복해 7월 25일 논평을 철회했다. 정의당은 "이 논평은 메갈리아에 대한 지지 여부에 초점을 둔 것이 아님에도 불구하고 정의당이 친메갈리아인가 아닌가라는 수많은 논쟁만 야기시켰다"며 "부당한 노동권의 침해라는 본 취지의 전달에는 실패하였다는 점에서 이 논평을 철회하기로 했다"고 밝혔다.[32]

정의당 내부에서는 논평 철회에 대해 부적절하다는 의견이 나오기도 했지만, 일부 정의당 당원들은 중앙당에 대해 메갈리아에 대한 반대 입장을 밝힐 것을 요구하고 나섰으며, 논평 작성자들을 출당시켜야 한다는 주장까지 나오는 등 갈등은 계속되었다.[33]

(정의당의 발표에 따르면 정의당 논평 사건 이후 8월 3일까지 총 580명이 탈당했고 이 중 57퍼센트에 해당하는 334명이 '메갈리아를 옹호하는 입장에 반대한다'고 탈당 사유를 밝혔다. 반면 '당내 젠더 감수성 불만'을 사유로 밝힌 탈당자는 20명[3퍼센트]이었고 그 외 사유를 미기재하거나 기타 사유로 탈당한 이가 226명[38퍼센트]이었다.[34])

정의당마저 굴복시킨 남성들의 분노는 SBS 오디션 프로그램 〈K팝스타5〉 준우승자로 가창력 못지않게 작곡 실력으로 주목받던 가수 안예은에게까지 그 불똥이 튀었다. 그녀는 7월 25일 트위터에 "티셔츠 샀다고 메갈(메갈리아)이면 메갈하지 뭐. #내가메갈이다"라는 22자의 글을 올렸다가 반反메갈리아 남성들의 집중적인 온라인 폭격을 받고 곧장 사과문을 올려야 했다.

7월 27일 진중권은 「나도 메갈리안이다」라는 글에서 "티셔츠에 적힌 문구는 정치적으로 완벽히 올바르다"며 "문제는 그 티셔츠가 '메갈리아'라는 사이트에서 만든 것이라는 사실이었다"고 꼬집었다. 그는 "실도 여러 가닥 묶으면 밧줄이 되듯이 그 초라한 남근들이 다발로

묶여 큰 승리를 거둔 모양이다. 그들은 성우 김자연의 목소리를 삭제하고, 가수 안예은에게 사과를 받아내고, 정의당의 공식 논평을 내리게 했으며, 몇몇 웹툰 작가의 입을 틀어막았다"며 다음과 같이 말했다.

"나 같은 '한남충', '개저씨'의 눈으로 봐도 너무들 한다. 이제야 메갈리안의 행태가 이해가 될 정도다. 듣자 하니 이들이 자기와 견해가 다른 웹툰 작가들의 살생부까지 만들어 돌렸단다. 그 살생부에 아직 자리가 남아 있으면 내 이름도 넣어주기 바란다. 메갈리안을 좋아하지는 않지만, 이 빌어먹을 상황은 나로 하여금 그 비열한 자들의 집단을 향해 이렇게 외치게 만든다. '나도 메갈리안이다.'"[35]

7월 28일 월간 『오늘보다』 편집위원 홍명교는 「반여성주의에 굴복한 정의당, 퇴행을 넘어 자멸로 가나」라는 글에서 "최근 '메갈리아'를 둘러싼 정의당 당원 게시판의 논란이 정의당이라는 조직의 앙상한 실체를 드러내고 있다"며 "첫째, 여성주의에 대한 몽매함에서 그러하고, 둘째는 리더들의 현저하게 미진한 정치적 판단력, 셋째는 정의당이 안고 있던 문제들이 여실히 드러났다는 점에서 그러하다"고 말했다.[36]

"메갈리아는 일베에 조직적으로 대응한 유일한 당사자"

7월 30일 정희진은 『한겨레』에 기고한 「"메갈리아는 일베에 조직적으로 대응한 유일한 당사자"」라는 글에서 "일베는 '중요한' 집단이다. 일베의 주요 혐오 대상은 여성, 호남 사람, 동성애자, 이주노동자, 장애인 등 한국적이면서도(호남) 전통적인 사회적 약자(여성, 장애인)이다"며 다음과 같이 말했다.

"특정 소수가 대다수 국민을 상대로 이렇게 일방적인 폭력을 행사하고 있는데 국가는, 정당은, 진보 세력은, 시민단체는 무엇을 하고 있는가. 자기들은 일베가 싫어하는 이들이 아니어서 가만히 있는가. 나는 그들이 두렵다. 일베 현상을 연구하자는 동료들이 많은데, 모두들 공포에 발을 뺀다. 이제까지 그 어떤 대의기관도 일베에 맞선 이들은 없다. 누구도 일베에 조직적으로 대응하지 않았다. 메갈리아는 일베가 짓밟은 사회 집단 중 조직적으로 대항한 유일한 '당사자 집단'이다."

정희진은 "정부는 여성을 보호하지 못하고/않고, 진보 정당은 비판 논평을 철회시킴으로써 메갈리아 티셔츠를 구입한 여성 성우를 교체한 기업에 동의했다. 내가 이번 '티셔츠 사태'에 절망한 이유는 지난 25여 년 동안 경험한 바지만, 국가-우파-좌파 사이의 이념(이 있기는 한가?)과 계급을 초월한 성의 단결, 즉 남성 연대 때문이다"며 다음과 같이 말했다.

"진보 정당은 기업이나 무능·부패한 정부가 아니라 여성과 싸우고 있다. 왜? 그들이 좋아하는 '정치경제학' 논리로 보자면, '진보' 이전에 '남자'일 때 더 얻을 것이 많기 때문이다. 일베의 폭력, 자신감, 신념, 막말은 마치 무정부 상태의 거칠 것 없는 주인공처럼 보인다. 이런 관점에서 본다면 우리 사회는 메갈리아에 고마워해야 하는 것 아닌가? 거듭 묻는다. 누가 일베에 맞섰는가?"[37]

이 칼럼이 실린 후『한겨레』구독을 중지하겠다는 주장이 온라인에 거세게 등장했으며, 민주언론시민연합은 정희진 칼럼을 읽어볼 것을 추천하고 정희진의 강연회를 준비했다가 메갈리아를 옹호하는 것이냐며 수십 명의 후원회원이 후원 탈퇴에 나서는 일이 벌어졌다. 민주

언론시민연합 사무처장 김언경은 "누리꾼들이 의견을 가질 수 있지만 추천했다는 것만으로 공격하자 우리도 사안을 다루는 게 불편해졌다"며 "천안함 사건이 북한 소행이냐고 물은 뒤 종북 여부를 판단하는 것처럼, 사회가 하나의 질문을 던져 사상 검증을 하는 극단적 태도가 메갈리아 사태에서 나타나고 있다"고 우려했다.[38]

이는 이후 매우 왜곡된 형태로 심화될 '정치적 소비자운동political consumerism'을 예고한 사건이었다.[39] 이걸 굳이 '정치적 소비자운동'이라고 불러야 한다면, '비겁한 정치적 소비자운동'이라고 할 수 있는 것이었다. 강자의 횡포에 대항하기 위한 것이 아니라 약자를 탄압하기 위한 것이었다는 점에서 말이다.

"에이 18, 정말 못 참겠네"

최근엔 드문 사건이 되었지만, 군부대에서 무장 탈영병 사건이 일어날 때마다 나는 나의 군대 시절을 떠올린다. 남자들의 군대 이야기가 혐오 대상이라는 걸 모르는 건 아니지만, 2016년 상반기에 일어났던 일련의 페미니즘 탄압 사건의 본질을 이해하는 데엔 제법 쓸모가 있어 독자들이 이해해주시기 바란다. 앞서 김재윤은 메갈리아를 둘러싼 갈등을 학교 폭력에 비유했지만, 군대 폭력에 비유하는 게 더 실감이 날 것 같아서다.

고참들이 특정 졸병을 못살게 괴롭히는 건 어느 부대에서나 일어나는 흔한 일이지만, 그 정도와 양상에서는 다양한 유형이 있다. 내가 있던 부대에서도 흔히 하는 말로 '관심병사'로 분류할 수 있는 그런 졸병이 있었는데, 다른 병사들에게도 피해를 주는 그의 어설픈 행태는 짓궂은 농담의 소재로 활용되었을 뿐 구타로까지 이어지진 않았다.

그러나 잦은 집단 구타가 일어나는 유형의 괴롭힘도 있다. 내가 직접 목격하거나 겪진 않았지만, 다른 부대에서 일어나는 이런 이야기들은 널리 떠돌기 마련이다. 묘하게도 탄압에 대응하는 방식은 사람마다 크게 다르다. 어떤 식으로건 그 탄압의 고통을 표현하는 사람이 있는가 하면 꾹꾹 눌러 담아 견디다가 일시에 폭발시키는 사람도 있다. 무장 탈영병은 바로 후자에 속한다.

"소라넷이 번창해온 16년간 무엇을 하고 있었나?"라는 외침은 한국 여성이 오직 "인내는 나의 힘"이라는 주술로 모진 세월을 버텨왔다는 걸 시사한다. 그들이 견디다 못해 드디어 들고 일어났지만, 그렇다고 무장탈영의 수준으로까지 나아가진 않았다. "에이 18, 정말 못 참겠네"라는 비명에 가까운 욕설을 한마디 내뱉은 수준이었다.

고참들은 펄펄 뛰면서 광분한다. 감히 졸병이 고참들에게 욕을 하다니! 이건 용납할 수 없는 항명이요, 패륜적인 망동이라고 입에 거품을 문다. 자신들이 그 졸병에게 구타를 포함한 괴롭힘을 오랫동안 자행해온 건 까맣게 잊는다. "나는 그런 괴롭힘에 직접 가담한 적이 없다"는 식으로 발뺌을 하기도 한다. 그들에게 중요한 건 오직 "에이 18"이라는 욕설뿐이다. 비교적 중립적 위치에 있는 사람들마저 "욕설은 바람직하지 않다"는 훈수작을 해댄다.

그렇게 역지사지易地思之 불능에 빠진 사람들이 강남역 10번 출구에서 외쳐진 "살女(려)주세요, 살아男(남)았다"는 비명의 의미를 이해할 리는 만무했다. "남녀 구분 말고 사이좋게 지내요"라거나 "이 지구상에 서울의 밤거리만큼 안전한 곳은 없다"는 대답 아닌 대답은 그래서 나오는 것이다. 그런 조롱의 수준을 넘어서 탄압의 강도를 높여나간 이유는 무엇일까? 나는 이게 도무지 이해가 안 돼 급기야 '공포 관리 이론terror management theory'으로 설명하고픈 유혹을 느끼지 않을 수 없었다.

우리 인간은 언젠간 죽게 되어 있다. 누구나 다 아는 사실이다. 그러나 평소 삶에서 죽음을 얼마나 의식하고 사는가 하는 것은 별개의 문제다. 죽음을 많이 의식할수록 우리 인간은 평소 소중히 여기던 것들, 예컨대 관습 등과 같은 공동체 문화에 대한 집착이나 준수 의식에서 자유로워질까? 얼른 생각하면 그럴 것 같다. 영원하지 않은 삶이라는 걸 절감하는 상황에서 삶의 규칙이나 질서 따위가 무어 그리 중요하단 말인가.

그런데 심리학자들의 실험 결과는 전혀 다른 이야기를 들려준다. 사람들은 자신의 유한성mortality을 떠올릴수록 기존 관습에 매달림으로써 죽음의 위협을 피하려 들며, 그래서 기존 관습을 저해하는 행위는 강하게 응징해야 한다는 생각에 도달하게 된다는 것이다. 이런 식으로 공포를 관리하는 걸 가리켜 '공포 관리 이론'이라고 한다.

공포의 피해자들이 "나는 살아남은 게 아니라 사실 죽어가고 있다"며 더는 공포를 느끼지 않게 해달라고 외칠 때, 최소한의 양심과 양식이 있는 인간이라면 그 외침에 동참하거나 더 나아가 그들이 공포를 느끼지 않을 수 있게끔 하는 대책을 앞다투어 내놓는 게 옳다. 그런데 남자들이 택한 건 피해자들의 '과장'을 비판하면서 외침의 데시벨이 높은 사람들을 겨냥한 탄압이었다. 이들 역시 삶과 죽음의 공포에서 자유로울 수 없는 인간이었기에 이런 식으로 공포를 관리하는 길을 택한 것이다.

너무 좋게 해석해주는 게 아니냐는 반론도 가능하겠지만, 어느 정도의 양심과 양식이 있다고 보이는 사람들마저 그런 탄압에 집단적으로 가세하는 걸 이해할 수 없어서 해본 생각이다. "왜 좀더 일찍 들고 일어나지 않았느냐?"고 질책하는 목소리는 들을 수 없는 걸까? 그렇게 되면 자기 책임의 문제도 불거질 것이므로, 그걸 인정하기 싫어 한사코 '공포 관리자'의 길을 택한 건 아니었을까?

제6장

▼

'구조' 피해자와 수혜자의 충돌

2016년 7~12월

메갈리아는 '여자 일베'인가?

스스로 '좌파'임을 밝힌 박가분은 2013년에 출간한 『일베의 사상: 새로운 젊은 우파의 탄생』에서 일베를 '우리 편 아니면 적'이라는 진보 좌파의 논리를 극단적으로 확대재생산한 우파로 진단했다. "일베의 사상은 인터넷을 그들만의 자율적인 공론장으로 전유할 수 있으리라 믿었던 진보 좌파에 대한 반동에서 연유한다. 일베는 본질적으로 진보와 좌파의 증상이다. 진보와 좌파의 존재 방식이 바뀌지 않는다면 일베 역시 사라지지 않을 것이다."[1]

박가분은 2016년 9월에 출간한 『혐오의 미러링: 혐오의 시대와 메갈리아 신드롬』에서 이 논리 구조를 그대로 차용해 메갈리아는 '일베의 거울쌍'이라고 주장했다. "혐오 발언을 놀이처럼 즐기고 이를 과거 타인의 잘못을 빌미로 정당화한다는 점에서 메갈리아를 '여자 일베'라고 부르는 사람들도 있다. 이것이 너무 과격한 표현이라면 메갈리아/워마드 신드롬을 '포스트 일베 신드롬'이라고 고쳐 부를 수 있을 것이다."[2]

『일베의 사상』은 매우 날카롭거니와 진보 진영의 자기 성찰적인 시각을 보여주었지만, 『혐오의 미러링』은 힘의 균형에서 '보수 우파-진보 좌파'의 관계를 '남성-여성'의 관계와 같거나 비슷한 것으로 보는게 과연 온당한가 하는 문제를 제기했다.

한국 사회에서 보수 우파와 진보 좌파는 상호 대등한 세력 균형을 이루고 있다. 물론 일부 진보 좌파는 '기울어진 운동장' 운운하면서 보수 우파의 우위를 주장하는 엄살을 떨기도 하지만, 김대중-노무현-문재인 정권의 탄생은 어떻게 설명할 것인가 하는 점에서 설득력을 갖기 어렵다. 반면 '남성-여성'의 관계는 개인이 아닌 집단과 구조의 차원에선 남성이 압도적 우위를 점하고 있다.

『혐오의 미러링』은 이 차이를 무시했지만, 박가분은 좌파로서 메갈리아와 관련해 온라인과 오프라인에서 왕성한 활동을 했기에 그의 주장은 진보 좌파 남성에게 큰 영향을 미쳤다. 박가분은 『혐오의 미러링』의 핵심 내용을 책 출간 직전인 7월 30일 『미디어오늘』에 「메갈리아 논란에 대해 알아야 할 8가지 불편한 진실」이라는 글로 기고했는데, 이 글에 달린 다음과 같은 찬양 댓글들이 그걸 잘 말해준다.

"갓가분." "히야 사이다!" "이런 게 기사다." "가슴이 뻥 뚫리는 것 같네요." "왜 이런 기사가 이제 나왔는지." "진정한 참 언론에 감탄하고 갑니다." "소액이지만 이 기사에 기부했습니다." "진중권, 손석희지고 박가분 떠오르다." "지금까지 본 기사 중에 가장 최고네요." "와 사건의 본질을 파악한 정확한 기사네요." "메갈을 다룬 기사 중 제일 좋은 기사라 생각합니다." "정확하게 사건을 짚어주시는 진짜 작가 인정합니다." "지금까지 읽은 수백 개 글 중에서 가장 정리를 잘한 글." "진보 언론 다 죽은 줄 알았는데 살아 있는 곳도 있었네요." "선동과 날조로 승부 보는 꼴페미들이 달려들까 우려스럽네요." "이번 논쟁은 여기서 끝이네요! 박가분님의 정리를 누가 또 반박하겠어요? Game Over!" "개소리만 하던 『미디어오늘』에서 웬일로 옳은 소리를 하나 싶더라니 게시자가 박가분이시네."

이런 찬사들이 시사하듯이, 「메갈리아 논란에 대해 알아야 할 8가지 불편한 진실」은 메갈리아 논쟁사에서 중요한 문건으로 볼 수 있다. 박가분은 이 글에서 이 사건의 전개 과정을 자세히 알아보지 않은 채 외부에서 이념적인 의미를 부여하는 호사가들이 문제를 더욱 악화시키고 있다고 비판했다. 그는 무리한 가정과 허황된 전제들 위에서 논쟁이 공회전하고 있기 때문에 각각의 국면의 쟁점에 대해 하나씩 되짚어볼 필요가 있다며 '8가지 불편한 진실'을 제시한 것이다.[3]

'팩트 폭격'을 어떻게 볼 것인가?

이 '8가지 불편한 진실'과 더불어 관련 찬반 논쟁을 자세히 소개하면 좋겠지만, 이 소개만으로도 책 한 권 분량이 필요할 정도로 찬반 논쟁에 뛰어든 사람의 수도 많거니와 논쟁의 내용도 복잡하고 방대하다. 평소 메갈리아에 대해 잘 모르던 독자들로선 도대체 뭘 갖고 싸우는지 이해하기도 어렵다. 수많은 나무로 이루어진 숲이 있다고 할 경우, 나무 하나하나에 대한 품평도 필요하겠지만, 때론 숲 전체에 대한 이야기가 전모를 말해줄 수도 있지 않을까?

박가분은 8개의 '나무 이야기'를 했는데, 그걸 압축해 소개하자면 이런 내용이다. 첫째, 메갈리아4와 메갈리아/워마드의 성격을 구분하는 것은 무의미하다. 둘째, 김자연 성우의 교체가 '부당 해고'나 '부당 계약 해지'라는 주장은 사실이 아니다. 셋째, 독자들에게 욕설과 패드립을 행한 작가는 응분의 대가를 치를 수밖에 없다. 넷째, 대립의 전선은 여성 대 남성이 아닌 상식 대 비상식이다. 다섯째, 메갈리아/워마드는 원래 여성 혐오 반대로 출현한 집단이 아니다. 여섯째, 메갈리아/워마드는 혐오 발언을 그 자체로 즐기는 것일 뿐 사실 미러링 같은 건 신경 쓰지 않는다. 일곱째, 여성 혐오의 유래를 '가부장제'와 '성별 이원제性別二元制'에서 찾는 이론적 사고에 대중이 따라줄 이유는 없다. 여덟째, 실패한 수단에 대한 옳고 그름의 논쟁은 무의미하다.[4]

이 주장에 대해선 여러 반론이 나왔지만,[5] 박가분의 주장과 이 논쟁을 대체적으로 이해할 수 있는 답은 뜻밖에도 박가분의 글에 달린 댓글 속에 있다. "팩트다 팩트", "크으~~팩트 폭행", "이런 강력한 사실 폭격!", "팩트 폭격이 너무나도 심하다. SNS는 선동과 날조로 승부하자인데 그걸 부정하시고 팩트만을 때려 박으시다니. 속 시원하니까 더 쓰셔도 됩니다."

전반적으로 보아 박가분의 글에 대해선 이른바 '사실 물신주의

fetishism of facts'의 혐의를 제기할 수 있겠다. 사실 물신주의란 자질구레한 사실에 과도한 의미를 부여하고 압도되어 큰 그림을 보지 못하는 걸 의미한다. 개개인의 '보는 눈seeing eye'의 입장에서 세계를 생각하는 사고방식의 함정이라고 볼 수 있다.

'사실 물신주의'는 미국 문명을 날카롭게 비판했던 드와이트 맥도널드Dwight Macdonald, 1906~1982가 고질적인 미국병으로 지적했던 것인데, 평소 우리가 도저히 이해할 수 없었던 미국인들의 보수성을 떠올리면 쉽게 이해할 수 있다. 미국인들은 추상과 구조를 혐오한다. 그들이 늘 외치는 건 팩트다. 그래서 극심한 빈부 격차가 벌어져도 그건 팩트가 쉽게 드러나는 개인의 문제일 뿐 구조의 문제로는 간주되지 않는다.

같은 맥락에서 사회학자 로버트 머튼Robert K. Merton, 1910~2003과 폴 라자스펠드Paul F. Lazarsfeld, 1901~1976는 '사실의 프로파간다propaganda of facts'의 위험성을 경고한 바 있으며, 토드 기틀린Todd Gitlin도 대중의 의식이 자질구레한 사실의 물신주의에 의해 압도되는 경향이 있다는 걸 지적한 바 있다. 사실 물신주의는 눈 중심의 관찰에 절대적 의미를 부여하기 때문에 관찰자가 주로 어떤 환경에서 활동하느냐가 매우 중요한 의미를 갖는다.[6]

왜 일베는 '구조맹'이 되었는가?

많은 이가 팩트와 프로파간다(선전선동)를 구분하는 경향이 있는데, 팩트야말로 선전선동의 핵심 요소다. 우리는 흔히 프로파간다라고 하면 음모와 거짓을 연상하지만, 이미 오래전 자크 엘륄Jacques Ellul,

1912~1994은 팩트와 프로파간다의 합일화 현상을 지적한 바 있다. 교육 수준이 높아진 현대인이 팩트와의 관련을 요구함에 따라 순전히 감정적인 프로파간다는 설득에서 명백한 한계가 있으며, 프로파간다는 적어도 팩트에 관한 한 이제 거짓말을 하지 않는다는 것이다.[7]

프로파간다에서 중요한 고려 사항은 팩트가 객관적 상황을 정확하게 묘사하느냐가 아니라 팩트가 진실인 것처럼 들리느냐 하는 것이다. 이와 관련, 크리스토퍼 래시Christopher Lasch, 1932~1994는 다음과 같이 말한다.

"프로파간다를 하는 사람은 전체의 잘못된 모습을 끌어내기 위해 정확하지만 미세한 사실들을 사용함으로써 진실을 허위의 주요 형태로 만드는 것이다."[8]

따라서 팩트 그 자체가 중요한 게 아니라, 어떤 팩트냐가 중요하다. 특히 일베 논객들이 팩트를 중시, 아니 숭배하는데, "문제는 이들이 여성이 처한 구조적인 불평등을 보여주는 팩트는 철저히 외면한 채, 공정성 혹은 평등에 대한 판단을 내리고 있다는 데 있다".[9]

그런데 일베는 왜 그렇게 되었을까? 2014년 8월 서울대학교 사회학과에서 일베 연구로 석사학위를 받은 김학준은 연구를 위해 일베 회원들과 심층 인터뷰를 진행했는데, 인터뷰를 할 때마다 깊은 인상을 받았다고 한다. "첫째로 굉장히 착하다. '키보드 워리어'라서 현실에서 주눅이 든 것도 아니고, 할 말 다 하면서도 아주 예의 바른 청년들이 줄줄이 나오더라. 둘째로, 다들 아버지 이야기를 많이 한다. 10대 때부터 아버지를 존경하고 영향을 받은 이야기가 많다. 전반적으로 삶의 태도가 참 순응적이다."

일베의 청년들은 왜 소수자를 특권층으로 뒤집는 가치 전도를 거리낌 없이 받아들였을까? 이들은 왜 소수자에 감정이입하는 길 대신 혐오를 택했을까? 『시사IN』이 김학준과 데이터 기반 전략 컨설팅 회사 트리움의 도움을 받아 작성한 일베의 담론 지도에 따르면, '아버지-서울' 축이 경부고속도로처럼 중심축을 이루었다. 트리움 대표 김도훈은 다음과 같이 말했다.

"이 친구들한테 재밌는 게, 아버지의 삶을 거의 그대로 내면화합니다. 젊은 때는 아버지와 같은 권위에는 반항도 하기 마련인데 그런 게 없어요.……상세 분석을 보면, 경상도에서(담론 지도에서는 '대구') 어렵게 자란 아버지가 서울에 올라와서 나름 자리를 잡습니다. 인터뷰를 한 친구들이 그 서사를 자랑스러워하고 닮고 싶어 해요."

김도훈은 일베의 기본 자세는 "센 놈에 붙어라"라고 결론 내렸다. "권위주의 산업화 시대의 한국 사회를 버텨내고 살아온 아버지라면, 아마도 몸으로 느낀 생존 전략일 겁니다. 강자에 저항했다면 '힘들게 시작해서 서울에 자리 잡는' 성공을 거둘 확률은 꽤 떨어졌겠죠. 아버지 세대가 체득한 생존 전략을 아들이 저항 없이 받아들이고 있어요. 일베가 무엇인지 정의하라고 한다면 제 가설은 그겁니다. 권위주의 산업화 시대 생존자의 아들이 아버지를 고스란히 물려받아 돌아왔습니다."

이런 연구 결과에 근거해 『시사IN』 천관율 기자는 "'센 놈에 붙어라' 전략에서 소수자에 손을 내밀고 연대하는 것은 금기다. '국가-아버지'에 대한 순응은 소수자 혐오의 동력이 된다. 김 대표의 가설이 옳다면, 소수자 혐오가 먼저다. 무임승차 혐오는 정당화를 위해 뒤늦게 덧붙는다"며 다음과 같이 말했다.

"이렇게 해서 일베는 지독한 '구조맹'이 된다. 여성의 유리천장도 호남의 지역 차별도 일베의 눈에는 구조적 불리함이 아니라 개인의 노력 부족이 된다. 사회구조 차원의 유불리를 인정하지 않으니, 소수자에게 주는 지원은 권리가 아니라 무임승차다. '구조맹'의 항의는 국가를 향하는 법이 없다."[10]

"해방의 문제는 지식의 문제가 아니라 감각의 문제"

삶에 의해 체화된 탓에 구조를 볼 수 없는 구조맹이 된 사람들을 향해 구조를 말하는 건 자신의 아버지를 부정하라는 말로 들릴지도 모를 일이었다. 김은실은 팩트 자체가 일종의 담론적 구성물임에도 사실 정보를 취합하면서 이 정보 자체가 팩트라고 주장하는 관행에 대해 '일베식 팩트'라는 말을 썼다. 김수아는 이런 팩트주의는 다른 경험을 받아들이지 않으려는 경직성에 의한 논리 구조이기 때문에 '반지성주의'와 관련된다며 다음과 같이 말한다.

"반지성주의의 핵심에는 무시간성의 문제가 있다. 즉 이성적, 합리성을 강조하는 온라인 토론의 형식들 속에서, 예의를 갖추고 근거를 링크하고 그래프를 그려가며 자신의 주장들을 증명하는 남성 중심적 온라인 커뮤니티의 담론에 반지성주의적 측면이 있다면 그것은 바로 이 '시간성'의 문제에 있다. 남성 약자의 존재를 정당화하기 위해서 그들은 집요하게 '지금, 여기, 나' 즉 20대 남성에 집중한다. 자신들의 평균 임금과 20대 여성의 평균 임금을 비교하며, 과거의 차별은 현재에서 다루어져서는 안 된다고 주장한다. 사회 전체를 상상하거나 바라보는 시점은 요구되지 않는다. 이렇게 '지금, 여기, 나'에 집중한 채 다른 것을 보지 않으려는 '남성 약자'의 시점이 사실성과 정당성 추론을 보장한다."[11]

그렇다고 해서 박가분의 주장이 프로파간다라거나 '일베식 팩트주의'라는 이야기는 아니다. 중요한 건 사실 물신주의 앞에서 '역사'니 '구조'니 하는 건 설 자리가 없다는 점이다. 박가분의 '팩트 폭격'도 바로 그런 문제를 안고 있는 건 아닐까? 어떤 사건에 대해 평가하기 위해선 그 시점에서 있는 그대로의 팩트를 중시하는 평면적 평가와 더불어 그 사건의 발생 이유와 관련된 역사와 구조를 중시하는 입체적 평가가 동시에 이루어져야 한다. 그런데 '팩트 폭격'은 "왜?"를 소거하는 경향이 있다.

폭격을 당하는 쪽에서 '역사와 구조의 팩트화'를 시도하면 될 게 아니냐는 반론도 가능하겠지만, 그건 수용자의 일반적인 인지 능력에 도전하는 '기울어진 운동장'이 될 것이다. 대부분의 여성에게 페미니즘은 단순히 지식만이 아닌 '삶 자체'이기 때문에 그걸 팩트만으로 설명하기는 어려운 것이기 때문이다. 그런 점에서 자크 랑시에르[Jacques Ranciere]가 "해방의 문제는 지식의 문제가 아니라 몸이 느끼는 감각의 문제"라고 말한 것은 곱씹어볼 만한 가치가 있다.[12]

물론 일베는 몸이 느끼는 감각의 문제로 구조맹이 되었겠지만, 일베가 아니거나 일베의 정반대편에 있으면서도 지식과 정보를 앞세워 구조맹에 빠진 팩트 폭격을 하는 사람들은 다른 감각을 갖고 있는 사람들과의 성실한 소통을 시도해보는 게 좋지 않을까?

여성이라고 해서 다 같은 것도 아니니 주의할 필요가 있겠다. 일상에서 만나는 여성들 중엔 "아직도 여성 차별이 있어?"라면서 "나는 아들과 딸을 똑같이 키우지 차별하지 않아요"라고 말하는 이가 많다.[13] '팩트 폭격'이 남녀를 가리지 않고 힘을 쓰는 이유이기도 하다. 따라서 '팩트 폭격'과 '사실 물신주의'의 문제는 비단 페미니스트들뿐만 아니라 세상의 구조를 바꾸려는 사람들이 두고두고 짊어지고 가야 할 무거운 짐이라고 할 수 있겠다.

"감히 내 성기를 품평하다니"

2016년 8월『시사IN』(8월 27일)은 제467호 표지를 기획 기사 '분노한 남자들'로 장식했다. 천관율 기자가 쓴「정의의 파수꾼들?」이라는 기사는 데이터 기반 전략 컨설팅 기업 아르스프락시아와 함께 지난 1년간 메갈리아에 대해 비판적인『나무위키』사이트의 '메갈리아' 항목을 분석했다.

『나무위키』의 메갈리아 항목 변천사는 크게 세 시기로 나눌 수 있는데, 가장 치열했던 1기(항목이 탄생한 2015년 8월부터 소강기로 접어들기 직전인 2015년 11월까지)의 키워드는 '남성', '성기', '크기'였다. 천관율은 "담론의 한가운데에는 '성기 크기'가 있었다"고 말한다. 보통의 남초 커뮤니티에서, 여성의 신체는 정육점의 소고기처럼 '부위별 평가'의 대상이 된다. 그런데 그런 평가를 하던 남성들이 정작 자기가 성적 품평의 대상이 되는 경험을 처음 해보면서 엄청난 충격을 받은 게 데이터로 고스란히 잡혔다는 것이다.

천관율은 "『나무위키』이용자들은 성적 품평에 맞서 자신의 성기가 크다고 반박하지 않는다. 대신 여성 혐오가 없다고 반박한다. 썩 논리적인 대응은 아닌 듯한데, 이 연결고리를 이해할 흥미로운 단서가 있다"고 했다. 그는 "이들은 대체로 자신들이 상식적이고, 진보적이고, 정의롭고, 사실에 충실하다는 자의식이 있다"며 다음과 같이 말했다.

"그런 이들이 거의 경험하지 못했던 적나라하고 공격적인 성적 대상화에 직면했을 때, 불평등 구조에 대한 인식으로 나아가는 것은 자신을 잠재적 가해자로 인식하는 과정이나 마찬가지다. 이것은 '나의 정의로움'과 양립할 수 없다. 그러니 둘 중 하나는 기각해야 한다. 이 조롱당한 남자들은 여성의 현실을 기각했다. 이제 '여성 혐오'는 '없다'. 적어도 메갈리아가 주장하는 방식으로는 없다. 이러면 돌파구가 생긴다. 여성 혐오가 존재하지 않는데도 내 성기를 품평하는 저 이상한 여자들은 '남성 혐오'자들, 곧 여성판 일베. 그런 부도덕한 이들의 목소리에는 귀를 기울일 필요가 없다. 메갈리아가 남성 혐오 사이트라는 합의는 여러 사건을 겪으며 오래 축적된 결과물이 아니었다. 메갈리아가 등장하자마자, 구체적으로는 성기 크기로 남성을 대상화하는 순간 폭발하듯 태어났다."[14]

이 기사에 대해 남성 독자들은 분노했다. 이 기사는 이후 고급스러운 분석을 많이 제시했지만, 그들에게 가장 중요했던 건 이 대목이었을 가능성이 높다. 그들에게는 자신들이 기반하고 있었던 어떤 팩트가 무너지는 면이 있었고, 바로 그걸 참을 수가 없었던 건지도 모른다.

"아직은 페미니즘보다 여성 혐오가 돈이 되는 시대"

『시사IN』의 게시판에 한 사용자는 "기사 문장의 곳곳에 남성에 대한 선입견이 느껴진다"며 이것은 주로 메갈리아나 워마드 이용자의 시선에 부합하는 관점이라고 주장했다. 또한 이 게시판에서 한 사용자는 『시사IN』 같은 호에 실린 「여성의 경제적 지위는 여전히 OECD 꼴찌」라는 기사에 대해 "여자의 경제적 지위가 낮은 이유는 더럽고, 어렵고, 힘들고, 전문적인 걸 하려는 여자가 없기 때문이다"라며 "3D 업종에 일하는 사람이 전부 누구인가? 거의 전부 남자일 걸?"이라고 해당 기사에 대해 반박하기도 했다.

야당 지지 성향 유저들이 모여 있는 '오늘의유머' 게시판에서 한 유저는 『시사IN』 기사를 두고 "자신이 주장하고 싶은 것을 팩트의 고의적 선별을 통해 왜곡하는 조중동식 기사였다"고 비판했다. "우리가 혐오주의 일베와 맞서왔던 노력은 다 어디 간 것인가", "일베류 따위를 옹호하는 『시사IN』과 함께할 수 없다"는 댓글도 볼 수 있었다.[15]

이런저런 논리를 내세운 『시사IN』 구독 해지가 줄을 이었다. 『시사IN』 편집국장 고제규는 "독자의 판단은 존중할 수밖에 없다"고 전제한 뒤 "지금껏 『시사IN』이 광고에 의존하지 않고 구독료에 의존하는 건강한 경영 구조를 가진 매체라고 생각했지만 독자들이 한순간에 이탈하는 사태가 터지면서 이 구조 역시 안정적이지 않다고 느끼게 됐다"고 밝혔다. 고제규는 "당장의 위기는 허리띠를 졸라매 극복할 수 있지만 당장 후배들이 기획안을 낼 때 자기검열을 할까봐, 그것이 가장 안타깝다"고 말했다.[16]

구독 해지는 예상외로 많았다. 얼마 후 고제규는 "기사를 내며 절독 마지노선을 3차까지 잡아놨었다. 설마 여기까지 오겠나 했는데 기사가 풀리고 2~3일 만에 3차까지 빠져버렸다. (빠진) 숫자도 숫자지만, 창간 후 처음 겪는 일이다"고 했다. 구체적인 피해 규모는 알려지지 않았지만, 내부 기자와 SNS 등에선 "연간 억 원대", "몇 년 치 연봉"이라는 말이 나왔다.

오늘의유머, 루리웹 등 남초 커뮤니티에 한(겨레)경(향)오(마이뉴스), 『시사IN』, 『프레시안』 등을 '이성을 혐오하는 메갈리아를 지지하는 매체'로 규정하고 절독 운동까지 촉구하는 글이 게시되었기에 『한겨레』, 『경향신문』, 『오마이뉴스』, 『프레시안』 등 다른 언론사들도 바짝 긴장하면서 촉각을 곤두세웠다.

남성들을 중심으로 절독 운동이 일어나고 실질적인 피해 언론이 나온 것은 분명 새로운 흐름이었다. '페미니즘은 돈이 된다'는 구호처럼 그동안 크라우드 펀딩 등 '돈'을 통한 영향력 행사의 전략은 '메갈리아'를 필두로 한 여성들의 것이었기 때문이다.[17] 이와 관련, '바람계곡의 페미니즘' 운영진은 "『시사IN』은 정말 분노한 남자들 때문에 경제적으로 타격을 입었다"며 "아직은 페미니즘보다 여성 혐오가 돈이 되는 시대"라고 말했다.[18]

"나는 가슴이 납작하지만 너는 XX가 실XX야"

사실 생각해보면 웃음이 터져나올 만한 일이었다. "감히 내 성기를 품평하다니" 하는 놀라움이 남성들이 분노한 이유의 전부는 아니었을망정 주요 이유였던 건 분명해 보인다. 그런데 왜 웃음이 터져나오는 가? 평소 '가슴 크기'로 여성을 평가하는 걸 자연스럽게 생각해온 남 성들이 '6.9cm짜리 작은 성기'를 가진 존재로 불리는 것에 대해선 펄 펄 뛰는 게 우습지 않은가? 아무 말도 못하던 여성들이 "그래, 나는 가 슴이 납작하지만 너는 XX가 실XX야"라고 되받아치는 것에 대해 남 성들은 충격을 받아 할 말을 잃었고,[19] 황망해진 가운데 다른 이유들 을 찾아내 보복하고자 했다.

왜 남성들은 성기 품평에 그렇게 민감했던 걸까? 혹 '맨박스' 때문 은 아니었을까? 때마침 8월에 번역·출간된 미국 사회운동가 토니 포 터Tony Porter의 『맨박스: 남자다움에 갇힌 사람들』은 남성 중심적이고도 성차별적인 시스템을 떠받치는 '남자다움'이라는 문화의 문제를 제기 해 화제를 모았고, 이후 '맨박스'라는 말이 국내에서도 널리 쓰이게 되 었다.

토니 포터는 "남자는 울면 안 돼!"처럼 남자는 남자다워야 한다는 사회적 고정관념의 틀을 '맨박스man box'라고 부르면서 태어나는 순간 부터 강요받아온 '남자다움'에 대한 강박이 우리 모두를 불행하게 만 들고 있다고 주장했다. "맨박스는 남자가 남자다울 것을 강요한다. 남 자다움의 기대치에 미치지 못한다면 병신, 또라이, 고자 그리고 그중 최악인 '계집애'라는 소리를 각오해야 한다." 이 욕들이 시사하듯이, '남자다움'의 최대 상징은 '크고 굵은 성기'였는데, 실상은 전혀 그렇 지 못했던 남자들이 당황한 나머지 갈피를 잡지 못한 채 맹목적 보복 에 나선 건 아니었을까?

토니 포터는 "남자다움을 강요받는 남성들 역시 자연스러운 감정을 억압받고 여성을 책임져야 한다는 부담감에 짓눌린 성차별의 피해자"라며 "남자를 둘러싼 고정관념에서 벗어나라"고 권유했다. 그는 "선한 남자들의 침묵이 결과적으로 폭력을 행사하는 일부 남성에게 동의하는 신호가 된다"며 선한 남자들이 페미니스트로 행동할 것을 촉구했다.[20]

토니 포터는 남자들 사이에서 "공개적으로 여성을 지지하는 목소리를 내는 것은 남자답지 못한 행동으로 간주된다"고 했는데, 이는 대학생들의 모바일 메신저 '카카오톡' 단체 대화방 내 언어 성폭력, 직장에서 성추행 등이 끊임없이 일어나는 이유이기도 했다. 이와 관련, 정은령은 다음과 같이 말한다.

"같은 반 여학생들의 외모와 체형을 놓고 품평하면서 성적 대상화의 재미를 공유하는 남학생들만의 카톡방에서 반론을 제기하는 남학생들은 'ㅇ선비'라는 조롱을 받으며 또래에서 소외된다. 남자답지 않다는 평가가 두려워 침묵했던 소년들은, 직장에서 벌어지는 성추행 문제를 못 본 척 넘어가는 방관자들로 성장한다. 남자들 사이의 의리를 저버릴 수 없어서, 혹은 강해 보이기 위해서, 동창 선배나 직장 상사를 따라, 매매춘에도 나서게 된다."[21]

사실 메갈리아에 문제가 있다면, 그건 바로 '남자다움'에 반대되는 '여자다움'이라는 문화적 틀을 거부했다는 점일 것이다. 따라서 남자다움이라는 신화, 즉 맨박스에 갇혀 있는 남자로서는 죽었다 깨나도 메갈리아를 용납할 수 없었던 것인지도 모른다. 메갈리아에 대해 이성적이고 논리적인 비판을 한다고 믿는 사람들은 그런 해석을 거부하겠지만, 메갈리아 이전에 횡행했던 여성 혐오 발언들에 자신이 얼마나 반대하는 활동을 했는지를 상기해보는 게 좋을 것이다. '원본'이 사라지면 '미러링'도 사라지는데,[22] '원본'에 대해선 뒷짐 지고 구경만 하다가 '미러링'에 대해서만 혈압을 높이는 건 좀 이상하지 않은가 말이다.

진보와 보수를 결합시킨 '반메갈리아 동맹'

2016년 여름에 집중적으로 폭로된 대학생들의 모바일 메신저 '카카오톡' 단체 대화방(단톡방) 내 언어 성폭력은 '맨박스'의 문제가 심각하다는 걸 잘 보여주었다. 6월 고려대학교 카카오톡 대화방 언어 성폭력 사건 이후, 8월에는 서강대학교 공학부(컴퓨터공학과) 소속 남학생들이 과 내 단톡방에서 동기 등을 대상으로 성희롱·지역 차별 발언을 공유해온 사실이 뒤늦게 드러났다. 9월엔 연세대학교 총여학생회가 이 학교 남학생들 단톡방 대화 내용을 공개했다. '남톡방(남자 카톡방)'이라는 이름의 이 대화방에서는 "첫 만남에 XX해버려", "여자 주문할 게 배달 좀" 등 성희롱 대화가 오고 갔다.[23]

실상이 이와 같음에도 '분노한 남자들'의 기세는 꺾일 줄 몰랐다. 9월 3일 정의당 전국위원회가 열린 서울 여의도 국회에선 일부 당원들이 '언니가 허락한 메갈리즘 OUT', '혐오를 거둬 줘, 난 너의 언니가 아니야'라는 팻말을 들고 있었으며, 정의당 내 소모임 '당원비상대책회의'는 여성주의에 대한 특정 입장을 현수막에 써 서울 시내 30곳에 게재했다. 현수막의 종류는 총 9가지로, 다음과 같은 내용이었다.

"정의당은 성평등주의 정당입니다! 남성을 버리지 말아주세요", "남자 여자 편 가르기 그만 했으면. 친하게 지내요~!", "오유야 미안해 ㅠㅠ. 우리도 죽겠어 ㅜㅜ", "정의당원은 혐오와 전쟁 중! 매라포밍을 막아라!", "혐오를 거둬 줘. 나는 네 언니가 아니야", "정의여, 혐오여? 뭐시 중헌디! 뭐시 중허냐고!", "정의의 이름으로 혐오 널! 용서하지 않겠다", "지지자 분들 미안합니다. 우리도 죽겠습니다", "정의당은 사람과 사람의 상생을 추구합니다. 무분별한 혐오는 상생이 아닙니다".[24]

이후 "우리 친하게 지내요"라는 정의당의 슬로건은 대학 캠퍼스에까지 내걸리는데, 이에 대해 정희진은 "이런 현상을 단순히 여성 문제에 대한 무지라고 봐야 할까?"라는 질문을 던졌다. "젠더가 사회구조적 모순임을 모른다 해도, '자본가와 노동자, 우리 친하게 지내요', '장애인과 비장애인, 우리 친하게 지내요' 같은 공식 입장을 생각하기 힘들다."[25]

이라영은 "지금까지 보수 우파가 '안보 장사'로 사회의 지성을 마비시켜왔다면, 이제는 여성주의에 대항하기 위해 자칭 진보도 스스로 지성을 퇴보시킨다"고 했다. "알기 위해서가 아니라, 모르기 위해 '나를 설득해봐라'는 태도를 고집한다. 여성학은 학문이며 여성운동은 저항과 투쟁의 역사가 있고 여성주의는 하나의 인식론이다. 설사 비판적 지식인이라도 남성의 경우 여성주의에 관한 지적 태만을 부끄러워하지 않는다.……앎보다는 권력 유지가 더 중요하기 때문이다."[26]

최태섭은 2016년 사이버스페이스에서 벌어진 일들을 정리하면서 "올해 인터넷사史에서 가장 극적(?)이었던 장면은, 유력 남초 커뮤니티들이 형성한 반메갈리아 동맹이다. 특히 기존의 커뮤니티 간의 관계에서 배척당해왔던 일베가 이 동맹의 일원으로 받아들여졌다"며 다음과 같이 말했다.

"반메갈 전선은 여전히 존재한다. 여성 혐오 문제의 심각성을 이야기하는 언론, 학계, 전문가 집단들은 모두 아무것도 모르는 멍청이거나 위선자이고, 여성 인권을 옹호하고 여성 혐오에 맞서는 남자들은 그렇게라도 인기를 얻어 보려는 '보빨러'이며, 자신들은 지금 여성 혐오를 하는 것이 아니라 일베보다 더한 패륜 집단인 메갈을 응징하는 상식과 정의의 편이라는 가녀린 믿음이 이 남성 사이버 전사들의 머릿속을 지배하고 있다."[27]

"여성이 우아해야 한다고 누가 정해준 거냐?"

2016년 9월 6일 안치용은 『프레시안』에 기고한 「메갈리아, 이 구역에서 가장 '미친년'?」이라는 칼럼에서 메갈리아의 미러링에 대해 "술자리에서 내 나이 또래 중년 남자들과 잠시 이 문제로 담소를 나눈 적이 있었다. 취지를 인정하더라도 몇몇 사례를 들며 너무나 잘못된 방법을 택했다고 그들은 메갈리아를 비판했다. 물론 나도 메갈리아의 방식이 불편하다. 그러나 동시에 메갈리아의 방식이 불가피하다고 인정하지 않을 도리가 없다"며 다음과 같이 말했다.

"윤봉길 의사가 도시락 폭탄을 던지는 대신 일본 천황에게 탄원서를 보냈다고 가정한다면 둘 다 의미 없는 행동은 아니겠지만 둘 중에서는 폭탄 투척이 더 적절했다는 생각이 드는 것이나 마찬가지다. '이 구역의 미친년은 나야'라고 말할 배포나 패기, 전투력 없이 이 미친 세상은 바뀌지 않는다. 미친 세상에서 '정상인' 행세야말로 미친년이란 증거다. 세상이 미쳤을 때 '미친년'은 정상으로 간주된다. 메갈리아의 등장 전과 후를 비교하면 메갈리아의 정당성은 단박에 입증된다."[28]

메갈리안은 여성의 '유리바닥', 즉 '여성에게 부여된 보이지 않는 도덕 하한선'을 부셔나가고자 했으니,[29] 남자들이 비판하는 '잘못된 방법'은 논점을 벗어나는 것이었다. 9월 7일 노혜경은 부산에서 열린 '메갈리아 해방 전쟁'이라는 제목의 특강에서 처음 메갈리아의 언어들을 보고 "아니 어떻게 우아한 여성의 입에서 그런 말이 나오냐?"는 생각에 굉장히 힘들었다고 밝혔다. "그런데 가만히 생각해보니까 여성이 우아해야 한다고 누가 정해준 거냐? 말하자면 젠더 사회에서 여성 젠더는 이러이러해야 한다고 하는 것이 여성들을 규정지어온 언행이다."

노혜경은 "인구의 절반인 여성인데 어떻게 여성 전체를 '김치녀'라고 부를 수 있는가? 하지만 여자에 관한 한 개별 여성의 문제가 '김치녀', '된장녀' 같이 일반화되어 언어적으로 전파된다. 마찬가지로, 단 한 사람이라도 패륜적인 언어를 쓰는 구성원이 있었으니 메갈리아 전체는 일베나 다름없다는 확대 논리를 적용한다"며 다음과 같이 말했다.

"그렇다면 일베에서 여성 혐오 발언을 집중적으로 하고 온갖 패륜적인 언어를 쓰는 건 다 남자들이니까 대한민국 남자는 몽땅 일베라고 할 수도 있지만 그런 논리는 안 쓴다. 워마드가 잘못되었으니 메갈리아 전체가 책임져야 하는가? 부분의 잘못을 전체가 연대 책임을 지는 것은 항상 소수자의 몫이다. 다수자는 연대 책임을 강요받지는 않는다. 다수자는 언제나 권력을 나누어 가지고 행사하는 반면 소수자들에게 개인의 권력은 없다. 이번 메갈리아 논쟁에서도 이런 언어적 기동機動이 굉장히 강하게 작동하고 있다. 여기에 여자들도 넘어간다. 여자들도 나는 저들과 다르다는 것을 필사적으로 증명하지 않으면 안 될 것 같은 불안을 느낀다. 이건 언제나 여성 문제가 발생했을 때 있어 왔던 일이다."[30]

9월 19일 위근우는 『시사IN』 구독 해지 사태를 "'나의 정의로움'을 부정당한 것에 대한 '선량한 남자들'의 반격"으로 규정하면서, 스스로 "상식적이고, 진보적이고, 정의롭고, 사실에 충실"하다고 믿는 작지 않은 집단이 반성적 능력을 상당 부분 상실했다는 것이 사태의 진실에 가깝다고 진단했다.[31]

강신주와 전우용의 반격

메갈리아 비판엔 일부 지식인 남성들도 가세했다. 강신주는 9월 7일 자신의 책 『철학 VS 철학』 개정 완전판을 펴낸 것으로 계기로 인터파크에서 운영하는 북DB와 가진 인터뷰에서 "페미니즘은 수준이 떨어진다"는 도발적인 주장을 내놓아 화제가 되었다. 이게 메갈리아를 겨냥한 발언인지는 알 수 없지만, 사실상 메갈리아 비판으로 읽힐 수 있는 발언이었다.

그는 "페미니즘은 여성적인 입장을 다루나, 아직 인간 보편까지는 수준이 안 올라갔다"며 "그래서 항상 배타적이고 공격적이다. 그 정도 가지곤 안 된다"고 했다. 아울러 "남성을 이해하고, 여성을 이해하면서 인간에 대한 이해가 넓어져야 하는데 아직 그 정도까지 안 왔다. 그건 어쩔 수 없는 일이다. 참정권이 여성에게 부여된 것이 20세기 들어

와서니까"라고 덧붙이기도 했다.[32]

반면 소설가 장정일은 인문사회비평지 『말과활』 주간을 맡으면서 진행한 9월 12일 『경향신문』과의 인터뷰에서 "『말과활』 쇄신을 준비하며 가장 고심한 부분은 무엇인가?"라는 질문에 강신주와는 정반대되는 방향의 도발적인 발언을 내놓았다. "어떻게 하면 지식인 잡지 대다수가 빠져 있는 '성맹性盲'을 탈출할 수 있을까라는 것이었다. 한국 계간지들은 여성 편집위원 몫이 지나치게 적거나 형식적이다. 비판적 지식계를 대표해온 『창작과비평』과 『문학과사회』는 남성 지식인을 위한 '지큐GQ' 혹은 '맥심MAXIM'과 다를 게 없다."[33]

역사학자 전우용은 9월 23일 『경향신문』에 기고한 「혐오의 상승작용」이라는 칼럼에서 "사이버공간에서 온갖 패륜적 망상을 패륜적 언어로 공유하며 노는 게 습관이 된 젊은 남녀들이 누가 말린다고 그만두지는 않을 것이다. 그렇다고 서로가 서로를 비추며 계속 확산하도록 방치할 일도 아니다"며 다음과 같이 말했다.

"어느 쪽에서 발화된 것이건, 패륜적 언행은 모두 비난하는 게 옳다. 억울하고 분한 마음에 공감하는 것과 그런 마음을 패륜적 언행으로 표출해도 좋다고 부추기는 것은 전혀 다른 문제다. 지금 많은 젊은 남자들이 분노하는 것은 일부 젊은 여자들이 추잡한 욕설을 되돌려주어서만이 아니다. 그들의 더 큰 분노가 향하는 곳은, 똑같은 짓을 하는데도 남자는 '패륜 쓰레기' 취급하고 여자는 '여성해방 전사'인 양 치켜세워주는 우리 사회 일각의 지독한 편파성이다."[34]

전우용은 트위터를 통해선 메갈리아 활동을 '소아병'으로 부르거나 IS에 비유하면서 "스탈린주의가 곧 사회주의가 아니듯 메갈리아가 곧 페미니즘은 아닙니다"라고 주장했다. 그는 자신의 이런 극단적인 비유를 두고 "나중에 가서는 사회적으로 위험한 결과를 낳을 수 있다는 점을 지적하고 싶었다"고 주장했다.[35]

"한번 다른 세상을 본 여성은 이전으로 되돌아갈 수 없다"

"똑같은 짓을 하는데도 남자는 '패륜 쓰레기' 취급하고 여자는 '여성해방 전사'인 양 치켜세워주는 우리 사회 일각의 지독한 편파성"? 이런 주장에 일말의 진실이 있다 할지라도, 크게, 대체적으로, 역사적으로 보자면 그 반대가 진실에 가까운 게 아닐까? '메갈리아'가 탄생하기 수년 전부터 페미니스트는 냉전 시대의 '빨갱이'만큼이나 무서운 효과를 내고 있었으니 말이다.[36]

남성들의 이런 반격에 무언의 항변이라도 하듯, 10월 14일 한국 페미니즘사의 한 장을 장식할 역사적인 책이 출간된다. 그건 바로 조남주의 『82년생 김지영』이다. 육아 문제로 경력이 단절된 전업 주부 '1982년생 김지영'의 30여 년 인생을 통해 여성들이 겪는 일상적 차별과 구조적 불평등을 그린 이 소설은 판매부수 약 80만 부(2018년 7월 기준)를 기록하면서 '페미니즘의 상징'으로 떠오르게 된다. 1982년에 태어난 여성들의 이름 중 가장 많은 것이 김지영이라는 사실이 시사하듯이, 이 소설은 특수성이 아니라 보편성을 추구함으로써 여성 독자들에게 "우리는 모두 김지영"이라는 감정이입을 하게 만든다.[37]

조남주는 왜 이 책을 쓰게 되었을까? 그럴 만한 기막힌 사연이 있었다. 조남주의 큰아버지에게는 딸이 5명 있었다. 큰집에서 자꾸 딸만 태어나자, 조남주의 아버지와 큰아버지는 같은 해에 계획 임신을 했다. 큰집에서 또 딸이 태어나고 조남주의 집에서 아들이 태어나면 두 아이를 바꾸기로 한 것이다. 그런데 '다행히도' 큰집에서 아들이 태어났고, 조남주의 집에선 딸, 즉 조남주가 태어났다.

조남주는 "그다지 화목하지도 않고 돈도 없는 집에서 오로지 큰집의 아들 확률을 높이기 위해 아이를 낳고, 그 아이를 수십 년 키우는 마음이 어땠을지 짐작조차 할 수 없다. 혹시 나는 바뀐 아이가 아닐까. 나는 원래 큰집 딸이고, 사촌은 우리 집 아들이었는데 바꿔놓고 어른들이 거짓말을 하는 건 아닐까"라면서 다음과 같이 말한다.

"그런 생각이 들지는 않았다. 그런 건 중요하지 않다. 여자아이로 태어난 이상, 나는 이 집에서 이렇게 자랄 운명이었으니까. 그러니까 진짜 시작은 내가 여자로, 딸로 태어난 그 순간부터였는지도 모르겠다. 딸로 태어났고 살아왔고 딸의 엄마가 되었다. 싸우지 않을 수 없게 되었다. 대한민국에서 여자로 살며 겪는 수많은 불합리한 일들을 당위나 숙명으로 받아들이고 싶지는 않다. 계속 생각하고 의심하고 질문할 것이다."[38]

10월 15일『한겨레』인터뷰 기사에서 '바람계곡의 페미니즘' 운영진은 "한번 다른 세상을 보게 된 여성은 결코 이전의 세상으로 되돌아갈 수 없어요"라는 명언을 남겼는데,[39]『82년생 김지영』을 읽은 수많은 여성은 책을 통해서나마 경험한 '김지영의 세계'는 결코 반복하지 않겠다는 굳은 의지를 다지면서 이 책에 '한국 페미니즘의 경전'의 위상을 부여하게 만든다. 물론 바로 그런 이유 때문에 이 책은 여성 혐오주의자들의 공격 대상이 되는데, 이는 나중에 살펴보기로 하자.

'#문단_내_성폭력' 해시태그 운동

10월 중순 시인 김현이 『21세기 문학』 가을호에 「질문 있습니다」라는 글을 통해 일부 문단의 성폭력 사례를 폭로한 후, 남성 시인들이 여성 독자나 문학 지망생들을 상대로 저지른 성폭력에 대한 고발이 잇따랐다. 무려 10명이 넘는 시인·소설가의 이름이 오르내리며 '#문단_내_성폭력'이라는 해시태그 운동으로까지 번져나갔다.[40]

10월 하순 미디어의 관심을 독점하다시피 한 이른바 '박근혜-최순실 게이트'의 파괴력에 가려 있었지만, SNS에서는 여러 분야의 성폭력 사례가 줄을 잇고 있었다. 저명한 소설가와 시인의 사례가 '#문단_내_성폭력'이라는 해시태그와 함께 시작된 이후 미술, 사진, 공연 등 예술계 전반으로 번지면서 아예 '#예술계_내_성폭력'이란 해시태그가 생겼고, 이어 스포츠, 학교, 대학, 직장, 출판, 교회, 운동권, 심지어 가족까지 어디 하나 빠지는 곳 없이 해시태그에 올랐다. 이에 대해 엄주엽은 "봇물 터지듯 하는 성폭력 해시태그를 보면서도 과연 바뀔 수 있을까 하는 의구심이 든다"며 다음과 같이 말했다.

"인정하고 사과한 이들은 뭇매를 맞고, 훨씬 더 적나라한 짓거리가 폭로된 이들은 침묵한다. 시간이 해결해줄 것으로, 찻잔 속 태풍으로 끝날 것으로 여기는 것 같다. SNS상에서도 슬슬 열패감이 늘어난다. 결국, 문화예술 분야의 단체들이 나서서 구심점이 돼 결단하고, 선언하고, 장치를 만들어야 할 것 같은데, 평소 정치적·사회적 목소리를 높이 내던 단체들조차 어정쩡한 태도로 일관한다."[41]

전국언론노동조합 서울경기지부 출판지부가 10월 27일부터 11월

5일까지 전·현직 출판계 노동자 257명을 대상으로 설문조사를 한 결과, 출판계에 종사하는 여성 노동자 중 80퍼센트가 업무와 관련해 성폭력을 직접 겪은 것으로 나타났다. 조사 결과를 보면 "업무와 관련해 성폭력을 직접 경험한 적 있느냐"는 질문에 응답자 244명(남녀 전체) 중 68.4퍼센트가 경험이 있다고 답했다. 남성의 40퍼센트가 직접적 성폭력 경험이 있다고 답했고, 여성은 80퍼센트 가까이가 직접적 성폭력 경험이 있다고 답했다.

'신체적인 성폭력'은 32퍼센트에 달했다. 한 여성 편집자는 작가와 사업주와 함께하는 회식 자리에서 작가에게 두 차례 강제로 키스를 당했으나 문제 제기를 할 수 없었다. 또 다른 편집자는 회식 이후 자는 도중 상사가 신체 일부를 만졌으나 항의할 수 없었다고 밝혔다. 착석, 술 따르기, 노래 부르기, 안마 강요, 강압적 데이트 신청 등과 같은 '성적 서비스 강요 성폭력'이 27.5퍼센트로 뒤를 이었고 '기타' 응답에는 '성관계 요구'도 있었다고 출판지부는 밝혔다.

"작가님, 우리 애들(편집자들) 얼굴도 몸매도 너무 예쁘지 않아요?"(사업주 B) "작가님 덕분에 니들 월급이 나오는데 니 허벅지 만진 게 그렇게 문제냐"(사업주 C) 이런 발언들이 시사하듯이, 출판계의 성폭력 비율이 이처럼 높은 이유를 묻는 문항(복수 응답 가능)에는 '저자, 거래처, 상사 등 가해자와의 불평등 관계' 소위 '갑을관계' 때문이라는 응답이 88.4퍼센트에 달했다.[42]

"뽀뽀 한 번만 해주면 안 되겠냐"

"몸 대주러 왔냐." 2016년 10월 한 종합일간지 여성 기자가 경찰에게 들은 말이다. 아니 감히 기자한테도 그럴 수 있단 말인가? 놀랍게도 그렇게 하는 미친놈이 많았다. 그들은 '여성 기자'는 '기자'이기에 앞서 '여성'이라고 본 것이다. 10월 29일 『미디어오늘』이 성폭력 피해 기자 4명을 만나 각자의 경험과 대처, 향후 언론계에 필요한 방안 등을 들었다.

"한 번은 처음 본 취재원이었는데 다 같이 술을 마시다가 집에 데려다주겠다고 해서 방향이 같은 줄 알았다. 그런데 내가 내릴 때 같이 내리는 거다. 나는 이제 혼자 가면 된다고 가시라고 했지. 그런데 골목이 위험하다며 바래다주겠다는 거다. 골목으로 따라오는 그 사람이 더 위험해. 그러면서 하는 말이 '김 기자님, 뽀뽀 한 번만 해주면 안 되겠냐'였다. 무섭다는 느낌보다 이 XX 새끼 뭐야. 멘트 자체가 너무 더러웠어. 게다가 방금 술자리에서 와이프 이야기, 아이 이야기 하던 사람이……기분이 더러워서 뛰어서 집에 갔다."

"민주화 운동했던 386들 남성들에게 한 가지 공통점을 매우 자주 발견한다. 억압적인 성 규범으로부터의 해방, 자유라는 가치와 일방적인 성적 대상화를 구분을 못해. 마구 뒤섞어서 행동한다. 그러다 기분이 나쁘다는 티를 내면 '거절하지 그랬니', '너는 한참 더 젊은 애가 왜 쿨하질 못하니' 이런 식이다. 얼마나 멍청해 보이는지."[43]

그런데 정작 중요한 건 이런 일을 당한 기자들이 공개적으로 대응은 하지 못했다는 점이다. 기자도 그럴진대, 일반 여성이 대응을 한다는 건 정말 어렵다는 이야기가 아닌가. 그 이유가 무엇이었을까?

"무엇보다도 내가 사건의 중심이 되는 게 싫었다. 어느 회사 기자가 어떤 조직의 구성원에게 성추행을 당했다는 기사가 나온다 생각하니 끔찍했다. 그래서 사건 공론화는 포기했지. 당사자를 만나서 사과를 받는다? 그건 무서웠다."

"취재원이 가해자인 경우 출입처를 바꾸면 되는데 사내 성폭력은 한 명이 사라져야 해결된다. 그런데 가해자를 해고시키는 언론사는 드물다. 그렇다고 내가 밖에 나가서 알릴 수도 없고. 이런 경우 사적인 응징밖에 못한다. 주변에는 남자 친구가 가해자를 때려서 응징한 사례도 있다."

"만약 피해자를 만나면 '니가 아니라 가해자의 잘못이고, 다시 이런 일이 없도록 더 나은 세상을 위해 기사화하자'고 설득할 것이다. 하지만 내 문제는 그렇게 하지 못하고 있다. 여기서 오는 괴리감, 스스로 비겁하다는 생각이 성추행을 당한 사실보다 기자로서 더 힘들기도 하다. 이론적으로 무엇이 옳은지는 알지만 공론화했을 경우 뒷일들을 생각하면 망설여지게 된다. 이건 기자뿐 아니라 모든 피해자들에게도 해당되는 이야기일 거다."[44]

"그 짓 10년 넘게 했다. 돌아온 거 없다"

11월 28일 일반 여성들의 사진을 SNS에 올리고 '딱 봐도 메갈충(메갈리아 회원을 비하하는 말)', '못생겼다', '게걸스럽게 먹는다', '성형을 했다', '빻았다(여성 외모를 헐뜯는 여성 혐오 표현)' 등의 비방을 한 '워마드패치' 운영자가 경찰에 붙잡혔다. 워마드패치라는 이름은 '워마드'에 연예 전문 매체『디스패치』를 합성한 것이다. 7월부터 인스타그램에 '워마드패치'라는 계정을 만들어 운영한 회사원 A(30세)는 "워마드 같은 남성 혐오 커뮤니티에서 활동하는 여성들에 대한 반감反感으로 복수를 하려고 만들었다"고 진술했다.

'오메가패치' 운영자인 사무직 회사원 B(여·23세)도 6~7월 지하철 임신부 배려석에 앉은 남성 200여 명의 사진을 무단으로 인스타그램에 올려 비방한 혐의로 경찰에 입건되었다. 앞서 여성의 신상 정보를 올리며 유흥업소 출신이라고 헐뜯은 '강남패치', 남성 신상을 공개하면서 유흥업소를 다닌다고 비방한 '한남패치', 남성 신상을 게시하며 성병 보균자라고 비난한 '성병패치', 남성 신상 정보를 공개하며 성매매 업소에 다닌다거나 극우 사이트 '일베' 회원이라고 비방한 '재기패치'와 '일베충패치' 운영자들도 모두 검거됨으로써 SNS에서 무차별 인신공격을 일삼은 이른바 '○○패치'에 대한 경찰의 수사가 일단락되었다.[45]

남녀를 막론하고 '패치'는 법적 규제의 대상이 되지만, 대중문화는 어찌할 것인가? 인터넷 웹진『아이즈』가 펴낸『2016 여성 혐오 엔터테인먼트』에 따르면 2016년 대중문화계에서 일어난 여혐 논란은 무려 32건에 달한다. 당연한 듯 벌어지는 여성 외모 품평, 여성의 신체를 오직 성적 대상으로만 한정시키는 것 등이었다.[46]

한동안 페미니스트들은 대중문화를 껴안아 활용하려는 시도를 했지만, 양적 규모에서 대중문화의 일상적인 성차별을 감당해내기엔 역부족이었다. 때론 대중문화가 대중적인 흥미 요소를 겨냥한 페미니즘 지향적인 콘텐츠를 생산해내기도 했지만, 그 주도권은 대중문화 산업에 있었다. 이와 관련, 손희정은 "페미니스트가 대중문화를 만들어내는 것이 아니라, 대중문화가 페미니스트를 만들어내고 있는 상황, 1990년대 소비자본주의와 문화의 시대를 거쳐 도달한 지금 여기에서 대중문화와 페미니즘은 이러한 관계를 맺고 있는 것이다"고 진단했다.[47]

기존 시장 논리의 문법으론 도저히 어떻게 해볼 수 없는 상황, 이게 바로 메갈리아의 존재 이유를 말해주는 건 아니었을까? "좀더 성숙하게 논리적인 분위기로 바꾸자? 그 짓 10년 넘게 했다. 돌아온 거 없다"는 메갈리안들의 항변이 말해주듯, 기존 가부장제 중독자들은 점잖게 말해선 달라질 수 있는 사람들이 결코 아니었다. 여기자에게 "몸 대주러 왔냐"라거나 "뽀뽀 한 번만 해주면 안 되겠냐"고 말하는 인간들이 자신의 아내나 딸이 그런 말을 들었다면 피가 거꾸로 솟았을 텐데도, 그들에겐 그런 최소한의 역지사지易地思之 능력조차 없었으니, 이들에게 그 어떤 성숙하고 논리적인 대응이 가능했겠는가 말이다.

나는 '억세게 운 좋은' 남자였다

우리 주변엔 사회구조의 문제를 개인의 탓으로 돌리는 사람이 많다. 그렇게 구조를 보지 않거나 볼 수 없는 사람들을 가리켜 '구조맹'이라고 하는데, 이게 꼭 폄하의 의미는 아니다. 성공을 원하는 사람들은 반드시 구조맹이 되어야 하기 때문이다. 생각해보라. 자신이 몸담고 있는 조직에서 성공을 위해 모든 걸 바쳐야 할 사람이 사사건건 사회적 의미와 구조의 관계를 검토하려고 든다면, 이런 핀잔을 듣다가 쫓겨나게 되지 않을까? "그런 건 대학에 가서 사회학 교수가 된 다음에 따져보지 그래."

모든 자기계발서를 관통하는 한 가지 법칙은 "철저히 구조맹이 되어라"이다. 물론 그렇게 노골적으로 말하는 책은 없지만, 자신의 환경이나 사회구조 탓하지 말고 열심히 노력하면 성공할 수 있다는 말은 사실상 '구조맹 예찬론'이 아니고 무엇이겠는가. 사실 우리는 일상적 삶에선 구조맹이 되어야만 무난하게 살아갈 수 있다. 어디 그뿐인가. 일상적 삶에서 걸핏하면 구조 타령 하는 사람을 보면 짜증이 나다 못해 얼굴조차 보기 싫어진다. 우리는 구조맹이 되도록 끊임없는 계몽과 훈육의 홍수 속에 살아가고 있다고 해도 과언이 아니다.

바로 그런 삶의 방식이 페미니즘을 탄압한다. 페미니즘은 끊임없이 구조 이야기를 할 수밖에 없는데, 구조 운운하는 것에 염증을 내는 사람이 너무 많기 때문이다. 정확한 통계는 없지만, 내 생각에 구조맹이 가장 많은 나라가 바로 미국이다. '아메리칸 드림'은 사기극이라는 게 충분히 입증되었는데도 여전히 그 드림을 믿는 미국인이 많다. "나만은 예외"라는 의식은 도박 심리의 전형인데, 그 점에서 보자면 이 세상 자체가 거대한 도박판인지도 모르겠다.

하기야 미국 이야기할 것 뭐 있나. 한국에서도 "개천에서 용 난다"는 신앙을 여전히 간직한 이가 많은데 말이다. 그 신앙이 흔들리는 사람들이 이구동성으로 하는 말은 "최근엔 개천에서 용이 나지 않는데, 용이 많이 나는 세상이 되어야 한다"일 뿐 '개천에서 용 나는' 모델 자체에 문제가 있다는 생각은 하지 않으려고 한다. 내가 『개천에서 용 나면 안 된다』는 책을 냈을 때, 몇몇 진보적 지식인조차 내 주장에 냉소적 반응을 보인 것도 바로 그런 이유 때문이었을 게다.

우리는 '구조맹'이라고 하면 주로 보수주의자들의 세계관이라고 생각하는 경향이 있지만, 꼭 그런 것만도 아니다. 진보와 보수를 결합시킨 '반메갈리아 동맹'이 말해주듯이, 구조 타령도 자신의 이해득실에 따라 하는 것이다. 이해득실과 무관한 경우엔, 자신이 처해 있는 환경의 영향을 받기 십상이다. 이른바 '가용성 편향availability bias'의 포로가 되기 쉽다는 것이다.

가용성 편향은 자신의 경험 혹은 자주 들어서 익숙하고 쉽게 떠올릴 수 있는 것들을 가지고 세계에 대한 이미지를 만드는 것을 말한다. 20대 젊은이일망정 내내 가부장제의 수렁에서 성장해온 사람에게 가부장제에 대한 문제 제기는 낯설 뿐만 아니라 까닭 모를 반감을 유발하기 십상이다. 익숙하지 않은 것에 대한 짜증이다.

나는 가끔 열정적인 반페미니즘 투사들을 보면 그 사람의 과거를 알고 싶은 충동에 사로잡힌다. 논리학에선 논쟁에서 어떤 사람의 주장에 대해 '주장'이 아니라 '사람'을 문제 삼아 논박하는 걸 가리켜 '인신 공격의 오류'라고 하는데, 나는 이에 대해 반만 동의한다. 사람을 문제 삼는 게 정당하거니와 필요할 때도 있다고 보기 때문이다.

다른 면에선 제법 진보적임에도 집안 제사(그리고 당연히 따라붙는 '여성 착취')에 대해선 그게 당연하다는 듯 맹종하는 남자를 본 적이 있는가? 그런 사람이 아주 많다. 그런데 그 사람이 살아온 과정을 보면 어느 정도 이해가 된다. 시력을 갖게 되면서부터 보아온 게 그 거룩하고 요란한 제사였으니, 제사 없는 세상은 상상할 수조차 없는 것이다. 논란의 소지가 있어 글로는 쓰지 못하지만, 내가 나름 알아본 열정적인 반페미니즘 투사들의 과거엔 어김없이 경험에서 비롯된 '가용성 편향'의 소지가 다분했다. 그러니 그런 경험이 비교적 없었던 나는 '비교적 깨인' 남자라기보다는 '억세게 운 좋은' 남자라고 할 수 있겠다.

한국 남성들은 자신이 갖고 있는 '가용성 편향'을 넘어서볼 생각은 꿈에서도 하지 않은 채 그걸 존중해주는 페미니즘을 해달라고 요구한다. 이에 대한 답은 간단명료하다. "그 짓 10년 넘게 했다. 돌아온 거 없다." 이렇듯 2016년 후반기는 '구조' 피해자와 수혜자의 충돌이 거칠게 일어난 시기였는데, 수혜자들이 아무리 집요한 기득권 방어전을 펼친다 해도 이거 하나만큼은 이해하는 게 좋을 것 같다. "한번 다른 세상을 본 여성은 이전으로 되돌아갈 수 없다."

제7장

▼

페미니즘과 진영 논리의 충돌

2017년 1~6월

페미니스트가 '양성평등'에 반대하는 이유

2017년 1월 1일 '김영란법'으로 불리는 부정청탁금지법 탄생의 주역인 전 국민권익위원장 김영란은 『경향신문』 신년 인터뷰에서 '메갈리아' 논란에 대해 다음과 같이 말했다.

"저는 메갈리아 사이트를 들어가보지 않았지만 혐오 감정이 이렇게 좋지 않은 건데 거울이론이라고 그걸 본떠서 하는 방식이 얼마나 도움이 되는지는 의문이 들어요. 사람이 소수자로 몰리고 약자로 몰리면 분출해버릴 수도 있어요. 하지만 이해를 하는 것과 우리 사회에서 장려를 하고 도움이 되는 생각은 달라요. 남혐이든 여혐이든 혐오라는 자체는 좋지 않은 것이에요. 상대방을 괴물로 취급하고 내 안의 악을 보지 않는 것이니까요."[1]

지당한 말씀이긴 하지만, 문제는 그리 간단치 않았다. 일부 남성들은 페미니즘에 대한 반격backlash의 일환으로 '양성평등'을 들고 나왔기 때문에 여혐은 일견 정당해 보이는 형식 논리를 갖추면서 이루어질 수 있기 때문이었다.

오래전부터 문제의 심각성을 감지한 페미니스트들은 2017년 1월 『양성평등에 반대한다』는 책을 출간했다. 이 책은 양성평등 담론은 "반격을 부르는 남성 중심적 논리"라고 규정했다. 이 책을 엮은 정희진은 국가, 시민사회, 여성 운동계가 "일 가정 양립" 같은 구호를 쓰거나 과도한 여성 노동을 여성 지위 향상의 근거로 삼지 말아야 한다고 주장했다. 육아와 가사, 돈벌이를 모두 떠안는 여성의 사회 진출은 허울이기 때문이다. 양성평등 개념은 결국 '남성'이라는 '보편'을 기준으로 삼는데, 그런 '사회'에서 진정한 양성평등이란 없다는 이야기다.

정희진은 "양성평등은 일종의 '지향'인데 그것이 마치 '현실'에서 이미 실현된 것처럼 남녀가 모든 면에서 대응하기 때문에, '남성도 여성을 혐오하고, 여성도 남성을 혐오한다'는 대칭적 논리로 오독된 것이다"며 다음과 같이 말했다.

"본래 언어는 누가 어떻게 사용하느냐에 따라 의미가 달라지는 '이데올로기'지만, 최근 '양성평등'이라는 말처럼 반대 진영에 의해 완벽히 전유된 경우는 드물다. 그 효과도 엄청났다.……여성주의는 성차별이 있는 현실을 다시 증명해야 할 처지가 되었다. 여성운동은 '여자 일베, 미러링이라는 또 다른 혐오……'로 폄하되었다. 양성평등이라는

'무기'는 여성이 쥐었을 때는 칼날이었지만, 남성이 쥐었을 때는 무소불위의 칼자루가 된 것이다."[2]

일부 남성들은 그런 무소불위의 칼자루로 써먹기 위해 이른바 '젠더 이퀄리즘'이라는 것을 만들어냈다. 이 그럴듯해 보이는 개념의 근거는 한국에서 만들어진 인터넷 위키사이트인 『나무위키』에 실린 글 한 편이었을 뿐, 관련된 논문, 저서, 학자 등 그 어떤 것도 실제로 존재하지 않았다. 최태섭은 "수상하게 여긴 이들이 관련된 내용을 조사해본 결과 놀랍게도 그 사상의 창시자는 다름 아닌 그 문서를 만든 『나무위키』의 유저라는 것이 밝혀졌다"며 다음과 같이 말했다.

"하지만 이 근거 없는 사상은 거의 반년에 걸쳐서 수많은 남성들에 의해 페미니즘을 비판하는 사상적 근거로 사용되었다. 심지어 일부는 이것이 날조로 드러난 이후에도 여전히 이 '사상'을 옹호하는 중이다. 만약에 그것이 존재하지 않더라도 필요하면 만들면 되는 것이 아니냐는 주장까지 등장했다. (중략) 부디 작작 좀 하자."[3]

"그것은 진정한 페미니즘이 아니다"?

2월 19일 국가인권위원회가 숙명여자대학교 산학협력단에 의뢰해 2016년 8월 13일~9월 29일 만15~59세 성소수자 · 여성 · 장애인 · 이주민과 소수자가 아닌 남성 각 200여 명씩 총 1,014명을 대상으로 온라인 조사와 대면 조사를 벌인 결과가 발표되었다. 혐오 표현과 관련해 국내에서 처음 실시된 이 실태 조사에서 온라인 혐오 표현 피해 경험률은 성소수자가 94.6퍼센트로 가장 높았고 이어 여성(83.7퍼센트), 장애인(79.5퍼센트), 이주민(42.1퍼센트) 순으로 나타났다. 오프라인 혐오 표현 피해 경험률도 성소수자가 87.5퍼센트로 가장 높았다. 장애인(73.5퍼센트), 여성(70.2퍼센트), 이주민(51.6퍼센트)이 그 뒤를 이었다.

자신의 정체성(성소수자·여성·장애인·이주민) 때문에 비난을 받을까봐 두려움을 느끼는지에 대한 질문에는 성소수자의 84.7퍼센트, 장애인의 70.5퍼센트, 여성의 63.9퍼센트, 이주민의 52.3퍼센트가 '어느 정도 그렇다' 또는 '매우 그렇다'고 답했다. 증오 범죄 피해 우려에 대한 질문에는 성소수자의 92.6퍼센트, 여성의 87.1퍼센트, 장애인의 81퍼센트가 '그렇다'고 답해 단순한 비난의 두려움보다 증오 범죄 피해 우려가 오히려 컸다. 특히 여성은 증오 범죄 피해 우려에 '매우 그렇다'고 답한 비율이 과반 이상인 51퍼센트를 기록했다.

국가인권위원회는 혐오 표현 피해를 겪은 소수자들이 낙인과 편견으로 일과 학업 등 일상생활에서 배제되어 두려움과 슬픔을 느끼고 있었으며, 자살 충동·우울증·공황 발작·외상 후 스트레스 장애 등에 시달리고 있었다고 밝혔다.[4]

사정이 그와 같음에도 이즈음 일부 남자들은 '과격한 페미니즘'을 문제시하며 "그것은 진정한 페미니즘이 아니다"라는 주장을 내놓고 있었다. 이에 대해 "그 '진정한'은 도대체 누구의 기준일까요?"라는 의문이 제기되었지만,[5] 굳이 긍정적으로 보자면, 사실상 페미니즘에 반대하는 이들이 '진정한 페미니즘' 운운해대는 것은 작은 진보로도 볼 수 있는 일이었다. 페미니즘 자체를 반대하고 비난하는 것은 인간으로서 해선 안 될 일이라는 정도의 생각을 갖고 있는 게 아니냐는 의미에서 말이다.

"성 주류화가 '성 주류화'냐?"

2017년 4월 15일 여성 수백 명이 서울 광화문 일대에서 페미니스트 행진에 나섰다. 커트 머리, 파마머리, 탈색 머리, 빨간색 립, 보라색립 등 자기만의 멋을 뽐낸 참가자들은 5월 9일 '장미 대선'을 겨냥해각각 "페미니즘에 투표한다"가 적힌 손 팻말을 들었다. 집에서 직접 만들어온 손팻말도 곳곳에 보였다.

'여성이 당당한 나라', '너희가 뭐라고 해도 난 페미니스트 할 거야', '한남들의 작은 실천이 페미 세상을 만듭니다', '어떠한 인간관계에서도 폭력이 허용되어서는 안 된다', '밥은 SELF', '꽃이 아니라 사실 사람입니다' 등 여성들이 거리에서 외친 주제는 다양했다. '영화계 내 성폭력', '화장실 몰카', '임신 중단', '시선 강간', '여성이 안전한 사회', '여성이 전담하는 가사 노동' 등. 주제는 달랐지만, 요구는 단 한 가지였다. 일상생활에서 여성이라는 이유로 겪는 '여성 혐오'를 멈추자는 것이었다.[6]

대선 과정에서 '성 인지'를 모르는 후보가 있어 여성계에서나마 작은 화제가 되었다. 사회 전반에 걸친 성별 제도의 작동과 그 영향을 고려하는 성 인지적 시각性 認知的, gender perspective/sensitive은 1995년 베이징 세계여성대회부터 '성 주류화性 主流化, gender mainstreaming'와 함께, 국제사회에서 흔히 사용하는 용어다. 그런데 정희진의 강의 경험에 따르면, '성 인지적 시각'을 줄여서 '성 인지'라고 하면, 대부분 '성인지成人

誌', 즉 성인 잡지로 알아들었다. 정희진에게 성 주류화가 '성 주류화性 酒類化'냐고 질문한 남성 공무원도 있었다고 한다.[7]

성 주류화는 여성이 사회 모든 주류 영역에 참여해 목소리를 내고 의사 결정권을 갖는 형태로 사회시스템 운영 전반이 전환되는 것을 말하는데, 그런 경험이 없는 것은 물론 그걸 꿈도 꿔본 적이 없는 남성 공무원에겐 시답잖은 농담 소재로만 여겨졌나 보다. 권김현영은 "지난 20여 년간의 페미니즘은, 아니 정확히 말하자면 페미니즘의 성 주류화 전략은 '실패'했다"며 안타까운 마음을 토로했다.

"성차별은 분명 더욱 심해지고 있는데 증거는 점점 인멸되었다. 일하는 여성은 해방되기는커녕 더 많은 시간 동안 더 적은 돈을 받으면서도 언제 잘릴지 모르는 불안함까지 감당하게 되었다. 가사와 육아에 전념하는 전업주부들에 대한 비난은 더욱 거세졌다. 성폭력을 비롯한 다양한 형태의 젠더 폭력은 증가일로에 있고, 이러한 폭력이 가시화되었다는 것 자체에 의미를 두기에는 문화적으로 유의미한 변화를 발견하기도 어렵다."[8]

홍준표의 '돼지 흥분제' 사건

2017년 4월 20일 자유한국당 대선 후보 홍준표의 '돼지 흥분제' 사건이 터졌다. 홍준표가 2005년 펴낸 자전적 에세이 『나 돌아가고 싶다』의 에피소드 중 하나인 '돼지 흥분제 이야기'가 뜨거운 논란을 불러일으킨 것이다. 해당 부분은 "(1972년) 대학 1학년 때 고대 앞 하숙집에서의 일이다. 하숙집 룸메이트는 지방 명문 고등학교를 나온 S대상대 1학년생이었는데 이 친구는 그 지방 명문 여고를 나온 같은 대학 가정과에 다니는 여학생을 지독하게 짝사랑하고 있었다"로 시작한다.

홍준표는 "10월 유신이 나기 얼마 전 그 친구는 무슨 결심이 섰는지 우리에게 물어왔다. 곧 가정과와 인천 월미도에 야유회를 가는데 이번에 꼭 그 여학생을 자기 사람으로 만들어야겠다는 것이다. 그래서 우리 하숙집 동료들에게 흥분제를 구해달라는 것이다"라고 당시 상황을 서술했다. 그는 이어 "우리 하숙집 동료들은 궁리 끝에 흥분제를 구해주기로 하였다. 드디어 결전의 날이 다가왔고 비장한 심정으로 출정한 그는 밤늦도록 돌아오지 않았다. 밤 12시가 되어서 돌아온 그는 오자마자 울고불고 난리였다"고 이후 상황을 설명했다.

이후 돌아온 룸메이트는 "얼굴은 할퀸 자욱으로 엉망이 되어 있었고 와이셔츠는 갈기갈기 찢겨져 있었다"고 한다. 홍준표는 룸메이트와 피해 여학생 간에 있었던 상황에 대해 "야유회가 끝나고 그 여학생을 생맥줏집에 데려가 그 여학생 모르게 생맥주에 흥분제를 타고 먹이는 데 성공하여 쓰러진 그 여학생을 여관까지 데리고 가기는 했는데 막상 옷을 벗기려고 하니 깨어나서 할퀴고 물어뜯어 실패했다는 것"이라고 설명했다.

홍준표는 "우리는 흥분제를 구해온 하숙집 동료로부터 그 흥분제는 돼지 수컷에만 해당되는 것이지 암퇘지는 해당되지 않는다는 말을 나중에 듣게 되었다. 장난삼아 듣지도 않는 흥분제를 구해준 것이었다. 그런데 그 친구는 술에 취해 쓰러진 것을 흥분제 작용으로 쓰러진 것으로 오해를 한 것"이라고 룸메이트의 성범죄 시도가 미수에 그친 상황을 부연했다. 그는 해당 부분 마지막 단락에 "다시 돌아가면 절대 그런 일에 가담하지 않을 것이다. 장난삼아 한 일이지만 그것이 얼마나 큰 잘못인지 검사가 된 후에 비로소 알았다"고 썼다.[9]

4월 21일 '보수 적자嫡子'를 두고 홍준표와 경쟁하던 바른정당 후보 유승민은 여의도에서 열린 방송기자클럽 토론회 이후 기자들과 만나 "(홍 후보가) 성범죄 행위에 가담한 것보다 더 놀라운 것은 자기가 그랬다는 것을 자서전에 쓴 심리다. 보통 사람 같으면 젊을 때 그런 잘못을 저질렀으면 숨기려고 하지, 떳떳한 자랑이라고 버젓이 쓰는 게 너무 놀랍다"며 "도대체 정상적 정신 상태가 아니다"라고 말했다. 국민의당은 "성폭행 자백범, 강간 미수 공범 홍준표는 대통령 후보직을 사퇴하라"고 촉구했다.

더불어민주당이 논평을 내놓지 않자 국민의당은 "평소 여성 인권 문제에 민감한 민주당이 홍 후보의 자서전에는 침묵하고 있다"며 "이 일로 홍 후보가 사퇴할까봐 걱정하는 것은 아닌지 묻지 않을 수 없다"고 했다. 이에 더불어민주당은 이날 오후 5시 30분쯤 논평을 내고 "홍 후보는 더이상 대한민국 대선 후보로서 품격과 자격을 갖기 어렵게 됐다"며 사과를 요구했다.

4월 22일 홍준표는 자신의 페이스북에 "어릴 때 저질렀던 잘못이고 스스로 고백했다"며 "이제 그만 용서해달라"고 했다. 그는 이어 "그걸(돼지 흥분제를) 알고도 말리지 않고 묵과한 것은 크나큰 잘못이다"면서도 "45년 전 잘못이다. 이미 12년 전에 스스로 고백하고 용서를 구한 일"이라고 말했다. 그러면서 "이제 와서 공개된 자서전 내용을 재론하는 것을 보니 저에 대해서는 검증할 것이 없기는 없나 보다"라고 썼다. 홍준표는 23일 TV 토론회에서도 다른 후보들에게서 일제히 사퇴 요구를 받자 "국민들에게 죄송합니다"라면서도 '45년 전 일', '12년 전 고해성사한 것'이라는 점을 계속 강조했다.[10]

유시민의 '어용 지식인' 선언

5월 5일 참여정부 시절 보건복지부 장관을 지낸 유시민은 한겨레 TV 〈김어준의 파파이스〉에 출연해 "지식인이거나 언론인이면 권력과 거리를 둬야 하고 권력에 비판적이어야 하는 건 옳다고 생각한다"며 "그러나 대통령만 바뀌는 거지 대통령보다 더 오래 살아남고 바꿀 수 없는, 더 막강한 힘을 행사하는 기득권 권력이 사방에 포진해 또 괴롭힐 거기 때문에 내가 정의당 평당원이지만 범진보 정부에 대해 어용 지식인이 되려 한다"고 말했다.[11]

토지정의연대 사무처장 이태경은 「유시민이 옳다」는 글을 통해 유시민의 '어용 지식인론'을 지지하고 나섰다. "거시적 안목과 전략적 인내심이 없는 진보, 사안의 경중과 완급과 선후를 모르는 진보, 한 사회가 걸어온 경로의 무서움과 사회세력 간의 힘의 우열이 가진 규정력을 인정하지 않는 진보, 한사코 흠과 한계를 찾아내 이를 폭로하는 것이 진보적 가치의 전부인 것으로 착각하는 진보는 무익할 뿐 아니라 유해하다."[12]

유시민의 발언과 이태경의 맞장구는 5월 9일 치러진 대선에서 더불어민주당 후보 문재인이 제19대 대통령에 당선됨으로써 이후 문재인 정부와 페미니즘 가치가 충돌할 때에 문재인 지지자들이 페미니즘을 공격하는 이론적 면죄부로 활용된다. 인터넷엔 자신을 '어용 시민'으로 칭하는 이들이 대거 등장한다.

유시민의 '어용 지식인론'은 그가 15년 전에 역설했던 "해일이 일고 있는데 겨우 조개나 줍고 있냐"는 '조개론' 또는 '조직 보위론'의 연장 선상에 놓여 있는 것이었다. 이는 성폭력 등과 같은 페미니즘, 아니 인권 의제들도 문재인 정부의 이해득실이라고 하는 관점에서 판단하고 평가해야 한다는 메시지로 읽힐 수 있는 위험성을 안고 있었다.

'어용'이라는 말만 쓰지 않았을 뿐, 이런 주장을 먼저, 집요하게 펼쳤던 이는 김어준이었다. 그는 〈김어준의 파파이스〉에 유시민을 부른 후 "문재인 후보가 당선되면 뭐 할 거냐"라는 질문을 던짐으로써 이와 같은 답변을 이끌어낸 것이다.

5년 전 이른바 〈나꼼수〉 비키니-코피 사건'이 일어났을 때 〈나꼼수〉를 공격적으로 옹호했던 동아대학교 교수 정희준은 자신의 옹호 논거 중의 하나로 "그들은 우리 사회 비주류들이다. 그들 표현대로 〈나꼼수〉는 '떨거지', '잡놈'들의 놀이터이다"고 주장했다.[13] 이런 이미지는 김어준에게 면책의 기회를 제공하는 보호막이 되었다.

그런데 '떨거지'나 '잡놈'의 이미지와는 거리가 먼 유시민의 '어용 지식인론'은 전혀 다른 의미를 갖는 것이었다. 그건 노골적인 선동보다 강력하게 문재인 정부의 모든 지지자는 다 어용이 되어야 한다는 절대적 당위론의 이론적 논거가 되었다. 유시민은 영리했다. 노무현 정부 시절엔 '정치인'의 자격으로 과잉이다 싶을 정도로 진지하고 심각한 자세로 '어용'을 했지만, 문재인 정부에선 '작가'의 자격으로 능수능란한 '재담'과 '예능'으로 무장해 '어용의 놀이화'를 시도하게 되니 말이다. 다 좋은 일이긴 한데, 이제 곧 보게 되겠지만 그 와중에 죽어나는 건 페미니즘의 가치였다.

"나는 어용 국민으로 살 거다"

유시민과 김어준의 지지자들은 진보 언론 역시 '어용 언론'이 될 것을 요구했지만, 진보 언론으로선 그럴 수는 없는 일이었다. 5월 11일 『경향신문』 논설위원 오창민은 「'진보 어용 언론'은 없다」는 칼럼에서 "문재인 정부의 성공을 위해 '진보 어용 지식인'의 십자가를 짊어진 유시민 작가의 건투를 빌고, '유해한 진보가 되지 말라'는 이태경 사무처장의 쓴소리를 잊지 않겠다"며 다음과 같이 말했다.

"그러나 '진보'와 '어용'과 '언론'의 조합은 속성상 이뤄질 수 없고 이뤄져도 안 된다. 저널리즘 원칙과 객관적 사실을 바탕으로 제대로 된 기사를 쓰라는 충고로 받아들이겠다. 진실을 기록하고 권력을 감시하는 펜이 무뎌져서는 안 된다. 그것이 문재인 정부의 성공을 돕는 길이기도 하다."[14]

이 칼럼엔 이런 댓글들이 주렁주렁 달렸다. "나는 어용 국민으로 살 거다." "뭐? 진보? 경향 니들이 진보면 똥파리도 새다!!" "이젠 더이상 속지 않는다. 입진보. 팩트만 보도하라는 말이다." "그래도 허니문이라고 조중동도 가만있고 축하해주는데, 한줌도 안 되는 경향 니깟것들이 뭔데 이래라 저래라야?" "지난 참여정부 때 입진보 언론이 노무현 대통령을 조중동과 함께 사지로 몰고간 일에 대한 성찰은 전혀 없고 여전히 입만 살아서. 당신들 때문에 우리는 더 절박하게 문재인 대통령을 지켜내야 한다는 결의를 다지는 걸 모르죠?"

손희정은 『페미니즘 리부트』에 쓴 「어용 시민의 탄생」이란 글에서 유시민의 '어용 지식인론'에 대해 "'진보'와 '어용'과 '지식인'이 한자리에 설 수 있는 놀라운 광경은 반동적 반지성주의의 '가장 빛나는 순간'이다"고 개탄했다.

유시민은 진보와 지식인이라는 말을 써온 역사적 맥락을 탈각해 맹목적인 당파성을 간단하게 '진보'의 자리에 올려놓고 '어용'이라는 말 안에 녹아 있어야 할 수치심을 지워버렸다는 것이다. 손희정은 "이때 수치심을 지우는 지우개는 '엘리트주의의 폐기'라는 반권위주의적 수사다"며 "문재인을 비판하는 지식인들이 엘리트주의로 쉽게 폄하되는 것은 이와 같은 선상에 있다"고 말한다.[15]

이제 곧 유시민의 '어용 지식인론'과 '어용 시민론'이 빛을 발하는 기회가 되는 사건이 일어난다. 이 사건은 페미니스트들에겐 "여성을 교환가치로 삼아버리는 남성 중심적인 정치를 깨기 위해서 꼭 해결해야 할 매우 상징적이고 현실적인 문제"였지만,[16] '어용 시민'들에겐, 평소 페미니즘에 아무런 반감이 없던 사람들에게조차, 페미니즘은 짓밟아버려야 할 문제로 여겨지는 비극이 일어나게 된다. 그건 바로 '탁현민 사건'이다.

탁현민의 '남자 마음 설명서' 사건

5월 24일 전 성공회대학교 겸임교수 탁현민이 청와대 의전비서관실 선임행정관(2급)으로 발탁되었다는 보도가 나온 이후 그의 저서 『남자 마음 설명서』 사건이 터졌다. 이는 "해일이 일고 있는데 겨우 조개나 줍고 있냐"는 조개론의 연장선상에서 '진보'와 '페미니즘'의 갈등을 유발·악화시킨 전형적인 사건이라는 점에서 자세히 살펴볼 필요가 있겠다. 탁현민은 2007년에 출간한 이 책에서 자신이 젊은 시절에만 26명의 여성과 연애했다는 걸 밝혔는데, 다음과 같은 내용이 문제가 되었다.

"등과 가슴의 차이가 없는 여자가 탱크톱을 입는 것은 남자 입장에선 테러를 당하는 기분이다." "이왕 입은 짧은 옷 안에 뭔가 받쳐 입지마라." "파인 상의를 입고 허리를 숙일 때 가슴을 가리는 여자는 그러지 않는 편이 좋다." "한 차원 높은 정서적 교감을 방해하니 안전한 콘돔과 열정적인 분위기 중 하나를 선택하라." "콘돔의 사용은 섹스에 대한 진정성을 의심하게 만들기 충분하다." "대중교통 막차 시간 맞추는 여자는 구질구질하다."

논란이 일자 탁현민은 5월 26일 자신의 페이스북에 "제가 썼던『남자 마음 설명서』의 글로 불편함을 느끼고 상처를 받으신 모든 분들께 죄송한 마음을 표한다"고 사과했지만, 논란은 가라앉지 않았다. 오히려 탁현민을 옹호하는 반격의 기미마저 보였다.

5월 29일 서울시립대학교 교수 이현재는 「'페미니스트 대통령' 제대로 보좌하라」는『여성신문』칼럼에서 "진짜 '페미니스트 대통령'을 바라는 나에게 탁현민 사건은 특히 눈앞을 깜깜하게 만든다. 여성 비하로 점철된 그의 책도 문제지만, 그보다 더 실망스러운 건 지지자들의 반응이다"며 다음과 같이 말했다.

"언론을 못 믿어 직접 책을 사 봤는데 그건 너무 흔한 남자들의 생각이므로 문제 삼을 게 없단다. 좀 노골적으로 속마음을 이야기한 것은 그냥 개성이란다. 이런 태도는 이 사건이 탁현민 개인의 사건이 아님을 분명히 보여준다. 여성을 대상화하는 것이 너무 흔해서 아무런 문제의식을 못 느끼고 있는 사람들 모두의 사건이라는 것이다. 솔직히 대꾸할 가치도 못 느낀다. 진짜 흔한 게 적폐인데 그럼 적폐도 문제 삼지 말지 그랬냐는 말이 목구멍을 맴돈다."[17]

5월 30일 한국여성단체연합은 '문재인 정부는 인사 검증 기준에 성평등 관점 강화하라'는 논평을 내고 "'페미니스트 대통령'을 표방한 문재인 정부의 인사 검증 기준에 성평등 관점이 포함되어 있는지 의문스럽다. 여성을 비하하고 대상화한 인물을 청와대 행정관에 내정한 새 정부의 인사 기준에 강하게 문제 제기한다"고 비판했다.[18]

문성근과 김미화의 탁현민 옹호

2017년 6월 3일 정희진은 「섹스의 진정성?」이라는 『한겨레』 칼럼에서 "일부 한국 남성이 쓴 책은 언제나 '상상 그 이상'을 보여준다. 탁현민의 '남자가 대놓고 말하는(부제)' 『남자 마음 설명서』를 읽었다"며 이렇게 말했다. "이 텍스트의 '특별한' 점은 일부 한국 남성의 인권의식과 정치의식의 표본이라는 데 있다. 저자 같은 이들의 의식이 극복되지 않으면 한국 사회에 미래는 없다."[19]

정희진은 '다음 주에 계속'이라고 밝히면서 이 주제로 계속 글을 쓰겠다는 뜻을 밝혔다. 댓글은 4개뿐이었고, 비판도 없었다. "저 책 읽어보았는데, 재활용 종이로 분리 배출해야 할 것입니다. 그런데 분리수거 방법을 너무 자세히 쓰시네요. 하긴 탁씨가 대통령 부부와 친하다고 하니 걱정도 됩니다."

6월 7일 배우 문성근은 자신의 트위터에 "탁현민이 수고 많다. 국가 기념일 행사에 감동하는 이들이 많은 건 물론 문 대통령님의 인품 덕이지만, 한편 '공연 기획·연출가'의 말랑말랑한 뇌가 기여한 점도 인정해야 한다. 그가 흔들리지 않고 잘 활동하도록 응원해주면 좋겠다"며 탁현민을 옹호하고 나섰다.[20]

6월 9일 개그우먼 김미화는 자신의 SNS에 "십 년 전에 쓴 책 내용이 '여혐' 아니냐며 비난받는 탁현민 씨. 출간 이후 그가 여성들을 위해 여성재단, 한국여성단체연합의 행사 기획 연출로 기여해온 사실을 홍보대사로서 봐온 나로서는 안타까운 심정이다"며 "그에게 십 년 전 일로 회초리를 들었다면 이후 십 년도 냉정하게 돌이켜볼 필요가 있다"고 말했다.[21]

그러나 고려대학교 교수 윤조원은 같은 날 「청와대의 젠더 감수성을 묻는다」는 『경향신문』 칼럼에서 "탁씨의 책은 여자를 신체 부위로 분절하고 남자의 욕망을 자극하는 정도에 따라 분류한 여성 혐오적 내용도 문제지만, 그런 여성 혐오 및 섹스에 대한 무지와 무책임을 남자 마음에 대한 설명서라고 내놓았다는 점에서 남성 일반 역시 모독하는 책이다"며 다음과 같이 말했다.

"성평등을 표방하는 정부가 지향해야 할 성·젠더 감수성에 이처럼 전혀 맞지 않는 가치관을 자신의 문화 콘텐츠로 마케팅했던 인사가 청와대 보좌진에 포함된 건 난감하다. 문재인 정부와 '페미니스트 대통령'의 건승을 바라는 나로선 지지하기 어려운 일이다. 이젠 가치관이 다르다며 소셜미디어로 사과를 했으니 괜찮은가? '심려를 끼쳐 죄송하다'는 형식적인 사과는 정유라도 했는데 말이다."[22]

　문성근과 김미화의 응원 덕분이었을까? 이 칼럼엔 "문재인 정권의 가장 무서운 적은 비판을 비난하는 편파적인 지지자들이 될지도 모르겠다. 문재인 정부의 모든 정책 인사를 백퍼 지지 동의하지 않으면 다 꼴통 보수에 분열 조장 세력으로 치부하는 무서운 태도"라는 댓글도 있었지만, 대부분 비난 일색이었다.

　"탁현민이 돼지 발정제로 성폭행을 조장했나." "제발 생각 좀 해라. 적과 아군을 구분해라." "남성 혐오에 눈감는 건 인권 감수성 있는 거야?" "공무원 뽑는데 웬 성직자 뽑는 절차를 연상케 한다." "요새 남혐 조장 세력들이 정당이고 언론사고 문화계고 온 곳에서 맹위를 떨치는구나." "젠더 감수성 같은 소리 하네. 평생 살면서 실수 한 번 없는 인간 아니면 봐줄 수 없다는 이야기니?" "이런 글로 오바 떨지 마라. 이런다고 문재인 대통령 흔들리지 않는다. 그놈의 입진보 소리도 지겹다."

　이런 비난은 『경향신문』에까지 이어졌다. "『경향신문』 전두환 찬양했던 기사 사과 기사도 써주세요." "진보 언론의 기계적 중립이나 보수 언론의 친일 극우 찬양이나 둘 다 꼴보기 싫다." "니들은 노무현, 문재인이 우습냐? 돈 없는 조중동이라는 한경오가 이젠 돈 많은 조중동이 되고 싶니?" "정치 좀 잘해보겠다고 대탕평을 내세우며 열심히 하고 있는데, 이게 무슨 개소리……경향 니놈들은 그래서 안 되는 거야."

"극렬 페미가 자멸하면 내 딸에게 이민을 권유하겠다"

　6월 10일 정희진은 「남자는 순간 숨이 막힌다」는 『한겨레』 칼럼에서 탁현민의 『남자 마음 설명서』를 분석했다. 정희진은 "탁씨의 글에서 여성은 요기療飢거리다. 눈요기, 무서운 말이다. 타인을 눈으로 먹는 것이다. 시장기가 충족되지 않으면 폭력이 발생한다. 이것이 성역할과 성폭력의 연속선이다"며 다음과 같이 말했다.

"이 책은 인권 교육 교재로 효과적이다. 상투적이어서 더욱 그렇다. 많은 남성들이 속으로 탁씨를 지지하고 있을지도 모르겠다. 사실 '진보'라고 자처하거나 간주되는 남성들 중에서 탁씨의 책 내용보다 더 뿌리 깊은 인종주의자, 특히 남성 우월주의자male chauvinists들이 숱하다. '진보'를 자원 삼아 여성으로부터 연애, 폭력, 돈, 감정 갈취는 물론 여성 활동가의 앞날을 좌우하는 이들이 적지 않다. 차이가 있다면, 이런 주장을 책으로 낸 탁씨의 '부지런함'이다."

이어 정희진은 "내게 이 책은 텍스트일 뿐이다. 저자가 누구냐는 중요치 않다. 탁씨와 대통령의 친분은 알지도 못했고, 청와대 근무도 관심 없다. 예상컨대, 그는 '잘나갈' 것이다. 여성도 국민이어야 이런 글과 글쓴이들을 심각하게 생각할 텐데 '그들'은 두려움이 없다. 문제 남성은 퇴출되지 않고, 복귀도 빠르다. 이 땅에서 여성에 대한 폭력과 차별은 사소한 이슈다. 수천 트럭 분량의 '탁현민들'은 알고 있다. 한국 사회가 남자의 막말과 성적 방종, 성범죄에 얼마나 관대한지를"이라며 다음과 같이 말했다.

"'다소 파인 상의를 입고 허리를 숙여라, 젖무덤이 살짝 보이는 정도라면 남자는 순간 숨이 막힌다.' 탁씨가 백인의 노예가 되기 위해 태어나지 않았듯이, 여성의 몸도 남성을 위해 존재하지 않는다. 책은 민망할 뿐, 별 내용은 없다. 무슨 이유에서인지 갑자기 절판되었다. 문성근 씨가 탁씨를 응원했다. 실망이다. 벌써부터 남성 연대가 문재인 정부를 망칠 조짐이 보인다. 다음 주에는 이 문제에 대해 쓰겠다."[23]

이 칼럼에 달린 댓글들은 1주일 전과는 180도 달라진 모습을 보여주었다. "메갈은 사회악이다. 토론도 안 되고 무조건 여혐……여혐……요새 야구 치어리더랑 배트 걸도 걸고넘어지던데……진심 미치지 않고서야 온갖 세상의 모든 것을 모두 여혐으로 몰고 감." "이젠 청와대 미화원까지 검증할 태세군. 장차관도 아니고 수석이나 비서관도 아니고 일개 행정관까지 검증 들어가나? 비서동 주방장도 검증해보시지. 글쓴이도 사회적 영향이 있으니 검증하고 써야 하는 거 아냐?"

한 네티즌이 "불쌍한 탁씨. 이 시대에 여자에게 개기면 죽는다. 그걸 잘 알아서 이제 납작 엎드리긴 하였다만 극렬 페미들의 창끝이 아직 그대를 죽이려 드는구나. 어깨를 펴라. 언젠가 극렬 페미들이 자멸할 날이 오지 않겠나?"라고 말한 것에 대해선 이런 반론이 제기되었다. "당신이 말하는 극렬 페미가 자멸하는 날이 오면 나는 내 딸에게 이민 갈 것을 권유하겠다. 내 딸이 당신 같은 부류의 꼴통 한국 남자와 결혼하는 것은 상상하기도 싫다."

"문재인 정부의 '홍준표'들"

6월 12일 정희진은 「문재인 정부의 '홍준표'들」이라는 『경향신문』 칼럼에서 "'홍준標(표) 돼지 흥분제'는 이 정부에도 있다. 최근 문성근 씨는 여성단체의 비판을 받은 탁현민 씨에 대해 '뇌가 말랑말랑'하다고 칭찬하면서 '그가 흔들리지 않고 활동하도록 응원하자'고 덧붙였다. 남성 연대는 인류가 만들어낸 가장 강력한 권력이다. 한국 사회에는 다양한 남성성들masculinities이 연대하고 있다. '반공주의 남성성', '자본가 남성성', '루저 남성성', '지식인 남성성', '조폭 남성성', '진보 남성성', '군사주의 남성성'……. 성격은 다르지만 남성 특권을 유지하는 데는 '대동大同 단결한다'며 다음과 같이 말했다.

"이 중에서 특히 진보 혹은 지식인이라고 자처하는 이들의 이중성을 가시화하는 것이 가장 어렵고 문제 발생 시 대응도 힘들다. 부디, 이들이 문재인 정부를 망치는 일이 없기를 바란다. 수많은 여성들의 참여가 없었다면 '촛불'은 비폭력을 피하기도, 지속되기도 어려웠다. 꼭 페미니스트 대통령이 아니어도 좋다. 여성도 '국민'이었으면 한다. ……모든 권력의 위기는 내부에서 온다. '우리 안의 적폐'가 무엇인지부터 깨달아야 한다. 청문회 5대 점검 사항 중 왜 인권 의식(=여성 의식)은 포함되지 않는가. 이것이 가장 기본 아닌가."[24]

이 칼럼엔 "댓글들의 반응이 거의 모두 여성 혐오 내지는 여성 비하에 근거한 남성 우월주의에 사로잡혀 있다"거나 "탁현민은 실수로 여성 비하 발언을 한 게 아니고 책으로 출판한 사람입니다. 이런 사람이 뭐가 중하다고 무리해서 발탁하는지 알 수 없는 노릇입니다"라는 댓글도 있었지만, 대부분 비난 일색이었다.

"선거 때 같은 한 표라고 니들이 나대는 모냥인데, 그건, 정치꾼들이나 해대는 립 서비스인 줄 모르냐?" "성적 취향과 범죄 모의도 구분 못하는 사람이 사설 쓰고 있는 경향의 앞날이 참 어둡습니다. 그리고 앞뒤 못 가리고 들이대는 꼴패와 성소수자가 촛불혁명을 선도한 것도 아닙니다. 문재인 참 만만하지?" "문재인 정부에는 수정처럼 맑은 사람들만 근무해야 되나요? 탁현민 교수처럼 유능한 사람이 과거 글에 발목 잡혀서 근처에도 못 가는 정부여야 하나요? 그런 지적질에 우린 노무현을 잃었죠. 그래서 문재인마저 잃기 싫어서 득달같이 달라들어 비호하는 것이죠."

"자라지 않는 남자들의 연대"

6월 13일 문화평론가 손희정은 「자라지 않는 남자들의 연대」라는 『경향신문』 칼럼에서 "문재인 대통령 지지자들은 문 대통령이 얼마나 성숙한 어른인지와 무관하게 그에게 '우리 이니 하고 싶은 대로 해'라고 말하며 '오구오구 우쭈쭈' 했다. 한 시대를 풍미하는 문인들이 대선 당시 그를 지지하기 위해 만든 인터넷 사이트의 주소가 'www.5959uzuzu.com'이었다는 건 충격적이다"며 다음과 같이 말했다.

"이때 정청래 전 의원의 '소수 권력'이라는 말은 주목할 만하다. 그는 팟캐스트 〈파파이스〉에 출연해 문재인 정부와 더불어민주당이 아직은 '소수 권력'이라고 말하며 '감시 없는 지지'를 호소했다. 이 말은 기이하다. '소수'란 단순히 수의 문제가 아니라 권력 위계에서 하위에 놓인 존재를 일컫는 표현이라고 할 때, '소수 권력'은 말 그대로 '뜨거운 아이스 아메리카노'처럼 불가능한 유머에 불과하다."

이어 손희정은 "이런 이율배반적인 역사 인식 안에서 유시민 작가의 '진보 어용 지식인 선언' 역시 가능해진다"며 이렇게 말했다. "이 철없는 남자들의 강고한 연대는 역시 탁현민 의전비서관실 행정관을 비호하는 것에서 그 빛을 발하고 있다. 탁현민의 10년 전 책은 그저 '젊은 한때의 과오'가 아니다. 사과 한마디로 넘어갈 것이 아니라 어른스럽게 책임을 지는 모습을 보여주기 바란다."[25]

이 칼럼엔 글로 옮기기 어려운 더러운 욕설 댓글이 잔뜩 달렸다. 그나마 비교적 온건한 댓글은 '정치'를 남성만의 영역으로 간주하는 듯한 자세를 취한다. "그냥 하던 대로 여성 어쩌고 이런 곳에서 한국 남자 까는 거나 써라. 어줍잖게 정치 아는 척하지 말고."

6월 17일 정희진은 『한겨레』에 예고했던 탁현민 관련 칼럼을 쓰지 않고 마사 너스바움Martha Nussbaum의 『혐오와 수치심』이라는 책에 대해 썼다. 칼럼 끝에 이런 사과와 함께. "사족: 지난주 예고(『남자 마음 설명서』에 대한 세 번째 글)대로 탁현민 씨 책을 다루지 못했음을 사과드린다. 혹 이유가 궁금한 독자라면, 데이비드 크로넌버그 감독의 〈데드 링거〉(1988)나 시중의 좀비 영화를 보기 바란다. 나는 문해력이 없는 이들과 '17대 1'로 싸울 수 없었다."

한 독자가 이런 응원의 댓글을 썼다. "정희진 저자의 글 읽는 즐거움에 토요일 아침 일찍 일어나 신문을 기다리는 독자입니다. 오늘 글 말미에 적힌 사족을 읽고는 허탈하더군요. 정희진 저자에게 말하고 싶은 것은 '17:1'이 아니라 '17:1+대다수 독자'일 거란 사실입니다. 힘내십시오! 그리고 다음 주에 그 글을 꼭 읽고 싶습니다."[26]

"쓸데없는 내부 총질하지 마세요"

6월 21일 탁현민이 다른 책에서도 여성 비하 표현을 썼던 것으로 드러났다. 탁현민은 2007년 자신을 포함해 4명이 공동 발간한 대담집 『말할수록 자유로워지다』에서 "고등학교 1학년 때 여중생과 첫 성관계를 가졌다"며 "얼굴이 좀 아니어도 신경 안 썼다. 그 애는 단지 섹스의 대상이니까"라고 했다. 당시 동년배 친구들과 여중생을 "공유했다"고도 했다. "룸살롱 아가씨는 너무 머리 나쁘면 안 된다", "남자들이 (성적으로) 가장 열광하는 대상은 선생님들……학창 시절 임신한 선생님들도 섹시했다"고도 했다.

이에 대해 자유한국당 대변인 김명연은 "페미니스트 대통령이 되겠다는 문 대통령은 언제까지 침묵할 것인가"라고 했다. 국민의당 대변인 김유정은 "저급한 성 인식의 수준을 보고 있노라니 뒷목이 뻐근해진다"고 했다. 바른정당은 "탁현민 본인이 스스로 사퇴하든지 청와대가 나서라"고 했고, 정의당도 "건강한 보통 사람들이 이해할 수 없는 수준"이라고 했다. 더불어민주당 대변인 백혜련은 "책 내용이 상당히 심각한 수준"이라며 "부적절한 행동이고 그것에 대한 조치가 필요하다는 입장을 청와대에 전달했다"고 밝혔다.[27]

탁현민에 대해 '부적절' 의견을 낸 더불어민주당 여성 의원들은 "쓸데없는 내부 총질하지 마세요"라는 문자 폭탄을 받았다. 이와 관련, 경희대학교 교수 이택광은 "탁현민 청와대 행정관 문제는 사소한 것처럼 보이지만 중요하다. 더불어민주당 여성 국회의원들도 반대하는데 대통령 극렬 지지자들은 '이 중차대한 시기에, 쉽게 말하면 해일이 밀려오는 데 조개나 줍고 있느냐'고 문자를 보내고 댓글을 단다"며 다음과 같이 말했다.

"마치 권력을 잡고 유지하는 것을 민주주의로 생각한다. 또한 문자를 보내는 사람들이 주장하는 직접민주주의는 제도적으로 불가능하다. 민주주의는 모두가 통치할 수 있다는 것인데, 그럼 피통치자는 누구인가라는 역설이 발생한다. 여론 맹신도 문제. 역사적으로 절대적 지지를 받는 의제가 반드시 훌륭한 정치적 결과물로 이어진 건 아니다. 중요한 정치적 결과들은 대부분 소수로부터 시작해 큰 보편성을 획득했다. 프랑스혁명은 소수 부르주아의 구체제에 대한 저항이었다. 당시 아주 불온한 사상이었는데 결국 세상을 바꿨다. 정치는 여론조사로 환원되지 않는 부분이 있다. 민의가 여론조사 같은 제도를 통해 재연될 수 있다고 보는 것은 스탈린이나 북한이 저지른 우를 범하는 것이다. 그게 전체주의다."[28]

탁현민을 둘러싼 '설문조사 전쟁'

이 사건은 '설문조사 전쟁'으로까지 이어졌다. 6월 21일 팟캐스트 〈나꼼수〉 패널 김용민은 자신의 트위터에서 탁현민에 대해 청와대가 어떤 조치를 취해야 하는지를 묻는 설문조사를 실시했다. 이 조사 결과에 따르면, 총 5,050명이 참여한 투표에서 가장 많은 51퍼센트가 '부적절한 발언이나 사과했으니 기회를 줘야 한다'고 응답했고, '해당 발언은 문제되지 않는다'는 응답자도 30퍼센트에 달했다. 반면 '해임하는 선에서 마무리해야 한다'는 17퍼센트, '해임은 당연하고 문 대통령이 사과해야 한다'는 2퍼센트에 그쳤다.

그런데 한 트위터리안(rainygirl)이 김용민이 진행한 설문조사를 자신의 트위터에서 동일한 내용으로 진행하자 결과는 정반대로 나타났다. 25일 오후 7,100명 이상 참여한 투표에서 탁현민 해임과 대통령 사과를 요구한 네티즌이 45퍼센트로 가장 많았고, 해임만 요구한 응답도 43퍼센트에 달했다. 반면 부적절한 발언이나 사과했으니 기회를 주어야 한다는 응답은 9퍼센트, 발언이 문제되지 않는다는 응답은 3퍼센트였다.

이와 관련, 『뉴시스』 기자 박준호는 다른 몇몇 유명 인사도 SNS를 통해 탁현민을 두둔했지만, 전반적인 온라인 여론의 기류는 이와 큰 차이가 있다고 했다. 문성근과 김미화의 발언은 '상당한 역풍'을 맞은 바 있으며, SNS에서 상당한 영향력을 가진 역사학자 전우용 교수가 트위터에 "탁현민 씨가 범죄를 저질렀다면 지금이라도 수사해서 처벌해야 한다"며 "하지만 책에 어떤 내용을 썼다는 것만으로 10년 후 해고 사유가 된다면 이 시대 젊은이들에겐 그게 더 무거운 족쇄일 것"이라고 올린 것도 네티즌들의 숱한 반론으로 이어졌다는 것이다.

포털사이트 '다음' 아고라에서는 1만 명 서명을 목표로 6월 22일부터 '탁현민 님 구하기' 청원이 진행 중이었지만, 25일 오후 6시 현재 청원에 서명한 네티즌은 142명에 불과할 만큼 반응이 싸늘했다. 이런 상황에서 탁현민이 2012년 4월 트위터에 남긴 글도 새삼 도마 위에 올랐다. 당시 19대 총선에 출마했던 김용민이 콘돌리자 라이스 Condoleezza Rice 전 미 국무장관을 "강간해서 죽이자"고 말한 데 대해 탁현민은 "그가 한 말이 성희롱이라면 전두환을 살인마라고 하는 것은 노인 학대", "김용민의 발언은 집회하다 교통신호를 어긴 것쯤 된다"고 옹호했다.[29]

이런 식의 논리는 이즈음 네티즌들의 댓글에서도 쉽게 찾아볼 수 있었다. 여성 혐오를 인정하지 않는 어느 네티즌은 이런 '명문'(?)을 남겼다. "세상에 여혐이 어딨어? 여혐이라고 하면 죽여버린다!?"[30]

"진영 논리는 성 무뢰한의 마지막 도피처"

6월 26일 『머니투데이』 대표 박종면은 「안경환과 탁현민의 성 의식」이라는 칼럼에서 "현대문학의 성자聖者로 추앙받는 작가 니코스 카잔차키스의 소설 『그리스인 조르바』에 나오는 구절"을 소개하는 것으로 칼럼을 시작했다. 이런 내용이다. "여자는 맑은 샘물과 같습니다. 마시면 되는 것입니다. 내 천당은 물렁물렁한 침대가 있고, 옆에는 암컷이 하나 누워 있는 향긋한 방입니다. 하나님이 주신 이놈의 연장은 언제 어디서든 암컷만 만나면 내 대가리를 돌게 만들고 지갑을 열게 만듭니다."

박종면은 그런 글을 쓴 카잔차키스는 1945년 그리스 내각에서 장관도 했는데, 한국의 성 의식은 70년 전 그리스만도 못하다고 말했다. 그는 "정치권이나 언론 또는 시민단체가 어떤 사람을 공격할 때 섹스 이슈를 전면에 내세우는 건 이유가 있다"며 다음과 같이 주장했다.

"누구에게나 가장 취약한 고리이기 때문이다. 성과 섹스에 대한 공격을 받고 견딜 수 있는 사람은 아무도 없다. 그런 점에서 이처럼 비열한 짓도 없다. 어떤 사람의 행위가 아닌 그가 쓴 저작물의 내용에 대한 공격이라면 더 그렇다. 현대판 분서갱유일지도 모른다. 문재인 정부의 인사 청문회가 열리는 2017년 6월 대한민국은 야만의 시대다."[31]

이에 대해 『코리아중앙데일리』 문화부장 문소영은 「진영 논리는 성性

무뢰한의 마지막 도피처」라는 칼럼에서 "픽션과 논픽션을 비교하는 것도 놀라웠지만, 시대착오를 거꾸로 적용한 게 가장 놀라웠다"며 이렇게 말했다. "당시는 보부아르의 『제2의 성』(1949)이 나오기도 전이다. 즉 그간 대부분 문학에서 여성이 남성 주체의 일방적 시선에 의한 객체로, 종종 사물화되어 다뤄졌음이 공론화되기도 전이었다. 게다가 카잔차키스의 장관직에 문제 제기하고 싶은 그리스 여성이 있었어도 참정권도 없던 시대에 무슨 재주로 하겠는가?(1952년 도입)"

문소영은 "고등학생 때 여중생을 '단지 섹스의 대상'으로 친구들과 '공유'했다고 책에 밝힌 탁현민 행정관 뉴스에는 어김없이 '그러면 홍준표는?'이라는 댓글이 등장한다. 홍준표 전 경남지사의 '돼지 흥분제'가 다시 회자될 때마다 '그러면 탁현민은?'도 등장한다. 이렇듯 여성 멸시자들은 좌우 진영 안 가리고 서로 '물타기'하며 살아남는다"며 다음과 같이 말했다.

"진짜 시대착오는 물건 취급 여성관을 거침없이 늘어놓는 게 풍류인 줄 착각하는 '꼰대'들, 꼰대의 유일한 미덕인 점잖음도 없는 나이 불문, 진영 불문 '진상 꼰대'들이, 진영을 방패로 살아남는 현실이다. '애국심은 무뢰한의 마지막 도피처'라던 새뮤얼 존슨의 말을 빌려 '진영 논리는 성性 무뢰한의 마지막 도피처'라고 해야겠다."[32]

6월 29일 한국여성단체연합은 '탁현민 즉각 퇴출을 촉구하는 서명운동'에 돌입했다(서명자는 7월 5일까지 7,542명). '평화를 만드는 여성회' 공동대표 안김정애는 "문 대통령이 제대로 된 페미니스트 대통령이 되려면 탁현민을 즉각 경질해야 한다"고 말했다. 페미당당 대표 심미섭도 "나라를 책임진다는 청와대가 당당하지 못하면 민주주의가 자

리 잡을 수 없다"고 말했다.[33]

"대한민국은 야만의 시대"이긴 한데

박종면은 "2017년 6월 대한민국은 야만의 시대"라고 했지만, 그건 그 이전의 대한민국은 '문명의 시대'라는 뜻이었을까? 4월엔 인터넷 커뮤니티 일베에 특정학교 여고생을 납치해 성폭행하겠다는 글이 올라왔고, 5월엔 인터넷 커뮤니티 디시인사이드에 여자 초등학생을 성폭행하겠다는 글이 올라와 여학생들은 물론 가족들까지 공포에 떨어야 했다.[34] 어디 그뿐인가. 6월 대전의 한 중학교에선 여성 교사 수업 시간에 1학년 남학생 11명이 집단 자위를 하는 사건이 일어났다. 이 모든 건 문명이고, 그런 위험의 가능성을 걱정하는 목소리는 야만이란 말일까?

이즈음 '호식이두마리치킨' 회장 최호식의 여직원 강제 추행 사건에 대해 일부 누리꾼들이 보인 작태야말로 '야만의 시대'에 어울리는 게 아니었을까? 이 사건은 6월 3일 최호식이 서울 강남구 청담동 한 일식집에서 20대 여직원과 식사를 하던 중 부적절한 신체 접촉을 하고, 이어 호텔 방으로 강제로 끌고 가면서 벌어졌다. 친구들과 생일 파티를 하기 위해 호텔에 갔던 주부 A씨(28세)는 친구들과 같이 끌려가던 여직원의 "도와달라"는 말을 듣고, 그녀를 호텔 밖으로 데리고 나와 구해주었다.

그런데 A씨는 당시 호텔 앞 CCTV가 인터넷에 공개된 이후 피해 여성을 도왔다가 자작극을 꾸민 사기범으로 매도되는 어이없는 일이 벌어졌다. '저 여자들 창X', '4인조 꽃뱀 사기단 아니냐'와 같은 심한 욕설이 적힌 댓글이 무더기로 쏟아진 것이다. 이게 바로 '야만의 시대'를 말해주는 게 아니고 무엇이랴.

견디다 못한 A씨는 6월 23일 A4 용지 100장 분량의 악플 캡처본을 들고 경찰서를 찾았지만, 경찰은 악플러들이 댓글에서 '저 여자들'이라고 표현하는 등 A씨를 특정해서 악플을 쓴 것은 아니어서 고소가 어렵다는 입장을 밝혔다.[35] 6월 28일 A씨는 〈CBS 김현정의 뉴스쇼〉 인터뷰에서 다음과 같이 말했다.

"저랑 제 친구들은 정말 선의로 도와달라는 그런 절박한 피해자를 도와드린 것뿐인데 욕을 하시고 악플들을 그렇게 다시는데 저희는 진짜 너무 어이가 없고 그것 때문에 정신적 피해가 이만저만이 아니었어요. 일상생활이 힘들기도 했는데 제발 악플 좀 안 달아주셨으면 좋겠고 사실을 모르면서 그렇게 판단하고 잣대 놓지 않으셨으면 좋겠고요. 그리고 이제 제일 중요한 거는 피해자는 정말, 정말 죽고 싶을 정도로 정말 그렇게 하루하루 지내고 있는데 피해자 욕도 정말 하지 않으셨으면 좋겠어요."

김현정이 "지금 한 분이 이런 질문 주셨어요. 만약 한 달 전 그 순간으로 다시 시간을 돌린다면 또 똑같이 행동하셨을까?"라고 질문하자, A씨는 잠시의 머뭇거림 뒤에 "……했을 거는 같아요"라고 답했다. 김현정이 "아니, 이렇게 한 달 동안 고통에 시달리셨는데도 또 하실 수 있겠어요?"라고 되묻자, A씨는 "그런데 정말 절박했어요, 그 여자분. 제가 눈빛을 봤을 때 정말 절박했어요"라고 답했다.[36]

6월 30일 프리랜서 윤이나는 「여자를 돕는 여자들」이라는 『한국일보』칼럼에서 "최근에 이 대답만큼 나를 놀라게 한 것은 없었다"고 했다. "머뭇거리는 찰나, 목격자의 머릿속에는 자신과 친구들, 피해자뿐 아니라 가족에게까지 쏟아진 어마어마한 양의 악플과 이로 인한 상처가 지나갔을 것이다. 그렇지만 그 과정을 똑같이 지나가게 된다고 해도 목격자는 피해자를 돕겠다고 말한다.……피해자 여성의 눈에서 '절박함'을 봤기 때문이다. 이 절박함은 같은 여성이기 때문에 발견할 수 있는 것이다."

이어 윤이나는 "'여교사'이기 때문에 수업 중에 남학생들의 집단 자위행위를 경험해야 하고, 이 사건에 아무리 분개해도 상당수의 남성들이 '한때의 치기 어린 행위'라며 남학생들을 옹호하는 모습을 지켜보아야 한다는 것을 대부분의 여성들은 안다"고 했다.[37] 이건 문화가 아니라 야만이다. 야만의 시대는 이럴 때에나 쓸 수 있는 말이었다.

진영 논리의 두 얼굴

"진영 논리陣營 論理는 자신이 속한 조직의 이념은 무조건 옳고, 다른 조직의 이념은 무조건적으로 배척하는 논리를 말한다."『네이버 국어사전』의 정의지만, 이 정도로는 턱없이 부족하다. 진영 논리는 모두가 욕하지만, 그 누구도 자유롭지 못한 괴물이기 때문이다. 요즘 유행하는 말로 하자면, 진영 논리는 '내로남불'의 전형이다. 너의 진영 논리는 반드시 척결해야 할 악惡이지만, 나의 진영 논리는 국가와 민족을 위한 숭고한 대의로 반드시 수호해야 할 선善이라는 게 대부분의 사람이 갖고 있는 생각이다. 그러니 나의 '진영 논리'는 진영 논리가 아닌

게 되는 이상한 일이 벌어진다.

2017년 5~6월은 유시민의 '어용 지식인' 사건과 탁현민 사건으로 인해 페미니즘과 진영 논리의 충돌이 거세게 일어난 시기였는데, 이는 안타까운 비극이었다. 충돌한 진영 논리가 보수의 것이 아니라 진보의 것이었고, 게다가 압도적인 국민적 지지를 누리는 문재인 대통령의 열성 지지자들의 것이었기 때문이다. 우군이 될 수 있고 되어야만 할 거대 세력과 싸워야만 하는 곤혹스러움이 페미니스트들을 괴롭혔다.

탁현민을 비판한 페미니스트들은 눈물겨울 정도로 자신이 문재인의 열렬한 지지자로서 문재인 정부의 성공을 누구보다 바라는 사람이라는 점을 누누이 강조했다. 탁현민 옹호자들을 설득해보려는 몸부림이었겠지만, 이들은 진영 논리의 이성을 과대평가했다. 진영 논리는 겉보기엔 진영을 위한 논리 같지만, 결국엔 진영을 죽이는 논리기 때문이다. 진영 논리 중독자들은 순간에 집착하면서도 그게 '멀리 내다보는 눈'이라고 강변한다. 바로 진영 논리의 동력인 열정의 속성이다.

우리는 '간신奸臣'을 자신의 잇속을 위해 아첨하는 간사하고 간악한 사람으로 이해한다. 그런가? 간신의 아첨이 좋은 결과를 낳으면 그는 충신이 되지만, 좋지 못한 결과를 낳으면 그는 간신이 된다. 아닌가? 공직에 대한 욕심이 없으면 잇속이 아닌가? 자신이 권력자들과 가깝거나 그들에게서 감사의 말을 듣는 데에서 누리는 권력 감정은 잇속이 아니라고 말할 수 있을까? 이른바 '순수한 지지'의 정체를 이렇게 파고 들면 결국 이런 의문이 제기된다. 진영 논리에 찌든 진보는 과연 페미니즘의 우군이 될 수 있고 되어야만 할 세력인가?

오히려 보수는 아예 말이 통하질 않아 아무런 부담 없이 맞짱 뜰 수 있는 상대지만, 진보는 늘 '오빠가 허락한 페미니즘'을 내세워 페미니즘을 관리하려 들었기에 맞짱을 뜨기엔 좀 주저되는 상대였다. 생각하기에 따라선 보수보다는 진보가 고약한 페미니즘의 적일 수도 있는 게 아닐까? 과연 보수 가부장제와 진보 가부장제에 그 어떤 유의미한 차이가 있는 걸까?

이런 일련의 의문을 제기하다 보니, 좋은 의미에서건 나쁜 의미에서건 진영 논리의 온상인 열정적 극단주의는 우리의 타고난 체질이 아닌가 하는 생각마저 하게 된다. 재미동포 학자인 캐서린 문Katharine Moon 은 언젠가 이런 말을 한 적이 있다. "한국인들은 무언가를 하기로 결정하고 나면 모든 에너지를 그 일에 쏟아부어, 전부가 아니면 얻을 게 아무것도 없는 하나의 도전으로, 혹은 일종의 사활을 건 딜레마로 본래 상황을 바꾸어놓기까지 한다. 이에 대한 증거를 찾기란 쉬운 일이다. 그저 어떤 교회 안으로 들어가 큰 목소리로 '아멘'을 외치는 기도자의 열정을 보라. 신의 입장에서도 한국이 아닌 다른 곳에서 이런 목회자를 보고 듣기란 어려울 것이다."

이런 열정이 진영 논리에 빠져들지 않았더라면 페미니스트였을 사람마저 진영 논리의 이름으로 페미니즘을 탄압하는 사람으로 변신할 수 있게 만든 건 아닐까? 열정은 매우 충동적이고 격정적이어서 증오로 바뀌기 쉽다는데, 그래서 그들은 페미니즘을 증오하는 정신 이상의 수준으로까지 나아가게 된 건 아니었을까? 나 역시 한때 열정의 힘을 빌려 진영 논리의 포로가 되길 자청해 활약했다가 운 좋게 그 굴레에서 탈출한 사람으로서 열정의 두 얼굴에 대해 모골이 송연한 느낌마저 갖게 된다.

제8장
▼
페미니즘과 촛불 시위의 배신

2017년 7~12월

"성평등 없이 민주주의가 가능한가"

탁현민 사건은 고구마 줄기처럼 새로운 사실이 계속 터져나오면서 7월 들어 더욱 뜨겁게 달아올랐다. 7월 4일 탁현민의 성매매 찬양 발언이 『한국일보』에 보도되었다. 탁현민은 2010년 4월 발간한 『상상력에 권력을』이라는 책의 '나의 서울 유흥 문화 답사기' 편에서 성매매를 수차례 극찬했다. 그는 "일반적으로 남성에게 룸살롱과 나이트클럽, 클럽으로 이어지는 일단의 유흥은 궁극적으로 여성과의 잠자리를 최종 목표로 하거나 전제한다"며 성매매 업소를 종류별로 나열하며 '서울의 유흥 문화사'라고 소개했다.

탁현민은 "청량리588로부터 시작하여 터키탕과 안마시술소, 전화방, 유사 성행위방으로 이어지는 일군의 시설은 나이트클럽보다 노골적으로 성욕 해소를 목적으로 한다"며 "이러한 풍경들을 보고 있노라면 참으로 동방예의지국의 아름다운 풍경이라는 생각을 하지 않을 수 없다"고 적었다. 또 "어찌 예절과 예의의 나라다운 모습이라 칭찬하지 않을 수 있겠는가"라고도 했다. 그는 "8만 원에서 몇 백만 원까지 종목과 코스는 실로 다양하고, 그 안에 여성들은 노골적이거나 간접적으로 진열되어 스스로를 팔거나 팔리고 있다"며 "밤낮을 가리지 않고 향락이 일상적으로 가능한, 오! 사무치게 아름다운 풍경이 연출된다"며 성매매를 권하는 듯한 표현도 했다.[1]

7월 4일 여성가족부 장관 후보자 정현백에 대한 국회 인사 청문회는 "정현백 청문회냐, 탁현민 청문회냐"는 말이 나올 만큼 탁현민 문제가 핫 이슈였다. 야당 의원들은 일제히 정현백에게 장관직을 걸고 탁 행정관 해임을 관철시켜야 한다고 압박했다. 반면 여당 의원들은 탁현민에 대해 청와대에 '부적절' 의견을 전달했다가 여성 의원들이 '문자 폭탄'을 받은 후유증 때문인지 침묵으로 일관해 대조를 이루었다. 야당의 공세가 이어지자 정현백은 "탁 행정관은 해임하는 게 맞다"며 "문재인 대통령에게 탁 행정관 해임을 촉구하겠다"고 말했다.[2]

7월 7일 윤조원은 「민주주의와 성평등」이라는 『경향신문』 칼럼에서 "탁현민 청와대 행정관에 대한 문제 제기가 계속되지만, 청와대는 임명을 강행했고 본인은 소셜미디어를 통한 짤막한 사과 이후 침묵을 이어가고 있다"며 다음과 같이 말했다.

"법조인, 정치인으로서 문 대통령의 이력, 대통령 취임 후의 소통과

탈권위주의의 행보는, 그가 얼마나 보기 드문 인격의 소유자인지를 보여준다. 하지만 대통령 개인이 아무리 훌륭한 인격을 갖춘 페미니스트라 해도, 그가 선출직 공무원으로서 행사하는 권력이 암묵적으로 여성 비하를 용인하고 여성을 소외시키는 남성 연대에 기대는 것이라면, 이 정부에서 성평등은 이루어질 수 없다. 성평등 없이 민주주의가 가능한가."[3]

"문재인 정부의 발목을 잡는 '남자들'"

7월 7일 오전 11시 세종문화회관 앞에선 비가 내리는 가운데 우비를 입거나 우산을 든 40여 명의 한국여성단체연합 회원이 '탁현민 OUT'이라고 적힌 피켓을 들고 구호를 외쳤다. 이들은 기자회견에서 "탁현민 청와대 의전비서관실 선임행정관(2급)은 사퇴하라"고 촉구했다. 한국여성단체연합 측은 또 "청와대 안팎의 탁씨 지인들이 여성을 성적 대상화하는 남성 문화의 오래된 적폐를 옹호하고 있다"고 주장했다.[4]

7월 10일 정희진은 「문재인 정부의 발목을 잡는 '남자들'」이라는 『경향신문』 칼럼에서 "내가 탁씨 사태를 심각하게 생각하는 이유는 그가 위험한 인물이어서만은 아니다. 진짜 심각한 질문은 왜 한국 사회는 언제나 남성의 여성에 대한 비행을 성별 권력 관계가 아니라 여당과 야당의 갈등으로 만드는가이다"며 다음과 같이 말했다.

"이 논란은 남성과 여성의 권력 관계지, 남성과 남성의 갈등이 아니다. 이런 인식이 여성 억압을 삭제시키고 젠더를 독자적 정치가 아니라 남성 정치의 부산물로 사소화시킨다. 이 때문에 내가 남성 강간 문화를 비판하면, '자유한국당 프락치', '일개 행정관 문제로 새 정부에 재를 뿌린다'는 비난을 듣게 되는 것이다."

이어 정희진은 "문재인 정부의 발목을 잡는 이들은 진정 누구인가? 상식 이하의 인권 의식을 가진 남성들인가. 이를 비판하는 국민인가. 탁씨의 글은 성차별을 넘어서, 여성을 너무나 함부로 다루고 있어서 읽는 동안 가슴이 아플 정도였다"며 다음과 같이 말했다.

"여론이 이와 같은데도 꿈쩍하지 않는 청와대. 시간이 지날수록 젠더 문제를 떠나 여론을 '무시한다'는 생각이 든다. '심지어' 일부에서는 '왕의 남자'라는 소설(팬픽)을 쓰고 있다. 문재인 정부는 반드시 성공해야 한다. 그러기 위해서는 '이니 팬덤'도 좋지만 다른 지지자들의 우려와 비판에도 귀를 기울여야 한다."[5]

정희진이 말한 '강간 문화'는 남성의 공격적 성 본능을 조절, 통제 불가능한 규범으로 여겨 사회문화적으로 용인하는 것을 말한다. 윤지영의 재정의에 따르면, "사회문화 전반의 결정권자와 권위자의 자리가 남성 중심적으로 개편되어 있는 남성 연대적 사회에서 소수자로서의 여성들은 체계적 통제와 배제의 대상이자 포식과 착취의 대상으로 규정되어온 것"을 의미한다.[6]

그런 강간 문화에 찌든 탓인지, 정희진의 칼럼에 달린 댓글 역시 악플 일변도다.

"문재인 끝나고 쥐닭 10년 시즌2 또 경험해야 정신 차릴래 여성주의자들?" "이 정권 발목 잡는 놈들은 메갈 같은 페미, 한경오 기레기, 조중동 쓰레기, 개념 없는 야당." "돼지 발정제 당 대표는 탁현민보다

하찮은가? 뭐가 중요하고 뭐가 선후인지 모르는 사람이군!" "너 같은 메갈들이 발목 잡는 거야. 아니 한국 남자는 다 벌레라서 이순신도 안중근도 뱃속의 태아도 다 죽여야 된다는 메갈을 지지하는 인간들이 누구에게 그만둬라 마라 할 자격이 있다고 생각하니?"

"문재인의 성공이 너무 절박하기에 미치겠다"

7월 19일 바른정당 대표 이혜훈은 기자회견에서 문재인 대통령과 여야 대표 간 오찬 회동에서 "(문 대통령에게) 탁 행정관에 대해 오늘 안으로 해임해달라고 건의했다"며 "탁 행정관의 인식과 행동이 공직자로서의 자격이 없다고 생각해 건의했고 여성의 한 사람으로서 오늘 안으로 해임해달라고 촉구했다"고 말했다.[7]

문재인은 이혜훈의 건의에 대해 답을 하지 않았는데, 그 이유는 간접적으로나마 그 다음 날 열린 청와대 수석·보좌관 회의에서 밝혀졌다. 문재인은 전날 열린 100대 국정 과제 발표 행사에 대해 "내용도 잘 준비됐지만, 전달도 아주 산뜻한 방식으로 됐다"고 말했다. 이에 대해 『경향신문』은 "문 대통령이 우회적으로 탁 행정관을 칭찬한 셈이다"고 했다.[8]

7월 22일 정희진은 「탁현민」이라는 『한겨레』 칼럼에서 "이제 그는 보통명사다"고 했다. "처음 관련 글을 썼을 때, 지인의 분노가 하늘을 찔렀다. '네 주변 진보 중에 탁보다 더한('더 저질인') 남자 많잖아! 근데 왜 그 사람만 비판해?' 나는 바로 맞장구를 쳤다. '어떻게 알았어?' 여성을 상대로 한 일부 진보 남성의 경제적·감정적 착취, 성폭력, 횡령, 사기, 권력욕은 드문 일이 아니다. 페미니스트를 자처하는 이들도 마찬가지다. 의식이 인간성을 보장하지 않는다. 아니, 인간성이 의식이다."

정희진은 "현실은 사건 자체보다 해석으로 이루어진다. 진짜 문제는 탁씨의 책 내용이라기보다, 이에 대한 우리 사회의 반응이다. 여론은 한국의 남성 문화보다 그의 거취에만 초점을 맞추고 있고, 뉴스는 주로 대통령의 침묵과 여야 간의 기 싸움이 메우고 있다"며 다음과 같이 말했다.

"이런 식으로 논란이 계속되면, 탁씨가 피해자라는 논리까지 등장할 판이다. 한국 남성 문화가 강간 문화임을 인정하고 개선하면 된다. 누구나 놀라는 '그런 사람이 거기까지 올라간' 구조를 바꿔야 한다. 가장 비논리적인 방어는 '젊은 날의 실수'라는 것이다. 과거가 없는 사람도 있나. 과거는 선택적인 개념이다. 어떤 사람의 과거는 사회적 매장감, 감옥행이다. 이번 사건처럼 대통령의 최측근, 유력 국회의원, 유명 인사가 앞장서서 남의 과거를 해석해주는 경우는 흔치 않다. 모두가 '탁류卓類'요, 탁류濁流다."[9]

이 칼럼에 달린 댓글 중 모처럼 솔직한 게 있어 눈길을 끈다. "탁현민이 어디에 있든 자신의 역할을 하기 바란다. 문재인의 성공이 너무 절박하기에 미치겠다." 이 정도면 '정치의 종교화'라고 할 수 있겠지만, 이즈음 대학가도 정희진이 우려하고 개탄한 '강간 문화'의 현실을 한 치의 오차도 없이 그대로 반영하고 있었다.

중앙대학교에서는 여성주의 교지 『녹지』 수십 권이 쓰레기통에 버려지는가 하면, 성균관대학교에서는 데이트 폭력과 강간 문화 등에 대해 쓴 대자보가 찢겼다. 온라인상에선 비하나 욕설은 물론이고 "XX를 찢어버리겠다"는 등의 심각한 협박성의 글과 인신공격이 난무했다. 온라인 논쟁에서 댓글 논쟁에 참여하면 댓글 단 사람을 찾아내 같은 학과의 남성 선배에게 "후배 관리 잘하라"는 메시지를 보내고, 이는 곧 학과 내에서 심각한 공격으로 이어졌다.[10]

"그들은 왜 마스크를 벗지 못했을까"

8월 6일 서울 서초구 강남역 10번 출구에선 100여 명의 여성이 모여 여성 혐오 살인 공론화 시위를 벌였다. 이 시위는 한 달 전인 7월 5일 오후 10시경 서울 강남구 역삼동 왁싱숍에서 여성 왁싱사가 살해당한 사건을 계기로 이루어진 것이었다.

범인은 인터넷 방송 아프리카TV의 남성 BJ(인터넷 방송 진행자) A씨가 진행한 해당 왁싱숍 방문 영상을 보고 이 여성이 혼자 일한다는 사실을 알게 되어 범행의 대상으로 삼았다고 밝혔다. 그는 손님으로 위장하고 가게를 방문해, 왁싱을 받다 강간을 시도하고, 흉기로 목을 찔러 살해한 후 여성의 체크카드를 훔쳐 달아났다.

시위 주최 측은 인터넷 BJ A씨가 영상에서 피해자가 혼자 일한다는 사실을 알리고, 성적 흥분을 강조하는 등 성적 의도를 담아 영상을 편집했다고 비판했다. A씨는 자신의 아프리카TV 방송에서 "해당 왁싱숍에 먼저 촬영 허가를 받았고, 가게를 홍보해주기로 한 조건으로 촬영한 것"이라며 "영상을 보고 범죄를 저지르라고 한 일이 아니었다"고 밝혔지만 "아무리 악의가 없어도 BJ가 왁서(왁싱숍에서 털을 제모해주는 사람)를 성적 대상으로 보는 시각으로 방송을 진행한 것이 사건과 무관하다고 말할 수 없다", "왁서의 외모, 발기하는 성기에 의미를 둔 것은 방송을 한 사람과 보는 사람들 아닌가" 등의 문제가 제기되었다.[11]

여성 혐오 살인 공론화 시위 참가자들은 검은색 마스크와 선글라스를 끼고 자신들의 얼굴을 가렸다. 지나가는 일반 시민들 중 사진을 찍으려 하는 사람들에게 스태프들은 일일이 다가가 사진 촬영을 자제해줄 것을 부탁했다. 기자들에게도 참가자들의 얼굴은 철저히 모자이크 처리를 해줄 것을 부탁했다. 왜 이래야만 했을까? 이유는 단 하나. 여성 혐오 범죄 규탄 집회에 쏟아진 온라인상의 비난과 협박 댓글 때문이었다.[12] 이 시위에 참여한 남상희(가명·29세)는 SNS에 다음과 같은 후기를 올려 화제를 모았다.

"강남역 사건을 계기로 내 인생은 변했다. 그런데 현실은 바뀐 게 없다. 여전히 여성은 '몰카'의 대상, 살해 대상, 차별과 혐오의 대상이 된다. 여성의 자발적인 말하기와 행동은 너무 쉽게 '남성 혐오'로 명명된다. 우리가 이러려고 밤새 촛불 들고 행진하고 희망을 걸었나? 많은 걸 요구하는 게 아니다. 여성도 촛불 시민이고, 유권자고, 사람이다."[13]

8월 8일 이세아는 「남성 연대라는 권력」이라는 『여성신문』 칼럼에서 페미니스트들은 "남성 연대는 초법적 권력"이라며 혀를 차고 있다고 했다. 그는 탁현민 사건을 대표적 사례로 들면서 다음과 같이 말했다.

"여성계의 성평등 인사 검증 요구에도 청와대는 침묵했다. 안도현 시인은 '그가 사과했으니 더이상 때리지 말라'고 했다. 배우 문성근 씨는 '그가 흔들리지 않고 활동하도록 응원하자'고 했다.……여성이 거리에서, 광장에서, 온라인에서 평등과 존엄을 요구하며 싸우는 동안,

남성들은 이토록 시대착오적인 남성 문화를 견고히 다지고 있다. '성평등 정부'가 임기 내 해결해야 할 '적폐'가 지금 이 순간에도 쌓이고 있다."[14]

"메갈 BJ 죽이러 간다"던 남자, 범칙금 5만 원

경찰과 사법부도 그 강고한 남성 연대에 가담하고 싶었던 걸까? 인기 남성 BJ가 자칭 '여성 우월주의자'인 여성 BJ에 대해 살해 위협을 가하는 생방송을 했다가 경찰에 붙잡혔는데, 겨우 범칙금 5만 원으로 풀려났으니 말이다.

8월 10일 인터넷 방송을 진행하는 BJ 김윤태 일행(2명)은 이날 새벽 '갓건배'라는 닉네임을 사용하는 여성 BJ A씨의 집을 찾아가겠다며 갓건배로 추정되는 여성이 사는 집 주소를 공개하고 차로 그곳까지 찾아가는 장면을 생중계로 방송했다. 심지어 "갔는데 갓건배의 주소가 아니면 다른 여자라도 목 졸라 죽이겠다"며 시청자들의 흥분을 고조시켰다. 당시 영상을 실시간으로 방송을 시청한 시청자 수는 최대 7,000명에 달했다.

김윤태는 이날 방송을 통해 "A씨가 부천 원미구나 서울 성북구에 산다는 제보가 있어서 그곳들을 방문하겠다"고 발언해 온라인 곳곳에서는 '갓건배를 찾았다'며 엉뚱한 사람의 신상을 털고 모욕하는 일이 잇따라 벌어졌다. 서울 성북경찰서에만 이날 새벽 1시 30분께부터 총 3차례 신고가 들어왔다. 이 방송 이후 200건이 넘는 모방 방송이 올라왔고, 많은 사람이 "까부는 여자는 죽어도 싸다"며 김윤태를 응원하는 영상을 올리며 동참했다. 그중 상당수는 초등학교 남학생인 것으로 밝혀져 충격을 더했다.

경찰은 추적 끝에 경기도 모처에서 김윤태를 찾아냈다. 그는 한 파출소로 임의동행되어 아침까지 조사를 받았고, 경범죄처벌법상 '불안감 조성' 행위로 범칙금 5만 원 통고 처분을 받고 귀가했다. 파출소 관계자는 "형사과로 넘기기에는 사안이 경미하다고 판단했다"면서 "이런 일이 재발하지 않도록 주의시킨 후 귀가시켰다"고 설명했다. 달랑 5만 원만 낸 그는 사건 이후 돈도 많이 벌고 인기 스타가 되었다.[15]

이는 한 달 전 여성을 비하한다는 비판을 받는 웹툰으로 논란이 된 웹툰 작가를 '한남충'이라고 웹사이트에서 지칭한 대학원생이 모욕죄로 벌금형을 선고받은 것과는 매우 대조적이었다. 7월 17일 서울서부지법 형사 22단독 판사 강희경은 모욕 혐의로 기소된 A씨(여·24세)에게 벌금 30만 원을 선고했는데, A씨는 2015년 12월 2일 여성 커뮤니티 메갈리아에 웹툰 작가 B씨를 '한남충'으로 지칭하는 글을 게재한 혐의로 기소되었다.[16]

이 대비되는 두 사건에 대해 이라영은 "공권력은 여성을 향한 모욕과 물리적 폭력, 살인에 이르기까지 편파적으로 남성의 입장을 대변한다"고 개탄했다. "7,000여 명이 생방송으로 여성을 향한 살해 협박을 구경하면서 여성의 죽음은 하나의 '공연'이 되고 말았다. 이 사건에 앞서 왁싱숍을 운영하던 여성이 살해된 사건과 겹쳐 생각해보면 젠더 권력의 차이는 뚜렷하게 드러난다. 수없이 많은 여성 연예인을 비롯하여 불특정 다수의 여성들이 '김치녀'나 '된장녀'가 되어도 제도적으로 이러한 발언이 규제당하지는 않았다."[17]

정현백 여성가족부 장관 해임 운동

8월 21일 여성가족부 장관 정현백은 국회에서 탁현민 관련 질문을 받고 "(청와대에) 사퇴 의견을 전달했다. (그러나) 결과에 대해서는 제가 좀 무력하다"고 했다. 정현백은 28일 국회 여성가족위원회 회의에서는 '탁 행정관의 해임에 대해 좀더 적극적으로 나서야 한다', '문 대통령에게 직접 말해야 한다'는 여야 의원들 요구에 "앞으로도 다양한 통로를 통해 노력하겠다"고 답했다. 그러자 문재인 지지자들은 "정 장관이 대통령의 인사권을 침해한다"며 해임을 요구하고 나섰다. 바로 그날 청와대 국민청원 게시판에 정현백 여성가족부 장관의 해임을 촉구하는 글이 게재되었고, 30일 현재 이 글에는 5,800여 건의 동의同意 댓글이 달리면서 '베스트 청원'으로 분류되었다.

문재인 지지자들은 "탁 행정관을 내치면 다음은 문 대통령 차례가 될 것"이라는 논리를 폈다. 글을 처음 올린 네티즌은 "(정 장관이) 임명권자인 대통령의 인사권에 개입하면서 그것이 자신의 권한 내지 합당한 역할인 양 호도하면서 사안의 본질을 흐리는 망동을 수차례 거듭하고 있다"며 "장관이란 자가 (탁 행정관 문제를) 재론해 분란을 야기하는 것은 있을 수 없는 행위"라고 했다. 이 글엔 "일은 안 하고 행정관 경질만 요구하는 사람은 장관 자격 없다", "대통령 인사권까지 침범하는 장관은 물러나라" 등의 댓글이 달렸다.[18]

8월 25일 그간 탁현민 퇴출을 촉구하는 서명운동과 기자회견을 함께해온 (사)젠더정치연구소 여.세.연의 인턴 활동가 김시운은 『오마이뉴스』에 4회에 걸친 장문의 글을 기고했다. 김시운은 "탁현민 사안이 젠더 이슈로 공론화되는 것을 막는 가장 거대한 장애물은 한국 사회를 지배해온 극단적 진영 논리다"며 다음과 같이 말했다.

"좌우 진영 모두 극단적 대결 구도에 여전히 천착하여 사회적 약자, 소수자를 향한 폭력, 혐오 문제를 진영 논리로 해석한다."[19]

김시운은 "문재인 대통령은 지금 젊은 세대와 아이들에게 '여성 혐오 책을 써도 탁월한 기량만 발휘한다면 위법이 아니니 고위 공직자가 될 수 있다'는 메시지를 보내고 있다"며 "여성 혐오 문제는 단지 탁현민의 거취 문제로 해결될 일이 아니기 때문에 문재인 정부가 '대체 불가능한' 인재, 탁현민을 진정으로 지키고 싶다면 이에 대해 진정으로 소통하고 논쟁해야 한다"고 말했다.[20]

"'베스트 청원'이라는 슬픈 광기"

9월 4일 정희진은 「'베스트 청원'이라는 슬픈 광기」라는 『경향신문』 칼럼에서 "장관이 국민과 야당의 입장을 대통령에게 전달한 것이 해임 사유라니……. 그런 상황은 발생하지 않겠지만, 문제는 이번 청원의 발상이다. 나는 '이니 팬덤'과 '팩트', 상식, 원칙을 놓고 논쟁할 능력이 없다. '사랑'은 토론의 대상이 아니기 때문이다"며 다음과 같이 말했다.

"지금 '이니 팬덤'은, 같은 지지자들에게도 욕설을 퍼붓는다. 근본적인 문제는 정치인에 대한 무조건적 지지다. 국가 운영에 이처럼 위험한 사태는 없다. 다른 사회에서는 '국론 분열'을 넘어 내전으로 확대되기도 한다. 나를 포함해서 '문빠'는 지난 '10년 정권'에 절망한 이들이다. 동시에 이 현상은 출구 없는 글로벌 자본주의의 폭주가 두려운, 마음 둘 곳 없는 이들의 집단 광기다. 현 정부의 지지율에는 이처럼 슬픈 광기가 포함되어 있다. 그렇다면 서로 '험한 세상의 다리'가 되어야지, 자기 불안을 같은 처지의 사람들에게 표출하는 '~빠' 문화는 함께 살아갈 방도가 아니다. 나는 이 어처구니없는 청원 앞에서 분노보다 우리가 많이 초라하다고 느낀다."[21]

이젠 뭐 군이 설명할 필요도 없겠지만, 이 칼럼에도 온갖 욕설 댓글이 달렸다. "허구한 날 그놈의 노무현 죽이기 논리로 언제까지 문재인 방어하고 언론 길들이기 하려는지. 뭐만 하면 노무현 때 어쩌고저쩌고. 지겹지도 않나? 그 논리로 신성불가침의 영역을 만드시려고?" 라는 반론도 있기는 했지만, "니네 고상한 척하는 진보 언론들 때문에 문재인 대통령이 언제든 흔들릴 수 있다는 두려움이 있는 것이다. 노무현에게서 학습된……"이라는 식의 공포는 건재했다. 이 공포에서 한 걸음 더 나아가 노골적인 '페미니즘 죽이기'로 나아간 댓글이 많았다. 심지어 "내가 문재인 찍었지만 꼴페미짓 지지하면 그 순간부터 반대 촛불을 들거다"라고 협박하는 댓글도 있었다.

"꼴통 페미 미친 것들. 니가 쓴 기사는 꼴통 페미들의 개막장 무논리야.""꼴통 페미들의 집합소 여가부를 없애버려야 진정한 양성평등이 가능하다. 당장 여성부 폐지하라.""니들이 하는 꼴페미 광기는 어떻게 생각하니? 니들 같은 어설픈 여성운동자들이 오늘의 이 사태를 만든 거야.""옛날에는 친박 새끼들이 완장 차고 돌아댕기더니 요즘은 여성 꼴통 페미년들이 완장 차고 댕기면서 온 사회를 쑤시고 댕기네.""이른바 페미니스트들의 탁현민에 대한 편집증적 히스테리의 원인은

페미니즘과 촛불 시위의 배신 /　　　　　　　　　　**233**

딱 하나다. 제 입맛에 맞지 않는 만만한 행정관 하나 골라서 맛뵈기로 본때를 보여줌으로써 자신들의 사회적 권력을 과시하려다가 뜻대로 되지 않자 그 알량한 자존심에 상처를 입은 것 때문이지."

이 댓글들을 어떻게 보아야 할까? 진보건 보수건 페미니즘에 대한 아무런 기대를 갖지 않는 것이 현실적인 해법일까? 2017년 8월 『페미니즘 리부트: 혐오의 시대를 뚫고 나온 목소리들』을 출간한 손희정은 9월에 가진 독자와의 토론회에서 자신은 유토피아를 그리지 않는다며 이렇게 말했다.

"예컨대 문재인 정부가 들어서면서 일베를 탈퇴한다고들 하지만, 흥미로운 것은 오유가 일베화하고 있거든요. 제가 얼마 전에 무슨 사건이 있어서 오유에 들어가서 검색을 해봤는데 '게이들 다 죽어라'라는 포스팅이 올라와 있더라구요. 오유에서는 이때까지 자기네들이 진보적인 입장을 갖고 있었기 때문에 부끄러움을 알고 쓰지 못했던 이야기들을 지금은 문재인 정부를 지지한다는 미명 아래 아무렇지도 않게 표출하고 있는 거죠."[22]

"남자 기자·취재원만 있던 술자리, 나는 '꽃순이'였다"

"회사에 섹시한 여자가 없다", "가슴만 만져도 리스펙respect(존경)", "가슴 보려고 목 빼고 있다가 걸린 것 같다", "아무개, 성감대 많음". 국회를 출입하는 남성 기자 4명이 카카오톡 단체 채팅방(단톡방)에서 동료 여성 기자들을 대상으로 나누었던 대화 내용 중 공개된 일부다. 8월 20일 『미디어오늘』에 게재된 「"남자 기자·취재원만 있던 술자리, 나는 '꽃순이'였다"」는 기사에 따르면, 이 '단톡방 성희롱' 사건은 드러나서 문제가 된 것이지, 이와 비슷한 일은 국회 내에서도 비일비재하게 일어나고 있었다.

『미디어오늘』이 2017년 8월 13일부터 15일까지 국회 출입 기자들을 대상으로 성희롱 실태 설문조사를 진행한 결과 응답자 34명(남기자 8명 포함) 중 '국회의원'에게서 성희롱 등 성폭력을 경험했다는 대답이 15명(75퍼센트)으로 가장 많았다. 다음으로 많았던 성폭력 가해자는 중복 응답까지 감안하더라도 '동료 기자(12명)'였는데, 항목은 나뉘었지만 '상사(8명)'와 '후배(1명)' 가해자까지 합하면 기자들 사이에서 성폭력을 경험하는 비율도 매우 높은 것으로 나타났다. 이외 국회의원 보좌진(보좌관·비서관)이 성폭력 가해자였다고 지목한 사람도 9명이나 되었다.

응답한 기자 2명 중 1명은 국회를 출입하면서 '성을 비하하는 기분 나쁜 말이나 욕설을 들은 적이 있다(15명)'고 답했다. '상대방이 성적인 이야기를 하거나 음담패설, 성적인 몸짓 등을 해 불쾌하거나 당황한 적이 있다', '나의 외모·옷차림·몸매 등을 평가해 나를 성적 대상으로 보는 것 같아 불쾌하거나 당황한 적이 있다'고 응답한 기자도 각각 13명(38.2퍼센트)이나 되었다. 다음으로 잦았던 성폭력 경험은 '나를 위아래로 훑어보거나, 가슴·엉덩이·다리 등 신체 부위를 쳐다보거나, 추파를 보내 성적으로 모욕감을 느끼거나 불쾌했던 적(29.4퍼센트)'이었다.

성적 굴욕감이나 혐오감을 느낀 경험을 서술한 한 응답자는 "남자 취재원과 남기자들만 있는 술자리에 선배 콜로 불려갔는데 도착하니 모두 만취해 있었고 내가 막내였다"며 "그 자리에서 여기자의 외모에 대한 칭찬과 험담이 오갔다. 술도 따르고 '꽃순이' 역할을 한 것 같아 불쾌했다"고 답했다.[23]

미국 할리우드에서 일어난 '미투 혁명'

2017년 10월 5일 미국 『뉴욕타임스』가 할리우드 영화계 거물 제작자 하비 와인스타인Harvey Weinstein이 30년 넘게 수많은 여배우와 여직원을 성추행하고 성폭행한 사실을 폭로함으로써 이른바 '미투 혁명'의 불길을 당겼다. 이 혁명의 원조는 2006년 자신의 성폭력 경험을 공개하면서 다른 피해 여성들의 동참을 요청하며 '미투'라는 표현을 쓰기 시작한 흑인 여성 타라나 버크Tarana Burke였다. 버크가 〈#MeToo〉라는 다큐멘터리 영화를 제작할 때에 와인스타인 사건이 터져나오면서 미투는 요원의 불길처럼 번져나갔다.

10월 15일 영화배우이자 가수인 알리사 밀라노Alyssa Milano가 트윗으로 미투 해시태그 운동을 제안하면서 미투 캠페인은 할리우드를 넘어 대중 사이로 스며들게 되었다. 소셜미디어를 통해 시작된 이 운동은 문화·예술계를 넘어 정치·경제·스포츠·언론 등 사회 전반 영역으로, 미국을 넘어 전 세계로 퍼져나갈 수 있는 기반이 되었다. 밀라노는 트위터에 "사람들에게 그 문제가 얼마나 큰지 알리기 위해 해시태그 미투#MeToo 운동에 동참하라"고 독려했고, 하루 만에 50만 명의 지지를 받았다.[24]

12월 6일 미국 시사주간지 『타임』은 '올해의 인물'로 미투 운동을 촉발한 불특정 다수의 여성을 선정하며 이들을 '침묵을 깬 사람들 Silence Breakers'이라고 명명했다. 표지에도 이와 관련된 여성들이 실렸다. 편집장 에드워드 펠센털Edward Felsenthal은 선정 이유와 관련해 "수백 명의 여성과 수많은 남성이 함께한, 그 여성들의 충격요법이 1960년대 이후 우리 문화의 가장 빠른 변화 중 하나를 이끌었다"고 말했다.[25]

미국의 미투는 한국에도 영향을 미치게 되는데, 두 나라 사이엔 중요한 차이가 있다는 점을 미리 알고 넘어가는 게 한국의 미투를 이해하는 데에 도움이 될 것 같다. 1년여 후에 나온 진단이지만, 문화인류학자 김은희는 "한국의 미투 운동에서 성추행이 일어난 문화적 맥락은 루스 베네딕트가 분석했던 70여 년 전 일본의 군국주의 혹은 전체주의적 문화와 어느 정도 닮아 있다"며 베네딕트가 제시한 '수치의 문화shame culture'와 '죄의식의 문화guilt culture'라는 개념으로 두 나라의 차이를 분석한다.

주로 동양권 문화인 '수치의 문화'는 남들의 시선, 즉 체면을 중시하는 문화인 반면, 주로 서양권 문화인 '죄의식의 문화'는 남들의 시선보다는 내면의 양심을 중시하는 문화를 말한다. 김은희는 한국과 미국의 중요한 차이점은 성추행 사실이 폭로된 직후의 사람들의 반응이라고 말한다. "와인스타인의 성추행과 강간 등이 오랜 기간을 두고 지속되었음이 속속 밝혀졌을 때 미국 영화계 사람들 그 누구도 미투 운동에 뛰어드는 여성들을 성질 더럽다거나 혹은 미국 영화계를 망신시켰다고 비난하지 않았다. 영화 제작자 모두를 성추행자로 보지 않을까 걱정하지도 않았다."[26]

물론 한국에선 정반대의 일이 일어난다. 가해자는 물론 동조하고 침묵했던 사람들은 자신들의 그런 행위에 죄의식을 갖기보다 오직 남들이 어떻게 볼까 전전긍긍하면서 공세적으로 피해자에 대한 2차 가해에 나선다.

배우 유아인의 '애호박 사건'

미국 할리우드에서 '미투 혁명'이 일어나고 있을 때 한국에선 배우 유아인의 이른바 '애호박 사건'이 터져 대중적인 페미니즘 논쟁의 한 장을 장식했다. 사건의 발단은 11월 18일 유아인이 자신의 트위터에 "애호박으로 맞아봤음?(코찡끗)"이라는 글을 남김으로써 시작되었다. 이는 한 트위터리안 ㄱ씨가 쓴 글에 대한 답글이었다. 앞서 ㄱ씨는 자신의 타임라인에 "유아인은 그냥 한 20미터 정도 떨어져서 보기엔 좋은 사람일 것 같다"며 "친구로 지내려면 조금 힘들 것 같다"는 생각을 적었다. 이어 그는 "막 냉장고 열다가도 채소 칸에 뭐 애호박 하나 덜렁 들어 있으면 가만히 들여다보다가 갑자기 나한테 '혼자라는 건 뭘까?' 하고 코찡끗할 것 같다"고 덧붙였다.

누리꾼들은 "일반인이 그냥 친해지기 힘들 것 같다고 한 말인데 애호박으로 때린다니. 한남(한국 남성) 돋는다", "당신의 농담이 누군가에겐 위협이 될 수 있다", "장난으로라도 '때린다'는 표현을 쓰는 건 좋지 않은 것 같다"고 문제를 제기했다. 그러나 유아인의 태도는 변함없었다. 그는 "그냥 한 말에 놀아드렸는데 한남이라니 잔 다르크 돋으시네요. 그만 싸우고 좀 놉시다. 싸우며 놀기 즐기시는 거 이해는 합니다만^^", "애호박 드립에 애호박 드립으로 농담 한마디 건넸다가 여혐

한남-잠재적 범죄자가 됐다"고 대응했다.[27]

누리꾼들과의 설전은 계속되었다. '왜 비판과 지적을 받아들일 생각을 하지 않느냐'는 취지의 질문에 그는 "많이 피해 보셔서 피해의식에 잔아찌 되신 거 알겠는데 소금기 씻어내고 제정신으로 제대로 싸워야 이기십니다. 한남 주제에 제발 돕고 싶습니다. 진심. 그리고, 그러므로, 너나 잘하세요"라고 답했다.

'애호박' 사건은 이렇게 일단락되는 듯했으나 유아인은 24일 트윗을 재개했다. "나는 내가 예쁘게 놀 수 있고 제대로 자기 힘을 내게 사용해줄 수 있는 사람들이랑 놀게. 너네는 그냥 너네끼리 놀아. 왜 굳이 스스로 불편을 찾아내는 거야? 세상에 뱉는 몇 마디로 너희의 존재감을 가져가지 마. '존재'를 가지도록 해."

"관종들 상대 말고 우리랑 놀자"는 팬의 멘션에 유아인은 이렇게 답했다. "우리는 이미 건강하잖아요. 환자들을 치유해야죠. 우리끼리 놀지 말고. 우리의 힘을 미움이나 증오나 혐오가 아니라 사랑으로 세상에 나눠야죠." 이에 한 트위터리안은 "유아인 씨는 여성 인권뿐만 아니라 각종 약자들의 인권을 짓밟는 발언을 서슴지 않고 있다"고 일갈했다. 또 다른 누리꾼은 "한남 사회가 여자들 목소리를 어떻게 지우고 순식간에 목소리 내는 여자들을 미친X으로 몰아가는지 실시간으로 목격하고 있다"고 말했다.

"'혐오'하는 자들이 선택하는 단어와 '사랑'하는 자들이 선택하는 단어의 차이"라는 유아인의 트윗에 한 누리꾼은 "개소리 포장해서 멋있는 척하는 전형적인 한남짓 그만"이라고 답했다. 이에 유아인은 "증오를 포장해서 페미인 척하는 메갈짓 이제 그만"이라고 응수했다. 이어 유아인은 "메갈짓이 뭔가요 알려주세요"라는 글에는, "한남이 뭔가요. 알려주세요"라고 답했고, "한국 남자요 이 사람아……"라는 글에는 "'한국 남자'를 비하의 목적으로 사용한다는 자백인가요?"라고 답했다.

또한 유아인은 "유아인 진짜 쓸데없는 말해서 신세 조진다는 말을 온몸으로 체현함"이라는 글에 "내 신세, 아님 네 신세? 뭐가 더 나은 신세일까"라고 답했고, "유아인……가만히 있으면 반은 간다는데……"라는 글에는 "너는 왜 가만히 안 있니? 반이라도 가지"라고 답했다.

특히 유아인은 "여성이니까 여성 인권에만 힘쓴다는 말은 남성들에게 남성이니까 남성 인권에만 힘쓰라는 말과 같습니다. 타인의 이해와 존중을 원한다면, 개인에 매몰되지 말고 타인을 존중하며 함께하라는 말씀드렸던 겁니다"라고 일부 극성 '남성 혐오' 네티즌들을 저격한 뒤, "저들을 불쌍히 여기소서. 저 증오마저 가엽게 여기소서. 저들을 구원하소서. 나를 구원하소서"라고 적기도 했다.[28]

"나는 '페미니스트' 아닌 '조직폭력배'와 싸우고 있다"

유아인은 여태까지 이어진 설전에 끝을 맺으려는 듯 11월 26일 페이스북에 "나는 페미니스트다"라고 시작하는 글을 올렸다. 그는 "보수의 역사와 전통을 자랑하는 대구에서 누나 둘을 가진 막내아들이자 대를 잇고 제사를 지내야 할 장남으로 한 집안에 태어나 '차별적 사랑'을 감당하며 살았다"며 긴 글을 이어갔다.

"작은누나의 이름은 한글로 '방울'이다.……딸 둘밖에 없어서 다음에는 꼭 아들을 낳으라고 할머니가 그렇게 지으셨다고 한다. 엄방울, 불쌍하고 예쁜 이름." "제삿날이면 엄마는 제수를 차리느라 허리가 휘고 아빠는 병풍을 펼치고 지방을 쓰느라 허세를 핀다. 일찍이 속이 뒤틀린 소년이던 내 눈에는 '이상하고 불평등한 역할 놀이'로 보였다." "제사가 끝나면 엄마는 음복 상을 차리고 작은엄마와 누나들은 설거지 같은 뒷정리를 도왔다. 집안의 남자들이 '성'에 취해 허세를 피우는 '상'에 여자들이 끼어들기란 여간 어려운 일이 아니었다."

유아인의 글을 읽은 한 누리꾼은 "유아인은 가부장제에 착취당하던 어머니와 누이를 불쌍하고 시혜적으로 바라보는 인권 감수성 있는 '나'에 도취해 있는데 그런 건 페미니즘이 아니다. 페미니즘은 당신 어머니와 누이가 그런 세상에서 살지 않게 같이 싸우고 시스템을 바꿔나가는 것"이라고 일갈했다. 한 누리꾼은 유아인을 이렇게 설명했다. "한국 여자는 불쌍한 엄마와 누이 그리고 '메갈짓' 하는 가상세계의 여자들로 나뉘며 나는 전자만 사랑하는 진짜 페미니스트 대구 출신 남자."[29]

11월 27일 유아인은 자신의 페이스북을 통해 "말이 되지 않는 '논란'은 이러한 '억지'로 시작되었습니다. 며칠간 많이 시끄럽고 불편하셨죠? 죄송합니다. 여러분은 그 소음과 추악한 광경 속에서 폭력 집단의 실체를 목격하셨습니다"라고 시작하는 장문의 글을 게재했다.

그는 "나는 '페미니스트'가 아닌 '조직폭력배'와 싸우고 있습니다. 시비를 조장하고 논란을 키우는 자들에게는 이것이 정당한 경쟁으로 보이는 모양입니다. 이 논란은 '익명'의 집단이 '실명'의 개인에게 가

하는 명백한 '폭력'입니다"라며 "저의 노력이 언제나처럼 폭도들에 의해 '인생의 낭비'로 조롱당하고 매도당한다 해도 저는 지금의 인생을 온 힘을 다해 성실하게 살아나가고자 합니다. 부끄럽지 않고 진실 되게 살아가고 싶습니다"라고 이야기했다.

이어 "그리고 폭도들아! 내가 여기에 '댓글'의 기능을 기꺼이 남겨 둔다. 너희의 존재를 모두가 확인할 수 있도록. 더러워지는 것은 내가 아니라 너희의 손이고 너희의 입이고 너희의 영혼이다"라고 덧붙였다. 마지막으로 그는 "나는 계속 정신 차리겠다. 내 명예를 걸고 내 밥그릇 걸고 계속 쓰겠다. '내'가 사라질 때까지 쓰고 또 쓰겠다. 내 삶과 너희의 삶이 어디로 흘러가는지 똑똑히 지켜보아라"라고 말했다.[30]

유아인의 글은 내용도 내용이지만 그의 권위주의적인 태도가 또 다른 논란을 일으켰다. 유아인이 트윗을 하면서 시종일관 반말을 지속하면서 상대방을 가르치려는 듯한 태도를 보인데다 이러한 태도가 '여성'이라는 특정 성별에만 한정된 것이라는 사실이 알려지며 많은 비판이 쏟아진 것이다.

예컨대, 유아인은 일반인 여성으로 추정되는 트위터리안이 "여자들을 싸잡아 '메갈짓'으로 프레밍한 것에 대해 미안한 마음이 안 드셨습니까"라고 문제 제기하자 "'정신' 차려라"라고 답했다. 반면 자신에 대해 비판의 글을 쓴 남성 영화평론가에게는 "반박이 아닌 저의 마음을 전합니다. 세상이 참 좋아졌네요. 배우와 평론가가 이렇게 다이렉트로 소통할 수 있다는 것이 재미있네요. 좋은 평론, 좋은 시선 기대하겠습니다. 반갑습니다"라고 말했다. 이런 성차별적인 태도에 대해 누리꾼들은 "여성으로 패싱 되는 분들에게는 일일이 멘션 달면서 남성 논객

들에겐 찍소리도 못하는 거 너무 투명해서 웃기다"고 비판했다.[31]

"'애호박' 유아인 씨, 전 '폭도'인가요 '진정한 여성'인가요?"

11월 29일 권미현은『오마이뉴스』에 올린「'애호박' 유아인 씨, 전 '폭도'인가요 '진정한 여성'인가요?」라는 글에서 "과거 유아인은 여성들을 향해 기죽지 않고 할 말 다 해야 한다는 의견을 피력한 바 있다. 하지만 지난 며칠간 인터넷 속에서 사람들이 그의 행동이 옳지 못하다고 비판했을 때는, 그 비판자 중 특히 여성으로 추정되는 누리꾼들을 적으로 규정하는 듯한 태도를 보였다. 유아인이 여성의 발언을 용인하는 한계는 유아인의 뜻에 반대하지 않는 여성에 한하는 것처럼 보였다"며 다음과 같이 말했다.

"유아인은 글 속에서 자신이 '진정한 여성'과 '그렇지 못한 여성'을 나눌 수 있는 권리가 있는 사람인 것처럼 말한다. 스스로에게 그 권리를 부여하는 자체가 성차별이라는 것을 인지하지 못하고 있는 듯 보인다. '진정한 여성이 아니다'라고 폄하당하지 않기 위해서는 여성들은 자신의 자유의지가 아닌 유아인이 '옳다'라고 생각한 기준에 맞춰야 한다.……유아인은 자신에게 반대하는 여성의 의견은 '가짜 페미니스트'이자 '폭도'이며, 자신의 기준이 '진짜 페미니스트'라 주장하는 셈이다."[32]

12월 1일『중앙일보』정치부 차장 최민우는「유아인을 보며 언론을 돌아본다」는 칼럼에서 "처음엔 객기려니 했다. 하지만 올라오는 댓글에 일일이 반박하는 건 물론 쫓아다니며 싸움을 불사하는 결기엔 '어?

제법인데' 싶었다. 그렇게 1주일간 가열찬 백병전이 치러졌다. 최종
승자는? 장담하건대 유아인의 패배를 언급하는 이, 이제 없다"며 다음
과 같이 주장했다.

"이제 언론이, 기자가 눈치 보고 두려워하는 건 단연 군중 세력이다.
디지털 환경일수록 심하다. 군중에 영합해야 클릭 수가 높아진다. 자
칫 역행했다간 '조리돌림'을 당할 수 있다는 걸 본능적으로 안다. 그래
서 논쟁적 이슈를 가급적 피하고, 설사 개입해도 톤을 낮추거나 진영
논리로 보호막을 친다. 약자 코스프레로 기득권을 공격하면 더욱 안전
하다. 이런 황량함이 난무하는 여론 시장에서 한 젊은이가 온몸 던져
왜곡된 집단의식과 일전을 불사했다. 그러곤 지금 무심한 척 언론에
되묻고 있다. 정론직필을 믿는가."**33**

이 칼럼은 상황 판단을 전혀 하지 못한 점으로 비판을 받았다. 다음
댓글들이 그 점을 잘 지적했다.

"무슨 유아인이 홀로 싸운 것처럼 이야기하네. 메갈에 반감 가진 많
은 남자들의 지원을 받아 싸운 거지.""유아인이 현재 인기 많은 문재
인 대통령 정책 중 일부를 비판한다거나 그런 거면 몰라도 그냥 페미
에 반감 많은 대다수 남성 지지 등에 업고 나댄 것뿐인데 무슨 헛소
리.""정치부 차장이라서 그런가 이쪽 판 돌아가는 상황은 모르시는
것 같다. 이번 일로 여성들은 유아인에게서 페미니스트라고 입 털며
성희롱 가부장제에 연대하는 그냥 기존 '한국 남자'를 봤다. 남성 페미
니스트의 가장 밑바닥이 유아인이다. 해외 셀럽들이 모두 페미니스트
를 자처하니까 나도 할 건데 그게 뭔지 1도 모르는 상태."

"그대가 '남초'들의 지지를 받는 건 왜일까요?"

12월 2일 칼럼니스트 위근우는 『경향신문』에 기고한 「'페미니스트' 자처한 그대가 '남초'들의 지지를 받는 건 왜일까요?」라는 칼럼에서 "애호박으로 맞아본 적 있냐는 말에 큰 악의는 없었을 것이다. 다만 현실 세계에선 애호박으로든, 오이로든 남성이 '맞을래'라고 말하는 것이 여성들에게 위협이 된다는 것을 이해하고 자신의 발언을 이러한 맥락 위에서 파악하는 것이 페미니스트로서의 실천이다"며 다음과 같이 말했다.

"애호박 발언이 여성 혐오적이라는 게 조금 과도할 수는 있을지언정 페미니스트로서 살겠다는 사람이 할 농담은 아니며, 자신이 페미니스트라고 한 번 더 당당히 선언하면서 끝끝내 사과하지 않아도 되는 농담은 더더욱 아니다. 그는 이러한 모순을 극복하는 대신 자신의 진정성을 의심하고 비난하는 사람들을 '메갈짓'을 하는 '폭도'로 규정했다."

위근우는 여기엔 두 가지 불의가 작동한다고 했다. 하나는 2015년 등장한 이후 사이트가 사라질 때까지 메갈리아에서 이룬 실천적 성취가 부정당하는 것이며, 또 하나는 메갈리아와 진짜 페미니즘을 구분하는 이분법을 통해 이러한 성취를 부정하는 남성은 그럼에도 진짜 페미니즘의 수호자로서 도덕적 우월함을 내세울 수 있다는 것이다.

"정교한 반성적 논증 대신 스스로에 대한 떳떳함 하나로 돌파하는 그는 어느새 남초 커뮤니티에서 일기당천의 장수가 되었고, 이러한 이미지를 구심점 삼아 모인 남성들이 과격한 폭도로서의 '메갈'에게 공격받는 선량한 남성의 포지션을 다시 한번 점유하게 해줬다. 대체 여기 어디에 페미니즘이 있는가. 애호박에 대한 시답잖은 농담으로 시작된 설전은 여기까지 왔다. 정말이지 생각하지 못했던 일이다. 또한 그렇기에 기억해둘 만한 일이기도 하다. 정치적으로 꽤 올바른 말과 행동을 하던 개인이 자신의 진정성을 몰라주는 것에 분노하다가 결국 자신이 믿는 자기 모습의 반대 방향으로 질주하는 과정을 단 1주일 속성 코스로 확인할 수 있기 때문이다."[34]

12월 27일 신필규는 『오마이뉴스』에 기고한 글에서 "사실 유아인과 같은 사람들이 이전에 없었던 것은 아니다. 가령 '오빠가 허락한 페미니즘'이라는 유명한 개념이 있다. 페미니즘 운동이 들끓어오르던 시절, 한국 여성들의 페미니즘은 너무 폭력적이라 진정한 것이라 할 수 없다던 이들을 떠올려보라. 차이가 있다면 당시 그들은 점처럼 흩어져 다른 페미니스트들에게 비아냥을 사고 침묵하길 반복했다"며 다음과 같이 말했다.

"하지만 지금은 대중문화인의 입에서 같은 소리가 나오고 사람들은 그가 의식이 있다고 지지를 보낸다. 실제로 유아인의 발언이 화제가 된 이후 몇몇 남성 중심 커뮤니티에서 나온 반응을 살펴보라. 언론도 다를 것이 없다. 당시 여러 매체들은 유아인이 당당히 자기 소신을 밝히고 사람들과 설전을 주고받았던 것처럼 묘사했다."[35]

'애호박' 사건은, 위근우가 잘 지적했듯이, 애호박으로든 오이로든 남성이 '맞을래'라고 말하는 것이 여성들에게 위협이 된다는 것을 이해하지 못하는 남성의 감수성 부재가 한 요인이었다. 이 사건이 전개되고 있던 11월에 실시된 서울시여성가족재단의 '데이트 폭력 피해 실태 조사' 결과에 따르면, 서울시에 거주하는 여성 10명 중 9명이 데이트 폭력을 경험한 것으로 나타났다.[36] 그런 상황에서 '맞을래'라는 말은 농담으로라도 결코 해선 안 될 말이었다.

"백래시: 누가 페미니즘을 두려워하는가?"

2017년 11월 말 '페미니즘 고전'인 수전 팔루디Susan Faludi의 『백래시: 누가 페미니즘을 두려워하는가?』가 번역 · 출간되었다. 1991년 미국에서 출간된 지 26년 만이니 뒤늦은 출간이었지만, 페미니즘이 처한 상황으로 봐선 적절한 타이밍으로 볼 수도 있었다.

데보라 G. 펠더Deborah G. Felder는 "이 논쟁적인 베스트셀러는 '페미니스트의 새로운 선언'으로, 시몬 드 보부아르의 『제2의 성』, 베티 프리던의 『여성의 신비』에 비견한다"고 했는데, 그도 그럴 것이 팔루디는 미디어와 대중문화에서 진행되는 '역사의 시계를 되돌리려는' 반동에 '백래시Backlash'라는 이름을 붙이고 분석의 대상으로 객관화함으로써 페미니즘을 둘러싼 오해와 거짓말을 분쇄할 수 있는 관점과 언어를 제공했기 때문이다.[37]

팔루디는 '백래시Backlash(반격)'는 우연하게도 1947년 개봉된 할리우드 영화에서 제목으로 쓰인 적이 있다며, 반격의 의미를 쉽게 설명한다. "자신이 저지른 누명을 아내에게 덮어씌운 남자의 이야기다. 여성의 권리에 대한 반격은 바로 이런 방식으로 작동한다. 반격의 수식어들은 반격이 자행하는 모든 범죄들을 페미니즘 탓으로 돌린다." 그리고 그 반격은 "여성들이 완전한 평등을 달성했을 때가 아니라, 그럴 가능성이 커졌을 때 터져나왔다. 이는 여성들이 결승선에 도착하기 한

참 전에 여성들을 멈춰 세우는 선제공격이다."[38]

미디어는 최전선에서 반격의 메시지를 유포하는 주범이었지만, 팔루디는 2006년에 쓴 출간 15주년 기념 서문에서 여성들이 직면한 더 큰 어려움은 정치와 미디어의 반격보단 자본주의의 유혹이라고 지목했다. 이 유혹은 심지어 팔루디에게까지 손을 뻗쳤다. "얼마 가지 않아 나 역시 청바지나 하이힐, 심지어는 가슴 확대 수술 브랜드에 내 페미니스트 인장을 박아달라는 상인들의 숱한 권유를 처리(하고 거절)하게 되었다."[39]

문화평론가 손희정은 해제에서 "페미니스트의 싸움은 짧게 끝나지 않는다"며 독자들이 마음가짐을 단단히 할 것을 당부한다.

"선언을 실천으로 옮기는 과정은 순탄하지 않을 것이다. 실천이 기어코 변화로 이어지는 기쁨은 찰나에 불과할 수도 있다. 그럼에도 불구하고, 천천히, 그리고 끝까지, 함께할 수 있기를 바란다. 그러기 위해서는 페미니즘에 모두를 거는 열정보다는 나가떨어지지 않고 버티는 기술이 더 필요할 것 같다. 이제는 고전이 된 『백래시』가 주는 가장 큰 교훈은 아마도 그것일 터이다."[40]

이후 벌어지는 일련의 사태에서는 "모두를 거는 열정보다는 나가떨어지지 않고 버티는 기술"이 더욱 필요한 것처럼 보였다. '오빠가 허락한 페미니즘'의 굴레를 조금이라도 벗어나는 페미니즘에 대해 광분하는 오빠들이 애초에 방점을 두었던 건 '허락'이었지 '페미니즘'은 아니었던 것이다.

나는 백래시를 구경만 한 비겁한 사람이었나?

페미니즘과 진영 논리의 충돌은 2017년 하반기에도 일어났으며, 더 격렬한 양상을 보였다. 나는 이 책에서 '충돌'이란 말을 자주 썼지만, 엄밀히 말하자면 그 충돌은 상호 대등한 관계에서 이루어진 건 아니었다. 여성 혐오 살인 공론화 시위에서조차 마스크를 벗을 수 없었던 여성들에게 '충돌'은 가당찮은 말이었다. 일방적으로 당하면서도 "이건 아니지 않느냐"고 절규하는 것 외에 다른 방법을 쓸 수 없었던 사람들에게 무슨 충돌이 가능했겠는가 말이다. 그러나 숨죽이면서 그 어떤 의사 표현도 할 수 없었던 과거와 비교하자면, 그건 충돌이라는 과장법을 써도 좋을 만큼 놀라운 변화였다.

촛불 시위 예찬론이 하늘을 찌를 정도로 기세등등한 상황에서도 페미니즘은 촛불 시위와 무관하다는 식으로 적반하장賊反荷杖을 일삼는 사람이 너무 많았기에 더욱 그랬다. 그러나 그건 촛불 시위의 배신이었다. 배신은 다방면에서 일어났다. 남자는 여성 혐오는 말할 것도 없고 심지어 특정 여성을 지목해 살해 위협을 가해도 달랑 범칙금 5만 원이면 해결되는 반면, 여자는 특정 남성을 '한남충'으로 불렀다는 이유만으로 모욕죄로 벌금형을 선고받는 것도 달리 이해할 길이 없었다.

때론 정치인보다 세다는 기자마저 단지 여자라는 이유만으로 '꽃순이' 취급을 당하는 그런 세상은 먼 옛날의 이야기가 아니라 촛불 시위를 자랑스러워하는 시점과 상황에서 전개되고 있던 것이다. 미국 할리우드에서 일어나고 있던 '미투 혁명'은 얼마 후 한국에도 상륙하게 되지만, 전혀 다른 모습을 보이게 된다. 피해자를 지지하고 응원하는 게 아니라 공개 검증하겠다는 익명의 감별사들이 2차 피해를 저지르는 식으로 말이다.

어느 유명 남자 배우가 '오빠가 허락한 페미니즘'을 지지하는 페미니스트로 활약하다가 오빠가 허락한 선을 넘은 여성들을 향해 '페미니스트'가 아닌 '조직폭력배'라고 일갈하는 모습을 보인 것도 이 시기의 한 풍경이었다. 하긴 '미투'도 '오빠가 허락한 페미니즘'의 경계선을 넘는 페미니즘이었으므로, 폭로자들이 감당해야 할 수난과 고통은 이미 예비되어 있던 셈이다.

1991년 미국에서 출간된 지 26년 만인 2017년 11월 말에 국내에서 출간된 '페미니즘 고전'인 수전 팔루디Susan Faludi의 『백래시: 누가 페미니즘을 두려워하는가?』는 '백래시Backlash(반격)'라는 말을 널리 쓰이게 만들었지만, 한국에서 일어난 일은 엄밀한 의미에서 '반격'은 아니었다. '반격'을 당해도 좋을 만큼 크게 달라진 게 없다는 의미에서 말이다. 한자 사자성어로 말하자면, 모기를 향해 칼을 빼드는 견문발검見蚊拔劍이나 소 잡는 칼로 닭을 잡는 우도할계牛刀割鷄가 어울릴 정도였다.

한국에서 백래시는 '역사의 시계를 되돌리려는' 반동이라기보다는 아예 앞으로 나아가려는 역사의 시계를 멈추게 하기 위해 혐의자를 미리 잡아 놓는 예비검속豫備檢束에 가까운 것이었다. 나는 이 모든 일의 관찰자이자 기록자가 되겠다는 야심을 품고 관찰과 기록에 나름 최선을 다하면서도 "이렇게 잠자코 있어도 되는가?" 하는 생각에 마음이 매우 불편했다.

나는 비겁했던가? 자문자답自問自答해 보았지만, 그것보다는 자기 효능감의 상실이 더 큰 이유였던 것 같다. 극소수나마 젊은 남자 페미니스트들이 열심히 싸우고 있는데, 나까지 나설 필요가 있을까? 나에게 그럴 자격이 있기나 한가? 주제넘은 '오지라퍼'라고 비웃음을 사진 않을까? 누가 내 말을 듣기나 한단 말인가? 하지만 이런 생각은 즉각 나 자신의 반격을 받았다. "내가 언제부터 그렇게 자격을 존중하면서 남이 내 말 듣고 안 듣고를 따졌나?" 그래, 비겁했다고 말하는 게 옳을 것 같다. 평온을 사랑한다는 이유로 얼마 후 『평온의 기술』이라는 책까지 내게 되는 사람으로서 나의 평온을 훼손당하고 싶지 않다는 이기심이었다. 그게 비겁과 무엇이 다르겠는가. 평온의 사랑이 꼭 비겁해지는 걸 전제로 한 건 아닌데도 말이다.

제9장
▼
'제1의 민주화 운동'과 '제2의 민주화 운동'의 갈등

2018년 1~3월

서지현 검사, "나는 소망합니다"

2018년 1월 1일 배우, 제작자, 감독 등 할리우드에서 일하는 여성 수백 명이 모여 '타임스 업Times Up(이제 그만)'이라는 모임을 결성했다. 이들은 미국 내 모든 성폭력과 성추행, 성차별에 맞서기 위해 이 조직을 만들었다. 영화, TV, 연극 분야에서 활동하는 300명 이상의 여성이 1,300만 달러(약 138억 원)를 모금해 만든 타임스 업은 성차별과 직장 내 성희롱, 성폭력에 맞설 수 있도록 도움을 주는 법 지원 펀드였다. 이들은 성명서를 통해 특히 블루칼라 여성들, 저임금 여성 노동자들에 대한 지원 계획을 밝혔다.[1]

1월 20일 미국 전역에서는 수십만 명의 여성이 거리로 쏟아져 나왔다. 미투 운동에 자극을 받은 수많은 시민이 여권신장의 필요성을 강하게 주장하며 시위에 힘을 보탠 것이다. 이 행진에서는 인종주의적·성차별적 발언과 행동을 해온 도널드 트럼프 대통령에 대한 규탄도 이어졌다.

1월 29일 드디어 한국에서도 '미투라는 혁명의 해일'을 촉발시키는 '안태근 성폭력 게이트'가 터져나왔다.[2] 이날 창원지검 통영지청 검사 서지현은 검찰 내부 통신망에 '나는 소망합니다'라는 글을 올려 "2010년 10월 30일 한 장례식장에서 법무부 장관을 수행하고 온 당시 법무부 간부 안태근 검사로부터 강제 추행을 당했다"고 밝혔다. 서지현은 이어 "공공연한 곳에서 갑자기 당한 일로 모욕감과 수치심이 이루 말할 수 없었다"며 "소속 청 간부들을 통해 사과를 받기로 하는 선에서 정리됐지만, 그 후 어떤 사과나 연락도 받지 못했다"고 말했다.

서지현은 글의 말미에 폭력 피해 경험을 폭로하는 캠페인인 '미투 해시태그#MeToo'를 달았다. 그러면서 "10년 전 한 흑인 여성의 작은 외침이었던 미투 운동이 세상에 큰 경종이 되는 것을 보면서, (검찰) 내부 개혁을 이룰 수 있는 작은 발걸음이라도 됐으면 하는 소망, 간절함으로 이렇게 힘겹게 글을 쓴다"고 밝혔다.

서지현이 폭로한 내용은, 성폭력 피해자인 여성이 남성 중심적 조직 문화에서 '2차 피해'에 고스란히 노출되는 일이 검찰 내부에서도 예외가 아니라는 점을 드러냈다. 그는 해당 사건 이후 "갑작스러운 사무 감사를 받으며, 그간 처리했던 다수 사건에 대해 지적을 받고, 그 이유로 검찰총장의 경고를 받고, 통상적이지 않은 인사 발령을 받았다"고 말했다. 그는 이어 "납득하기 어려운 이 모든 일이 벌어진 이유를 알기 위해 노력하던 중 인사 발령의 배후에 안 검사가 있다는 것을, (그리고) 안 검사의 성추행 사실을 당시 최고일 법무부 검찰국장(현 자유한국당 의원)이 앞장서 덮었다는 것을 알게 됐다"고 말했다.

괴로워하는 그에게 동료 검사들은 '너 하나 병신 만드는 건 일도 아니다. 지금 떠들면 그들은 너를 더욱 무능하고 이상한 검사로 만들 것'이라고 조언했으며, 법무부에 알렸지만 '검사 생활 오래 하고 싶으면 조용히 상사 평가나 잘 받으라'는 싸늘한 반응이 돌아왔다고 한다.[3] 이렇듯 조직 내부에서 문제 해결이 불가능하다면, 어찌 해야 할 것인가?

"결코 당신의 잘못이 아니다"

서지현은 그날 저녁 JTBC 〈뉴스룸〉에 출연해 글로 쓴 내용을 말로 전하면서 지난 8년간 괴로움과 자책감에 시달렸다며 성폭력 피해자들에게 "당신의 잘못이 아니다"라는 말을 하고 싶어 인터뷰에 응했다고 밝혔다. "그분이 저한테 그런 일을 하고도 교회 간증을 하는 걸 보기가 너무 힘들었어요." 그간 서지현은 그때의 충격으로 아이를 유산해야 했고, 검찰 조직 내에서 오히려 수치심을 맛봐야 했으며, 더군다나 좌천성 인사를 겪으며 일상이 파괴되는 물리적·심리적 고통을 오롯이 감내해야 했다고 말했다.[4]

서지현은 "검찰 내에 성추행이나 성희롱뿐 아니라 성폭행을 당한 사례도 있었지만 비밀리에 덮였다"고 폭로하기도 했지만, 중요한 건 서지현의 TV 출연 그 자체였다. 너무도 어려운 일, 여성으로서 상상하기조차 싫은 일을 감행해낸 서지현의 증언은 시청자들에게 신뢰감을 안겨주면서 문제의 심각성을 깨닫게 하는 데에 결정적 기여를 했다. 이제 곧 한국 사회 전 분야에 걸쳐 몰아칠 미투 태풍의 서막이 열리는 순간이었다. 특히 서지현의 다음 발언은 다른 피해자들에게 용기를 주는 '태풍의 눈'과도 같은 것이었다.

"제가 꼭 하고 싶은 말이 있어서 나왔습니다. 사실은 제가 범죄 피해를 입었고, 성폭력의 피해를 입었음에도 거의 8년이라는 시간 동안 '내가 무슨 잘못을 했기 때문에 이런 일을 당한 것은 아닌가', '굉장히 내가 불명예스러운 일을 당했구나'라는 자책감이 주는 괴로움이 컸습니다. 그래서 이 자리에 나와서 범죄 피해자분들께 그리고 성폭력 피해자분들께 '결코 당신의 잘못이 아니다'라는 것을 얘기해주고 싶어서 나왔습니다. 제가 그것을 깨닫는 데 8년이 걸렸습니다."

중앙대학교 교수 이나영은 "성폭력 피해자가 카메라 앞에서 증언했다는 것 자체만으로도 굉장한 충격이었지만, 그 피해자가 대한민국의 검사라는 사실, 우리 사회의 엘리트이자 기득권층으로 여겨지는 검사조차 '여성'이라는 이유로 성추행을 피하지 못했다는 사실이 준 충격이 어마어마했을 것"이라며 다음과 같이 말했다.

"그동안 우리 사회는 성폭력 피해를 소수 여성이나 겪는 일이라고 여겨왔다. 성폭력이 만연하다, 나도 성폭력 피해자다라는 이야기는 여성단체 회원들이나 떠드는 일이라고 생각한 거다. 그런데 서지현 검사가 나왔다. 성폭력은 피해자들의 잘못이 아니다, 구조의 문제다, 여성은 누구도 성폭력의 위험에서 자유로울 수 없다.……기폭제가 된 거다. 그동안 무의식적으로 눌러왔던 이야기들이 폭발한 거지. 그래서 미투는 개인의 피해지만, 집단으로 표출되고 있는 거다. 당연히 구조적인 문제를 짚을 수밖에 없다."**5**

"대한민국이 침팬지 무리보다 조금은 낫다는 것을"

1월 30일 JTBC 〈뉴스룸〉에서 앵커 손석희는 '앵커 브리핑'을 통해 영화 〈굿 윌 헌팅〉에 나오는 명대사 "그건 너의 잘못이 아니야It's Not your fault"를 인용한 후, "술을 마셔 기억나지 않지만 그런 일 있었다면 사과 드린다"는 가해 당사자 안태근이나 "보고 받은 적도, 덮으라 말한 적도 없다"는 최교일의 가해자의 논리로 점철된 해명을 적시하며 이렇게 마무리 지었다.

"검사 서지현 역시 8년이란 시간을 불가항력으로 자신을 지배했던 가해자의 논리와 싸워야 했지만 결국, 진정한 사과를 받아내지 못했습니다. 어찌 보면 이것은 검사 서지현 한 사람이 겪어낸 부조리가 아니라 세상의 곳곳에서……지극히 평범하고 힘없는 또 다른 서지현들이 겪었고, 당했고, 참으라 강요당하고 있는 부조리일지도 모르겠습니다. 오랜 시간 마음을 다쳐온 그는 자신 스스로를 향해 그리고 똑같은 괴로움으로 고통당했을 또 다른 서지현들을 향해서 말했습니다."**6**

1월 30일 인문학적 저술가로도 유명한 판사 문유석은 자신의 페이스북에 올린 글에서 "하지만 명심할 것이 있다. 피해자들의 고통에 공감하는 것만으로는 부족하다. 당연히 공감해야 하지만, 거기 그쳐서는 아무것도 바뀌지 않는다. 이런 짓을 저지르는 가해자들은 강자에 약하고 약자에 강하다. 그들은 아무리 만취해도 자기 상급자의 그림자도

밟지 않는다. 이들은 절대 반성하지 않는다"며 다음과 같이 말했다.

"미투 운동에 지지를 보내는 것에 그치지 말고, 내 앞에서 이런 일이 벌어졌을 때 절대로 방관하지 않고 나부터 먼저 나서서 막겠다는 미 퍼스트me first 운동이 필요하다고 생각한다. 서 검사님이 당한 일이 충격적인 것은 일국의 법무부 장관 옆에서, 다수의 검사가 뻔히 두 눈 뜨고 지켜보는 장례식장에서 버젓이 벌어진 일이라는 점이다. 눈앞에서 범죄가 벌어지는데 그깟 출세가 뭐라고 그걸 보고도 애써 모른 체한 자들도 공범이다. 한 명, 단 한 명이라도 '지금 뭐하시는 겁니까!' 하며 제지한다면 이런 일은 없다. 우리에게 필요한 건 그 단 한마디다. 나부터 그 한 사람이 되겠다. 그동안도 그러려고 노력했지만, 앞으로는 더 노골적으로, 가혹하게, 선동적으로 가해자들을 제지하고, 비난하고, 왕따시키겠다. 그래서 21세기 대한민국이 침팬지 무리보다 조금은 낫다는 것을 증명해 보이겠다."[7]

"내가 못 배운 페미니즘"

서지현은 검찰 통신망에 올린, 제3자 입장에서 구체적으로 묘사한 별도의 일기 글에서 "모든 게 아빠 때문이었다"고 썼다.

"이 땅에서 살아남게 하기 위해서는 여자를 착하고 예쁜 딸로 키워서는 안 되는 것이었다. 그 어떠한 불의도 참아내지 말라고, 그 어떠한 부당함에도 입 다물지 말라고, 욕설을 하고 소리를 질러대며 절대로 세상과 타협하지 말고 네 멋대로 살아가라고 가르쳐줬어야 했다. 이 모든 게 엄마 때문이다. 이 땅에서 여자를 살아남게 하기 위해서는 참고 또 참는 모습을 보여주어서는 안 되는 것이었다. 그 어떤 불합리도 참아내지 말라고, 여성이라고 무시하거나 업수이 여기는 것은 더더욱 참아내서는 안 된다고, 멱살을 휘어잡고 주먹을 휘둘러줘야 한다고 가르쳐줬어야 했다."

『경향신문』 정책사회부장 구정은은 「내가 못 배운 페미니즘」이라는 칼럼에서 "서지현 검사가 소설처럼 쓴 글을 보면서 가슴에 와 박혔던 구절은 '아버지가 나빴다', '어머니가 나빴다'라는 것이었다.……그의 글을 읽고 비슷했던 경험을 떠올리면서, 내가 그동안 살면서 가족과 윗세대와 학교에서 듣고 배운 것들과 못 배운 것들을 되짚는다"며 다음과 같이 말했다.

"서 검사의 글을 보면서 눈물이 났던 것은 성적 괴롭힘들이 줄줄이 적혀 있었기 때문만은 아니다. 그 와중에 아이를 키워야 하고, 무신경한 남편의 대꾸에 혼자 실망하고, 그럼에도 불구하고 일을 부여잡고 있는 자신을 보며 자괴감을 느끼는 그 모든 과정은 여성들에겐 너무나도 보편적인 것이었다. 학교에선 가르쳐주지 않았다. 부모님도 선생님도, 은밀하게 때론 노골적으로 닥쳐오는 공격을 어떻게 맞받아쳐야 하는지 가르쳐주지 않았다.……내가 어릴 적에 배우지 못했던 것은 옳지 않은 것을 옳지 않다 말하는 용기, 안 되는 것은 안 된다고 말하는 자신감이었다. 이제라도 서 검사와 용기 있는 이들을 보며 배운다.……성평등, 다양성을 존중하는 태도, 인간에 대한 예의, 범죄와 폭력에 맞선 저항, 권위주의를 거부하는 열린 자세 모두 배워야 한다. 페미니즘을 학교에서 가르쳐야 한다. 모든 정책에 '젠더 평등 의식'이 녹아들게 해야 한다."[8]

"미투 지겹다"

2월 1일 직장인들이 익명으로 주로 이용하는 '블라인드 앱'에는 #미투 게시판이 만들어졌다. 직장인들의 #미투 동참 글이 많았지만, #미투에 대한 조롱 또한 잇따랐다. '여자도 국방의무 이행하는 양성평등 사회 만들자, 동의하면 미투', '미투 이딴 거 좀 만들지 마, 극페미' 등의 글이 올라오거나, '회식 끝나고 호텔 가자고 졸랐던 상사'에 대한 피해자의 고백에 지어낸 이야기라는 의미로 '자작나무 활활', '팩트도 없이 그저 쓰는 게 미투냐' 등 댓글이 달리기도 했다.

예비 법조인도 #미투 조롱에 예외가 아니었다. 국내 법학전문대학원(로스쿨) 출신 법조인과 로스쿨 재학·수험생들이 가입하는 커뮤니티 '로이너스'엔 '모든 남자 화장실에 들어오는 청소 아줌마들이 강제추행으로 처벌받길 원한다. 미투', '지겹다 #미투, 지친다 #미쓰리' 등의 글이 올라왔다. 한 페이스북 사용자는 서지현 검사의 방송 인터뷰 장면을 눈 부분만 모자이크해 올리고 '범죄 신고는 112, 8년이나 기다릴 필요가 없습니다. 경찰은 3분 거리에 있습니다'라는 글귀를 올려놓기도 했다.[9]

미투를 가로막는 법도 문제였다. 서지현은 JTBC 인터뷰에서 "(안 전 검사장이나 최교일 의원이) 명예훼손으로 고소하면 위헌 법률 심판 소송으로 다퉈볼 생각"이라고 했는데, 이는 한국의 법체계가 거짓은 물론 '사실'을 공개한 데 따른 명예훼손죄도 인정하는 것에서 비롯된 문제였다. 2016년 문단 내 성폭력 폭로에 앞장섰던 탁수정은 『경향신문』에 "우리는 열악한 성폭력 법을 가진 나라에 산다. 가해자들은 법이 자신들에게 우호적이기 때문에 법으로 걸고넘어진다"고 말했고, 직장 내 성폭력 피해를 겪었던 변호사 이은의는 『한국일보』 인터뷰에서 "성폭력 고소에 맞고소하는 '가해자 시장'이 늘었다"고 비판했다.

이런 문제 때문에 영미권에서는 명예훼손을 형사 처벌하는 경우가 거의 없고, 대부분 민사소송으로 해결하도록 한다. 한국과 같은 대륙법 체계인 독일도 내용이 허위일 때만 처벌한다. 유엔 자유권규약위원회는 2011년 "명예훼손의 비형사화를 고려해야 한다"고 권고한 바 있다. 2016년 서울지방변호사회 설문조사에서도 응답한 변호사의 49.9퍼센트가 사실 적시 명예훼손죄 폐지에 찬성했고, 16.5퍼센트는 유지하더라도 징역형은 삭제하자고 했다. 더불어민주당 금태섭 의원은 2016년 사실 적시 명예훼손죄를 없애는 내용의 형법 일부 개정안을 발의한 바 있다.

이와 관련 『경향신문』은 「약자의 '말할 자유' 위해 명예훼손죄 고치자」는 사설에서 "명예훼손죄 고소·고발이 남용되면 내부고발 등 표현의 자유를 위축시킬 우려가 크다"며 다음과 같이 말했다. "성폭력 사건의 경우 가해자가 강자일 가능성이 높다. 사실 적시 명예훼손죄는 약자인 피해자에게 수사·재판의 부담까지 안기는 족쇄 노릇을 한다.……피해자의 '말할 자유'를 막는 명예훼손죄, 반드시 고쳐야 한다."[10]

"괴물을 키운 뒤에 어떻게 괴물을 잡아야 하나"

미투는 문단으로도 번졌다. 시인 최영미는 이미 2017년 12월 계간지 『황해문화』 겨울호에 발표한 총 7연 27행의 시 「괴물」에서 원로 유명 시인의 성추행을 폭로했는데, 이게 서지현의 검찰 내 성추문 폭로 이후 확산된 미투 운동 바람을 타고 재조명되면서 페이스북과 트위터 등 소셜미디어를 타고 급속히 퍼져나간 것이다. 시 「괴물」은 다음과 같은 내용이었다.

En선생 옆에 앉지 말라고/문단 초년생인 내게 K시인이 충고했다/젊은 여자만 보면 만지거든/K의 충고를 깜박 잊고 En선생 옆에 앉았다가/Me too/동생에게 빌린 실크 정장 상의가 구겨졌다/몇 년 뒤, 어느 출판사 망년회에서/옆에 앉은 유부녀 편집자를 주무르는 En을 보고,/내가 소리쳤다/"이 교활한 늙은이야!"/감히 삼십년 선배를 들이박고 나는 도망쳤다/En이 내게 맥주잔이라도 던지면/새로 산 검정색 조끼가 더러워질까봐/코트자락 휘날리며 마포의 음식점을 나왔는데,/100권의 시집을 펴낸/"En은 수도꼭지야. 틀면 나오거든 그런데 그 물은 똥물이지 뭐니"/(우리끼리 있을 때) 그를 씹은 소설가 박 선생도/En의 몸집이 커져 괴물이 되자 입을 다물었다/자기들이 먹는 물이 똥물인지도 모르는/불쌍한 대중들/노털상 후보로 En의 이름이 거론될 때마다/En이 노털상을 받는 일이 정말 일어난다면,/이 나라를 떠나야지/이런 더러운 세상에서 살고 싶지 않아/괴물을 키운 뒤에 어떻게/괴물을 잡아야 하나

성추행을 저지른 'En선생'에 대해 '100권의 시집을 펴낸'이나 노벨문학상 후보를 함의하는 '노털상 후보'라는 구체적인 수식어가 적시되어 사람들은 시인 고은으로 추측했지만, 익명의 네티즌들을 빼고

그 누구도 그 이름을 입 밖에 꺼내진 못했다. 2월 6일 시인 류근이 자신의 페이스북에 최초로 "고은 시인의 성추행 문제가 '드디어' 수면 위로 드러난 모양"이라며 실명을 거론했다. 류근은 "놀랍고 지겹다. 6~70년대부터 공공연했던 고은 시인의 손버릇, 몸 버릇을 이제서야 마치 처음 듣는 일이라는 듯 소스라치는 척하는 문인들과 언론의 반응이 놀랍다"고 비판했다.

류근은 "솔직히 말해보자. 나는 한 번도 끼어들지 못한 소위 '문단' 근처에라도 기웃거린 내 또래 이상의 문인들 가운데 고은 시인의 기행과 비행에 대해 들어보지 못한 사람 얼마나 되냐"며 "심지어는 눈 앞에서 그의 만행을 지켜보고도 마치 그것을 한 대가의 천재성이 끼치는 성령의 손길인 듯 묵인하고 지지한 사람들조차 얼마나 되나. 심지어는 그의 손길을 자랑스러워해 마땅해야 한다고 키득거린 연놈들은 또 얼마나 되냐"고 지적했다.

그는 이어 "최영미 시인의 새삼스럽지도 않은 고발에 편승해서 다시 이빨을 곤두세우고 있는 문인들이여, 언론들이여. 베드로처럼 고개를 가로젓는 문인들이여, 언론들이여. 부디 당신들도 회개하라"면서 "당신들도 부디 반성하고 고백하고 부끄러움을 장착하라. 당신들이 그토록 존경해마지 않는다고 부르짖는 김남주 시인은 낫 놓고 기역자도 모른다고 조롱하는 주인의 목을 바로 그 종의 손으로, 바로 그 낫을 들어 단숨에 베었다"고 비난했다.

그는 또 "눈앞에서 보고도, 귀로 듣고도 모른 척한 연놈들은 다 공범이고 주범"이라면서 "눈앞에서 그 즉시 그의 손을 자르고 목을 베어야 옳았다. 괴물과 괴물의 각축이 되어서, 결국 성범죄 아수라장이 되어버린 듯한 이 나라, 여기에 무슨 ○○ 내 성폭력이라는 범주가 새삼 필요한가. 온 나라가, 온 안팎이 성폭력에 징집돼 있는 것 아닌가. 아아, XX!"라며 격앙된 목소리를 냈다.[11]

"최영미 비판한 이승철 시인님, 그해 성추행 잊었나요?"

2월 6일 저녁 JTBC 〈뉴스룸〉에 출연한 최영미는 자신의 시에 대해 "(시에 언급된) 그는 상습범이다. 한두 번이 아니라 정말 여러 차례, 제가 문단 초기에 데뷔할 때 여러 차례 너무나 많은 성추행과 성희롱을 저희가 목격했고 혹은 제가 피해를 봤다"고 밝혔다.

이어 "성적인 요구를 거절하면, 술자리든 아니든 간에 그것도 거절할 때도 세련되게 거절하지 못하고 좀 거칠게 거절하면 뒤에 그들(유명 남성 문인들)은 복수를 한다"며 "메이저 문예 잡지의 편집위원들이 바로 그들인데 그들이 시 편집 회의를 하면서 그런 자신들의 요구를 거절한 그 여성 문인에게 시 청탁을 하지 않고, 작품집이 나와도 평 한 줄 써주지 않는다. (그렇게 되면) 그녀는 작가로서의 생명이 거의 끝난다"고 말했다.

손석희가 "그렇게 해서 실제로 문단에서 인정받지 못하고 결국은 문단에서 자기의 위치를 점하지 못했던 여성 피해자들이 있는가"라고 묻자, 최영미는 "여성 피해자들이 아주 많다. 특히 '독신'의 '젊은 여성들'이 타깃"이라고 대답했다.[12]

다음 날인 2월 7일 시인 이승철은 자신의 페이스북에 글을 올려 전날 JTBC 〈뉴스룸〉에 출연한 최영미 시인의 인터뷰를 언급하며 '피해자 코스프레를 남발했다'고 비난했다. 이승철은 "인터뷰를 보면서 내내 심기가 불편했다"면서 "최영미는 참으로 도발적인 발언을 아무렇지 않게 자신의 잣대로 마치 성처녀처럼 쏟아냈고, 천하의 손석희는 한국 문단이 '아, 이럴 수가 있나' 하며 통탄하고 있었다"고 말했다.

그는 "최영미 인터뷰는 한국 문단이 마치 성추행 집단으로 인식되도록 발언했기에 난 까무라치듯 불편했다"면서 최영미의 과거 행적에 대한 인신공격을 늘어놓았다. 그는 최영미에 대해 '튀는 성격', '유아독존적', '무례함', '민족문학은 사실상 최영미 현상으로 인하여 절단 나고 있었다', '표절', '난리 부르스', '안하무인', '싸가지 없던 악다구니', '제기럴' 등등 원색적인 표현을 동원해가며 비난했다.[13]

이는 최영미에 대한 최악의 인신공격으로 명백한 2차 가해였다. 이에 최종규는 『오마이뉴스』에 기고한 「최영미 비판한 이승철 시인님, 그해 성추행 잊었나요?」라는 글에서 "지난 2016년 11월 30일에 쓴 글이 하나 있습니다. 그 글에 붙인 이름은 '술은 여자가, 없으면 젊은 사내가 따라야'입니다. 저는 그 글을 쓰기까지 열 몇 해 동안 속을 삭이면서 마음앓이를 했습니다. 때린 사람은 잊었을는지 모르지요. 더듬고 삿대질하고 막말을 퍼부은 사람은 참말로 까맣게 잊었을는지 몰라요. 그러나 맞은 사람은, 더듬질을 받고 삿대질을 받으며 막말을 받은 사람은 좀처럼 못 잊습니다"라면서 다음과 같이 말했다.

"그런데 그분이 요즈막에 최영미 시인을 두고 페이스북에 올린 글을 보니, 이제는 그분 이름을 밝혀야겠구나 싶습니다. 바로 1990년대 초 한국작가회의(전 민족문학작가회의) 사무국장을 맡았던 이승철 시인입니다.……그러지 말라고, 아무리 술김이라도 그러시면 안 된다고 손사래 치니, 오히려 갖은 욕에다가 삿대질을 저한테 퍼부으셨고, 마지막에는 '문단에 못 들어오게 할 테니까' 하고 덧붙인 말씀을 하얗게 잊으셨을 수 있다고 생각합니다.……부디 고개 숙일 줄 알기를 바라요. 부디 상냥한 입으로, 글로, 손으로, 말로, 이야기로, 거듭나시기를 바라요. 이녁이 참말로 '문단 어른'이라면 이녁 두 손으로 앞으로 어떤 일을 하는 길을 걸어야 할는지를 곰곰이 차분히 조용히 생각해보시기를 바라마지 않습니다."[14]

"일종의 교주 같았던 이윤택의 왕국"

미투는 공연계로도 이어졌다. 2월 14일 극단 미인 대표 김수희가 자신의 페이스북을 통해 10여 년 전 연극계의 거장이라고 불리는 연출가 이윤택에게서 성추행을 당한 사실을 폭로한 뒤, 17일에는 이윤택에게서 두 차례에 걸쳐 성폭행을 당했다는 폭로가 나오는 등 유사한 피해를 겪었다는 주장이 계속 이어진 것이다. "이윤택 씨의 왕국이었다. 집단 최면에 걸린 것 같았다"거나 "일종의 교주 같았다, 사이비 종교의" 등과 같은 증언들이 쏟아져나왔다.[15] 이후 미투를 지지하는 SNS '위드유#WithYou(당신과 함께하겠다)' 운동이 널리 확산되기 시작했다.

2월 19일 JTBC 〈뉴스룸〉에서 자신을 극단의 전 단원이라고 소개한 A씨는 "본격적으로 피해를 당한 것은 2004~2005년 정도였다. SNS에 나왔듯이 '안마'라는 이름으로 수위를 넘어서는 행위를 강요받았다. 그리고 '나는 너와 너무 자고 싶다'고 하면서 옷 속으로 손이 들어와 피한 적이 있다. 발성 연습을 할 때도 다리 사이로 나무 막대를 직접 꽂기도 했다"고 구체적인 피해 상황을 밝혔다.

A씨는 "안마를 거부하면 극단 안에 캐스팅 롤을 정할 때 극단 사람들을 불러놓고 그 여자 단원에 대한 안 좋은 이야기를 마구 하면서, 그 전에 캐스팅됐던 역할에서 배제시키는 작업이 이루어진다"면서 "연극계라는 게 바닥이 좁고 모두가 연결되어 있다 보니까 갓 입문한 배우 같은 경우에는 소위 '찍힌다'라고 하면 다시는 다른 데 가서 연극을 하지 못한다는 두려움이 있다"고 말했다.

A씨는 성폭력 사건이 발생했을 때 여자 선배들이 나서 "이런 게 알려지는 게 선생님한테 누가 되는 거다"며 피해자를 비난하고 질책하는 것을 목격했다고 밝혔다. "그런 성추행 행위를 당한 것보다 그것을 옆에서 부추기고, 종용하고, 면박을 주는 여자 선배들이 원망스러웠던 적이 더 많았다."[16]

2월 21일 한국여성단체연합은 '성범죄자 이윤택을 처벌하라! 문제는 성차별적 권력구조다'라는 제목의 성명을 내고 "이윤택 연출이 저지른 것은 명백한 권력형 성폭력이며 이는 차별적 사회 문화, 권위적 조직 문화, 여성 혐오적 남성 문화에 그 근본 원인이 있다"고 주장했다.

윤지영은 "우리가 주목해야 할 것은, 이윤택 성폭력 사태의 공조자 중에 경력이 높은 기수의 여성도 포함되어 있으며 그녀가 신입 여성 단원을 포식 대상으로 떠미는 공급책의 역할을 맡은 가해자라는 점이다. 이를 어떻게 해석해야 하는가? 강간 문화가 남성과 여성 간의 젠더 위계의 문제가 아니라, 단지 권력 위계의 문제라는 손쉬운 해석들은 과연 유효한 것일까?"라는 물음을 던지면서 다음과 같이 말했다.

"그렇지 않다. 공급책 역할을 맡은 여성 역시 피해자였을 수 있으며 자신의 피해자 성을 받아들이기 어려운 분열적 상태와 자기 혐오의 상태에서 자신이 포식 대상이 되지 않기 위해 다른 여성을 피해자로 떠미는 구조로 이어졌다고 본다. 여기에는 폭압적 남성에 대한 공포와 피해를 피해로 인식하는 것을 감당하지 못하는 분열성과 더불어 자신을 방어하기 위해 다른 여성들을 가해하는 이중 구조를 드러낸다."**17**

(이윤택은 결국 3월 23일 1999년부터 2016년 6월까지 여성 연극인 17명을 62차례 성추행한 혐의로 구속된다. 재판에서 이윤택의 변호인은 성추행 혐의를 부인하면서 "보는 관점에 따라서 피고인의 연극에 대한 열정이자 독특한 연기지도 방법의 하나일 뿐"이라고 주장해 세상을 또 한 번 놀라게 만든다.**18**)

김어준의 "미투 음모론"

2월 중하순 일일이 열거하기 힘들 정도로 여러 분야에서 미투 폭로가 계속 쏟아져나왔다. 뭔가 불길함을 느꼈던 걸까? 2월 23일 『딴지일보』 총수 김어준은 〈김어준의 다스뵈이다〉에서 "제가 간만에 예언을 하나 할까 한다"고 말문을 열었다. 그는 "이것은 공작의 사고방식으로 사안을 바라봐야 보이는 뉴스다. 최근에 '미투' 운동과 권력 혹은 위계에 의한 성범죄 뉴스가 엄청 많다. 이걸 보면 '미투 운동을 지지해야겠다' 그리고 '이런 범죄를 엄단해야 한다'라는 것이 일반적인, 정상적인 사고방식이다"고 이어갔다.

김어준은 "그런데 공작의 사고방식으로 이것을 보면 어떻게 보이느냐. 우린 오랫동안 공작의 사고방식으로 사안을 보면 어떻게 보이느냐에 훈련된 사람들"이라고 했다. "(공작의 눈으로 미투 운동을 보면) 첫째,

섹스(는) 주목도 높은 좋은 소재다. 둘째, 진보적 가치가 있다. 그러면 '피해자들을 좀 준비시켜서 진보 매체들을 통해 등장시켜야겠다. 그리고 문재인 정부의 진보적 지지자를 분열시킬 기회다', 이렇게 사고가 돌아가는 것이다."

김어준은 "지금 나와 있는 뉴스가 그렇다는 이야기가 아니"라면서도 "예언한다, 예언. (미투 운동을 공작에 활용하려는) 누군가가 앞으로 나타날 것이고, 그 타깃은 결국 문재인 정부 청와대, 진보적인 지지층"이라고 말했다. "최근 댓글 공작의 흐름을 보면 다음에 뭘 할지가 보인다. 밑밥을 까는 그 흐름이 그리(미투 운동을 공작에 활용하려는 움직임)로 가고 있다. 준비하고 있다. 우리와 사고방식이 완전히 다르다." 그는 "그 관점으로 보면 올림픽이 끝나면 틀림없이 그 방향으로 가는 사람 혹은 기사들이 몰려나올 타이밍"이라고 말했다.

김어준의 이같은 발언은 인터넷 커뮤니티, SNS 등을 통해 널리 퍼지면서 비판의 대상이 되었다. 24일 여성주의 연구·활동가 권김현영은 "김어준 왈, 공작의 눈으로 보자면 미투 운동의 댓글 흐름은 앞으로 좌파 분열의 책동으로 이어질 거라는데, 내 생각에 저들은 이미 권력에 대항하는 자신들의 모습에 취해 판단력을 잃었다"고 비판했다.

SBS CNBC PD 김형민도 페이스북에 "미투는 보수와 진보의 문제가 아니"라며 "수십 년간 우리 주변에 태산처럼 쌓아 올려진 비인간적이고 비민주적인, 폭력적이고 억압적이었던 문화적 적폐의 마그마가 끓어오른 끝에 터져나온 분화"라며 "그런데 김어준은 여기에 '공작적 사고'라는 편리한 표현을 빌려 앞으로 '문재인 정부를 타깃'으로 하는 '미투'를 예언(?)하면서 '미투'를 정치적 이해관계의 틀에 가둬버

렸다"고 비판했다.[19]

"인권 문제에 무슨 여야나 진보 보수가 관련이 있나"

더불어민주당 의원 금태섭은 페이스북에 올린 글에서 "김어준의 발언, 도저히 이해가 가지 않는다"며 "눈이 있고 귀가 있다면 그동안 우리 사회에서 피해자들이 겪어야 했던 일을 모를 수가 없을 텐데 어떻게 이런 말을 할 수 있을까"라고 꼬집었다. 이어 "피해자들의 인권 문제에 무슨 여야나 진보 보수가 관련이 있나. 진보적 인사는 성폭력 범죄를 저질렀어도 방어하거나 드러나지 않게 감춰줘야 한다는 말인가"라며 "무슨 말을 해야 할지 모르겠다. 깊이깊이 실망스럽다"고 말했다. 그러면서 "어떻게 이런 얘기를 하는 사람이 지상파 시사 프로그램을 진행할 수 있는지 도저히 이해가 가지 않는다"고 지적했다.

하지만 금태섭이 올린 글에 대한 댓글은 '(금 의원의) 이해력이 떨어진다', '안철수와 맞는 자이니 민주당에서 축출해야 한다', '총구의 방향이 틀렸다' 등 오히려 금태섭을 공격하는 글이 다수를 이루었다. 민주당 의원 손혜원도 25일 금태섭을 향해 "전체 맥락과 달리 오해할 만하게 잘라 편집해 집중 공격하는 댓글단의 공작"이라며 "전형적인 이슈몰이에 김어준의 반격이 기대된다"고 썼다.

그러자 금태섭은 25일 SNS에 추가로 "(성범죄) 피해자들은 참기 힘든 고통을 당하면서도 길게는 수년간 피해 사실을 말할 수조차 없는 상황을 견뎌야 했다. 아직까지 피해 사실을 얘기하지 못한 분들이 김어준 씨의 발언을 본다면 '내가 댓글 공작을 꾸미는 사람들에게 이

용당하는 것이라고 지적하겠구나' 하는 생각이 들 것"이라고 강조했다.[20]

2월 26일 김어준은 "미투를 공작에 이용하는 자들이 있다고 말한 것이지 미투 자체를 공작이라고 한 적 없다"고 반박했다. 이에 대해 『한겨레』는 사설을 통해 "하지만 극히 정파적으로 사고하는 일부를 제외하면, 아무도 성폭력이 '진보만의 또는 보수만의 문제'라고 생각하지 않는다. 의도가 무엇이든 이런 발언은 미투 운동에 또다른 정치적 프레임을 덧씌우는 결과를 낳을 뿐이다"며 다음과 같이 말했다.

"미투 운동은 기로에 서 있다. 예전에도 직장이나 문단 내 성폭력 폭로가 있었지만, 피해자들은 '꽃뱀'과 같은 2차 피해를 당하거나 명예훼손 고소, 스토킹, 악플 등의 공격에 시달리며 잊혔다. 사실에 의한 명예훼손 철폐 등 법적·제도적 뒷받침이 이번엔 시작되어야 한다. 남성들 사이에도 번져가는 #위드유처럼, 사회문화적 인식의 대전환은 그 구조적 변화의 기반이 될 것이다. 얼마 전 한국여성민우회의 버스킹에 나왔던 한 피켓 문구처럼 '우리는 몇몇 괴물이 아닌, 구조를 바꾼다'는 공감대의 확산이 절실하다."[21]

"그들의 꿈을 짓밟지 마세요"

2월 27일 한국언론진흥재단 미디어연구센터는 1주일 전 20~50대 성인 남녀 1,063명을 대상으로 미투·위드유 운동에 대한 인식을 온라인으로 설문조사한 결과를 밝혔다. 응답자의 88.6퍼센트는 미투·위드유 운동을 지지한다고 밝혔고, 74.4퍼센트는 동참 의사가 있다고 답했다. '미투' 운동을 통해 자신의 성폭력 피해 사실을 밝히는 사람들에 대해 어떤 생각을 하느냐는 질문에는 73.1퍼센트가 '용기 있는 행동을 격려해주고 싶다'고 응답했다. '피해를 당한 사실로 인해 안쓰럽다'고 답한 응답자도 21.6퍼센트에 달했다. 응답자의 63.5퍼센트는 미투 운동이 지속적으로 이어지는 캠페인이 될 것이라고 내다보았다.

미투 운동의 효과로는 '우리 사회에 만연한 성폭력 문제에 대한 경각심을 일깨움', '성폭력을 성폭력으로 인지하지 못하던 사람들에게 성 인지 감수성을 높임', '성폭력 가해자들에 대한 정당한 처벌·징계로 이어짐' 등을 많이 선택했다. 성폭력의 본질적 문제에 대한 질문에는 71.6퍼센트가 '권력관계'를 꼽았고, '성차별(남녀관계)'을 선택한 응답자는 28.4퍼센트였다. 권력관계에 의한 성폭력 문제를 해결하기 위한 방안으로는 '가해자에 대한 징계와 처벌 강화'(36.5퍼센트)가 가장 많이 꼽혔다. 이어 '사건 발생 시 철저한 진상 규명'(16.9퍼센트), '피해자가 겪을 수 있는 2차·3차 피해 예방책 강구'(15.4퍼센트), '피해자의 잘못이 아니라는 인식을 심어줄 수 있는 정서적 서포트(지지) 문화 조성'(12.8퍼센트), '조직 문화와 조직 내 소통 방식 자체를 수평화·민주화하려는 노력'(11.9퍼센트) 등이었다.[22]

3월 2일 한국예술종합학교 교수 이동연은 『경향신문』에 기고한 「그들의 꿈을 짓밟지 마세요」라는 칼럼에서 "김어준의 발언이야말로 젠더 폭력을 정치적 이해관계로 환원하려는 정치적 음모이며, 그가 그동안 세상을 공치사하며, 살아온 정치적 음모론의 졸렬한 연장이자, 성폭력 피해자의 자기 고백에 대한 마초들의 인습적인 아전인수에 불과하다"고 비판했다.

"그 정도는 나도 안다. 그것은 예언이 아니라 망언이다. 이 와중에 보수 진영의 공작을 운운하는, 그런 나라 걱정을 하는 진보라면 차라리 분쇄되는 게 낫다. 정치적 진보로 젠더 폭력의 현실을 정당화할 수 없다. 오히려 그 정당화의 역사가 상층부 진보적 남성 문화예술 권력의 민낯을 은폐했던 것은 아니었을까?"[23]

3월 7일 소설가 한지혜는 「'그들만의 대의'가 더 두렵다」는 『경향신문』 칼럼에서 "어제는 진보 인사의 민낯을 폭로하며, 혼란과 두려움에 빠진 한 젊은이를 향해 쏟아진 소름 끼치는 댓글을 읽었다. 드디어 공작이 시작되었다던가. 들불처럼 번지는 미투 폭로를 두고 처음 공작 음모론이 제기됐을 때, 나는 그들이 말하는 '공작'이란 '허위', '왜곡', '조작'의 가능성을 염려하는 것이라고 생각했다"며 다음과 같이 말했다.

"그러나 이제 보니 그 말은 단지 목적 달성에 대한 훼방을 의미하는 말이었다. 천지분간 못하는 이들의 미투 폭로 때문에 촛불로 어렵게 세운 진보 정권이 위협받고 있다고 덜덜 떠는 이들은 '고작 이런 일'로 무너질 대의를 걱정하지만, 나는 이런 일로도 타격 받지 않는 '그들만의 대의'를 보게 될까 그것이 더 두렵다."[24]

"연대로 '남성'들의 강간 문화를 끝장낼 것이다"

종교계를 비롯해 전 분야로 퍼져나간 미투의 가해자는 3월 초 20여명에 이르렀다. 3월 2일 『한겨레』는 「#미투는 일터와 일상의 민주주의를 요구한다」는 사설을 통해 "문단의 거장부터 인기 배우, 유명 사진가, 시사만화가, 천주교 신부까지 성폭력 사실이 드러났다. 무릇 예술의 본질이 기존 체제와 불화하고 저항하는 정신이라 믿었기에, 충격은 더할 수밖에 없다"며 다음과 같이 말했다.

"궁극적으론 구성원 하나하나를 동등한 인격체로 존중하는 일터 문화의 확산이 중요하다. 성폭력 '범죄'를 피해자나 목격자들이 말하는데 해고나 인사 불이익 같은 두려움이 없어야 한다. 그것을 작동케 하는 구조가 일터의 민주주의다. 동시에 여성 혐오와 리벤지 포르노가 넘쳐나는 사회가 바뀌지 않는 한, 일터만으론 한계가 있을 수밖에 없다. 양성평등 교육 의무화 등 학교교육 개혁이 시급한 이유다."[25]

3월 4일, 제34회 한국여성대회에서는 3,000여 명의 시민이 모여 "내 삶을 바꾸는 성평등 민주주의", "성폭력 근절", "#MeToo, #Withyou" 등을 외치며 거리를 행진했다. 한국여성단체연합은 3월 4일 12시 30분 미투 운동 이후 서로를 지지하고 응원하며 변화를 만들기 위한 '3·8 샤우팅'을 진행했다.

3월 5일 한국여성단체연합은 성명에서 "한국 사회에서는 #MeToo 운동으로 성폭력 피해 말하기가 지속되고 있다. 오랜 시간 침묵해왔던 사실들이 어렵게 수면 위로 떠올랐음에도 불구하고 사회 곳곳에선 '미투 운동이 이렇게 가선 안 된다', '미투 운동은 진보 진영에 대한 정치적 공작이다', '○○계 전체를 매도해선 안 된다', '미투 운동으로 문화 행사에 차질이 생겨 시민들이 피해를 보고 있다' 등 각종 우려 섞인 말들이 나오고 있다"며 다음과 같이 말했다.

"우리는 이런 현실에 더이상 침묵하지 않을 것이다. 가해자 고은의 바람처럼 한국에서 논란이 잠재워지고 그의 글이 세상의 빛을 보는 일이 없도록 끝까지 예의주시할 것이다. 남성 연대의 온갖 방해 공작에도 불구하고 '여성'들의 용기 있는 말하기는 지속될 것이다. 우리는 지속적인 연대로 '남성'들의 강간 문화를 끝장낼 것이다."²⁶

"안희정의 성폭행 쇼크"

JTBC는 2018년 3월 5일 충남도지사 안희정이 정무비서인 김지은을 수시로 성폭행했다는 의혹을 보도함으로써 세상을 발칵 뒤집어놓은 이른바 "안희정의 성폭행 쇼크"의 서막을 열었다. 김지은은 이날 방송에 직접 출연해 "안 지사가 지난해 6월부터 8개월 동안 4차례 성폭행과 함께 수시로 성추행을 했다"고 밝혔다. 그는 그동안 용기를 내지 못하다가 '미투 운동'이 이어진 2월에도 성폭행을 당하면서 언론에 알리기로 결심했다고 말했다.

더불어민주당은 5일 오후 9시에 긴급회의를 열고 안희정을 제명하기로 했다. 안희정은 JTBC의 보도 다음 날 페이스북을 통해 "합의에 의한 관계였다는 비서실의 입장은 잘못"이라며 "모두가 제 잘못이고, 오늘부로 도지사직을 내려놓고 일체의 정치 활동을 중단하겠다"고 밝혔다(그러나 안희정은 나중에 이 입장을 바꿔 '합의에 의한 관계'였음을 주장하면서 본격적인 법정 투쟁에 임한다).

3월 6일 안희정은 도지사를 사임하면서 미투 운동으로 물러난 첫 정치인이 되었지만, 이후에도 다른 성폭행 혐의가 제기되었다. JTBC는 3월 7일 안 전 지사에게 성폭행과 성추행을 당했다고 주장하는 두 번째 여성이 나왔다고 보도했다. 안희정의 싱크탱크인 더좋은민주주의연구소 여직원 A씨는 이날 방송에서 2017년 1월 18일 안 전 지사가 강연회를 마친 뒤 성폭행했다고 주장했다. A씨는 이전에도 안희정이 여러 번 성폭행과 성추행을 시도했다고 말했다.[27]

안희정이 텔레그램을 통해 김지은에게 '미안', '내가 스스로 감내해야 할 문제를 괜히 이야기했다', '괘념치 말거라' 같은 글을 남긴 것 등과 관련, 심리 전문가들은 자신의 범죄를 '희석'하려는 전형적인 모습이라고 분석했다. 단국대학교 심리학과 교수 임명호는 "성폭행 가해자들에게 피해자들이 고통스러워하는 동영상을 보여주면 다들 '저렇게 힘들어하는 줄 몰랐다'고 답한다"며 "이런 차원에서 '괘념치 말거라(마음에 두고 걱정하지 마라)'는 내용은 몹시 거슬린다"고 말했다. 그는 "가해자 스스로 기억을 왜곡해 자신이 저지른 행동을 가볍게 생각하고 있다는 걸 보여준다"고 설명했다.

김지은에 따르면 안희정은 2월 25일 김씨를 만나 '미투 운동'에 대해 이야기하다가 사과한 후 다시 성폭행했다. 순천향대학교 경찰행정학과 교수 오윤성은 "'미투 운동이 일어도 나는 끄떡없다. 너는 내 밑에서 벗어날 수 없다'는 생각을 보여준 행동이다"며 "피해자의 심리적 시야를 좁게 하려는 의도"라고 말했다.[28]

안희정은 김지은에게 "너의 생각을 얘기하지 마라. 너는 나를 비춰주는 거울이다. 투명하게 비춰라"라고 말했는데, 이에 대해 『한겨레』 기자 이재성은 이렇게 말했다. "민주주의자를 자처했던 사람의 것이라고는 도저히 믿을 수 없는 그의 말은 안희정 대선 캠프에서 일했다는 사람들의 후속 증언으로 다시 한번 확인됐다. 폭력과 성희롱이 일상이었다는, '대통령 만들러 왔다'는 대의에 숨죽여 복종하길 요구하는 비민주성이 결국 수많은 사람의 공분을 산 이번 사건을 잉태한 것 아닐까."**29**

"미투는 '제2의 민주화 운동'"

3월 10일 중앙대학교 사회학과 교수 이나영은 「미투는 '제2의 민주화 운동'」이라는 『중앙일보』 칼럼에서 '안희정 사건'의 충격을 토로한 후, 미투 운동은 '미투 혁명'이며 "한 세기 이상 진행된 한국 여성해방 운동의 역사에서 가장 커다란 해일이 될 것"이라고 했다. "성평등이 결핍된 민주주의를 이제야 완성하고자 하기에 '제2의 민주화 운동'이며, 일상 속 성차별 문화를 개혁하고자 아래로부터 분연히 일어난 '시민혁명'이라고 할 수 있습니다."

이나영은 "그럼에도 여전히 많은 사람이 음모론과 진영 논리에 빠져 피해자를 의심하며 평소의 행실을 따져 묻고, 성폭력 피해를 포르노그래피적으로 소비합니다. 남의 집 불구경하듯 정쟁에 활용하기 바쁩니다. 문제를 제기하고 공론화하며 사안의 본질인 성별 권력관계와 성차별적 구조를 이야기하는 여성들을 '페미나치('페미니스트 나치'의 줄임말)'로 낙인찍기도 합니다"며 다음과 같이 말했다.

"여자를 분리하고 배제하면 된다고 말하는 사람도 있습니다. 다시 문제는 여성에게 전가됩니다. 하지만 성폭력은 여성 문제가 아닙니다. 불같이 일어나고 있는 '미투 운동'은 수직적 위계 문화 속에서 타인을 통제하고 지배하고 제압하고 군림해야만 남자답다고 여기는 사고방식, 폭력적 남성성을 획득하고 실행하던 남성들에 대한 문제 제기입니다. 성차별적 구조를 만들고 재생산해온 남성들의 문제입니다."**30**

그럼에도 '여자를 분리하고 배제하면 된다고 말하는 사람'들은 물론 그걸 실천에 옮기는 사람이 늘어나고 있었다. 이른바 '펜스 룰pence rule'이 고개를 쳐든 것이다. 이 룰은 미국 부통령 마이크 펜스Mike Pence가 2002년 미국 의회 전문지 『더 힐』 인터뷰에서 언급한 자신만의 철칙에서 유래한 것이다. 그는 당시 "아내 이외 여자와는 절대로 단 둘이 식사하지 않는다"고 했다. 구설에 오를 수 있는 행동을 사전에 방지하기 위해 아내 외 다른 여성들과 개인적인 교류나 접촉을 하지 않겠다는 것이다.

이를 흉내내 일부 남성들이 직장에서 '성폭력 가능성을 미리 차단한다'는 명분으로 회식이나 출장에서 여성들을 의도적으로 배제하는 일이 벌어지기 시작했다. 회사에서 평소 여직원과 소통을 잘하던 부장이 이젠 업무 지시를 사내 메신저로만 하는 일도 벌어졌다. 부장은 주변에 "여직원과 대화 중 말실수를 할까 걱정돼서"라고 말했다.

인터넷 커뮤니티엔 '펜스 룰'을 하고 있다는 남성들이 올린 글이 돌았다. 게시물엔 '여직원이 무섭게 느껴진다', '여자와 얽히면 나중에 무슨 일을 당할지 모르는 세상이니 남자들이 여자들과 거리를 둘 수밖에 없다' 등의 댓글이 올라왔다. 서울 구로구에 사는 직장인 고모 씨(31세)는 "남자 직원들끼리 방심하다 '미투' 당할 수 있으니 여직원들 조심하자고 말한다"며 "얼마 전 친한 친구로부터 '웬만하면 여직원들은 피하라'는 조언도 받았다"고 했다.[31]

윤지영은 '펜스 룰'은 "강간 문화의 원인인 남성 폭력 구조를 여성 탓—성폭력의 빌미를 주는 몸이자 지나친 예민함을 가진 자 탓—으로 돌리는 것"이라며 "이는 피해자의 열외·격리의 정당화이자 남성 연대의 대열이 강화되는 현상이라 할 수 있다. 그렇다면 펜스 안에 갇혀야 할 자는 누구일까? 그것은 피해자가 아닌 가해자 연대인 남성들이다"고 일갈했다.[32]

김기덕 · 조재현, 그리고 정봉주 쇼크

충격은 안희정으로 그치지 않았다. 3월 6일 밤 MBC TV 시사 프로그램 〈PD수첩〉은 '영화감독 김기덕, 거장의 민낯' 편을 통해 영화감독 김기덕과 배우 조재현에 관한 갖가지 성폭력 사건 의혹을 피해 여배우들과의 인터뷰를 통해 보도했다. 한 여배우가 "합숙을 해야 했던 촬영 현장에서 진짜 지옥을 경험했다"고 털어놓았듯이, 인터뷰 내용은 차마 글로 옮기기 어려울 정도로 충격적이었다.[33]

(이 사건은 김기덕이 6월 3일 관련 의혹을 제기한 여배우와 〈PD수첩〉 방송 제작진 등을 상대로 법적 대응에 나섬으로써 현재진행형이다. 〈PD수첩〉 PD 조성현은 MBC 〈섹션 TV연예통신〉과의 전화 인터뷰에서 "김기덕 감독은 제작진에 보내는 문자 메시지에서 '나로 인해 상처받은 분이 있으면 죄송하다. 피해자의 진심이 느껴지면 피해자의 입장을 그냥 전해달라. 법적인 부분이 있으면 책임지겠다'고 했다. 갑자기 가해 사실을 인정하지 않은 배경이 무엇인지 궁금하다"고 밝혔다.[34])

3월 7일 아침 『프레시안』은 단독 보도를 통해 현직 기자 A씨가 〈나꼼수〉 멤버인 전 의원 정봉주에게서 성추행을 당했다는 인터뷰 내용을 공개했다. 「"나는 정봉주 전 의원에게 성추행 당했다"」는 기사의 핵심 내용은 다음과 같았다.

"현직 기자 A씨는 6일 『프레시안』과의 인터뷰에서 기자 지망생 시절이던 지난 2011년, 정 전 의원이 (렉싱턴) 호텔로 불러내 키스를 시도하는 등 성추행을 했다고 밝혔다.······A씨가 가슴속에만 담아뒀던 7년 전 일을 폭로하기로 마음먹은 결정적인 계기는 정 전 의원이 최근 서울시장에 출마하겠다고 밝히면서다.······정 전 의원은 성추행 의혹에 대한 입장을 묻는 질문에 '답변할 이유가 없다'며 '명예훼손 등 법적인 조치를 취하겠다'고 밝혔다."[35]

이 기사에 달린 댓글들은 거의 대부분 믿을 수 없다는 반응을 보였다. "좀 그럴듯하게 소설을 써야 믿어줄 마음이라도 생기지.""이런 가짜 미투 운동 기사가 진짜 미투 운동을 저격할 때가 언젠가 나올 줄 알았다.""〈나꼼수〉가 한참 인기 있던 시절이면, 그 멤버들 전부 사찰에 도청을 당하던 시절인데······믿을 걸 믿으라고 해야지.······특종도 좋지만 기본적으로 일반인도 할 수 있는 합리적 의심은 가지고 삽시다.""'나에게 7년 전 추근댔고, 키스하려고 해서 그때 기분이 아주 나빴었다' 이게 전부인 내용을 가지고, 한 사람을 생매장시켰다. 과거 독재 정권이 반대 생각을 가진 사람들을 간첩으로 내몰아 사회에서 손가락질 당하게 하고 사형시킨 짓과 아주 유사한 짓을 거리낌 없이 해냈다."

"이명박 가카가 막 사라지고 있다"

이 기사가 불러온 파장은 '안희정 쇼크'에 미치진 못했을망정 잇따라 터진 사건이라 매우 컸다. 김어준은 3월 9일 공개된 팟캐스트 〈김어준의 다스뵈이다〉에서 "안희정에 봉도사(정봉주 전 의원의 별명)까지.

이명박 가카(각하)가 막 사라지고 있다"며 "제가 (미투) 공작을 경고했지 않았나? 그 이유는 이 미투를 공작으로 이용하고 싶은 자들이 분명히 있기 때문이다. 그건 명백한 건데"라고 했다.

김어준은 이어 "우리나라뿐만 아니라 과거로부터 현재까지 세계적으로 항상 젠더 이슈는 복잡하고 어렵다"며 "그래서 여기에 공작하는 애들이 끼면 본질이 사라지고 공작만 남는다는 것"이라고 주장했다. 그는 "최근에 JTBC에 대한 불만이 있다. 그런데 JTBC는 이 젠더 이슈를 사회적인 어젠다로 설정한 것이다. 그거는 일단 박수를 받아야되는 것"이라며 "그리고 왜 한쪽 진영만 나오지 않나. 왜 특정 영화 출신 배우만 나오나.……그게 분명하게 (미투 운동의 대상자가) 한쪽에 몰려 있는 건 맞다"라고 했다.

김어준은 그러면서 "그것과는 별개로, 이 (미투) 폭로가 사회 인식을 바꾸고 그다음에 시스템 개선으로 나가는 효과를 먼저 봐야 한다"며 "그런데 이게 말처럼 쉽지가 않다. 그리고 그 둘을 동시에 받아들이는 게 굉장히 어려운 것이다. 그게 굉장히 어렵기 때문에 그 지점에 공격의 찬스가 생기는 것이다. 그리고 그게 어렵기 때문에 점점 입을 다물게 돼 있다"라고 했다. 김어준은 "제 관심은 공작은 막고, 사회운동으로의 기회를 살리고. 모두의 지혜가 필요한 때"라며 "이 두 개를 동시에 받아들이며 어떻게 돌파할 것인가"라고 말했다.[36]

3월 9일 영화배우 조민기가 청주대학교 교수로 재직하면서 여학생들을 상습 성추행한 혐의로 경찰 소환을 사흘 앞두고 자살을 했다. 일부 네티즌들은 피해자의 소셜미디어로 몰려가 협박성 메시지를 남겼다. "당신이 사람 한 명 죽였다." "그때 가서 말하지 왜 이제 와서 그랬냐"는 글들이 달렸다.[37] 이런 2차 가해는 이후에도 계속된다. 소셜미디어와 인터넷 기사에는 "사람을 죽였으니 유가족에게 빌어라.""소리 없는 살인자.""내가 널 죽이겠다"는 악성 댓글과 협박이 이어졌다. 경찰 조사에 응했던 피해자 22명은 뿔뿔이 흩어져 있고, 학교 측은 어떤 대응도 하지 않았다.[38]

3월 10일 『뉴스타파』는 더불어민주당 의원 민병두의 성추행 의혹을 보도했다. 민병두와 중소기업을 운영했던 A씨는 인터뷰에서 "2007년 1월 히말라야 트래킹 여행 이후 3~4차례 만나 친교 관계를 유지했다"며 "2008년 5월 민 의원과 술을 마신 뒤 노래방을 갔고, 민 의원의 제안으로 블루스를 추다 갑자기 키스를 했다"고 주장했다. 민병두는 보도 이후 1시간 30여 분 만에 입장문을 내고 A씨에게 사과한 뒤 의원직에서 물러나겠다고 밝혔다.[39]

그러나, 미리 말하자면, 민병두는 두 달 후 지역구인 서울 동대문구 주민 6,539명의 탄원서를 근거로 들면서 국회의원직 사직서를 거둬들인다. 이에 『조선일보』는 사설을 통해 "성추행 의혹이 제기되면 부인否認과 변명부터 하고 보는 세태에 비춰볼 때 민 의원의 결벽증적인 대응 방식을 신선하게 받아들이는 분위기마저 있었다"며 "그토록 강경했던 사퇴 의사를 주변 뜻을 핑계 삼아 슬그머니 거둬들이는 태도를 보니 두 달 전 사직서는 '소나기는 일단 피하고 보자'는 꼼수였던 모양이다"고 비판했다.[40]

"여성들 용기 있는 폭로가 사이비 미투에 오염"

3월 11일 오후 노무현 정부 대통령 홍보수석 출신인 이화여자대학교 국제대학원 교수 조기숙은 자신의 페이스북에 올린 글에서 "모처럼 피해자 여성의 용기 있는 폭로가 사이비 미투에 의해 오염되기 시작했다"며 "미투는 공인의 성적 추문이나 사생활을 폭로하는 게 목적이 아니다"고 주장했다. 조기숙은 "미국에서 미투 운동은 위력과 위계에 의한 반복적이고 상습적인 성폭행을 폭로하는 데에서 시작됐다"며 "상대의 권력이 너무 커 조용히 법적으로 해서는 이길 수 없기에 다수의 여성이 자신의 모든 것을 건 실명 공개로 한 남성의 추행을 연대 고발함으로써 공감대를 형성하고 여론재판을 하게 된 것"이라고 적었다. 그는 "법치국가에서 여론재판은 있어서는 안 될 일이지만 이런 특별한 경우에 한해 효력을 발휘한 것"이라고 덧붙였다.

조기숙은 "그러나 한 남성과 여성 사이의 일회적인 성추행(으로 느꼈던 행위), 그것도 당시 권력이 없는 사람의 미수 행위, 여러 여성에게 상습적으로 폭력을 행사했던 것이 아니라 한 여성이 한 번 경험한 것은 미투의 본질과 거리가 멀다"고 주장했다. 그는 이런 행위는 '나도 당했다'는 뜻의 미투가 아닌 '미 온리Me only'라고 지적했다. 그는 "익명에 기대 증거나 논리도 없이 무차별적으로 사생활을 폭로하는 건 정치를 시궁창에 처박는 일"이라면서 "미국 경제를 역대 최고의 호황으로 이끈 클린턴은 사생활이 도덕적이어서 훌륭한 대통령이었나"라고 쓰기도 했다. 그는 "위계와 위력에 의한 상습적 성범행만이 폭로에 의해 국민적 공감을 얻는 미투로 자리 잡을 수 있다"며 "일부 언론은 미투와 사이비 미투를 구분할 능력도 갖추고 있지 못한 것 같다"고 비판했다.

조기숙은 12일 오후 다시 페이스북에 글을 올려 "민주주의 선진국에서 공인의 사생활을 보도하지 않는 것은 선정적인 보도가 정작 국민의 삶에 중요한 이슈를 덮어버리기 때문"이라고 주장했다. 그는 "피해자 여성은 얼마든지 일회성 성추행이라도 폭로할 수 있지만, 증거나 논리도 미약한 일회성 성추행(으로 보이는 행동)에 대한 익명 폭로는 언론이 보도에 신중을 기할 의무가 있다"며 자신이 일회성 성추행을 옹호한 것은 아니라고 강조했다.[41]

"『프레시안』의 보도는 '대국민사기극'"

이런 일련의 옹호론에 자신감을 얻은 건지는 알 수 없지만, 미투 폭로가 나오자 3월 9일 출마 선언을 보류했던 정봉주는 3월 12일 기자회견을 열어 성추행 의혹을 정면으로 반박하고 나섰다. 그는 『프레시안』의 보도를 "대국민사기극"으로 규정하며, 피해 여성과 『프레시안』이 불순한 "정치적 의도"에서 "새빨간 거짓말"을 하고 있다고 주장했다.[42]

3월 13일 정봉주는 서울중앙지검에 자신에 대한 성추행 의혹 관련 기사를 게재한 인터넷 매체 『프레시안』에 대한 고소장을 제출했는데, 그가 이날 팟캐스트 방송에서 한 말이 논란이 되었다. 자신의 지지자 모임인 '정봉주와 미래권력들(미권스)' 회원 등 네티즌 60여 명이 사건과 무관한 S씨를 '폭로 여성'으로 지목해 '신상 털이'에 나선 혐의로 피소被訴되자 정봉주가 "검찰 조사에 들어가면 불리할 수 있으니까 사과 글을 올려야 한다"고 조언한 것이다. 정봉주는 이렇게 말한 뒤 "피소된 회원들이 벌금 내는 상황이 되면 십시일반 돈을 모아 도울 테니까 걱정하지 말라"는 미권스 카페 회원의 글을 소개하기도 했다. 그러면서 그는 "이분들이('신상 털이' 나선 지지자) 개인의 이익을 위한 것이 아니니 도와주고 보호해줘야 한다"는 해당 글 내용을 거듭 인용했다.

피소된 60여 명은 엉뚱한 사람을 '성추행 폭로자'로 지목한 다음, 해당 여성(S씨)의 신상 정보를 인터넷 공간에 유포한 혐의를 받고 있었다. S씨의 페이스북에서 사진을 내려받은 뒤, 이것을 돌려보면서 "확실히 코(성형) 하면 예쁘겠네", "성적으로 너무 문란한 기자인가?" 등의 비하 발언을 하는 식이었다. 이 과정에서 S씨의 실명은 한때 포털사이트(네이버)에 실시간 급상승 검색어로 올랐다.

S씨가 경찰에 고소하자, 미권스 회원 일부는 "고소당하면 오히려 자랑거리다", "S씨를 특정 짓지 않아서 문제가 없을 것", "(걸리면) 콩밥 먹으면 된다"는 반응을 보였다. 다른 한편으로는 S씨의 SNS에 몰려가 "S씨 본인이 의도적으로 명예훼손 가해자를 양산하고 있다", "미투Me Too(나도 당했다) 운동의 본질을 흐리고 있다" 등의 댓글을 달아 '2차 가해'라는 지적도 나왔다.[43]

3월 13일 전 더불어민주당 의원 최민희는 TBS 라디오 〈김어준의 뉴스공장〉에 출연해 '과연 어디까지 미투로 봐야 할 것인가'라는 김어준의 질문에 3가지 요소를 꼽았다. 그가 밝힌 3가지 요소는 권력관계하에서 발생했을 때, 직업적 가치가 훼손되거나 현재와 미래의 직업적 가치가 훼손되었을 때, 성범죄가 동반될 때 등이었다. 그는 "미투의 범위가 하염없이 넓어져서 결과적으로 독자들에게 혼란을 주고 미투 운동의 본질과 멀어지게 하는 부작용이 있다. 그리고 미투에 지나치게 집중하고 선정적으로 접근하다 보니 우리 사회에 수없이 많은 의제가 있는데 다른 의제들을 가로막고 있다"고 주장했다.[44]

"세상은 '각하'를 잊지 않았다"

3월 13일 손석희는 JTBC 〈뉴스룸〉에서 김어준이 미투 운동과 관련 '이명박 각하가 사라지고 있다'고 한 발언을 우회적으로 비판했다. 손석희는 "세상은 '각하'를 잊지 않았다"는 제목의 '앵커 브리핑'에서 "'각하가 사라지고 있다' 한 팟캐스트 진행자의 발언이 논란이 됐습니다. 그는 언론의 미투 보도 탓에 전직 대통령의 더 커다란 범죄가 가려지고 있다고 지적했습니다. 그러나 세상이 그가 이야기하는 '각하'를 잊어본 적이 있었던가"라면서 다음과 같이 말했다.

"그의 주장과는 정반대로 전직 대통령은 내일 전 국민이 바라보는 가운데 검찰청 포토라인에 서게 될 것이고, 그를 향한 수많은 의혹의 불은 켜질 것입니다. 또다시 전직 대통령을 포토라인에 세우게 된 나라. 그렇습니다. 그런 나라는 흔치 않습니다. 더군다나 그가 재임 시 늘 부르짖었던 '국격'을 떠올리면 그의 입장에서 볼 때 대한민국의 국격은 또다시 땅에 떨어지는 것일지도 모르지요. 하지만 과연 그럴까. 돌이켜보면 전직 대통령들의 포토라인 출두는 그 자신들에게는 비극이었지만 공화국에는 대부분 진보였습니다. 한국의 시민사회가 여전히 민주화를 추동하고 그 결과로 전직들을 포토라인에 세웠으며 그에 대한 대가로 우리의 공화국은 조금씩 더디게라도 민주화로 나아갔다는 것이니까요. 국격을 외치던 전직 대통령이 그 자신이 스무 가지에 가까운 혐의로 검찰에 출두하면서 국격의 진보를 가져올지도 모르는 아이러니.……이 모든 과정과 결과는, 다시 말씀드리지만 세상이 '각하'를 잊지 않았기 때문이기도 합니다."[45]

3월 14일 정봉주는 자신의 SNS에 "〈나꼼수〉, 김어준, 주진우, 김용민. 당신들이 끝까지 믿어줘 고맙다. 내 곁에 당신들이 있어 힘이 난다"는 감사의 글을 올렸지만,[46] 이들의 신뢰 관계를 '진영 논리'로 보는 비판은 끊이지 않았다.

3월 14일 더불어민주당 의원 금태섭은 『오마이뉴스』 인터뷰에서 "미투 운동이 상대방 진영에 도움이 된다는 식으로 해석되기 시작하면 피해자들에게만 부담을 주는 꼴"이라며 "약자의 인권 보호가 아니라 자기편에 유리한 쪽으로만 움직인다면 진보가 수구 보수 세력과 무엇이 다른가"라고 강하게 비판했다.

금태섭은 또 김어준의 발언을 겨냥해 "피해자들이 '내가 고발하면 각하가 사라지는 건가' 하고 걱정해야 한다는 것이냐"라며 "도대체 무슨 취지로 그런 발언을 하는지 이해할 수 없다"고 했다. 조기숙의 '사이비 미투' 관련 발언에 대해선 "언급할 가치도 없다"라고 일축했다.[47]

"미투를 가로막는 꼼수들"

3월 15일 『한겨레』 정치에디터 신승근은 「미투를 가로막는 꼼수들」이라는 칼럼에서 김어준과 조기숙의 주장 가운데 극히 일부는 경청할 만하며, "익명으로 증거나 논리도 미약한……폭로의 경우 언론은 보도에 신중을 기할 의무가 있다"는 조기숙의 글은 되새겨볼 만하다고 했다.

이어 신승근은 "하지만 아무리 '음모론'을 제기하고, '사이비 미투 오염론'을 얘기해도, 피해자들이 폭로한 성폭행, 성폭력, 성추행이 바뀌지는 않는다. 현재까지 음모를 주도하는 주체도 불분명하다. 서지현 검사, 최영미 시인, 김지은 비서까지 실명으로 성폭력을 고발한 이들이 어떤 음모에 조종당했다는 증거도 없다. 신상이 털릴 위험을 감수하며 용기를 낸 익명의 고발자들이 어떤 이익을 봤는지도 명확하지 않다"며 다음과 같이 말했다.

"반면, 이들의 의도가 무엇이든 미투 운동의 확산을 막고 왜곡할 위험성은 크다. 미투는 이제 겨우 시작이다. 특히 정치권의 미투는 고작 작은 도랑 한쪽을 텄을 뿐이다.……우리는 고통스러운 기억을 들춰내 공개할까 말까를 망설이는 미래의 미투 고발자들을, 보수-진보라는 진영 논리에 찌든 음모론으로, 사이비 미투와 '미 온리'라는 해괴한 논리로 입막음해서는 안 된다. 그건 또다른 2차 가해로, '미투 운동을 가로막는 꼼수'가 될 수 있다. 논리는 그럴듯하지만, 결국 피해자의 입에 재갈을 물리기 때문이다. 가해자에겐 스스로 음모의 희생양, 보수의 공격에 쓰러진 제물로 정당화할 명분을 준다. 음모론, 사이비 미투 경계론은 더 입에 올리지 말아야 한다."[48]

3월 15일 전 새누리당 의원 전여옥은 블로그를 통해 조기숙의 주장을 강도 높게 비판했다. 그는 "조씨의 글을 읽다보면 성추행 가해자인 남자가 쓴 글 같습니다. 쫌 먹물깨나 먹은 지식인 코스프레 하는 역겨운 남자 말이죠. 조씨는 '위계와 위력에 의한 상습적 성범행만이 폭로에 의해 국민 공감 얻는 미투로 자리 잡는다'고 했습니다. 그러니 어쩌다 한 번은 '미투'가 아니라 '미 온리'랍니다. 김지은 씨한테 '왜 4번이나 당하면서 가만있었냐?'는 비난을 퍼붓는 일부 네티즌한테는 뭐라고 조씨는 반박할까요?"라면서 다음과 같이 말했다.

"또 '당시 권력이 없는 사람'이 한 것은 '미투'가 아니랍니다. 권력이 뭔지도 모르고 정치학 교수를 하고 있네요. 권력은 상대적이며 잠재적 요소도 갖고 있습니다. 당시 낙선 의원이라고 백수 정치인이라고 당하는 그녀보다 더 사회적 힘이 있고, 체격도 큰 물리적 힘이 있는 겁니다. 나이가 곱절이나 있는 사람과 어린 여성-이것도 권력의 위계에 의한 미투지요. 그래서 미성년자 성추행을 엄벌하는 겁니다."

전여옥은 "미국 경제를 역대 최고의 호황으로 이끈 클린턴은 사생활이 도덕적이어서 훌륭한 대통령이었나?"라는 조기숙의 주장에 대해서도 반론을 폈다. "누가 클린턴을 '훌륭한 대통령'이라고 하나요? 대통령 집무실에서 그 짓을 벌인 클린턴의 방종과 추태를 미국인들은 결코 잊지 않습니다. 힐러리가 대통령이 못 된 것은 '그런 한심한 남편을 용인하며 오로지 권력만을 추구한 삶' 때문인 거죠. 그리고 '경제를 호황으로 이끌면 다 훌륭한 대통령'이군요. 도덕성은 제로여도 괜찮다는 말이네요. 하지만 자유한국당에서도 'NO'라고 할 거예요. 오로지 '미 온리', '조기숙 온리'입니다."[49]

나는 두 딸에게 어떤 교육을 했던가?

미투는 '제2의 민주화 운동'이라는 이나영의 말은 옳다. 구조라고 하지만 일상적 삶과는 거리가 먼 껍데기뿐인 정치적 민주화를 넘어서 오래전부터 임지현 교수 등 여러 지식인이 외쳐온 '일상적 파시즘'을 극복하지 않고선 민주화의 완성을 말할 수는 없는 것이었다.

그런데 이상한 일이 벌어졌다. 우리가 보통 '제1의' 다음에 '제2의' 를 말할 땐 '제1의' 것을 추구했던 사람들과의 적대 관계가 아니라 협력 관계를 전제로 하는 게 아닌가. 하지만 '제2의 민주화 운동'의 추진 과정에서 '제1의 민주화 운동'에 헌신했던 역전의 용사들 중 상당수 를 개혁의 대상으로 삼지 않을 수 없는 일이 벌어진 것이다.

그랬다. 비극이었다. '일상적 파시즘'은 이념의 좌우나 진보 보수를 막론하고 존재하는 것이었으니, '제1의 민주화 운동'의 연장선상에서 추진하긴 어려운 일이었다. 그걸 간파한 일부 민주화 운동 지지파는 '음모론' 등을 내세우면서 다시금 진영 논리의 필요성을 역설하고 나 섰다.

나는 그 냉정한 머리에 경외감을 갖지 않을 수 없었다. "아 저들은 이미 모든 걸 다 알고 있었단 말인가?"라는 생각마저 들었다. 나는 평 소 리얼리스트임을 자부하면서 세상 돌아가는 이치며 추악한 면모를 다 알고 있다고 생각해왔는데, 그게 아니었다. 미투의 실상은 나의 상 상을 초월했다.

미투 가해자들의 가해 행위도 놀라웠지만, 그 가해 행위가 지속될 수 있게끔 작동했던 주변 사람들의 '침묵의 카르텔'과 피해자들의 '공 포에 짓눌린 인내'가 나를 더욱 놀라게 만들었다. 미투는 '제2의 민주 화 운동'이 아니라 그 이상의 것일지도 모른다는 생각이 들었다.

미투를 가로막는 음모와 꼼수가 광범위하게 전개되면서 시간이 흐

를수록 피해자의 고통이 오히려 커지는 이상한 풍경은 운동의 새로운 패러다임과 작명을 요구하는 게 아닐까? '제1의 민주화 운동'도 그런 과정을 거쳤다지만, 지금은 '제1의 민주화 운동'이 이룬 성과의 터전 위에서 그런 일이 벌어지고 있다는 점에 눈을 돌려야 하는 게 아닐까?

"모든 게 아빠·엄마 때문이었다"는 서지현의 글은 기존 가부장제 교육을 돌아보게 만든다. 가부장제가 가족은 물론 사회체제의 기본 골격이 된 사회에서 딸을 대상으로 한 가정교육은 '서바이벌 전략'을 가르치는 데 집중되어 있다. 그런 '서바이벌 전략'의 핵심은 순응이거나 타협이다. 어떤 부모건 딸을 사랑하는 마음으로 그리 가르치겠지만, 그런 교육은 순응이나 타협을 요구하는 더러운 세상을 지속 강화시키며 결국 자신의 딸에게 부메랑으로 되돌아간다. 이대로 좋은가?

나는 두 딸에게 어떤 교육을 했던가? 나름 페미니즘 교육을 하긴 했다. 오래전 유치원에 다니던 딸이 "그건 여자의 직업이 아니다"고 말하는 걸 듣고 깜짝 놀라서 캐물었더니 유치원 선생님이 그렇게 가르쳤다는 것이다. 나는 펄펄 뛰면서 그렇지 않다고 반박했지만, 딸은 유치원 선생님의 권위를 더 인정하는 것 같았다. 나는 유치원에 항의를 해야겠다고 마음먹었지만, 하루 이틀 미루다 그만두고 말았다. 아마도 귀찮다는 이유에서였을 게다.

나는 딸들에게 마음껏 원하는 대로 살라고는 했다. 누구와 결혼하건 상관하지 않겠으며, 결혼하지 않는 것도 지지하며, 그 어떤 삶의 모습도 지지하겠노라고 했다. 그건 괜히 건성으로 한 말이 아니었다. 나의 진심이었으며, 앞으로도 그럴 것이다. 그렇지만 단지 거기까지였다. 나는 딸들에게 그 어떠한 불의도 참아내지 말라고, 그 어떠한 부당함에도 입 다물지 말라고, 욕설을 하고 소리를 질러대며 절대로 세상과 타협하지 말고 네 멋대로 살아가라고 가르치진 않았다.

불의와 부당함에 대해선 참으라고 말하진 않았지만(그리고 참는 것에 단호히 반대하지만), 자신을 희생해가면서까지 싸울 필요는 없다는 취지의 말은 했다. 그런데 이 말은 사실상 상황 봐가면서 타협하라는 이야기와 무엇이 다른가? 문제는 '희생'의 정체다. 희생은 처음부터 분명하게 나타나는 게 아니라 문제 제기의 과정에서 구체화된다. 그렇다면 "자신을 희생해가면서까지 싸울 필요는 없다"는 말은 실천 지침으로선 아무 소용이 없는 궤변이 아닌가? 서지현의 용기에 존경심을 가지면서도 내 딸이 서지현처럼 나서서 희생을 감수하는 건 원치 않는다는 뜻인가? 이 주제로 딸과 다시 의논해봐야겠다.

제10장

▼

'오빠가 허락한 페미니즘'의 파탄

2018년 3~4월

"사람을 말로 죽일 수 있다는 것을 실감한 날"

2018년 3월 14일 소설 『경마장 가는 길』을 쓴 유명 소설가이자 동덕여자대학교 문예창작과 교수인 하일지가 문예창작과 1학년 전공필수 강의 '소설이란 무엇인가'에서 미투 운동을 조롱하고, 성폭력 피해자를 비하한 것으로 알려져 논란을 빚었다. 가장 문제가 된 발언 내용은 다음과 같았다.

"김지은 씨는 이혼녀. 처녀들하고 이혼녀들은 달라요. 처녀는 성적인 두려움이 있을 수 있지만 이혼녀는 좀 달라요. 육체적으로 다르다. 그래서 이미 성적 경험이 있고 그러면 욕망이나 욕정을 자기가 견디기 힘든 점이야. 자기도 욕정을 가지고 있었다는 거야. 근데 방송사에는 그 사람을 성처녀처럼 간주를 하고 이야기를 하고 있는데, 또 꼭 미성년자처럼 이야기를 하고 있는데, 이건 이상한 이중적 문제다. 그 여성도 분명히 욕망을 가질 수 있는 거야. 자기도 그걸 즐겼을 수도 있다."

하일지는 "만약 안희정이 아니라 중국집 배달부와의 진실 공방이었으면 사람들이 관심 안 가졌을 것"이라며 "작가는 글을 진실 되게 써야 하며 꾸미지 말아야 한다"고 말했다. 수강생이 올린 글에 따르면 '왜 김씨가 실명을 밝히면서까지 폭로했다고 생각하냐'는 학생의 질문에 "결혼해준다고 했으면 안 그랬을 것"이라며 "질투심 때문"이라고 대답했다.

강의 도중에 한 학생이 강의실을 나가자 하일지는 "방금 나간 학생은 내가 미투 운동에 대해 이런 식으로 말해 분노해서 나간 거겠지. 저렇게 타인의 의견을 들을 생각이 없는 사람은 작가가 아니라 사회운동가를 하는 게 낫다"고 말한 것으로 전해졌다. 수업을 들었던 한 학생은 "손이 벌벌벌 떨리기 시작했다. 복도로 나오는데 눈에 눈물이 고이고 숨쉬기가 힘들었다. 사람이 사람을 말로 죽일 수 있다는 것을 실감한 날"이라고 적었다.

문예창작과 학생회는 성명을 통해 "하 교수는 안희정 전 충남지사의 성폭행 사실을 밝힌 첫 번째 피해자를 대상으로, '여성의 성적 욕망'을 근거하여 이른바 '꽃뱀' 프레임을 이용해 언어적 2차 가해를 저질렀다"며 "소설 『동백꽃』 속 마지막 장면을 들어, 남주인공이 여주인공으로부터 성폭행을 당한 바와 다름없으니 그 역시도 미투 운동에 동참해야 한다는 등 해당 운동의 의도를 비하하는 조롱을 일삼았다"

고 지적했다.

학생회는 "하 교수가 미투 운동의 의도를 우롱했을 뿐 아니라 본 운동에 동참한 피해자를 언어적 폭력으로 2차 가해하는 만행을 저질렀다"며 "본인은 표현의 자유, 예술 창작의 자유를 주장하고 있지만 표현의 자유가 무한대를 뜻하는 것은 아니다"고 비판했다. 이어 학생회는 "하 교수는 성희롱과 다름없는 발언을 가해 해당 수업을 수강하던 전 학생에게 정신적 상해를 입혔다. 또한, 소속 학과의 명예를 동시 실추시켰다"며 공개 규탄했다.[1] 이후 하일지가 2년 전 이 학교 재학생 ㄱ씨를 성추행했다는 의혹이 제기되었다.

"약자를 미워하고 싸우는 것이 쉽고 편한가"

3월 19일 하일지는 동덕여자대학교 백주년기념관에서 150여 명의 학생이 지켜보는 가운데 기자회견을 열고 "미투라는 이름으로 무례하고 비이성적인 공격을 받게 됐다"며 "오늘로서 강단을 떠나 작가의 길로 되돌아가기로 결정했다"고 밝혔다. 그는 "인격 살해를 당해 자존심 깊이 상처를 입었고 학생 신뢰를 회복하기 어렵게 됐다"며 "사직서를 제출할 생각이지만 학교 윤리위원회에서 출석하라고 하면 출석하겠다"고 밝혔다.

그러나 그는 사과 요구에 대해 "거듭 말하지만, (성추행 폭로 학생이나 다른 학생들에게) 사과할 뜻은 없다"고 거부했다. 성추행 의혹에 대해 하 교수는 당시 해당 재학생이 '존경한다'며 보낸 안부 메일 내용 일부를 공개하며 "폭로와 진실 사이에 차이가 있을 수 있다. 이를 헤

아리는 게 상식적"이라고 주장했다.[2]

하일지는 "교수님! 사과하세요. 비윤리적이잖아요!"라고 울먹이는 학생에게 "네가 아직 어려서 그래. 나는 잘못한 게 없어. 너의 윤리관이야"라고 했으며, 야유하는 학생들에겐 "내 입을 막으려 하지 말라"고 했다. 이에 이경희는 「그건 당신의 윤리관이야」라는 칼럼에서 "그렇다면 학생들의 입도 막지 말았어야 했다. 어린 학생들이라 윤리를 모른다고 무시하면서, 성추행 피해를 고발한 제자에겐 성인 대 성인의 선택이었다며 책임을 전가하는 것이야말로 이중적 잣대다. 그가 한 말을 그대로 돌려주자면 '그건 당신의 윤리관'일 뿐이다"며 다음과 같이 말했다.

"하 교수가 쏟아낸 말은 오랫동안 차별받아온 '어린 것들'과 '여성'에 대한 혐오 표현이다.……그런데도 하 교수에게 감정이입을 하며 마이크 쥔 사람만의 '표현의 자유'를 지지하고, '당당하면 마스크를 벗으라'며 여학생들을 비난하는 댓글이 넘쳐난다. 미투 폭로자에 대한 2차 가해가 강의실에서 버젓이 일어나는 걸 목격한 학생들에게 얼굴을 드러내라는 건 폭력이자 협박임을 모르는 걸까. 직장 내 성희롱으로 삼성과 싸워 이긴 뒤 관련 사건을 다루는 법조인이 된 이은의 변호사의 저서 『예민해도 괜찮아』에 딱 맞는 해석이 담겨 있다. 그에 따르면 혐오는 '강자를 미워하고 싸우는 것보다는 약자를 미워하고 싸우는 것이 쉽고 편하기 때문'에 하는 '비겁하고 위험한 선택'이다."[3]

'미투 운동과 함께하는 범시민행동'의 대응

3월 15일 337개 시민단체와 161명의 개인이 참여한 '미투 운동과 함께하는 범시민행동(시민행동)'은 서울 한국프레스센터에서 출범 기자회견을 열고 "미투 운동 전반에 대한 통합적이고 집중적인 대응을 해나가겠다"며 "성차별적인 권력관계와 성폭력을 가능하게 했던 사회구조를 변화시키기 위해 노력하겠다"고 말했다. 이는 최근 미투에 대한 집단적 반발에 효과적으로 대응할 필요가 있다는 판단 때문이라고 이들은 설명했다.

시민행동 측은 "미투 운동을 계기로 그동안 한국 사회가 외면해왔던 성폭력 문제를 다시금 주목하게 되었지만, 미투 운동에 대한 반격 또한 매우 심각하다"며 "이런 시도에 단호히 대처하겠다"고 밝혔다. 이들은 "실제로 미투 폄훼 현상이 심각하게 나타나고 있다"며 미투 관련 발언 등을 종합하는 '미투 상황실'을 설치·운영하고, 관련 법 제도 개선을 위해 정치권을 압박하겠다고 밝혔다.

시민행동의 우려대로 실제로 성폭력을 당하고도 침묵할 수밖에 없던 여성들이 페미니즘의 부상으로 목소리를 내기 시작하면서 동시에 '백래시' 현상도 날로 심각해지고 있다는 분석이 나왔다. 미투에 대한 백래시 현상 중 대표적인 것으론 '정치 공작설'이 꼽혔다. 이에 대해 건국대학교 몸문화연구소 교수 윤지영은 "폭로하는 여성 뒤에 이를 조종하는 남성이 있다는 남성 중심적 정당정치 시각을 벗어나지 못하고 있다"고 비판했다.

'진짜 미투'와 '사이비 미투'를 나누는 경우도 나타나고 있는 것에 대해 문화평론가 손희정은 "사회에 만연한 성범죄가 일부 '괴물' 남성에 의해 일어나는 것이 아니라 선량해 보이는 교사·학자·아버지의 모습으로 나타난다는 사실, 성폭력이 여성에겐 당연한 일상이 돼왔었던 사실을 미투가 고발하고 있다는 점을 이해하지 못하는 현상"이라며 "'강간 문화'의 일상성을 부정하는 발언"이라고 지적했다.

'무고한 남성이 피해를 볼 수 있다'는 반박도 백래시의 일종으로 볼수 있다는 분석이 나왔다. '여성이 원인을 제공했다', '여성이 너무 예민하게 반응한다'는 식의 성폭력 통념이 '정치공작·사이비 미투' 프레임과 결합해 벌어지는 현상이었다. 이에 대해 윤지영은 "한두 명의 여성이 혼자 투사가 되던 예전과 달리, '강남역 살인 사건' 등을 거친 지금은 또 다른 피해자가 목소리를 공유하고 미투를 외치는 상황"이라며 "백래시는 미투가 한국 사회 남성들의 특권을 깰 수 있을 정도로 이미 위협적으로 변했다는 사실을 감지하면서 나타나는 반응"이라고 말했다.[4]

"보수 진영의 미투라면, 공작설을 들고 나왔을까"

3월 16일 사회비평가 박권일은 「나쁜 신호」라는 『한겨레』 칼럼에서 "김어준 씨는 최근 '미투' 운동에 대해 끊임없이 '공작설'을 끼얹는 중이다. 문제는 그 여파로 '미투' 고발자들이 모욕감을 느끼거나 위축될수 있다는 점이다. 이에 대해 이미 수많은 사람들이 비판했고 사과를 요구했다. 그러나 김씨는 끄떡도 하지 않았다. 그는 〈나꼼수〉 시절보다 더 큰 발언 권력이 되어 지상파 방송까지 진행하며 승승장구 중이다. 게다가 이명박 전 대통령이 검찰에 출석하면서, 그간 의혹을 제기해온 김어준 씨 등을 영웅으로 칭송하는 분위기도 보인다"며 다음과 같이 말했다.

"한편, 탁현민 청와대 행정관의 사례도 있다. 그는 저서들에서 여성 혐오적 표현을 거리낌 없이 사용해 여성들의 강한 비판을 받았으나, 사과만 했을 뿐 여전히 공직에서 물러나지 않았다.……이 모든 상황들이 강간 문화라는 문제에 있어 굉장히 나쁜 신호다. 이 상황들은 '착각'을 유발할 수 있다. '아하, 김어준 정도 발언은 괜찮구나'라는 착각, '사과만 하면 공직도 계속할 수 있네'라는 착각."

박권일은 더 고약한 착각은 따로 있다고 했다. "'거악과 싸워온 전사'들이니 '사소한' 흠결은 눈감아줘야지." 이것은 "해일이 밀려오는데 조개나 줍고 있다"며 개혁당 성폭력 사건을 조개나 줍는 부차적인 일로 만들어버린 유시민의 발언과 일맥상통한다는 것이다. "더구나 저런 착각은 '국가 경제에 기여했으니 재벌 회장님들 비리에 관대해도 된다'는 사고방식과 다를 바 없다는 점에서, 사회에 큰 해악을 끼치기 쉽다. 착각은 깨져야 하고, 나쁜 신호는 꺼져야 한다. 옳음에는 피아彼我가 없다."[5]

이 칼럼엔 수백 개의 악플이 달렸는데, 상당 부분은 늘 그렇듯이 『한겨레』를 비난하는 것들이었다. 신문의 기본적인 메커니즘을 모르는 것도 아닐 텐데, 그리고 민주주의는 다양성, 아니 적어도 진보 내의 다양한 생각과 발언을 존중하는 것일진대, 왜 『한겨레』 절독 운운하는지 참으로 알다가도 모를 일이었다.

"절독이 답. 김어준 격하게 응원합니다." "내가 이런 쓰레기 신문을 후원하고 있었다니."" 『한겨레』20년 보다 재작년에 끊었습니다. 스스로 자정되길 바랍니다." "우리 집 3군데『한겨레』10년 넘게 봤다 작년에 절독! 잘한 일이야 퉤!!" "그냥 다들 구독 해지하시라니까요. 사이트 들어와서 페이지뷰 올려주지도 마시구요. 그냥 상대를 마세요." "이 사람 칼럼을 읽고 오늘 30년간 구독해온『한겨레』를 절독 신청했습니다. 이 사람 자르고 연락 주면 다시 구독하겠다고 했고요." "한경오 같은 것들이 아무리 김어준을 까도 김어준의 영향력은 커진다. 국민은 진짜를 알아본다. 니들이 열등감에 폭발해서 발광하는 모습을 보니 즐겁고 뿌듯하다."

3월 17일『중앙일보』논설위원 양성희는 "미투가 집중된 진보 진영에서는 '정치 공작' 프레임으로 돌파를 시도 중이지만 쉽지 않아 보인다. 피해에 집중하기보다 진짜와 가짜를 가르며 피해자의 진의부터 따지는 태도가 지금껏 성폭력을 은폐·방조하는 첫 번째 기제였던 '가해자에 동조해 피해자 의심하기(피해자 꽃뱀론)'와 크게 다르지 않기 때문이다"며 다음과 같이 말했다.

"특히 '안희정도 가고 봉도사(정봉주)도 가고~'라며 거듭 공작설을 제기하고 있는 시사평론가 김어준 씨의 집착은 딱할 정도다. 만약 보수 진영에서 미투가 나왔다면, 공작설을 들고 나왔을까. '폭로하는 여성 뒤에는 사주하는 사람이 있다'는 공작설은 그 자체가 반여성주의적 발상이다. 김씨는 과거〈나꼼수〉시절에도 여성 비하적 발언으로 물의를 일으켰다. 그가 굳이 공작 운운 안 해도, 보수 진영의 미투가 덜하다고 청정 지역이라고 믿는 바보는 없으니 걱정 말기 바란다."[6]

"레드벨벳의 아이린에 분노하는 한국 남성들"

3월 18일 아이돌 그룹 레드벨벳의 아이린이 서울 강남구 삼성동 코엑스아티움에서 열린 팬 미팅에서 근황을 묻는 질문에 "최근 책을 많이 읽었다. 『82년생 김지영』을 읽었다. 또 기억 안 나는 책도 있다. 휴가 가서 책을 많이 읽었다"고 말했다. 그런데 팬 미팅이 끝난 뒤 아이린의 발언을 놓고 일부 누리꾼들이 인터넷 공간에서 황당한 논리의 공격을 펼치기 시작했다.

아이린이 『82년생 김지영』을 언급한 것을 두고 "페미니스트임을 선언했다"며 비난하고 나선 것이다. 이들은 인터넷 커뮤니티에 아이린의 사진을 찢고, 불태우는 모습이 담긴 사진을 올리기도 했다. 이들은 "왜 아이린이 지금처럼 예민한 시기에 페미니즘과 관련된 발언을 하는지 모르겠다"거나, 아이린의 발언에 대해 "실망스럽다. 탈덕(팬이 좋아하는 것을 그만둠)하겠다"는 등의 반응을 쏟아냈다. 논란이 계속되자 '아이린', '페미니즘의 뜻', '페미니스트' 등의 단어가 실시간 검색어 순위에 오르기도 했다.

이는 2018년 들어 일어난 이런 유형의 사건으론 세 번째였다. 1월 소녀시대 멤버 수영이 웹 리얼리티쇼 〈90년생 최수영〉에서 자신이 『82년생 김지영』을 읽고 어쩌면 스스로도 당연하게 여겨온 불평등과 차별을 인식하게 되었다고 말하자, 디시인사이드의 남성 유저들은 심한 인신공격을 퍼부었다. 2월엔 아이돌 그룹 에이핑크 손나은도 자신의 인스타그램에 'girls can do anything(여성은 뭐든 할 수 있다)'이라고 적힌 휴대전화 케이스 사진을 올렸다가 봉변을 당한 적이 있었다.

일부 극성 남성 팬들이 몰려와 페미니스트를 비하하는 표현이 담긴 악의적인 댓글을 달았다. 결국 손나은은 해당 게시물을 삭제했고, 소속사는 '쟈딕 앤 볼테르의 상품일 뿐'이라고 해명해야 했다.[7]

칼럼니스트 위근우는 「아이린에 분노하는 한국 남성들」이라는 칼럼에서 '일부' 한국 남성이라는 부족은 정말 쉽게 놀라고 쉽게 상처 받으며, 여성이 무엇이든 할 수 있다는 사실에 놀라서 펄쩍 뛴다고 했다. 그는 "한 개인이 한국 사회의 평균적인 여성상을 담담하게 그려내 베스트셀러가 된 소설을 읽은 게 싫고 읽었다고 말하는 게 싫다면, 생각의 자유와 발언의 자유를 인정하기 싫은 파시스트일 뿐이다"며 다음과 같이 말했다.

"아이린을 도덕적으로 비난하려면 공동체적인 규범을 전제해야 하며, 그걸 전제하는 순간 걸그룹 멤버도 공동체 구성원으로서 주체적으로 말하고 행동하는 게 당연하다는 걸 깨달아야 한다. 즉 자신의 내부 모순을 인식하고 고쳐야 한다. 이것이 이들 부족을 현대사회의 구성원으로 받아들일 수 있는 근거다. 그럼에도 이를 거부하거나, 혹은 여전히 이해하지 못한다면 결국 현대문명에 놀라지 않을 자기들만의 정글에 모여 부족의 순수성을 지키도록 할 수밖에. 요즘 논란이 되는 '펜스룰'이 이런 형태라면 아주 나쁜 것만은 아니겠다."[8]

"왜 여자가 이 책을 보면 지랄발광을 하나"

그러나 이 어이없는 사건은 『82년생 김지영』에겐 큰 행운(?)이었다. "책 내용을 몰라서 그러는데 알려주실 수 있나여?"라는 댓글이 말해주듯이, 많은 사람이 이 책이 어떤 책인지 궁금해하면서 한 온라인 서점에서 창사 이래 하루에 가장 많이 팔린 책이 될 정도로 판매가 급증했으니 말이다.[9] 댓글 중에서 가장 눈에 띄는 건 다음 댓글이었다. "민주당 금태섭 의원이 당에 책 돌리고 노회찬 의원이 이 책 대통령한테 선물할 때는 가만있던 것들이 왜 여자가 이 책을 보면 지랄발광을 하는데?"

금태섭과 노회찬뿐만이 아니었다. MBC 〈무한도전〉에서 얼핏 보인 유재석의 책상 위 올려져 있던 책도, 방탄소년단의 아르엠RM, 방송인 노홍철이 감명 깊게 읽었다고 밝힌 책도 바로 이 책이었다. 유명 서점 MD들은 추천도서로 『82년생 김지영』을 꼽았고, SBS는 그 제목을 빌려와 〈SBS 스페셜〉을 만들었고, JTBC는 〈한명회〉에서 책을 소개했다. 모두 다 아무 일도 없었다.

그런데 왜 아이린만 문제가 되었던 걸까? 굳이 답할 필요가 있을까? 만만해 보이는 상대를 골라 엉뚱한 분노를 토해내는 못난 작태를 하루이틀 본 게 아니잖은가. 언론은 이런 일이 생길 때마다 '○○○, 때 아닌 페미니스트 논란'이라는 표현을 고수함으로써 그런 못난 작태의 공범이 되길 자청했다. 이에 대해 이승한은 "이제라도 잘못 쓰인 헤드라인들을 다시 고쳐 쓸 때다"며 다음과 같이 말했다.

"아이린은 '때 아닌 페미니스트 논란'을 겪은 게 아니라 '남성 우월주의자들에게 사이버 불링'을 당했다. 손나은 또한 '때 아닌 페미니스트 논란'을 겪은 게 아니라 '남성 우월주의자들에게 사이버 불링'을 당했다. 그들이 정말로 페미니스트인지 아닌지는 문제의 본질이 아니며, 젊은 여성 연예인이 조금이라도 자신과 다른 목소리를 내려 하면

애먼 포토카드를 잘라서 인증하고 사진에 불을 지르며 소셜미디어 계정으로 몰려가 악성 댓글을 퍼붓는 남성 우월주의자들의 폭력이 문제의 본질이다."[10]

『82년생 김지영』에 대한 백래시

이렇듯 『82년생 김지영』이 화제의 중심에 서면서 "남자들의 삶도 조명하자"는 목소리가 터져나오고 있었다. 이미 2월에 출간된 『82년생 김지영 그리고 74년생 유시민』은 "나는 개돼지였다"는 자조로 시작한다. 소설을 쓴 74년생 이상윤은 "'82년생 김지영'보다 훨씬 힘든 세대가 있음을 알려주고 싶었다"고 말했다. "74년생인 지금의 40대 남성은 20대 취업 시기에 IMF를 맞았고, 결혼과 자녀 양육의 고비인 30대에 세계 금융위기를 겪었으며 이후에도 '뜯어 먹히기만 하는'" "고독한 세대"라며 "친구 중 40대에 명예퇴직하고 치킨 집을 열었지만 잘 안 되거나 지금껏 아르바이트로 연명하는 경우도 많다"고 덧붙였다.

3월 20일 인터넷 모금 사이트 텀블벅에는 "남자라서 양보하고 남자라서 무거운 거 들며 자란 평범한 90년생 남자"라며 "실제 경험을 기반으로 이뤄진 단편 소설을 준비했다"는 내용의 글이 올라왔다. 1990년대에 태어난 남성 김지훈의 삶을 추적하는 패러디 소설 『90년생 김지훈』을 내겠다고 후원을 요청한 것인데, 소설 목차에는 '전쟁 중인 나라, 의무는 남자들만', '왜 황금 연휴 전날에 동시에 생리해요?' 등이 담겨 있었다. 하지만 텀블벅 측은 "사회적 약자인 여성에 대한 혐오를 조장할 위험이 있다"는 이유로 거부했다.

이런 백래시에 대해 여성들은 어이없다는 반응을 보였다. 특히 『90년생 김지훈』과 같은 해에 태어난 여성들은 한마디로 '기가 차다'고 했다. 신지수에 따르면, "'김지훈'이 90년도에 태어나 남자라는 이유로 양보하고 무거운 것을 들면서 자라야 해서 힘들었다면, 동년배 여성들은 태어나는 것부터가 전쟁이었기 때문이다. '백말띠 여자애는 팔자가 드세다'라는 속설 탓에 당시 여아 낙태가 많았다는 건 이미 수차례 보도됐다. 실제 1990년은 116.5라는 역대 최악의 성비를 기록한 해다. 무사히 태어나도 '90년생 여자'는 주홍글씨처럼 여성들을 따라다녔다."[11]

3월 21일 서울대학교 페이스북 대나무숲(익명 페이지) 계정에는 소설 『82년생 김지영』 속 남편 '79년생 정대현'을 다룬 게시글이 올라왔다. 이 글은 "한국 남자이기 때문에 겪는 차별과 피해를 79년생 정대현의 인생에 전부 때려 박아 쓴다면 대충 이런 내용이 나올 것 같다"며 여러 내용을 열거했다.

'100일 때—정대현 씨도 여느 남자아이들처럼 고추를 활짝 드러내 놓고 사진을 찍었다', '군복무 때—정대현 씨는 군대에서 인생의 쓴맛 더러운 맛을 모두 봤다. 유격 훈련받다 허리를 삐끗해 의병 제대했다. 허리디스크는 정대현 씨의 평생 동반자가 됐다', '지하철 탈 때—정대현 씨는 주말도 쉬지 못하고 계속되는 야근에 몸이 파김치다. 퇴근길 지하철에서 망설이다 임산부 배려석에 앉았으나 누군가 사진을 찍어 올려 전화에 불이 났다'는 내용이었다.

그리고 나서 글쓴이는 이런 질문을 던졌다. "만약 이렇게 남성으로 겪는 차별만을 응집시키고, 여성은 남성의 희생으로 편익만 누리는 존재로 묘사하는 소설이 출판된다면 남성 인권의 성서로 추앙받을 수 있을까?"[12]

트위터와 페이스북에는 '미투, 페미니즘, 남성 차별을 미러링한다'고 소개한 미투 계정인 '유투Youtoo'가 생겼다. 이 계정 운영자는 "성범죄 무고죄로 인한 피해를 고발하고 남성이 당하는 차별을 공론화하겠다"고 밝혔다. '유투'는 '너도 폭력을 저질렀다'는 뜻으로, 이 운동은 여성들의 미투 운동을 비꼬기 위한 것이었다.

그런가 하면 일부 남성들이 미투 운동에 공감한다면서도 "미투 운동이 아쉬운 방향으로 흐른다", "페미니즘은 이런 점이 잘못됐다" 등 훈수까지 두는 등 '페미니즘 전문가'를 자처하는 일도 벌어졌다. 여성들은 미투 운동에서조차 발언권을 쥐려는 남성에 대해 불만을 토로했다. 그간 남성 중심 구조에서 '객체'인 여성이 '발화의 주체' 자리에 어렵사리 올라섰다는 미투 운동의 의의에 어긋난다는 것이다.

이러다 보니 '맨스플레인'에 빗댄 '미투플레인metooplain'이라는 신조어도 생겼다. 건국대학교 몸문화연구소 교수 윤지영은 "미투플레인은 남성이 단 한 번도 성차별·성폭력을 가해하거나 방관한 적 없는 객관적 관찰자인 양 미투 운동에 자신의 말을 얹으려 하는 것"이라며 "시대의 요청을 읽지 못하는 것이고, 심한 경우 2차 가해가 될 수도 있다"고 우려했다.[13]

"오빠가 허락하는 페미니즘? 무식한 소리 마라!"

3월 22일 오전 9시 22분부터 23일 오후 7시까지 33시간 38분간 서울 청계광장에서 '2018분의 이어 말하기' 행사가 열렸다. 340여 개 여성·노동·시민단체로 구성된 '미투 운동과 함께하는 범시민행동'이 마련한 이 행사는 온라인 혹은 오프라인으로 신청한 참가자들이 성폭력 피해 경험을 토로하고 위로받는 자리였다. 이 현장을 취재한 『프레시안』 기자 성현석은 다음과 같이 말했다.

"평생 숨겼던 상처가 광장에서 드러날 때마다, 펜을 잡은 손에서 힘이 풀렸다. 가족으로부터 겪은 성폭력, 강간으로 인한 임신과 출산, 성희롱에 맞서니까 돌아온 보복……. 광장에서 마이크를 든 여성들의 사연은 중년 남성 기자의 상상 범위를 가뿐히 넘어섰다. 동시에 광장은 거대한 발전소였다. 상처가 드러날 때마다 격려와 박수가 터져나왔다. 그때마다 찌릿찌릿, 새로운 전기가 참가자들을 휘감았다."

청계광장 한쪽에는 참석자들의 글이 적힌 길이 25미터 대형 게시판이 세워졌다. 게시판에는 직장, 학교, 학원 등에서 겪은 성추행 사례가 적나라했다. "도둑질은 하지 말아야 한다면서 왜 강간은 피해자가 예방해야 하는 문제라고 해야 하는가." "나는 회사의 꽃·치어리더·꽃뱀·기쁨조도 아니다." "어리고 예쁜 신입 간호사의 허리는, 무릎은, 가슴은 왜 자유롭지 못한가? 그것도 늙은 60대 원장의 손에, 40대 과장의 손에, 30대 레지던트의 손에. 직장에선 일만 하고 싶습니다." "오빠가 허락하는 페미니즘? 무식한 소리 마라!" "여성 인권이 높아지면, 남성도 더 살기 좋아집니다."[14]

정봉주를 언급한 것도 아니니 그냥 넘어가도 좋으련만, 『프레시안』과의 전쟁에 돌입한 정봉주 지지자들은 이 기사에 대해서도 온갖 악플 공세를 폈다. "니들이 미투를 논할 자격이 있냐? 미투를 똥통에 빠뜨린 것들이." "『프레시안』은 미투를 정치적 공작의 무기로 악용하는 쓰레기 아닐까요?" "얼마나 특권층으로 평탄 편안한 인생을 살았으면, 뽀뽀 미수로 사람 하나 죽이려 달려드나 싶더라. 보통 여성의 삶은 그런 정도는 어떻게 처신할지 나름의 방식도 있을 정도로 일상다반사란다. 경중을 못 가릴 만큼 세상을 모르는지 인생을 모르는지, 『프레시안』은 유치원생 집단이냐. 인생 쓴맛이라곤 모르는 특권층 자제들의 놀이터 언론이냐."

한국여성민우회 대표 김민문정은 "만연한 성차별·성폭력을 2018년에는 끝내자는 의미로 2018분 동안 해보자 했지만 과연 그 시간이 채워질까 걱정이 없지 않았다. 그런데 한순간도 끊이지 않고 193명의 이야기로 2018분은 채워졌다. 시간이 모자라 순서를 기다리다 돌아가거나, 현장에 오지 못하니 대신 읽어달라고 보내온 많은 글들이 읽히지 못하고 남았다"며 다음과 같이 말했다.

"'이어 말하기'를 통해 확인한 놀라운 사실은 10대에서 70대까지 세대와 사회·경제적 차이에도 불구하고 여성들의 경험은 너무나 비슷했다. 연루된 사람도 너무 많았다. 이는 한국 사회에 성차별과 성폭력이 생활방식으로 공고화되었으며 이 단단한 구조 속에서 그 누구도 자유로울 수 없음을 의미한다."[15]

게임업계의 '페미니즘 사상 검증'

이즈음 게임업계에서는 '페미니즘 사상 검증'이 동시다발적으로 이루어지고 있었다. 게임 이용자들이 '여성' 이슈를 게시한 게임 캐릭터 원화가 등에 대해 '남성 혐오 세력'이라며 '메갈리아'라고 낙인을 찍는 식이었다.

3월 26일 IMC게임즈 대표 김학규가 온라인 게임 〈트리 오브 세이비어〉의 게시판에 원화가 ㄱ씨와의 면담 결과를 올린 것이 논란이 되었다. 일부 게임 이용자들이 ㄱ씨가 여성인권단체인 '한국여성민우회' 계정과 페미니즘 연구 소개 사이트인 '페미디아' 계정을 팔로우하고 '한남'이란 단어가 들어간 다른 사람의 SNS 글을 리트윗했다며 "ㄱ씨를 퇴출시켜야 한다"고 주장한 것에 대한 답이었다.

김학규는 게시판에서 "사회적 분열과 증오를 야기하는 반사회적인 혐오 논리에 대해서는 적극적인 방지와 대응이 필요했기 때문에 해당 원화가와 면담을 진행했다"며 "정말로 그런 생각을 바닥에 깔고 작업하는 사람이라면 동료로서 같이 일하는 것이 곤란할 수 있겠다고 생각했다"고 밝혔다.

이어 김학규는 ㄱ씨와의 면담 내용을 공개했다. ㄱ씨가 "(여성민우회가) 예전에 문제가 됐던 생리대 문제, 성폭력과 관련된 문제를 다룬다고 생각해 깊게 생각하지 않고 팔로잉을 했다. 그 당시 (여성 인권 관련 사건과 관련한) 판결이 부당하다고 생각했기에 ('한남'이란 단어가 들어간 글을) 리트윗했다. 한남이란 단어가 들어가서 리트윗한 것이 아니었다"고 답했다는 것이다. 김학규는 "면담 결과 ㄱ씨는 메갈리아(한국 사회의 여성 혐오를 비판하는 인터넷 커뮤니티)의 주장이나 가치에 동의하지도 않고, 그런 활동에 동참한 적도 없는 평범한 사람"이라며 "민감한 사회적 이슈에 대한 무지나 무관심에서 비롯된 것으로 판단된다"고 밝혔다.

이에 SNS상에서는 회사 대표가 직원을 상대로 페미니스트 여부를 가리는 사상 검증에 나선 것이라는 비판이 일었다. 게임개발자연대 사무국장 김환민은 "2016년 게임 〈클로저스〉의 성우 김자연 씨가 '여성들은 왕자를 필요로 하지 않는다'고 쓴 티셔츠를 입은 인증샷을 남겼다가 녹음 작업에서 하차한 일이 있었다"며 "게임계에 만연한 여성 혐오 문화가 단적으로 드러난 사례"라고 말했다.[16]

한국여성민우회는 "IMC게임즈의 노동권 침해 및 페미니즘 사상 검증을 규탄한다"는 성명서를 발표했고, 민주노총은 "IMC게임즈는 여성 노동자에 대한 페미니스트 사상 검증과 전향 강요를 중단하라"는 성명서를 발표했다.[17]

반면 평론가 박가분은 "여성민우회는 이러한 게이머들을 비난하는 성명 중간에 '너희들의 세계를 부술 것이다'는 슬로건을 차용했다. 너희들의 세계를 부수겠다고? 당신들이? 무슨 수로? 당신들이 〈소울워커〉를 망하게 할 수 있단 말인가? 게이머들은 이러한 도발에 대해 다음과 같이 대답하면 그만이다"고 했다. "反메갈은 돈이 된다."[18]

"나도 메갈인데 나는 왜 무사한가?"

이에 대해 도우리는 "'메갈=페미니즘 옹호자'라면, 반메갈이 돈이 된다는 것은 '인종주의는 돈이 된다'처럼 '혐오는 돈이 된다'라고 주장하는 것과 같다"고 비판했다. "갑질의 대표 사례인 '땅콩 회항' 사건도 돈만 많으면 사회적 합의를 무시하고, 밥줄을 인질 삼아 기분대로 하겠다는 발상이 문제가 아니었나. 구매권을 시민권과 혼동하는 논리적 오류 때문이 아니었나. 반메갈은 혐오를 향해 회항하는, 전근대적인 갑질 행위다. 반메갈은, 혐오는 돈이 될 수는 있다. 하지만 그것이 가능한 사회일수록 부당한 사회다. 반메갈이 돈이 되는 것은 해가 된다."[19]

진중권은 「나도 메갈인데 나는 왜 무사한가?」라는 글에서 김학규의 게시물을 읽고 '충격을 받았다'며 "마치 중세의 종교재판을 보는 듯하다"고 했다. 그는 "결국 이 심문 끝에 작가는 자기가 짓지도 않은 죄를 회개하는 사과문까지 발표해야 했다. 한마디로, 인터넷 파쇼 깡패들이 한 여성의 인권을 철저히 짓밟아버린 것이다. 이게 뭐 하는 짓인가? 성추행만 있는 게 아니다. '미투' 운동의 와중에도 일상에서는 이렇게 인권유린·인권침해가 버젓이 저질러지고 있다. 저 온라인 깡패들의 행패를 언제까지 방관해야 하는가?"라면서 다음과 같이 말했다.

"그런데 황당한 사실이 하나 있다. 내 경우에는 과거에 트위터를 할 때 '리트윗'이나 '좋아요' 정도가 아니라, 아예 마초들 조롱하는 메갈성 글들을 수도 없이 써서 올렸다. 예를 들어 '수백 개가 모여 비비꼬아야 손가락 굵기가 될 실XX들이 자들자들 흥분한다.' 거의 이런 수준의 글들이었다. 그뿐인가? 어느 일간신문의 칼럼을 통해 아예 '나도 메갈이다' 선언까지 하고 다녔다. 그런데 이상하지 않은가? 그렇게 메갈질을 대놓고 하고 다녔는데도 나를 쫓아내겠다고 덤벼드는 기백 있는 '실XX'는 하나도 없었다. 그 많던 실XX들은 다 어디 갔을까?"

이어 진중권은 "왜 메갈도 아닌 여성들은 곤욕을 치르고, 아예 메갈 선언을 하고 다닌 나는 무사할까? 간단하다. 나는 '남자'이기 때문이다. 한심하지만, 다른 한편 안쓰럽기도 하다. 자기보다 강한 권력에 이리 치이고 저리 치이고, 그래도 이 마초 사회에서 여성보다 큰 권력을 가졌다는 우월감 하나로 견뎠는데, '메갈'이니 '페미'니 이상한(?) 여자들이 나타나 그 마지막 위안까지 무너뜨리려 하니, 맘속으로 도저히 용서가 안 됐을 게다"며 다음과 같이 말했다.

"그거 아는가? 일본에서 신분제를 철폐할 때 제일 반대한 게 귀족이 아니라 평민들이었다는 것. 왜 평민들이 신분제 철폐에 극렬히 저항했을까? 그 이유가 예술적이다. 신분제를 철폐하면 자신들이 천민들을 차별할 수 없게 된다는 것이다. 이와 뭐가 다른가? 참 못났다. 이 사건을 국가인권위원회에서 조사해주었으면 하는 바람이다."[20]

"정봉주 전 의원의 '거짓말'이 남긴 것"

3월 28일 그간 치열한 공방이 이루어졌던 정봉주 사건이 결정적인 반전을 맞았다. 정봉주는 그간 문제의 렉싱턴 호텔에 간 적이 없었다는 주장을 강력하게 펼쳐왔는데, 그곳에서 사용한 신용카드 결제 내역이 드러난 것이다. 정봉주는 이 사실을 스스로 밝히면서도 "사건에 대한 기억이 전혀 없다"고 말했다.[21]

정봉주는 자신의 성추행 피해를 처음 보도한 인터넷 매체『프레시안』에 대한 고소를 취소하는 동시에 정계 은퇴 뜻을 밝혔지만, 이 사건이 그 정도로 가라앉기엔 파장이 너무 컸다. 정봉주는 물론 그를 옹호한 김어준에게도 비판이 쏟아졌다.

김어준은 SBS 〈김어준의 블랙하우스〉 22일 방송에서 "자신과 특수 관계에 있는 정봉주 쪽에서 제공한 사진을 가지고 정봉주 쪽의 알리바이를 뒷받침하는 취지의 보도"를 했다.[22] 〈김어준의 블랙하우스〉 시청자 게시판에는 "김씨가 친구를 구하기 위해 지상파 방송을 이용했다"며 프로그램 폐지를 요구하는 비판이 줄을 이었다.

『중앙일보』는 「2차 가해, 거짓말…피해자 두 번 울린 정치인의 몰락」이라는 사설에서 "그간 정 전 의원은 정치적 배후 운운하며 피해 여성을 거짓말쟁이로 몰아붙였다. 전형적인 2차 가해다. 그와 가까운 김어준 씨는 자신이 진행하는 SBS 〈블랙하우스〉를 통해 당일 찍은 사진들을 공개하며 정 전 의원의 알리바이라고 주장하기도 했다. 이 모두가 거짓으로 드러난 것이다"며 다음과 같이 말했다.

"이로써 문재인 정부 첫 특별사면을 받아 재기를 노렸던 정 전 의원의 계획은 수포로 돌아갔다. 그러나 그의 개인적인 몰락과 별개로, 그의 뻔뻔한 행태가 준 실망이 너무도 크다. 무엇보다 마지막까지 피해자에게 사과하지 않았다.……더불어 이 사건을 포함해 미투 국면 내내 '정치 공작설'을 펴온 김어준 씨도 자신의 발언에 대해 책임 있는 태도를 보여야 한다."[23]

『한겨레』는 「정봉주 전 의원의 '거짓말'이 남긴 것」이라는 사설에서 정봉주가 "죄송하다"며 모든 공적 활동의 중단을 선언하면서도 성추행 주장은 인정하지 않았고 피해자에 대한 사과도 없었다는 점을 비판했다. 이어 사설은 "이 사건은 정치인의 신뢰뿐 아니라 미투 운동과

2차 피해 문제, 이를 바라보는 우리 사회의 엇갈린 시선, 언론 보도 등 많은 것을 곱씹어보게 한다"며 다음과 같이 말했다.

"이 사건을 두고 피해자의 #미투 동참을 마치 정치적 의도가 있는 것처럼 몰아가는 시선이 적지 않았다. 이런 식의 '2차 가해'가 이어지는 분위기에선 앞으로 성폭력 피해자들이 용기 있게 나서기를 기대하긴 어려울 것이다. 특별한 근거도 없이 '정치적 음모론'을 주장하는 건 그 의도와 별개로 미투 운동의 가치를 훼손할 뿐이다."[24]

지긋지긋한 『한겨레』 절독 타령

그간 정봉주를 옹호했던 사람들은 좀 머쓱해할 것 같았는데, 『한겨레』 사설에 달린 댓글들엔 변함이 없었다. 여전히 정봉주를 옹호할 뿐만 아니라 『한겨레』에 대한 욕설 일변도였다.

"『한겨레』는 개소리 그만해라. 글쓴이는 7년 전에 뭐 했는지 기억하나? 기억 못하면 거짓말인가?" "기레기 수준하고는. 누군지 모르는데 어떻게 2차 피해를 입히냐? 머리를 액세서리로 달고 다니는 한걸레 기레기들 같으니라고." "정봉주가 한 거짓말보다 『프레시안』이 한 거짓말이 적어도 10배는 많습니다. 『프레시안』이나 한걸레나 기레기들 현주소를 그대로 보여주는 사설입니다." "암만 양보해도 뽀뽀 미수 사건이다. 정봉주의 처신은 차치하고, 언로를 장악한 〈나꼼수〉 멤버들에 대한 정통 일보 『한겨레』의 질투와 신경질을 보는 것 같아 오히려 애잔하기까지 하다."

그러나 이런 악플에 굴하지 않고 『한겨레』 기자 김지훈은 「정봉주,

김어준, 사과하라」는 칼럼에서 사과하지 않는 정봉주와 김어준의 태도를 비판했다. 그는 "두 사람을 비판하는 글을 쓰는 건 부담스러운 일인데, 나도 그의 지지자들에게 어떤 해를 입지 않을지 걱정이 된다"며 다음과 같이 말했다.

"제3자인 기자도 이 정도인데, 피해자인 안젤라 씨가 겪어야 했던 어마어마한 2차 피해와 심리적 부담감은 어느 정도였을지 감히 짐작하기조차 어렵다. 그런데도 그가 공직에 적합하지 않은 사람이 공직을 맡는 것을 저지하는 공익적인 목적으로 고발에 나서준 것에 깊은 존경의 뜻을 표하고 싶다. 그의 희생 이전으로 돌아가지 않도록 하는 것이 이제 우리가 해야 할 일이다."[25]

아니나 다를까. 이 기사에도 악플이 주렁주렁 매달렸다. 그래도 말이 안 되는 논리일망정 "그들이 목숨 걸고 사회정의를 위해 싸울 때 기자님은 뭐하셨는지 궁금합니다"라거나 "이들은 당신네들 기자들보다는 이 사회가 정의로운 사회로 가는 데 공로가 훨씬 큰 사람이오. 도대체 누가 누구에게 단죄를 합니까. 부끄러운지 아시오"라는 댓글은 양호한 편이었다. 그 지긋지긋한 『한겨레』 절독 타령은 여전했다.

"참는 데에도 한계가 있어 저는 30년 구독 방금 끊었습니다. 제 구독료가 이런 기자 봉급 나간다는 게 참을 수 없네요." "이런 기사를 보려고 내가 『한겨레』를 10년 만에 다시 구독했나. 자괴감이 드네. 그냥 끝내리. 내가 뭐 머리 아프게 이런 기레기 같은 글을 보고 있나." "그동안 혹시나 했지만 『한겨레』에는 이제 더이상 기대할 것이 없다는 것을 깨달았다. 이제는 내 구독료는 안 들어가니까 광고주 돈 받아서 쓰레기 기사를 쓰던 말던 혈압 올리지 않아도 되겠다."

사실 이런 『한겨레』 절독론'의 원조는 유시민이었다. 그는 8년 전 해학과 풍자를 담는 「한홍구-서해성의 직설」 난에 쓰인 '놈현 관장사'라는 표현을 문제 삼아 『한겨레』 절독'으로 압박하면서 『한겨레』 1면에 사과문을 게재케 하는 '놀라운 승리'를 거둔 바 있었다. 그가 대단한 '인플루언서'라는 데엔 의심의 여지가 없겠지만, "진보 언론 못 해 먹겠다"는 말이 나오게끔 만든 장본인이기도 했으니 참으로 딱한 일이다. 오죽 답답했으면 당시 『한겨레』 기획위원이었던 홍세화는 다음과 같이 말했을까.

"흥미로운 일은 스스로 진보라고 말하는 사람의 『경향신문』이나 『한겨레』를 절독하겠다는 소리는 종종 듣는 데 반해 스스로 보수라고 말하는 사람의 '조중동'을 절독하겠다는 소리는 듣기 어렵다는 점이다. 이 점에 대해 '진보는 분열로 망한다'는 말이 적용될 듯싶지만, 나는 그보다 한국의 이른바 진보 의식이 성찰과 회의, 고민 어린 토론 과정을 통해 성숙하거나 단련되지 않고 기존에 주입 형성된 의식을 뒤집으면 가질 수 있는 데서 오는 경박성, 또는 섬세함을 통한 품격의 상실에 방점을 찍는다."[26]

결국 이런 비극의 책임은 나라를 엉망진창으로 만든 이명박·박근혜 탓으로 돌려야 할지도 모르겠다. '진보 언론 절독론'을 부르짖는 사람들은 늘 그 말도 안 되는 정권들과 비교하면서 자신들의 정당성을 부르짖으니 말이다. "너 그때 뭐했어? 우리보다 더 열심히 싸웠어?"

"대중이 정봉주를 속인 것이다"

"정봉주가 멤버들과 함께 대중을 속인 건가? 아니다. 외려 대중이 그를 속였는지도 모른다. 정봉주가 한 거짓말은 외려 대중이 만들어줬다. 폭로가 나오자 그의 행적에 관한 자료나 기록을 찾아 그에게 전해준 것은 대중이었다. 그들은 당사자보다 더 적극적으로 알리바이 확보에 나섰고, 당사자보다 더 격렬하게 피해자와 『프레시안』을 공격했다."

진중권이 『오마이뉴스』에 기고한 「정봉주 '미투' 사건의 재구성」이라는 글에서 한 말이다. 사이버 시대의 정치가 드러내 보인 어두운 면을 날카롭게 짚은 이 글에서 진중권은 "정봉주가 대중을 속인 게 아니다"고 단언한다.

"대중이 정봉주를 속인 것이다. 즉, 대중은 정봉주를 속여서라도 그에게 계속 속고 싶었던 것이다. 왜? 자기들의 우상이 무너져내리는 것을 심리적으로 받아들일 수가 없으니까. 대중은 우리가 생각하는 것처럼 멍청하지 않다. 그들은 우리가 생각하는 것 이상으로 멍청할지도 모른다."

이어 진중권은 "〈나꼼수〉 멤버들은 왜 그의 거짓말을 말리지 않았을까? 그들의 표현을 빌면 왜 그를 '믿어'줬을까? 정말로 기억이 안 나서? 네 사람이 우연히 동시에 단체로 동일한 허위 기억을 가질 수는 없다. 혹시 자신들을 이익 공동체라 생각했을까? 하긴, 〈나꼼수〉 브랜드로 묶인 이상 한 멤버의 추문이 다른 이들에게까지 피해를 끼치게 된다. 그래서 공동의 이익을 위해 그 일을 함께 묻으려 했는지도 모른다"며 다음과 같이 말했다.

"하지만 그보다 중요한 것은 이들의 독특한 철학일 수도 있다. 거기에 따르면, 입진보들은 도덕적 결벽성에 빠져 동지의 뒤통수나 치며 이적행위만 하나, 실천하는 진보는 같은 진영 사람이라면 잘못을 한다 해도 내치지 말고 적 앞에서 끝까지 감싸준단다.……이 철학의 바탕에는 '진영 멘탈리티'가 깔려 있다. 아마도 그들이 정봉주를 감싼 동기 자체는 악하지 않을지도 모른다. 그들은 그저 '미투'로 인해 진보 진영이, 진보 정권이 적의 파상공격을 받아 무너질까 두려웠을 수도 있다. 그 두려움에서 김어준의 '공작적 사유'가 나오고, 손혜원·정청래 전현직 의원이 그를 두둔하고, 조기숙 교수와 최민희 전 의원이 진짜와 가짜 '미투'의 감별사를 자처하고 나선 것이리라."[27]

진중권은 『경향신문』 인터뷰에선 "가해자와 피해자 중에서 피해자 편드는 건 당연하잖아요. 정 전 의원과 팬들은 변명을 하는 게 아니라 외려 피해자를 공격했습니다. 뽀뽀할 수도 있지 하는 식으로. '키스 미수 사건'이라고 말하는 이들에게 너도 정봉주 의원에게 키스 미수 당하면 기분 좋겠냐고 묻고 싶어요"라며 다음과 같이 말했다.

"한경오프를 공격하는 것도 그래요. 조중동도 아니고, 진보 언론도 아니고, 오직 〈나꼼수〉만 믿겠다는 거죠. 이 '꼼진리교'가 대중의 의식을 현저히 왜곡시켰어요. 상황이 2012년보다 더 나빠요. 그때는 사실이 아닌 거로 드러나면 수긍이라도 했는데, 이제는 수긍도 안 해요. 그냥 종교가 된 거죠."[28]

"우리는 서로의 펭귄이 될 거야"

3월 29일 이화여자대학교에서 학생 2,800여 명은 페미니즘을 상징하는 보라색 의상을 맞춰 입은 가운데 '당신과 우리를 위한 행진'이라는 집회를 열고 성폭력 가해 교수의 파면을 요구하며 미온적인 학교 당국의 대처를 비판했다. 이들은 19일과 22일 각각 조형예술대학 ㄱ교수와 음악대학 관현악과 ㅅ교수에게 상습적으로 성폭력을 당했다는 '#미투' 폭로가 잇따르자 시위에 나선 것이다.

당시 학생들은 성폭력 가해자로 지목된 교수의 사무실을 항의 쪽지로 가득 채우는 퍼포먼스를 벌여 화제를 모았다. 포스트잇에는 '성폭력 없는 우리 세상, 깨끗한 우리 이화를 위해', '방 빼', '범죄자와 교수는 양립할 수 없는 단어', '사죄하십시오' 등의 문구가 적혔다. 서울 성신여자대학교와 덕성여자대학교에서도 성폭력 가해자로 고발된 교수실 앞에 '포스트잇 대자보' 물결이 이어졌다. 학생들은 "직위 해제 부족하다", "증언으로 충분하다" 등의 문구가 적인 손팻말과 포스트잇으로 교수실을 포위했다.[29]

3월 30일 저녁엔 국민대학교, 서울대학교 등 8개 대학 학생들이 대학 내 反성폭력과 평등 문화를 위해 모여 활동하고 있는 '펭귄 프로젝트'가 서울 동숭동 마로니에공원에서 '대학 내 미투'에 연대하는 '함께 말하면 비로소 바뀐다' 집회를 열었다. 각자 발언이 끝날 때마다 학생들은 "우리는 서로의 펭귄이 될 거야"라고 외쳤다. 남극 펭귄들의 생존법인 '허들링huddling(한곳에 모여 서로의 체온으로 추위를 이겨내는 것)'처럼 '미투 연대'를 해나가자는 뜻이었다.[30]

덕성여자대학교 · 동덕여자대학교 · 성신여자대학교 · 이화여자대학교 등 서울 시내 4개 여대는 'ㅇㅇ여대_미투' 해시태그와 포스트잇을 활용해 서로 응원의 메시지를 보내고 '안전하게 미투하는 법'을 공유했다. 대학생 구지혜(19세)는 "교수님이나 선배가 하는 말이라 어쩔 수 없이 듣고 넘겼던 성적인 농담도 이제는 '아니다'라고 말할 수 있게 됐고 교수님들 스스로도 조심하려고 노력하는 것 같다"고 했다.[31]

미투를 통해 한 사람, 한 사람의 존재 자체가 서로에게 '용기'가 되었다는 평가도 나왔다. 대학생 양승연(19세)은 "처음 '미투'를 외친 분들 덕에 다른 폭로가 이어질 수 있었고 나도 이들을 보며 사회에 만연한 권력적 위계를 바꾸는 데 함께하겠다는 용기를 냈다"고 말했다. 국민대학교 의상디자인학과 J교수의 성추행 가해 사실을 언론에 알렸던 A씨는 "제보 전날 무서워서 벌벌 떨었는데 오히려 피해를 알리고 나니 주위에서 '괜찮냐'고 묻거나 '먼저 용기를 내줘서 고맙다'고 말해줘 마음이 편해질 수 있었다"고 털어놓았다.[32]

2차 가해를 양산하는 언론 보도

4월 4일 『한겨레』는 성폭력 피해자들에 대한 2차 가해를 양산하는 언론 보도의 문제점을 지적하는 특집 기사를 게재했다. 「(성폭력) 피해자 ㅇㅇㅇ 씨는 누구? 관심 뜨거워」. 언론은 성폭력 피해를 밝힌 '미투' 증언이 실시간 인기 검색어에 오를 때마다 이러한 제목의 기사들을 쏟아냈다. 문제는 자극적 제목만이 아니었다. 기사에 피해자 사진을 첨부하고, 피해 사실을 적나라하게 묘사하기도 했다.

２차 가해 소지가 다분했던 이 기사들을 보면, 대체로 기사를 쓴 기자 이름이 적혀 있지 않았다. 온라인 독자를 언론사 사이트로 끌어들일 '클릭 수'를 늘리기 위해 빠르게 송고하는 이른바 '어뷰징' 기사였기 때문이다. 『한겨레』는 언론사에서 '어뷰징'에 참여한 이들 5명과 전화·서면 인터뷰를 통해 인권침해적 보도가 반복되는 이유를 분석했다.

'어뷰징'에 참여한 기자들은 고민할 틈이 없었다. 하루에 써내야 하는 기사는 적게는 5건에서 많게는 50건에 달했다. 이렇게 많은 기사를 직접 취재해서 쓸 수 없으니, '짜깁기', '베껴 쓰기'는 필수였다. 실시간 검색어에 오른 키워드를 넣어서, 여러 기사를 조합해 하나의 기사를 만들어내는 식이었다. 기자들은 포털사이트에 일부 책임이 있다고 지적했다.[33]

취재·데스킹 등 '정상적인 과정'을 거쳐 내보낸 언론 보도들도 '어뷰징 기사' 못지않게 숱한 2차 가해를 양산했다. 현장 취재 기자들은 '2차 가해' 소지가 있는 보도는 주로 과잉 취재 경쟁과 관리자 지시 때문이라고 했다. 서울의 한 방송사에서 근무하는 ㅂ기자는 "(경쟁하다 보니) 한 명의 피해자에게 여러 건의 연락이 갈 때가 있다. 이 과정에서 2차 피해가 많이 양산된다"며 "'미투' 운동 이후 문화예술계에는 '기자 블랙리스트'처럼 피해야 할 기자 명단도 있다고 들었다"고 말했다. 한 종합일간지 ㅅ기자도 "취재를 하다 보면 신상 털기에 무감각해진다. 다른 기자들도 다 이렇게 할 거라는 생각이 든다. 집단으로 죄의식이 사라지는 것"이라고 말했다.

종합편성채널 ㅇ기자는 또 "성범죄 사건 보도가 경쟁 언론사에서 나오면, 비슷한 다른 사건 없는지 알아보라는 식의 분위기가 있다"며 "기사를 쓰는 과정에서 피해자 신원·피해 상황 등을 가리면 기사 요건을 갖추기가 어렵다는 생각을 하는 사건기자들이 많다. 이 때문에 다른 언론사에서 나온 기사를 확인해서 보도할 때 익명이었던 피해자의 성이라도 쓰게 된다. 누군가는 범행 장소나 범죄행위를 쓸 것이다. 결국에는 피해자가 점점 특정된다"고 말했다.[34]

"방관자들 공격이 최악의 2차 피해"

4월 5일 『참세상』은 "미투 운동이 한창인 요즘. 피해자들의 격렬한 목소리와 백래시가 힘 대결을 벌이고 있다"며 '미투가 부숴야 할 6가지 백래시 유형'과 대응 방안을 제시했다. (1) 미투 공작 정치 예언가형: "누군가 미투를 이용하고 있다!" (2) 미투 판관형: "이건 미투고, 저건 미투가 아니다!" (3) 2차 가해 모른다형: "떳떳하면 얼굴 까라!" (4) 상찌질형: "여자랑 어디 무서워서 얘기 하겠나" (5) 현실감각 제로 무사안일형: "법대로 해!" (6) 미투 저주형: "너희는 폭로성 운동의 한계를 맞이할 것이다!"

여섯 번째 유형과 관련, 이 기사는 "미투 운동의 가해자로 지목된 이들이 스스로 목숨을 끊는 일이 발생하자, 이 틈을 타 '폭로성 운동의 한계'라는 주장을 들고 나왔다. 이들은 미투 운동 자체에 문제를 제기하며 '미투가 살생부가 됐다'고 비난하기도 한다"고 했다. 페미몬스터즈 활동가 선아는 "왜 지금, 이런 방식으로 미투가 터져나오는지 성찰하지 않고 운동의 한계라고 이야기하는 건 또 다시 가해자 중심적인 사고로 돌아가는 것"이라며 "조직 내에서도 해결하기 힘들고, 법에도 기대할 수 없는 피해자들은 공론화를 선택해 성폭력 피해 경험을 이야기할 수밖에 없었던 것"이라고 말했다.[35]

4월 5일 오후 국가인권위원회 주최로 서울YWCA회관에서 열린 첫 '미투 운동 연속 토론회'에서 서울대학교 기초교육원 강의 교수 김수아는 온라인을 중심으로 퍼져나가는 '백래시'의 출발점은 젊은 남성 다수가 공유하는 "남성도 피해자"라는 믿음이라고 분석했다. 그런데 문제는 "자신을 '약자'라고 주장하는 남성들이 차별을 낳는 사회구조와 소수의 '권력자'들에겐 비판을 제기하지 않는다는 점"이었다. 남성들이 괴로운 이유는 자신보다 지위가 높은 남성 때문인데, 여성들을 탓한다는 것이다.[36]

4월 7일 서울 경의선 숲길에서 열린 미투 운동 지지 집회에서 한국성폭력상담소 활동가 오매는 "미투 이후 공연장 측에서 일방적으로 대관을 취소하는 바람에 이윤택 극단의 피해자 중 연극 공연을 못하게 된 사람들도 있다"며 "2차 피해를 막고 피해자들이 일상으로 돌아갈 수 있도록 하는 것이 이번 싸움의 요체"라고 강조했다. 이와 관련, 『중앙일보』는 「"쟤는 왜 혼자 오버야" 방관자들 공격이 최악의 2차 피해」라는 기사에서 다음과 같이 말했다.

"조직 내에서 퍼지는 '카더라 통신', 인사상 불이익, 따돌림 등 성폭력 피해자들이 겪는 2차 가해는 종류가 다양하다. 성폭력 범죄의 특성상 당사자의 고통은 크지만 눈에 보이는 가해의 물증은 거의 없다. 상황이 이렇다 보니 그동안 피해자들이 피해 사실의 공론화를 꺼리는 첫 번째 이유는 '2차 피해'였다. '미투' 운동으로 사람들은 연대의 힘을 체감했다. 그러나 피해자들이 맞닥뜨리는 2차 피해의 현실은 여전히 개인이 감당해야 할 몫으로 남았다."[37]

"TV에 만연한 성차별, 방송국에 만연한 성폭력"

4월 8일 『오마이뉴스』는 배우, 감독, 작가, 스태프, 엔터테인먼트 업계 종사자 등 현재 대중문화예술계에서 일하고 있는 여성 100명을 대상으로 실시한 설문조사 결과를 보도했다. 답을 보내온 39명 중 66퍼센트(26명)가 성폭력을 직접 경험했고, 46퍼센트(18명)가 목격했으며, 79퍼센트(31명)가 피해 사례를 들은 적이 있다고 답했다.

『오마이뉴스』 인터뷰에서 9년차 작가 A는 회의할 때 '왜 테이블에 가슴을 올려놓느냐'는 말이나, 시사할 때 여성 출연자의 얼굴-몸매에 대한 노골적인 품평, '여성 출연자가 많으면 자기들끼리 기 싸움 하느라 잘된 케이스가 없다'는 성차별적 발언도 그저 '숨쉬는 것처럼' 아무렇지 않게 남성들 사이에서 일상적으로 나온다고 말했다.

A는 "'성희롱 근절 캠페인' 관련 프로그램 제작을 위해 PD에게 사인을 받아야 했는데 '손 한 번 잡아주면 사인해주겠다'더라. 이 바닥은 그런 곳"이라고 냉소했다. 이어 "미투가 사회 문제로 떠오른 뒤에도 섹스할 때는 여성 상위로 해야 하고, 모텔비는 여자가 내게 해야 한다는 '미투 안 당하는 법'을 웃기지 않느냐며 보여주더라"며 허탈해했다.[38]

방송국에 만연한 성차별·성폭력 문화는 어떤 식으로건 TV에도 반영되기 마련이었다. 국가인권위원회가 한국방송학회에 의뢰해 2017년 지상파 방송과 종합편성채널에서 방영한 뉴스·시사토크·생활교

양·드라마·오락 프로그램을 대상으로 성차별 실태를 모니터링한 결과에 따르면, TV 시사토크 프로그램의 여성 진행자 비중이 10명 중 1명에 그치고 주요 뉴스를 주로 남성 앵커가 소개하는 등 국내 방송의 성 불균형이 심각한 것으로 나타났다.

앵커의 연령에서도 성별 차이가 컸는데, 남성 앵커의 87.8퍼센트가 40대 이상인 반면 여성 앵커의 80퍼센트는 30대 이하였다. 국가인권위원회는 "지난 10년간 방송통신심의위원회에서 양성평등 조항 위반으로 다룬 심의 안건은 74개에 불과했으며, 단 한 건도 법정 제재를 받지 않았다"면서 "방심위의 젠더 감수성 부재는 지속적으로 제기되는 문제로, 지난해 임기가 만료된 3기 방심위원 전원이 50대 이상 남성으로만 구성됐다"고 지적했다.[39]

여성학자 권김현영은 『오마이뉴스』 인터뷰에서 "한국의 대중문화 장場 전체가 문제 제기하기 어려울 정도로 남성 중심적이고 여성의 섹슈얼리티를 취급하는 방식이 천편일률적이다. 남녀의 발언권도 기울어져 있다. 여성 배우들은 조금이라도 나이가 들면 주요 배역을 맡기 어려워진다. 심지어 감독을 하라는 이야기를 듣기도 한다. 남자 배우들은 40, 50대에 꽃이 피면서 국민 배우가 되는데 여자 배우들은 '국민 엄마'가 되어야 한다"며 다음과 같이 말했다.

"여성 예능인이 아무리 많이 활약해도 쉽게 자리를 주지 않는다. 어떻게든 여성을 폄훼하고 비주류화하려는 문화가 전반에 깔려 있다. '보통 사람들의 평범한 도전'이라며 남자들끼리 노는 걸 '국민 예능'이라며 15년 동안 소비해왔다. 드라마에서는 (결혼과 출산이 당연한 일인 것처럼 여기는) '정상 가정'에 기반을 둔 이성애 로맨스를 대중들에게 주입시켰다. 미디어가 얼마나 남성 중심적이었는지에 대해 지금보다 많이 말해야 한다고 생각한다."[40]

'머리말'에서 지적했듯이, 대중 미디어는 가부장제 강화에 목숨 걸고 달려드는 막강한 권력이다. 이들의 재미 코드는 가부장제에 찌든 '대중 독재'의 지배를 받기 때문에, 다수 시청자를 존중한다는 명분하에 시청률에 목숨을 거는 기존 '문화적 민주주의cultural democracy'로는 결코 변화시킬 수 없다.

왜 공영 방송사들의 사장과 고위 간부들은 거의 100퍼센트 남자들이어야만 하는가? 여성이 사장이 된다고 해서 '시청률 독재'를 넘어설 수 있는 건 아니지만, 페미니즘 친화적인 재미 코드 개발을 위해서라도 방송사 상층의 인력 구성의 절반 이상은 여성으로 채울 필요가 있다. 여성 장관 몇 명보다는 이 변화가 훨씬 더 중요하니, 선거 국면에서 그런 공약을 내세우도록 모든 후보를 압박할 필요가 있겠다.

나는 왜 『며느리 사표』에 분통을 터뜨렸나?

슬픈 이야기지만, 강자를 미워하고 싸우는 것보다는 약자를 미워하고 싸우는 것이 쉽고 편하다는 건 분명한 사실이다. 평소엔 없던 정의감마저 솟아오르고 평소엔 해보지 않았던 사회에 대한 걱정마저 하게 된다. 강자에 대해선 전혀 발휘되지 않던 그런 생각이나 감정이 약자를 대상으로 할 때만 나타나는 건 우리 인간이 그 어떤 비참한 처지에 있더라도 '자존감으로 사는 동물'이라는 걸 말해준다.

강자와의 싸움은 승산이 없기에 무너져가던 자존감마저 죽여버리는 위험천만한 일이지만, 약자와의 싸움은 그런 위험이 없이 자존감을 회복할 수 있는 절호의 기회다. 이는 악플러의 심리와 비슷하다. 김찬호가 『모멸감』이라는 책에서 잘 지적했듯이, 평소 피해의식과 열등감에 시달리던 악플러들은 자신이 올린 글 한 줄에 다른 사람들이 동요하는 모습을 보면서 자존감의 주요 요소인 자기 효능감을 만끽한다.

"나는 너를 화나게 만들 수 있어"라거나 "내게도 이런 능력쯤은 있어"라는 식의 잘못된 자기 효능감을 만끽하기 위해 쉴 새 없이 악플을 올리는 악플러들의 인정 투쟁은 처절하거니와 불쌍하다. 하지만 그로 인해 고통 받는 사람들을 생각하면 천하의 몹쓸 짓으로 규탄 받아 마땅하다. 미투 운동도 초기의 충격 효과가 약화되면서 바로 이런 악플러들의 비뚤어진 '자존감 회복 운동'의 먹잇감이 되어가고 있었다.

그 와중에서 일어난 『82년생 김지영』에 대한 백래시는 너무도 어이없어 헛웃음마저 나오게 만든 사건이었다. 아마도 그 책을 읽어보지도 않은 사람들의 소행일 게다. 가부장제에 찌든 남자라도 그 책을 읽으면 화가 나야 정상일 텐데 말이다. 나는 『82년생 김지영』은 비교적 담담하게 읽었지만, 비슷한 이야기인 『며느리 사표』라는 책을 읽을 땐 분통이 터지는 경험을 했다.

『며느리 사표』는 '9남매 장남'인 시아버지, '3남매 장남'인 남편이라는 어마어마한 가부장제 대가족 장손의 아내로 겪은 실화를 기록한 책이다. 저자인 영주는 결혼 23년차 만에 며느리 사표를 쓰고 나서, 즉 사실상의 졸혼을 하고 나서, 다시 태어난 듯한 기적을 체험하게 되었다고 한다. 그렇다면 해피엔딩인데, 왜 나는 분통이 터졌던가?

시청자의 분노를 유발하는 재미로 인기를 얻고 있는 KBS 2-TV 〈안

녕하세요〉라는 프로그램이 있다. 저자가 〈안녕하세요〉에 출연했더라면 '만점'을 받았을 게 틀림없다. 예컨대, 이건 어떤가? 영주 부부는 결혼 3년 만에 처음으로 둘만 떠나는 여행을 제주도로 갔지만, 토요일 새벽 6시 서울에서 출발해 일요일 새벽 6시 비행기를 타고 서울로 돌아왔다고 한다. 이유는 단 하나. 남편의 '조기축구회' 때문이었다. 영주는 이번 한 번만 조기축구회를 빠져달라고 애원했지만, 남편은 들은 척도 하지 않았다나.

이 책엔 이런 이야기가 수두룩한데, 내가 분통을 터뜨린 대상은 남편이라기보다는 오히려 저자였다. 아니 왜 남편에게 "너나 가라 서울"이라고 대꾸하면서 혼자서라도 제주도 여행을 즐기지 못했을까? 실례이긴 하지만, 내 생각을 솔직히 말씀드리겠다. "아니 그런 남자하고 무엇 때문에 23년을 살았을까? 막말로 당해 싼 거 아냐?"

막말에 용서를 빈다. 그렇게 분통 터지는 경험을 했지만, 돈 이야기를 듣고선 생각을 바꾸었으니 너그럽게 이해해주시기 바란다. 저자는 6년에 걸쳐 작은 돈을 모아 2,000만 원을 마련했는데, 이게 결정적인 변화의 계기였다고 한다.

"여자들이 독립하려면 경제력이 첫째라는 말이 정말 실감이 났다. 이혼해서 혼자 살기엔 적은 돈이었지만 큰 힘이 되었다. 그 돈은 서서히 목소리를 내는 데 힘을 실어주었다.……돈은 '나의 에너지, 나의 힘'이 되었다. 나에게 2천만 원이 있다는 생각만 해도 든든했다. 그동안 느꼈던 두려움은 남편 없이는 살 수 없을 것 같은, 스스로의 힘으로는 살 수 없다는 아이 같은 의존에서 비롯된 것이었다."

아, 경제력 문제를 생각하지 못했던 나의 아둔함이여! 평소 이성적으론 알고 있었으면서도 분통이 터질 땐 미처 그 생각을 하지 못했다니, 이게 바로 남자의 한계인가? 가만 생각해보니, '오빠가 허락한 페미니즘'도 그런 것 같다. 그간 오빠의 말을 듣거나 타협하면서 해온 페미니즘은 결코 페미니즘이라고 할 수 없는 것이었다는 자각, 이게 바로 메갈리아에서 미투에 이르는 짧다면 짧고 길다면 긴 여정을 가능케 한 동력은 아니었을까? 이제 영주는 이전에 비해 기적과 같은 삶을 살고 있고, '오빠가 허락한 페미니즘'은 파탄 상태에 처하게 되었다. 아직 가야 할 길이 멀긴 하지만, 힘을 더 내자는 의미에서 박수를 쳐도 좋으리라.

제11장

▼

지그재그로 진보하는 역사

2018년 4~5월

"여성들에게는 이 상황은 재난이나 다름없다"

2018년 4월 18일 안희정 성폭력 사건 공동대책위원회(대책위)는 "피해자는 개인 정보 유출, 허위 사실 유포, 악성 댓글로 인한 2차 피해에 심각하게 노출되면서 일상에서 어려움을 겪고 있다"며 "조직적인 2차 피해에 대한 강력한 대응이 필요하다"고 밝혔다. 대책위는 "지난 3월 김씨의 미투 고백 이후 인터넷상에서 조직적인 2차 피해가 유포되고 있다. 가계정을 통해 매크로를 이용해 허위 사실이 조직적으로 유포되고 있다. 가해 내용이 안 전 지사 지지자로 알려진 인물들이 동조하면서 확산 속도가 거세지고 있다"고 주장했다.

또 "피해자의 사진을 악용하는 것은 물론, 가족에 대한 이야기나 모욕적 내용이 담긴 게시물을 여러 매체에 반복적으로 게시하고 있다"면서 "지난 3월 16일 전국성폭력상담소협의회 차원에서 2차 피해에 대해 서울경찰청 사이버수사대에 고발 조치를 했다. 하지만 수사가 신속하게 이뤄지지 않아 2차 피해가 여전히 심각한 상황이다"라고 했다.[1]

4월 19일 중앙대학교 교수 이나영은 『오마이뉴스』 인터뷰에서 "여성들에게는 이 상황은 재난이나 다름없다"며, 최근 대학, 대학원마다 페미니즘 클래스에 학생들이 몰리고 있는 것도 바로 그런 이유 때문이라고 했다. "그저 수강생이 늘어난 정도가 아니라, 이제 학부에 입학한 19~20살 학생 중에도 페미니즘 관련 지식을 상당히 쌓은 뒤 수업에 들어오는 학생들이 많다." 그는 "요즘 2030 여성들의 평균적인 인식이 상당히 성장했다"며 놀라워하면서 다음과 같이 말했다.

"이야기를 하다 보면 다들 비슷한 상처가 있고, 결국 통한다. 잊고 싶은 과거의 기억들이 자꾸 떠오르는 거다. 지금의 미투는 성폭력에서 살아남은 여성들이 이제 겨우 무덤에서 나와 떠들기 시작한 것이다. 남성들은 절박한 심정으로 이들의 말을 이해해야 한다. 하지만 죽었다 깨어나도 이해하지 못한다. 왜 자신들을 잠정적 가해자로 모느냐고만 발끈한다."

이나영은 "쉬운 언어로 설득하는 사람도 필요하지만, 혁명적 투사가 없다면 아무 소용없는 일"이라면서 과거 '꼴페미'로 불리던 자신이 '페미니스트 교수'로 불릴 수 있었던 데는 '메갈'이 등장했기 때문이라고 했다.

"메갈이 등장한 뒤 '꼴페미'라는 말이 사라졌다. 그리고 '꼴페미'라

불리던 많은 여성학자의 의견이 온건한 의견으로 받아들여지고 있다. 정의당과 민노당의 존재가 있으니 민주당이 온건 진보 정당으로 느껴지는 것처럼 말이다. 혁명적 투사의 존재가 그래서 중요한 거다. 모두가 온화하게 설득해봐야 세상은 꿈쩍도 하지 않는다. 항상 같이 가야 하는 거다. 그래야 사회가 나은 방향으로 조금씩 움직일 수 있는 거니까. 우리를 대신해 총알을 맞아가며 싸우는 사람들을, 여성들이라도 지지하고 이해해줘야 한다."[2]

"페미니즘 티셔츠 입었다고 해고당한 여성들"

4월 19일 한국여성민우회는 페미니즘 백래시와 관련해 182건의 사례를 수집하여, '라운드 테이블: 페미니즘 백래시, 그런 이유로 멈추지 않겠다'를 개최했다. 사례 분석 결과, 페미니즘에 대한 백래시를 하는 이들은 카카오톡 프로필 사진이나 상태 메시지, SNS 리트윗이나 마음 찍기, 티셔츠, 휴대전화 케이스, 책 등 일상의 사소한 물건이나 행동을 단서로 '메갈' 낙인을 시도하고 있었다. 그리고 이는 학교, 직장, 가족, 지역사회, 온라인에서 집단적인 괴롭힘의 단초가 되고 있었다.

페미니즘을 이유로 한 노동권 침해 사례는 14건이었다. 모아진 사례 중 게임 업종, 웹툰, 방송 등에 종사하는 경우 개인 SNS에 여성 인권 관련 내용을 올리거나 리트윗·좋아요 누르기, 여성단체 SNS 계정 팔로우 등을 했다는 이유로 계약 해지, 부서 이동 등 일할 권리를 침해받았다. 또한 게임, 웹툰 내에 소위 '메갈리스트'라는 블랙리스트가 떠돌고 있으며 이는 『나무위키』, 게임업계 커뮤니티 등에 유통되어 페미니스트 작업자들의 취업과 노동권을 위협하고 있었다.

개인 SNS 계정에 페미니즘을 공유한 것을 이유로 '직장 상사에게서 지적' 받은 경우도 있었고, '상사가 회식 때 따로 불러 페미니즘 글을 왜 쓰냐고 면박'을 받은 한 사례자는 조직 구성원의 고발로 조직 장 면담에 불려가기도 했다. 또한 SNS를 한 달가량 감시당하면서 직장에 개인 정보가 유출되고, 수습 기간 계약 종료 후 퇴사를 선택하라고 종용당한 경우, 페미니즘 티셔츠를 입고 있었다는 이유로 알바비를 받지 못하고 해고된 경우도 있었다.

또한 아르바이트를 구하는 면접 과정에서 '여성 인권에 관심 있다'라고 말하고 난 후 면접관은 '그런 사람은 따지기 좋아하지 않느냐, 그런 상황이 와도 그냥 입 다물라'라는 말을 듣고 면접에서 떨어진 경우, 이력서에 페미니즘, 여성 아동 교육 지원을 썼는데 면접관이 '분란의 여지가 있는 거 아니냐'고 말하고 채용 탈락된 경우 등 면접 과정에서 여성 인권, 페미니즘 관련된 질문을 받은 후 채용에서 불이익을 받은 사례가 다수 있었다.

특히 학교(중고등학교, 대학, 학원)에서 페미니즘을 이유로 한 학습권, 인권침해 사례(전체 사례 중 55퍼센트를 차지, 전체 사례 182건, 학교 내 101건)를 보면 가시적 불이익(퇴출, 하위 평가 반영 등), 언어폭력, 공동체 내 낙인으로 인한 고립 등 다양한 형태의 불이익이 만연하고 있음을 알 수 있었다.

그리고 페미니즘을 이유로 학교 폭력을 당하는 경우, 페미니즘 후드 집업을 입었다고 교무실로 호출당해 "페미니즘이 귀찮고 싫고 기분 나쁘다. 요즘 여자들은 너무 기가 세다"는 이야기를 듣는 경우, 『82년생 김지영』을 읽었다는 이유로 꾸중을 듣는 경우, 학내 오픈 채팅방에서 신상이 털린 경우도 있었다.

한국여성민우회는 이런 사례들을 제시한 후 "페미니즘 백래시로 채택하고 있는 방식은 '메갈' 낙인이다. 메갈 낙인찍기는 페미니즘에 대한 부당 행위를 정당한 폭력으로 만들어준다. 사회와 공동체, 행위자는 이를 문제없는 폭력이라고 인식하게 된다"며 다음과 같이 말했다.

"그러나 그럼에도 불구하고, 페미니스트로 더 목소리를 내고자 하는 여성들도 곳곳에 있었다. 그렇게 서로에게 용기가 되어, 그리고 더 말하는 것, 더 공부하는 것, 더 나를 드러내는 것, 그리고 더 많이 함께 소리 내는 것이 페미니즘 백래시에 꺾이지 않는 것이라는 것을 모아진 이야기들이 전하고 있었다."[3]

"수사 의지 · 수사 능력 · 공정성 결여된 '3무' 조사단"

법무부 성희롱 · 성범죄대책위원회(위원장 권인숙)가 법무 · 검찰 전체 여성 직원 8,194명을 상대로 실시한 우편 설문조사(3월 26일~4월 6일) 결과 발표에 따르면, 재직 중 성희롱이나 성범죄 피해를 경험했다고 답한 비율은 응답자(7,407명)의 61.6퍼센트에 달했다. 여성 검사는 응답자의 70.6퍼센트가 피해를 보았다고 답했다. 특히 재직 3년 이하 초임 검사도 응답자의 42.6퍼센트가 '피해 경험이 있다'고 밝혀, 성폭력 · 성희롱이 여전히 진행형이라는 점이 확인되었다. 권인숙은 "서지현 검사 사건이 빙산의 일각이었다는 점이 드러났다"며 이렇게 개탄했다. "여성 검사의 70%가 성희롱 · 성범죄 피해를 경험했다고 합니다. 검찰이 이 정도라면 우리 사회의 미래가 없는 것 아닌가요?"

4월 26일 검찰 '성추행 사건 진상 규명 및 피해 회복 조사단'이 활동을 종료하면서 발표한 조사 결과는 많은 여성에게 여전히 우리 사회에 미래가 없다는 걸 말해주는 것 같았다. 조사단은 서지현에 대한 성추행과 인사 보복 의혹 가해자인 안태근을 불구속 기소하고 또 다른 성추행을 저지른 혐의를 받는 6명의 전·현직 검찰 관계자를 재판에 넘겼다지만, 서지현이 인사 불이익을 받은 이유로 지목한 2014년 사무 감사가 부당했다는 의혹이나 성추행 피해를 폭로한 이후 자신을 둘러싼 음해 등 각종 2차 가해가 있었다는 의혹은 증거가 부족하거나 사실이 아니라고 조사단은 결론 냈으니 말이다

서지현의 대리인단은 즉각 보도자료를 내고 조사단은 수사 의지와 수사 능력, 공정성 등 3가지가 모두 결여된 '3무無' 조사단이며 활동 결과는 '부실 수사'라고 비판했다. 대리인단은 "조사단의 명칭만 봐도 직권남용이 아닌 '성추행'만을 대상으로, '수사단'이 아닌 '조사단'을 조직했다는 취지가 담겼다"며 "제대로 수사하지 않겠다는 가이드라인을 보여준다"고 꼬집었다.

대리인단은 서지현에 대한 서울고검의 2014년 사무 감사에 아무 문제가 없었다는 조사단의 결론도 신뢰할 수 없다고 했다. 단장인 검사장 조희진이 당시 서울고검 차장으로서 해당 사무 감사 결과를 결재했다는 점에서 오히려 조희진이 조사 대상이었어야 한다고 주장했다. 대리인단은 "(인사 보복 의혹과 관련해) 법무부 검찰국에 대한 수사는 최대한 신속했어야 하지만 골든타임을 놓쳤고, 안 전 검사장의 구속영장이 기각되자 별도의 보완 수사 없이 불구속 기소한 것은 책임

을 법원에 떠넘기는 게 아닌지 우려스럽다"고 지적했다.[4]

"저를 위해서라면 조용히 사는 게 행복한 길"

5월 1일 오후 국회 의원회관에서 열린 '서지현 검사를 지지하는 여성 국회의원 모임' 간담회에 참석한 서지현은 "수사 의지, 능력, 공정성 없는 부실 수사"라며 "심지어 피해자에게 2차 가해를 저지르고 있다"고 비판했다. 특히 조사단이 "서 검사 본인이 사건 당해와 지난해에도 사건화를 원치 않는다고 밝혀 진행하지 못했다"고 밝힌 데 대해 "허위 사실이며 전형적인 2차 가해"라고 반박했다. 서지현은 "이 말이 제게는 '우리는 지금까지도 아무렇지 않게 너를 음해하고 있다. 절대 검찰로 돌아오지 말라'는 메시지로 들린다"고 했다.

서지현은 "2차 가해가 두려워서 나오지 못하는 피해자가 너무나 많다. 검찰이 2차 가해자들을 제대로 수사해 처벌하는 모습을 보여줘야 한다고 5~6번 요청했는데 묵살당했다"고 했다. 그는 "박창진 전 대한항공 사무장이 조현아 씨 문제를 제기했을 때 동료들은 오히려 허위 진술을 했다더라. 그래도 그분이 진실을 말하고, 조직 내에서 버티는 모습을 보여주니까 지금은 '1,000명의 박창진'이 지금 나왔다"며 "저도 힘을 내서 진실을 이야기하고, 버티고 있으면 내부의 공포에 질린 이들도 진실을 이야기하지 않을까"라고 말했다.

서지현은 "저는 개인적인 한풀이를 하는 게 아니다. 저 자신을 위해서라면 조용히 사는 게 행복한 길이었을 것이다. 그러나 이 사건은 어느 한 가해자나 피해자의 문제가 아니라고 생각했다"며 "저는 검찰 조직을 사랑하고, 검찰이 진정으로 국민에게 신뢰받고 사랑 받으려면 잘못된 성폭력 사건 처리 관행 및 공정성이 결여된 사무 감사와 인사 제도를 개선해야 한다는 생각으로 사회적 자살 행위를 감행했다. 그러나 검찰은 국민과 검사들의 신뢰를 회복할 기회를 스스로 놓쳤다"고 강조했다.

모임에 참석한 9명의 여성 의원은 조사단의 조사 결과에 유감을 표하는 한편 국가인권위원회에 이 사건의 직권조사를 촉구하는 내용의 공동 성명서를 내기로 했다. 더불어민주당 의원 한정애는 "애초 조사단이 꾸려질 때부터 여성 의원들은 우려를 표명했다"며 "조사가 제대로 진행됐는지, 2차 피해에 적절한 조치를 했는지 인권위에서 재조사를 해야 한다"고 말했다. 한편, 서지현과 함께 검찰 내 성폭력을 고발했던 검사 임은정도 이날 모임에 참석하려 연차휴가를 신청했으나 상부의 결재를 받지 못해 불참한 것으로 알려졌다.[5]

'홍대 누드모델 도촬 사건'

5월 1일 '워마드' 게시판에 얼굴과 신체 주요 부위를 노출한 남성 누드모델 사진이 올라와 논란을 빚었다. 사진 게시자는 홍익대학교 회화과 누드 크로키 전공수업'이라는 설명과 함께 '미술 수업 남 누드모델 조신하지 못하네요'란 제목의 글에서 '어디 쉬는 시간에 저런 식으로······덜렁덜렁 거리냐', '어휴 누워 있는 꼴이 말세다' 등 이 모델을 성적으로 희롱했다.

이 게시물은 2일 페이스북 페이지 '홍익대 대나무숲'을 통해 알려져 홍익대학교 안팎에서 파문이 일자 3일 오전 워마드 게시판에서 삭제되었지만, 홍익대학교 측은 4일 경찰에 수사를 의뢰했다. 워마드 게시판에는 5일 오전에도 이 모델의 얼굴과 신체 주요 부위를 그린 그림과 조롱하는 글이 올라왔다. 네이버 등 포털사이트에는 제목만 바꾼 기사들이 삽시간에 수십 건 쏟아졌다.[6]

워마드는 6일부터 워마드 사이트를 통해 홍익대학교 누드 크로키 피해자를 희화화하는 '사생대회'를 열어 피해자에게 2차 가해를 이어가고 있다는 비판을 받았다. 홍익대학교 피해자 누드 크로키 사진을 재구성하거나 합성 또는 추상화 형식으로 희화화해 그린 그림을 게시판에 올리며 회원들끼리 품평회까지 열었다는 것이다.[7]

7일 청와대 국민청원 게시판에 '홍익대학교 누드모델 사진 유출한 가해자를 엄벌해주시길 바랍니다'는 청원 글이 올라왔다. 청원자는 "해당 사건은 남녀의 성별을 떠나, 피해자가 인지하지 못하게 촬영하였고, 그것을 인터넷 공간에 게시함은 물론, 피해자에게 성희롱을 하는 글을 같이 게시하여 작성함으로써 피해자에게 씻기지 못할 치명적인 피해를 주었다"며 "피해자가 극단적인 선택을 하지 않도록 해당 사건 성폭력 피해자 지원에 힘써주시고, 가해자를 색출하여 엄벌에 처해주실 것을 간곡히 청원합니다"라고 썼다.

8일 누드모델협회 회장 하영은은 〈CBS 김현정의 뉴스쇼〉 인터뷰를 통해 피해자가 "나에게 너무 잔인하다. 무섭고 두렵고 떠나고 싶다"고 말했다고 전했다. 이 인터뷰 내용이 워마드에 올라오자 댓글에는 '원래도 일 못 해서 돈 받고 옷이나 벗는 주제에 무슨', '응 떠나라 아무도 안 말리노ㅋㅋㅋㅋㅋ' 등의 의견들이 달렸다. 경찰 수사에 대한 조롱도 있었다.[8] 반면 일베를 비롯한 남초 커뮤니티에선 페미니즘을 공격할 거리를 찾았다 싶어 기쁨을 감추지 못하는 댓글들을 쉽게 찾을 수 있었다.[9]

"남자만 국민이고, 여성은 그저 걸어다니는 야동인가?"

5월 10일 경찰 수사 결과, 사진 게시자는 동료 여성 모델인 안모 씨(여·25세)로 밝혀졌다. 안씨는 남성 모델 A씨와 홍익대학교 미대 누드 크로키 수업에 같이 모델 역할을 했는데, 휴식 시간에 둘은 좁은 공간에서 같이 있을 때 자리 문제로 말다툼을 벌였다고 한다. 안씨는 앙심을 품고 A씨의 나체를 몰래 촬영해 워마드에 올린 것이었다.[10] 안씨는 12일 성폭력범죄의 처벌 등에 관한 특례법 위반(카메라 등 이용 촬영) 혐의로 구속되었다.

그간 몰카 범죄 피해자의 성별은 여성이 압도적이었다. 더불어민주당 진선미 의원실이 최근 5년간 몰카 범죄 판결문을 분석한 결과, 전체 1,548건 중 1,523건(98.4퍼센트)이 여성을 상대로 한 몰카 범죄였다. 사실상 몰카 피해자 100명 중 98명이 여성이었지만, 늘 수사는 지지부진했고 적발된 경우에도 벌금형이 70퍼센트를 넘을 정도로 가벼운 처벌에 그치고 말았다. 2017년 몰카 피의자는 5,437명이었는데, 이들 중 30퍼센트가 조금 넘는 사건들만 기소되었으며, 구속자는 119명에 불과했다.

그런데 이 사건은 수사 의뢰를 받은 지 6일 만에 범인을 긴급체포하는 등 경찰이 신속한 대응을 보였으니, 논란이 불거지는 건 당연한 일이었다. 경찰은 "이번 사건은 일반적인 불법 촬영·유출과 달리 시간, 장소, 사람들이 특정돼 빠른 수사가 가능했다"고 밝혔지만, 아무래도 중요한 건 평소에 보여온 태도였다.

아이돌 연습생 출신 한서희(23세)는 9일 자신의 SNS에 "피해자가 여자일 때는 피해자의 울부짖음을 끝까지 모른 척하더니 피해자가 남자가 되니까 수사가 굉장히 빠르다. 참 부럽다, 남자가. 눈물이 날 정도로"라고 적었다. 몰카로 피해를 입은 한 여대생은 10일 서강대학교 대나무숲에 "인터넷에 내 동영상이 돌아다니고, 용의자도 한 명인데 조사를 해주지 않았다"며 "처벌 못한다고, 우리나라 법이 그렇다고 하더니 이번에는 왜 일사천리인가"라는 글을 올렸다.

11일 여성인권운동단체인 한국사이버성폭력대응센터는 성명을 내고 "경찰이 사건 발생 수일 만에 최초 유포자를 검거하는 등 일사천리로 수사를 진행하는 유능함뿐만 아니라 피해자의 자살을 염려하는 등 피해자를 보호하기 위한 조치를 취하는 세심함 또한 인상 깊었다"면서도 "어째서 이제야 이례적인 일처리와 피해자 보호가 이루어졌는지는 현장 단체로서 반드시 질문을 던져야 할 지점"이라고 밝혔다.

11일 청와대 국민청원 게시판에는 '여성도 대한민국 국민입니다. 성별 관계없는 국가의 보호를 요청합니다'라는 글이 올라왔는데, 이 글은 청원 이틀 만에 27만 명이 동의하면서, 청와대의 공식 답변 대상이 되었다. 게시자는 "피해자가 여성이기 때문에 아무렇지 않게 넘어가고, 남성이기 때문에 재빠른 수사를 하는 것은 옳지 못하다"며 "누구나 범죄를 저지르면 벌을 받고 누구나 피해자가 됐다면 국가로부터 보호받는 대한민국을 바란다"고 주장했다. 이에 네티즌들도 댓글을 통해 게시자의 의견을 지지했다. 한 네티즌은 "남자만 국민입니까 여성들은 그저 걸어다니는 야동 그쯤입니까, 정말 이 나라에서 너무 살기 힘들고 가슴이 답답하다"고 댓글을 남겼다.[11]

"워마드는 페미니즘이 아니다"

하지만 동시에 이 사건은 그간 워마드에 대해 다소 유보적인 자세를 취하던 페미니스트들로 하여금 확실히 선을 긋게 만드는 결정적 계기가 되었다. 일부 네티즌들은 메갈리아에서 떨어져나온 워마드를 두고 페미니즘 진영 전체를 싸잡아 비난했지만, 페미니즘 전문가들은 워마드는 페미니즘이 아니라고 단언했다.

손희정은 "워마드는 스스로가 자신들은 페미니스트가 아니라고 선언한 지 오래다. 누드모델을 몰래 촬영해 사진을 공유하고 성희롱하는 행위는 페미니즘이 아니다"라며 "페미니즘이라고 얘기하려면 윤리적인 태도가 필수다. 내가 남에게 어떤 폭력을 가했는지 스스로 돌아보지 않는 이들은 페미니스트가 아니다"라고 말했다.

경희대학교 교수 이택광은 "혐오라는 민감한 문제를 제기해온 사상적 흐름이 바로 페미니즘이다. 페미니즘은 혐오에 대한 반대다. 그렇기에 워마드의 혐오 표현을 페미니즘과 동일시하기엔 문제가 많다"고 말했다. 그는 워마드에 냉소주의와 허무주의라는 정서가 겹쳐 있다고 말했다. 그는 여성 차별이 개선되지 않는 사회 속에서 오는 냉소적이고 허무주의적 태도들이 극단적 혐오로 표출되면서 하나의 삐뚤어진 연대가 형성되고 있다고 했다.[12]

『미디어스』 객원기자 도우리는 「워마드, 사이비 페미니즘」이라는 글에서 "워마드는 페미니즘 사이트인가? 지하철에서 '예수 천국 불신 지옥'을 외치는 이들 역시 '기독교'라고 부른다는 의미에서 그렇다. 종교가 본래 사랑과 평화의 정수를 추구하는 집단이지만 배타성을 띠거나 교조주의에 빠지면 변질되기도 하는 것처럼, 워마드는 성평등을 추구하는 페미니즘의 극단적 형태다"며 다음과 같이 말했다.

"워마드는 사이비 페미니즘이다. 페미니즘과 겉으로는 같아 보이나 전혀 다르기 때문이다. 워마드는 성소수자에 대한 혐오를 일삼으며, '진짜 여성' 운운하며 성별 이분법을 강화하고, 낙태죄 폐지에 대해 '남성과 놀아난 여성 문제'라며 반대하는 등 기존 질서를 옹호한다는 점에서 오히려 가부장제를 보수하는 형태에 가깝다."[13]

그러나 워마드가 "워마드는 페미니즘이 아니다"는 진단에 놀라거나 서운해할 것 같진 않았다. 정나라가 잘 지적했듯이, "워마드는 페미니즘을 표방하지 않는다. 워마드는 소속감을 갖지 말라고 말하며 언제든지 남성들의 공격과 욕받이 대상이 되어 사라질 존재라 생각하라고 대놓고 말한다".[14]

국회 · 학교 · 병영의 성희롱 · 성폭력 실태

누가 워마드를 그렇게 만들었을까? 5월 초순에 발표된 일련의 성희롱 · 성폭력 실태 조사 결과는 한숨을 자아내게 만드는 동시에 그런 의문을 곱씹게 만들었다.

5월 2일 국회 윤리특별위원회가 국회의원과 보좌진을 대상으로 실시해 발표한 '국회 내 성폭력 실태 조사' 결과는 충격적이었다. 성희롱을 직접 당했다는 피해자가 66명, 가벼운 성추행이 61명이었다. 이어 심한 성추행이 13명, 음란한 전화·문자·이메일을 받은 경우가 19명이었다. 심지어 강간과 유사강간 피해자도 2명, 강간 미수 피해자가 1명 있었다. 150건 이상의 성범죄가 국회에서 저질러진 것이다.

심각한 것은 성범죄 건수만이 아니었다. 조사 결과 피해자는 여성이면서 낮은 직급인 경우가 압도적으로 많았고, 가해자는 높은 직급의 남성에 집중되었다. 성희롱 가해자에는 국회의원 8명이 포함되었다. 국회 내 성폭력이 위계질서와 권력관계에 의해 발생하고 있다는 것이다. 더욱 큰 문제는 피해를 당해도 이를 알리지 못하거나 제대로 도움받지 못하고 있다는 사실이었다. 피해자 중 42퍼센트가 도움을 요청했음에도 도움 받지 못했거나 오히려 2차 피해를 당했다고 호소했다.[15]

5월 3일 국가인권위원회가 지난해 전국 고등학교 1~3학년 학생 1,014명(여학생 814명, 남학생 200명)을 대상으로 진행한 '초·중·고 교사에 의한 학생 성희롱 실태 조사' 결과를 발표했다. 오랫동안 쉬쉬해왔던 '교사 성희롱' 실태는 매우 광범위하고 일상적인 것으로 조사되었다. 고등학생 응답자 10명 중 4명(40.9퍼센트)이 '교사에 의한 성희롱이 있다'고 답했고, 4명 중 1명은(27.7퍼센트) '직접 성희롱을 당한 적이 있다'고 답했다.[16]

5월 8일 국방부가 병영 내 성폭력 근절을 위한 '성범죄 특별 대책 TF' 운영 결과를 발표했다. 지난 2월부터 두 달간 모두 29건의 성범죄 사건을 접수했는데, 성희롱이 15건으로 가장 많았고 이어 강제 추행 11건, 준강간 2건, 인권침해 1건이라고 밝혔다. 가해자는 영관 장교

10명, 위관급 7명, 원·상사 7명, 중·하사 2명, 일반직 군무원 12명이었다. 상급자에 의한 성폭력은 20건으로 전체의 70퍼센트였다. 피해자 35명 모두 여성이었으며 그 절반은 여군 부사관이었다.

이 조사에서 가장 심각한 문제로 대두된 것은 성범죄 신고 자체를 가로막는 군의 내부 구조였다. 피해자들은 성폭력 피해를 신고해봐야 소용이 없으며, 신고하려면 전역을 각오해야 한다고 대답했다. 직급이 낮을수록, 신분이 불안한 비정규직일수록 신고를 꺼렸다. 이는 신고된 성폭력 사례가 빙산의 일각일 뿐이라는 점을 방증했다. 또 다른 문제는 신고해도 가해자에 대한 신속한 조사·처벌은커녕 2차 피해가 자행되고 있다는 점이었다. 한 간담회에서 여군들은 "누가 성폭력을 당해도 신고하라고 권하지 않겠다"며 눈물로 2차 피해 경험을 호소했다.[17]

"메갈을 색출해 매장시키자는 매카시즘적 광기"

5월 7일 게임업계의 페미니스트 탄압 사건이 또 일어났다. 모바일 게임 〈벽람항로〉의 이용자들이 게임 로그인 화면을 그린 프리랜서 원화가 김은혜(31세)에 대해 "남성을 혐오하는 작가"라며 업체 측에 해당 그림을 교체할 것을 요구했다. 김은혜는 게임 이용자들에 의해 '극단적인 페미니스트'로 몰린 동료 게임 원화가의 해명 글에 '좋아요'를 남겼다는 이유로 퇴출 대상이 되었다. 업체 측은 김은혜에게 "페미니즘을 지지하지 않는다"는 글을 김씨의 트위터에 올리면 그림을 대체하지 않겠다고 제안했다. 김은혜는 거부했고 그림은 교체되었다.

김은혜는 『경향신문』과의 통화에서 "페미니즘은 성평등을 넘어 모든 사람에 대한 평등을 이야기하는 것"이라며 "그것을 부정하라는 요구는 사회에서 사람들과 어울려 생활하는 것 자체를 부정하라는 뜻으로 들렸다"고 말했다. 그는 "그림 그리는 일과는 전혀 관련 없는 문제로 반사회적인 인물이 돼버리고 불이익까지 생겼다"고 말했다.

김은혜는 "게임 이용자들이 나를 업계에 발을 못 붙이게 하겠다고 한다"며 "라이트노블(삽화가 들어간 가벼운 소설)에 들어가는 삽화 일도 하는데 한 독자는 실망이라며 내 그림이 담긴 책들을 모아 찢은 사진을 보내기도 했다"고 말했다. '페미니스트'로 지목된 한 여성 작가는 "더이상 국내에서 들어오는 작업물이 없다"며 "일이 없어 생계가 힘들어진 작가들이 다수 있다. 이 중 일부는 해외에서 일감을 찾고 있다"고 말했다.[18]

이에 『중앙일보』 논설위원 양성희는 「단지 페미니스트라는 이유로…」라는 칼럼에서 "메갈 낙인이 찍혀 직장을 잃고 생계를 위협받게 된 이들은 게임 업체에서 외주를 받아 일하는 프리랜서로, 노동시장의 약자들이다. 다분히 회사 차원에서 엄중히 대처해야 할, 자사 직원에 대한 사이버 불링을 개인 문제로 축소한 후 고객의 뜻이라며 해당자를 퇴출해버리는 회사들의 태도 역시 심각한 문제다"며 다음과 같이 말했다.

"페미니즘의 시계는 분명 조금씩 움직여가고 있는데, 메갈을 색출해 매장시키자는 반이성적 움직임에서 매카시즘적 광기가 느껴지는 것은 나뿐인가. 이제 '빨갱이' 딱지 붙이기에서 벗어난 한국 사회가 '메갈' 딱지 붙이기에 혈안이 된 것은 아닌가. 덧붙여 나 역시 극단적인 메갈에는 동의하지 않지만 메갈을 위한 변명을 한마디 하자면, 아직도 대한민국은, 남성 유튜버(김윤태)가 '미러링(여혐을 남혐으로 따라하는 방식)'을 하는 여성 유튜버(갓건배)를 살해하겠다고 공언하는 내용을 버젓이 생방송하고, 거기에 '까부는 여자는 죽어도 싸다'는 응원이 쏟아지는 나라다."[19]

"스승답지 않은 당신에게 줄 카네이션은 없다"

대학에 이어 초·중·고까지 '스쿨 미투'가 이어지자 교육부는 '성희롱·성폭력 근절 추진단'을 꾸렸는데, 3월 9일부터 5월 14일까지 추진단에 신고된 성범죄 신고 건수는 초등학교 9건, 중학교 10건, 고등학교 13건, 대학 23건, 기타 24건 등 총 79건으로 집계되었다. 이들 중 33건은 교원이 우월적 지위를 이용해 학생에게 가한 성범죄였다. 사립학교는 징계 권한을 교육청이 아닌 학교 법인이 갖고 있어 '제 식구 감싸기'로 인한 공정한 처벌이 이루어지지 않는 것과 관련, 사학법 개정의 목소리가 높아졌다.[20]

5월 15일 '스승의 날'을 맞아 서울 시내 5개 대학의 학생들은 "스승답지 않은 당신에게 줄 카네이션은 없다"며 학내 성폭력 가해 교수들을 교수직에서 파면할 것을 교육부와 학교 당국에 촉구하고 나섰다. '3·8 대학생 공동행동' 등의 소속 20여 명은 이날 서울 종로구 정부서울청사 앞에서 기자회견을 열고 "대학은 성폭력 가해 교수 징계에 적극적으로 나서지 않고 있는데다 가해자를 고발하는 대자보들이 학교에 의해 철거되는 등 공론화조차 요원한 상황"이라고 말했다. 이어 "현재 고발된 교수들에 대한 징계가 이처럼 미미한 수준에 그친다면 사건이 제소된 대학은 물론 드러나지 않은 대학의 피해자들까지 교수들의 일상적 가해와 대학 당국의 묵인·방조 속에서 고통받을 것"이라며 "관행적인 솜방망이 처벌을 이제는 그만둬야만 한다"고 촉구했다.[21]

5월 16일 정희진은 「이것이 반격일까」라는 칼럼에서 "미투는 여전히 진행 중이지만, 남성 사회의 반발이 곳곳에서 가시화되고 있다"며 몇 가지 사례를 제시했다. 지하철에서 여성학 책을 읽는다고 봉변당한 여고생 사례도 황당했지만, 더욱 황당한 건 모 대학에서 일어난 사건이었다. 그 대학 학생회가 인권 강의를 개최하기로 했는데, 해당 대학의 학생 204명이 한 여성주의 강사의 강연을 취소하지 않으면 학생회를 탄핵하겠다고 서명했고, 그보다 훨씬 많은 익명의 학생들은 강사의 '신상을 털고' 혐오 발언을 쏟아냈다는 것이다. 결국 학생회는 그 압력을 견디지 못하고 강연을 취소했다고 하니, 이게 과연 대학이라고 할 수 있는 걸까? 정희진은 다음과 같이 말했다.

"지금 남성들의 미투 운동에 대한 반감은 이제까지와는 '다른 목소리'에 대한 불안, 당황, 겁먹은 심정의 산물이 아닐까. 백래시? 반격하려면, 논리가 있어야 한다. 자기 논리가 아니라 상대방이 무슨 이야기를 하는지 이해해야 한다. 이들은 자신이 무엇을 모르는지 모르는 상태에서, 오래된 관행과 IT의 익명성에 의존한다. 한국 남성들은 새로운 무지의 시대의 주인공이 되었고, 남성의 심기에 민감한 미디어는 이들의 퇴행을 '반격'으로 과대평가하고 있다."[22]

"'미투 소나기'가 그치고 남은 건 가해자들의 꼼수"

5월 17일 '강남역 살인 사건' 2주기 추모 집회가 서울, 부산, 대구, 전북 전주, 경남 창원 등 전국 각지에서 열렸다. 서울에선 340여 개 여성 · 노동 · 시민단체가 모인 '미투 운동과 함께하는 범시민행동'이 오후 7시 신논현역 6번 출구 앞에서 '강남역 살인 사건 희생자를 추모하는 성차별 · 성폭력 끝장 집회'를 열고 "우리는 멈추지 않을 것이다. 여성이 침묵할 수밖에 없었던 세상은 끝났다"고 선언했다. 집회에 모인 이들은 "여성 폭력 중단하라", "사법 정의 실현하라", "불법 촬영 처벌하라" 등의 구호를 외쳤다.

검은색 상 · 하의에 흰 우의를 걸친 2,000여 명의 여성은 쏟아지는 빗속에서 "여전히 여성을 차별하고 혐오하는 세태는 변하지 않았다"며 "세상을 변화시키기 위해 나왔다"고 외쳤다. 이날 집회에 참가한 직장인 박모 씨(29세)는 "오늘도 유명 유튜버가 성추행을 당하면서 강제로 찍힌 반나체 사진이 인터넷에 유포됐다는 기사가 나왔다. 여성을 대상으로 한 범죄는 여전히 달라진 게 없다"며 "2년 전 포스트잇에 쓴 약속을 지키기 위해 나왔다"고 말했다.

마스크를 쓰고 집회에 참가한 취업 준비생 이모 씨(27세)는 "오늘 집회 소식을 다룬 기사의 댓글에서 '내가 카메라 들고 가서 여자들 얼굴 찍어 낯짝을 못 들고 다니게 하겠다'는 글을 봤다"며 "더 이상 여성들이 조롱거리가 되지 않고 성적 대상화가 되지 않는 사회가 왔으면 좋겠다"고 말했다. 취업 준비생 권모 씨(26세)는 "은행들이 '남성을 뽑아야 한다'면서 여성 지원자에 대해서만 커트라인 점수를 높였다는

소식을 듣고 화가 났고 허탈했다. 사회에 만연한 성차별을 뿌리 뽑아야 한다"고 했다.[23]

5월 19일, 미투 운동은 100일을 넘겼지만, 가해자에 대한 처벌은 지지부진한 상태였다. 이에 대해 『조선일보』 기자 김은중은 "경찰은 미투 운동과 관련해 총 70명에 대한 성 관련 의혹을 들여다보고 있다. 수사에 착수한 대상은 20명 정도다. 연출가 이윤택과 극단 대표 조증윤 등 2명만 구속 기소되는 데 그쳤다. 제도 개선도 요원하다. 국회에선 올해 초부터 140여 건이 넘는 미투 관련 법안이 발의됐지만 단 한 건도 통과되지 않았다"며 다음과 같이 말했다.

"'미투 소나기'가 그치고 남은 건 가해자들의 꼼수다. '평생 반성하고 자숙하며 살겠다'던 이들은 반성문 쓸 때의 초심을 잃어버린 걸까. 잠잠해진 여론을 틈타 호시탐탐 재기의 기회를 엿보고 있다. '(피해자와) 사랑하는 사이였다'며 막후에서 여론전을 펼치고, 폭로자를 상대로 역逆고소전을 벌인다.……미투가 수면 아래로 접어들려 하자, 보이지 않는 곳에선 피해자 가슴에 칼을 꽂는 일들이 벌어지고 있다.……결국 피해자가 모든 것을 짊어진다. 서울 소재 사립대 교수의 성추행 사실을 투서한 한 대학원생은 '미투 관련 뉴스에 무고죄를 강화하고 꽃뱀을 조심해야 한다는 댓글을 보면 고통스러워 숨이 막힌다'고 했다."[24]

실제로 이즈음 미투 운동이 사그라든 모양새를 보이고 있었다. 한국 언론진흥재단의 기사 분석 포털사이트 '빅카인즈'로 분석해보면, 중앙 일간지 8곳과 방송사 4곳이 2월 10일~3월 9일 한 달간 2,464건의 미투 기사를 생산하던 것이 4월 10일~5월 10일 한 달간 683건으

로 4분의 1로 줄었다.[25]

'소라넷 폐쇄 17년, 홍대 검거 7일'

'홍대 누드모델 불법 촬영 사건'은 워마드와 무관하게 공권력 발동에서 성차별 문제로 계속 비화되었다. 청와대 국민청원 게시판 동의 인원은 15일 오후 34만여 명으로 늘었다. 조중의는 "미풍에 그칠 것 같았던 이 사건이 '성평등' 대결로 번지며 산불처럼 확산되고 있다"며 "몰카를 찍은 가해 여성이 경찰의 신속한 수사로 체포됐고, 법원은 즉각 구속영장을 발부했는가 하면, 구속되기 전에는 마치 살인을 저지른 중범죄자처럼 포토라인에 세워 TV를 통해 온 국민이 지켜보게 하면서부터였다"고 분석했다.[26]

녹색당 서울시당 운영위원장 신지예는 "183명의 여성에게 몰카를 찍은 의학 전문 대학원생은 기소유예를 받았고, 지난해 현직 판사는 몰카 범죄를 저지르고도 약식 기소됐다"면서 "이번 홍대 몰카 사건의 여성 가해자는 왜 그들과 다른지 질문할 수밖에 없다"고 말했다. 변호사 서혜진은 "몰카 범죄를 저질렀다고 해서 부패 정치가나 기업인, 살인범처럼 포토라인에 섰던 적이 없었다"면서 과도했다고 지적했다.[27]

5월 19일 서울 종로구 혜화역 2번 출구 인근에 '분노'를 나타내는 붉은 옷을 입은 여성 1만 2,000여 명이 모였다. 붉은 머리띠, 붉은 손팻말도 가세했다. '불법 촬영 편파 수사 규탄 시위'였다. 시위 운영진은 성명서에 "여성이 불법 촬영 피해를 고소할 때 '묵직한 거 위주로 가져오라'며 외면해온 경찰은 피해자가 남성(홍익대 누드 크로키 수업 몰카 사건)이 되자 증거 수집을 위해 한강을 뒤지고 2차 가해 자료를 수집하며 정상적인 면모를 보여주기 시작했다"고 적었다. 참가자들은 "여자도 국민이다", "동일 수사 동일 처벌 촉구한다", "남 피해자 쾌속 수사, 여 피해자 수사 거부", "공평하게 수사하라", "동일 범죄 동일 처벌" 등의 구호를 외쳤다.

이 집회는 포털사이트 다음의 한 카페('불법 촬영 편파 수사 규탄 시위')가 주최했다. 이 카페는 '홍대 누드 몰카'의 피의자인 여성 모델 안 아무개 씨(25세)가 구속되기 이틀 전인 지난 10일 만들어졌다. 카페 개설 약 열흘 만인 20일 현재 회원 수가 2만 7,000명에 이르렀다.

이들은 SNS 등에서 '소라넷 폐쇄 17년, 홍대 검거 7일', '너네 해외 사이트 수사할 줄 아네' 등의 포스터를 만들어 홍보했고, 익명 대화를 나누는 오픈 카톡방으로 집회 후원금을 모금했다. 피자·치킨·김밥 등 집회 참가자에 대한 먹거리 후원 인증샷도 이어졌다. 익명으로 모인 이들이 불과 1주일여 만에 1만 명이 넘는 대규모 집회를 만들어낸 것이다.

여성들은 운영진이 대절한 버스를 타고 광주·대구·대전·부산 등 전국 각지에서 올라왔다. 참가자들의 행렬은 혜화역 2번 출구에서 부터 한국방송통신대학교까지 200미터가량 이어졌다. 어떤 조직적 배경도 없었지만 이들은 분노의 크기만큼이나 재빠르고 기민하게 움직였다. 주최 측은 애초 참가 인원을 2,000명으로 예상하고 경찰에 집회 신고를 했으나, 참가 인원은 집회 시작 전부터 2,000명을 넘어섰다. 집회 장소도 인도로 제한되었다가, 이날 오후 4시께 이화사거리에서 혜화동 로터리 방면 4차선이 모두 통제되었다. 참가자는 예상 인원

의 6배에 달했으며, 국내에서 열린 단일 성별 시위로는 사상 최대 규모라는 기록을 세웠다.[28]

13년 전 호주제 폐지에서 찾는 희망

아쉽지만, 이제 이야기를 여기서 마무리해야 할 것 같다. 낙태 문제에서 동성애 문제에 이르기까지 더 해야 할 이야기가 수없이 많지만, 이 기록 작업은 앞으로도 계속될 것이기에 일단 '불법 촬영 편파 수사 규탄 시위'를 마지막 사건으로 삼으면서 다음 기회를 기약하고자 한다.

기본적인 인권을 요구하는 '불법 촬영 편파 수사 규탄 시위'에서조차 참가자들이 마스크와 선글라스로 얼굴을 가려야만 했던 현실은 무엇을 말하는가? 그것은 제1장에서 말했던 '사이버 세계의 축복과 저주'에서 저주의 방향으로 기울게 만드는 비극을 말해준 게 아니었을까?

실제로 일어나지는 않았지만, 인터넷엔 시위 현장에 가서 여자들에게 염산을 투척하겠다는 게시물이 여러 건 올라왔고, 일베의 몇몇 유저가 시위를 훼방 놓으러 갔다가 연행되기도 했다. 한 참가자는 시위 후 트위터에 올린 글에 이렇게 썼다. "촛불 시위 갔을 때는 누구에게 말해도 될 일이었고 모두가 나를 응원해줬고 옳다고 말해줬다. 그런데 이번 혜화역 시위는 시위자들이 마스크와 선글라스로 중무장하고 신상에 피해갈까봐 온갖 지침이 다 내려오고 염산 테러 대비한 약품도 준비하고 더없이 옳은 시위임에도 욕을 하는 게 억울하다."[29]

어디 그뿐인가. 미투는 잊혀가고 있으며, 반격으로 인해 왜곡되고 있다. 가부장적 남성들은 전체의 모습을 볼 수 있는 망원경은 꼭꼭 숨긴 채 페미니즘의 흠을 잡기 위해 현미경을 들이대면서 자신들의 정당성을 강변하고 있다. 점잖은 사람들은 혐오와 싸움은 좋지 않다며 일방적으로 얻어맞은 사람들에게 용서와 화해를 강요하고 있다.

앞으로 페미니즘은 더 큰 풍랑을 맞을 수도 있지만, 두려워할 건 없다. 누군가가 말했듯이, 역사는 지그재그로 진보하기 때문이다. 아니 후퇴하기도 하면서 진보한다. 2018년 늦은 봄 나는 그런 지그재그와 후퇴의 장면을 목격하면서 내내 씁쓸했지만, 결국엔 앞으로 크게 나아갈 진보를 위한 과정임을 믿어 의심치 않았다.

메갈에 대해 이러쿵저러쿵 말이 많지만, 이나영이 말했듯이, '꼴페미'로 불리던 사람들이 '페미니스트 교수'로 불릴 수 있었던 건 메갈 덕분이었다. 우리 인간은 이른바 '대비 효과contrast effect'에 의해 세상을 보는 동물이다. 오래전 영국 사상가 존 로크John Locke, 1632~1704가 지적했듯이, 미지근한 물은 손을 담그기 전에 뜨거운 물을 만졌는지 차가운 물을 만졌는지에 따라서 차갑게 여겨지거나 뜨겁게 여겨질 수 있다.

한 번도 페미니즘의 뜨거운 맛을 본 적이 없었던 가부장적 남성들은 메갈의 뜨거움에 펄쩍 뛰면서 광분의 비명을 질러대고 있다. 하지만 나는 그건 곧 그들이 익숙해지게 될 뜨거움임을 알게 되리라는 걸 잘 알고 있다. 세상은 그렇게 진보하는 법이다. 그런 의미에서 익명 군중의 야수화가 이루어지는 사이버공간이 여성에 대한 온갖 성폭력이 양산되는 공장으로 기능하는 현실에 개탄하면서도, 호주제가 폐지된 13년 전으로 돌아가 희망의 불씨를 찾아보는 건 어떨까?

앞서 보았듯이, 당시 호주제 폐지 반대자들은 지지자들을 '민족 반역자'에서 '공산도배'에 이르기까지 살벌한 용어들을 총동원해 욕하면서 호주제 폐지는 '망국의 길'이라고 아우성쳤다. 물론 나라는 망하지 않았고, '민족 반역자'나 '공산도배'도 없었다. 이젠 호주제 없는 세상에 모두 익숙해졌다. 그걸 부활시켜야 한다고 주장하는 사람도 없다.

호주제 폐지 운동에 앞장선 고은광순이 소개했던, 호주제 폐지를 '어머니 모독'으로 간주한 어느 남성 누리꾼의 항변은 더할 나위 없이 '웃픈' 이야기였지만, 우리는 결코 웃을 수 없다. 지금 우리는 페미니즘과 관련해 그런 수준의 주장과 논리가 '주류'로 통용되고 있는 세상에 살고 있기 때문이다. 하지만 13년 후 사람들은 지금 벌어지고 있는 일들에 대해 조금은 더 웃을 수 있게 될 것이다.

'습관의 독재'를 깨기 위한 '중단 없는 전진'

'오빠가 허락한 페미니즘'에 대한 도전

"페미니스트로 살기 힘들지 않으세요?" 김신명숙은 어쩌다 인터뷰 같은 걸 하게 되면 거의 항상 듣게 되는 질문이라며, "이 질문을 통해 나는 아직도 우리 사회에서 '페미니스트'가 낙인이라는 사실을 거듭 확인한다"고 말했다.[1] 김신명숙이 이 말을 한 건 2009년이었는데, 페미니스트가 낙인인 건 10년이 지난 지금도 마찬가지이며, 오히려 그간 낙인의 강도가 더 심해졌다.

사실 그 어느 때를 막론하고 페미니스트가 낙인이 아닌 적은 없었다. 낙인화의 강도는 여성운동의 강도와 정비례하는 관계를 유지해왔다. 여성이 죽은 듯이 잠자코 있으면 그런 낙인화가 필요 없을 터인즉, 여성운동이 활발해질수록 낙인화도 강하게 이루어져온 것이다. 그러면서도 페미니스트를 자처하는 남성에겐 그런 낙인은 한결 부드러워지면서 '시대를 앞서가는' 이미지를 부여하기도 했으니, 참으로 불공평한 일이다.

1999년 군 가산점 폐지, 2001년 여성부 출범, 2005년 호주제 폐지 등을 비롯해 그간 여성운동이 많은 성과를 보여온 덕분에 2000년대 후반 들어 여성 페미니스트에 대한 낙인화 시도가 강해지기 시작했다. 거시적으로 보자면 1998년 IMF 사태 이후 강화되기 시작한 신자유주의적 무한 경쟁 체제하에서 남성성이 근본적으로 위협받는 상황이 여성운동에 대한 그런 반감을 강하게 만들었다고 볼 수 있다.

그러나 이성적으로 생각해보면 그건 참 이상한 일이다. 먹고사는 게 힘들면 민생을 돌봐야 할 책임이 있는 정부와 정치권을 탓할 일이지 왜 여성을 대상으로 화풀이를 해야 한단 말인가? 이는 그런 이성적인 분별력이 마비될 정도로 '오빠의 삶'이 고달프다는 걸 말해주는 게 아닐까? 이젠 오빠들에게도 "오빠로 살기 힘들지 않으세요?"라는 질문을 던져야 할 때가 아닐까?

2015년 8월 메갈리아가 탄생해 활약하던 시점에 『한겨레』 기자 이태희는 '헬조선'의 참상을 전하면서 "여기에 답을 내야 하는 것이 정치의 임무다"고 했지만,[2] 정치는 완벽하다고 해도 좋을 정도의 무능과 직무유기 상태에 빠져 있었다. 진보 좌파도 다를 게 없었다. 2015년 10월 하지율은 "진보 좌파는 매력적인 비전 내지 비빌 언덕을 제공 못한다"며 "그러니 인터넷에서 온갖 극단적 상대주의와 '충蟲' 시리즈

들이 창궐하는 것도 이해가 간다"고 했다.[3]

그런 상황에서 비빌 언덕이 없어 스스로 전투성으로 무장한 메갈리아가 탄생한 것이고, 이는 한국 사회에 본격적인 급진 페미니즘radical feminism의 시대를 예고했다. 미국에서 1960~1970년대에 유행했던 급진 페미니즘이 뒤늦게 한국에 상륙한 것으로 볼 수도 있겠지만, 한국형 급진 페미니즘의 핵심은 '오빠가 허락한 페미니즘'에 대한 맹렬한 도전이었다.

유시민의 '어용 지식인론'의 비극

'오빠가 허락한 페미니즘' 시대에 이론은 남성의 독점물이었다. 노정태가 잘 묘사했듯이, 이런 시절이 있었다. "이론에 친숙한 '오빠'들은 여성이 아니면서도 자신들의 지식에 기반해 여성들에게 페미니즘 이론을 설명하고 때로는 가르칠 수 있었다. 그런 존재들을 '오빠 페미니스트'라고 불렀다. '너는 여성의 인권을 옹호한다고 하지만, 젠더라는 것이 중층결정된다는 점을 다소 간과하는 건 아닐까?' 같은 소리를 해도 욕먹기는커녕 몇몇 여성이 귀를 기울여주던 시절이었다."[4]

왜 그런 시절이 지나갔다는 걸 받아들이지 않는 걸까? 영화 〈쇼생크 탈출〉에서 40년간 감옥살이를 한 레드(모건 프리먼 분)는 "40년 동안 허락받고 오줌을 누었다. 허락 없이는 오줌 한 방울 나오지 않는다"고 했는데, 자유의 몸이 된 레드가 허락 없이도 오줌을 눌 수 있다는 걸 깨닫고 그걸 실천에 옮긴 게 그리 큰 잘못이란 말인가? 페미니즘을 허락한 오빠들은 그리 생각했던 것 같다. 급진 페미니즘과는 거리가 먼

전통 페미니스트들도 '오빠가 허락한 페미니즘'은 안 된다는 입장을 취했지만, 메갈리아에 충격을 느낀 남성 연대는 모든 페미니즘을 싸잡아 메갈로 단정하면서 극렬한 욕설과 저주를 퍼부으면서 반발했으니 말이다.

가장 안타깝고 가슴 아픈 건 일부 진보 좌파마저 그런 반동의 물결에 적극 가담했다는 점이다. 오빠와 누이가 힘을 합쳐 삶의 고달픔을 유발한 정치를 근본적으로 바꾸는 일에 나서도 모자랄 판에 일부 진보 좌파는 바로 그 일을 하겠다고 페미니즘을 적으로 돌렸으니 이런 기막힌 일이 어디에 있단 말인가? 바로 여기서 '어용 지식인론'과 '어용 시민론'이 문제가 되며, 그 주창자인 유시민을 마지막으로 다시 소환하지 않을 수 없는 게 안타깝다. 아니 비극이다. 왜 그런가? 두 가지 이유 때문이다.

첫째, 공적인 일로 얻은 명성 또는 평판은 사회적 자산이라고 보기 때문이다. 유시민은 과거는 제쳐놓더라도 작가이자 방송인으로서 많은 사람의 지지와 사랑을 얻고 있다. 그 지지와 사랑이 페미니즘을 위해 쓰여야 한다고 말할 수는 없겠지만, 페미니즘을 비난하고 탄압하는 데에 쓰인다면 그게 어찌 안타까운 비극이 아니겠는가.

둘째, 사적으로 나는 유시민의 팬이기 때문이다. 사실상 유시민의 원맨쇼인 〈썰전〉을 한 번도 빠트리지 않고 시청했을 정도면 팬을 자부해도 무방할 것 같다. 물론 팬이라고 해서 그의 모든 주장에 동의하는 건 아니다. "꼭 저렇게까지 '어용 지식인' 노릇을 해야 하나?"라는 생각으로 혀를 끌끌 찰 때도 많다. 그러면서도 유시민이 나오는 방송을 재미있게 보는 이유는 그의 탁월한 재담 능력을 높게 평가하는 동시에 그에게 파란만장한 한국 현대사의 어떤 특성이 고스란히 농축되어 있다고 보기 때문이다.

한국 현대사의 어떤 특성이라 함은, 개인의 이익보다는 사회의 이익을 위해 이타적인 헌신과 투쟁을 해온 한국의 진보주의자들이 그 과정에서 획득한 '도덕적 면허moral licensing'로 인해 암묵적 선악 이분법에 갇혀 독선과 오만의 수렁에 빠지는 문제다.[5] 이건 다음 기회에 책 한 권 분량으로 논하기로 하고, 하던 이야기를 계속해보자.

페미니즘은 '한방주의'의 제물이 아니다

유시민의 '조개론' 발언에서 '해일'은 정치 · 선거, '조개'는 성폭력 문제다. 정치 · 선거는 큰 문제인 반면, 성폭력은 비교적 작은 문제라는 이야기다. 그러나 이 발언만으로 유시민을 반反페미니스트로 몰아붙여선 안 된다. 그는 페미니즘이 자신이 더 중요하다고 여기는 가치와 충돌할 경우에만 반反페미니스트로 돌변할 뿐, 평소엔 페미니스트라고 불러도 무방할 정도로 인권 의식이 투철하고 차별에 대해 분노하는, 아주 괜찮은 진보 인사다.

그렇긴 한데, 이미 보았듯이, 유시민의 '조개론'은 매우 고약한 반反페미니즘 발상의 정수精髓라는 데에 심각한 문제가 있다. 이 이론은 무한대의 변용이 가능해 언제, 어디서건 페미니즘을 부정하고 탄압하는 전가의 보도로 활용될 수 있다. 페미니즘에 친화적인 진보주의자들일지라도 그들이 당파 정치에 열정을 쏟다 보면 그들에겐 페미니즘보다 중요하고, 시급한 일들은 늘 일어나게 되어 있다. 페미니스트들이 그런 '가치 서열화'에 동의하지 않을 경우, 이 진보주의자들은 그 어떤 극우 혐오 세력 못지않게 페미니즘을 짓밟는 사이버 폭력배로 변신하는 걸 마다하지 않으며, 실제로 그런 일이 많이 일어났다.

유시민이 자신의 '조개론'에 대해 억울하게 생각하는 점이 있다면, 그에겐 아주 좋은 해명 기회가 무수히 많았다. 유시민 계열의 진보주의자들이 페미니스트들을 탄압한 여러 사건이 있었다. 그러나 유시민은 그런 사건들에 대해 '조개론'의 원조로서 굳게 침묵을 지킴으로써 사실상 '조개론'을 수긍했고 추인했다. 아니 '조개론'은 그가 내세운 '어용 지식인론'에 이미 포함되어 있었다고 보는 게 옳으리라.

'어용 지식인론'을 애써 이해하는 시각으로 보자면, 그건 '규제의 포획 이론capture theory of regulation'을 정권, 특히 대통령에 적용해 대통령이 적대적인 기득권 세력에 포위되어 있다고 보는 이론이다. '규제의 포획 이론'은 규제 기관이 기업과 이익집단의 포로에 불과하다는 점을 강조하는 반면, 유시민 버전의 포획 이론은 그런 포획을 돌파하는 데에 방점을 둔다. 즉, "대통령만 바뀌는 거지 대통령보다 더 오래 살아남고 바꿀 수 없는, 더 막강한 힘을 행사하는 기득권 권력이 사방에 포진해 또 괴롭힐 거기 때문에" 개혁 진보를 원하는 시민은 지금이 비상한 시기임을 명심하고 모두 '어용'이 되어 그걸 막아내야 한다는 논리다. 이 논리에 따르면, 개혁과 진보를 원한다면서도 문재인 정부를 비판하는 행위는 '내부 총질'과 다를 바 없는 반역이기에 집중 공격의 대상이 되어야 한다. 설사 그런 행위의 주체가 페미니스트일지라도 말이다.

'어용 지식인론'은 아무리 좋게 봐줘도 과거 운동권 문화에 팽배해 있던, '한방'에 세상을 바꾸겠다는 '한방주의'의 퇴행적 버전이다. 이런 한방주의는 가치의 위계질서라는 토대 위에서 작동하기 때문에 그 신봉자들이 꿈꾸는 세상에서도 절대적으로 소중하게 실현되어야 할 페미니즘과 같은 가치를 모욕하고 제물로 삼는 일이 벌어지는 것이다. 한방주의는 '습관의 독재'에 굴복한 게으름 또는 권력 감정 등과 같은 넓은 의미의 개인적인 이익을 추구하기 위한 자기기만의 산물이라는 혐의에서 자유로울 수 없다.

'오빠 페미니스트'의 4가지 유형

'어용 지식인론'은 결코 농담이 아니다. 일부 개혁 진보 세력의 기본적인 '정서 구조'이며, 유시민은 그 구조를 만들고 관리하는 오빠다. 물론 "정봉주가 대중을 속인 게 아니라 대중이 정봉주를 속인 것이다"는 진중권의 논리에 따르자면, 유시민은 그런 구조의 치어리더에 불과한 인물로도 볼 수 있겠다. 하지만 치어리더도 작은 역할은 아니다. 유시민은 이런 유형의 '오빠가 허락한 페미니즘'의 감별사 역할을 자임함으로써 사람들을 주눅 들게 만들 정도로 힘이 센 오빠다.

이는 일부 페미니스트들이 '조개론'을 비판하면서도 유시민이 얼마나 괜찮은 사람인지를 애써 강조하는 말을 덧붙이는 데에서도 잘 드러난다. 앞서 나 역시 '인권 의식이 투철하고 차별에 대해 분노하는' 운운했듯이 말이다. 이는 정당한 비판을 하면서도 유시민 비판엔 부담을 느낀다는 이야긴데, 바로 이 지점에서 이런 질문이 가능해진다. 페미니즘에 더 큰 악영향을 미치는 건 일베인가, 유시민인가? 초딩과 청소년들은 일베에서 더 큰 영향을 받을망정, 진보적 정치 성향을 갖고 있으면서 평소엔 페미니즘을 긍정하는 다수의 성인들에겐 유시민이 더 큰 영향력을 행사하는 게 아닐까?

이런 질문이 유시민에게 결례라면, 이렇게 바꿔 물을 수도 있겠다. 페미니즘의 가장 강력한 적은 극우 보수인가, 아니면 '가치 서열화'를 신봉하면서 페미니즘에 낮은 가치를 부여하는 진보 좌파인가? 이 질문은 그간 한국의 페미니즘이 '오빠가 허락한 페미니즘'의 틀에서 적잖은 발전을 해왔지만, 이제 오빠의 품 안에 머무를 수 없을 정도로 성장했다는 걸 의미하는 것이다. 페미니스트들은 '가치 서열화'를 전제로 하는 '오빠가 허락한 페미니즘'만 지지하는 '오빠 페미니스트'들을 거부하고 비판함으로써 수많은 오빠를 화나게 만들지 않았던가.

'오빠 페미니스트'엔 여러 유형이 있는데, 아예 페미니즘의 '페'자도 꺼내지 못하게 만들 장동민과 같은 마초 오빠를 제외하고 보자면, 크게 4가지로 나눌 수 있다.

첫째, 유시민처럼 정치를 종교화한 '정치 종교적 오빠들'이다. 김어준을 비롯한 〈나꼼수〉 계열의 논객들도 이 유형에 근접한다.

둘째, 정치보다는 자신의 권위를 중시하는 '권위주의적 오빠들'이다. 영화배우 유아인이 이 유형에 속한다.

셋째, 계급 문제를 내세워 페미니즘을 그 아래에 종속시키려는 '계급주의적 오빠들'이다. 그래도 세상이 많이 진보한 탓인지 요즘엔 자신의 실명을 내걸고 이런 시대착오적인 주장을 펴는 논객은 많지 않지만, 페미니즘을 비난하는 익명의 댓글 중엔 여전히 많이 눈에 띄는 주장이다. 여성 검사의 70퍼센트가 성희롱 · 성범죄 피해를 당하는 세상임에도 계급 문제를 내세워 '진보 코스프레'를 하겠다는 심산일까? 예컨대, 다음 댓글을 보라.

"탁현민에게 분노하는 여성은 과연 어떤 여성인가? 오늘 하루도 먹고살기 위해 장시간 노동의 덫에 갇힌 채 온갖 차별과 편견에 시달리는 하층 노동 계급의 여성인가, 아니면 배울 만큼 배우고 먹고사는 데 전혀 지장이 없는, 그저 단점이라곤 여성이라는 사소한 결점밖에는 없는 한가한 중산층 여성들인가? 경제적 불평등 문제를 외면한 채 오직 젠더 문제만을 정치의 주제로 삼으려는 편협한 페미니스트들의 편집증적 히스테리야말로 바로 탁현민 사태의 본질이 아니던가."[6]

넷째, 자신과 직접적인 관련이 없는데도 몸에 새겨진 가부장적 DNA로 인해 부지불식간에 반反페미니즘 본능을 드러내기도 하는 '본능주의적 오빠들'이다. 최근 논란을 빚은 변호사 박훈이 이 유형에 속한다.

"신지예의 포스터에 광분한 이유"

박훈은 "약자를 공격하는 사이비 진보의 파시즘과 싸우겠다"고 외쳐온 인물이다. 이 발언은 당연히 '어용 지식인론'이나 '오빠 페미니즘'을 부정하는 함의를 내장하고 있는 것이기에 그의 반反페미니즘 본능은 매우 중요한 의미를 갖는다. 박훈은 어느 언론 인터뷰에서 "김어준의 '미투 공작설'부터 정봉주, 안희정 사건까지. 일명 자유주의 세력에서 최근 성폭력 문제가 불거져 나오는 이유를 뭐라고 보나"라는 질문을 받았다.

박훈은 "그들 대부분이 나와 같은 시대를 살았던 386세대다. 독재 정권을 무너뜨리고 우리가 정권을 잡겠다는 것이 목표였다. 하지만 91년 소련이 망했고, 우리가 추구했던 정치적 이념 등도 전부 다 없어져버렸다. 무엇을 가지고, 어떤 새로운 내용으로 권력을 잡을 것인가에 대한 아무런 내용도 갖지 못한 채, 저들은 정치권으로 우르르 들어갔다. 그들에게 남은 것은 80년대 민주화 운동의 레테르와, 카리스마뿐이었다"며 다음과 같이 말했다.

"그들에게 무슨 사유와 성찰이 있겠나. 우리 세대는 지금의 사회를 만들어온 책임이 있다. 사교육 시장에 진출해 시장을 키우고, 회사에 취직해 관리자가 되고, 정치에 뛰어들어 지금의 교육, 사회, 정치, 경제의 영역을 만들었다. 철학적 기반이 없는 상태에서 돈과 명예, 권력을 갖게 된 거다. 자신이 권력을 쟁취했다고 생각하는 순간, 상하 권력관계가 명확해지는 순간 그들은 보수든, 진보든, 혁명이든 상관이 없어진다. 그들은 민주주의를 경험해보지 못했다. 상하관계가 명확한 비밀 조직에서 쇠파이프 화염병을 던지다 주류 정치권으로 간 그들이 무슨 민주주의의 경험이 있겠나."[7]

이렇게 멋진 탁견을 제시한 박훈이 페이스북에 녹색당 서울시장 후보 신지예의 포스터를 두고 이렇게 썼다는 게 믿어지는가? "1920년대 이른바 계몽주의 모더니즘 여성 삘이 나는 아주 더러운 사진을 본다. 개시건방진. 나도 찢어버리고 싶은 벽보다. 그만하자. 니들하고는." 박훈의 이런 격렬한 반감이 도무지 이해되지 않았다는 박권일은 「그 포스터에 광분한 이유」라는 칼럼에서 "반감의 기저에 도사린 핵심은 결국 권위주의 아닐까"라며 이런 해석을 제시했다.

"이를테면 이런 것. '공손히 한 표 달라 해도 줄까 말까인데, 어디 나이도 어린 계집애가 감히 되바라지게!' 그 멘탈리티는 오랫동안 당연시되어온 '정치인 머슴론'과 밀접히 관련되어 있다. '정치인은 머슴이다'라는 말이 종종 국민주권론처럼 포장되곤 하지만, 사실 민주주의의 본질과 가장 동떨어진 사고방식이다. '정치인 머슴론'은 후보의 배우자가 목욕탕에서 유권자들 때 밀어주는 일을 아름다운 미담으로 만들고, '적어도 선거 기간에는 유권자가 왕'이라는 식의 왜곡된 보상 심리의 원천이 되었다."⁸

권위주의일망정, 박훈의 권위주의는 유아인의 그것과는 다르다. 유아인은 오빠의 말에 대드는 누이를 향해 화를 폭발하면서 본색을 드러낸 것이지만, 박훈에겐 그 누구도 신지예의 포스터에 대해 묻지 않았으며 자신과도 무관한 일이었다. 서울시장 후보 중 압도적 우위를 누리는 강자인 박원순을 공격한다면 모를까, 최약자인 신지예에 대해 그런 몹쓸 말을 내뱉는다는 것은 약자를 공격하는 것에 분노한다는 그의 인생관에 비춰봐도 도무지 말이 안 되는 일이었다. 이성의 힘으로 억눌러온, 잠재되어 있던 본능의 표출 외에 달리 설명할 길이 없다. 모든 남성은 '본능주의적 오빠'일 가능성이 있지만, 나를 포함해 내 주변엔 신지예의 포스터를 보고 "자신감 있어 보여 좋네"라고 생각한 남자도 많았다는 점을 짚고 넘어갈 필요가 있겠다.

우리 모두를 위한 '소통하는 페미니즘'

어떤 유형의 오빠건, 나는 이제 모든 오빠에게 "오빠로 살기 힘들지 않으세요?"라는 질문을 던질 때가 되었다고 생각한다. 즉, '소통하는 페미니즘'의 가능성을 부정할 필요는 없다는 것이다. 소통하는 페미니즘은 '오빠가 허락한 페미니즘'의 굴레에서 벗어나는 동시에, '여성해방'은 '오빠의 해방'이기도 하다는 점을 강조하는 페미니즘이다. 오빠도 누이 걱정 그만 하고 스스로 자신의 행복을 챙기라는 것이다.

이 모델에 가장 가까운 주장을 펼치는 이는 한국에서도 적잖은 애독자를 갖고 있는 미국 흑인 페미니스트 벨 훅스bell hooks다. 그가 흑인임을 강조할 필요가 있는 것은 열악한 처지에 놓여 있는 여성들의 운동은 경제적으로 비교적 나은 처지에 있는 여성들의 운동과 다른 노선을 택할 수밖에 없다는 점을 인식하는 게 중요하다고 보기 때문이다.

최근 국내에 번역 · 출간된 서양 페미니즘 서적 가운데 아마도 가장 많이 읽혔을 훅스의『모두를 위한 페미니즘』은 제목이 시사하듯이, 소통을 중시하는 페미니즘이다. 훅스는 페미니즘을 "성차별주의와 그에 근거한 착취와 억압을 끝내려는 운동"으로 정의한다.[9]

이 정의가 말해주는 것처럼, 이 책의 가장 두드러진 특징은 남성을 적으로 돌리지 않으려는 전략적 사고다. 때론 남성을 적으로 여기는 듯한 발언도 불사하는 백인 중산층 페미니즘과 달리, 훅스는 흑인 여성의 더욱 열악한 처지에선 그런 전략적 사고가 절대적으로 중요하다는 입장을 취한다.

그래서 훅스는 여자라고 무조건 페미니즘 정치를 옹호하는 것은 아니며, 가부장제 사회에 사는 그 누구라도 성차별주의자가 될 수 있다고 말한다. 또한 페미니즘이 반대하는 것은 '남자'가 아닌, 남성 중심주의임을 거듭 강조한다. 따라서 그는 페미니즘적 각성을 중요하게 보며, 페미니즘 운동이 우리 모두를 자유롭게 하는 해방운동임을 보여줌으로써 페미니즘이 여성만을 위한 것이 아니라 '우리 모두를 위한 것'임을 역설한다.[10]

두말할 필요 없이, 여성 억압의 원흉인 가부장제를 깨부수는 일은 여성만을 위한 것이 아니라 남성을 위한 것이기도 하다. 본문에서 토니 포터Tony Porter가 잘 지적했듯이, 태어나는 순간부터 강요받아온 '남자다움'에 대한 강박이 우리 모두를 불행하게 만들고 있는 것이다.

사실 가부장 노릇을 하는 것도 쉬운 일이 아니다. 1990년대 후반 한국 사회를 강타했던 '아버지 신드롬'은 사실상 가부장제의 종언을 예고해준 사건이었건만, 그걸 깨닫지 못한 어리석은 사람들이 오히려 그걸 가부장제를 더 공고하게 지켜야 할 이유로 삼으면서 페미니즘과 여성에 대한 반동이 심해진 것이다.

가부장제의 폐해는 이루 헤아릴 수 없이 많지만, 여성 혐오의 주요 기원이 된 것으로 지적된 짝 찾기 문제만 하더라도 그 주요 원인은 가부장제임을 유념할 필요가 있겠다. 본문에서 보았듯이, "시댁 중심의 결혼 생활이 부담스러워서 결혼을 회피한다"고 답한 여성은 무려 72.2퍼센트에 이르렀다. 여성의 결혼을 '시집을 가는' 걸로 여기는 의식과 관행 자체를 깨는 것이 남성을 위한 것이기도 하다는 자명한 사실을 말해주는 게 아니고 무엇인가.

이런 통계가 믿기지 않는다면 가부장제, 아니 우리의 가족, 이대론 안 된다는 걸 생생하게 증언한 책들을 읽어보는 게 좋다. 이미 '페미니즘의 경전'이 된 조남주의 『82년생 김지영』(2016) 외에, 내가 재미있고 감명 깊게 읽은 책은 조주은의 『기획된 가족』(2013), 김보성ㆍ

김향수 · 안미선의『엄마의 탄생』(2014), 김희경의『이상한 정상가족』 (2017), 영주의『며느리 사표』(2018), 최윤아의『남편은 내가 집에서 논다고 말했다』(2018) 등이었다. 이 책들을 읽으면서 그 누구에게도 도움이 되지 않는 가부장제 사수 의지에 의심을 품어보는 건 어떨까?

"페미니스트의 싸움은 짧게 끝나지 않는다"

우리 모두를 위한 '소통하는 페미니즘'을 위해선, 무엇보다도 미디어는 페미니즘에 양날의 칼임을 명심해야 한다. 흥미롭게도 현 상황은 미국 사회학자 토드 기틀린Todd Gitlin이 1980년에 출간한『전 세계가 보고 있다: 신좌파의 부침에 미친 매스미디어의 영향The Whole World Is Watching: Mass Media in the Making and Unmaking of the New Left』이라는 책에서 분석한 신좌파의 상황과 비슷하다.

이 책은 1960년대 미국의 신좌파운동이 초기엔 매스미디어의 집중적인 보도로 큰 도움을 받았지만, 종국엔 매스미디어에 의해 몰락할 수밖에 없었던 과정을 상세히 밝히고 있다. 미디어는 처음엔 신좌파운동을 외면하다가 그들이 논란을 만들어내자 경쟁적으로 신좌파운동에 대해 보도하기 시작했다. 신좌파운동은 미디어의 경쟁적인 보도 덕분에 힘을 키워갈 수 있었지만, 곧 부메랑을 맞게 되었다. 어떤 부메랑이었던가?

어떤 논란이건 논란은 시간이 지남에 따라 뉴스 가치를 잃게 된다. 새로운 논란에 굶주린 미디어는 신좌파운동의 전체 모습엔 관심이 없고 신좌파운동 진영에서 가장 극단적이고 일탈적인 극소수의 집단과 개인의 언행에 주목하면서 그것이 전체의 모습인 것처럼 몰아감으로써 신좌파운동에 대한 대중의 염증과 반감을 키워나갔다. 그건 결코 음모는 아니었다. 미디어의 속성에 따른 자연스러운 진행 과정이었다.[11]

한국의 페미니즘 운동도 비슷하다. 미디어의 최대 이념은 시종일관 사람들의 흥미 욕구를 충족시키는 것인데, 그 점에서 메갈리아의 활동은 뉴스 가치가 매우 큰 '사건'이었다. 페미니즘은 메갈리아 덕분에 지난 몇 년간 집중적인 미디어의 주목을 받으면서 그 누구도 외면할 수 없는 거대 이슈의 지위를 누릴 수 있었다. 하지만 이제 페미니즘은 미디어가 가장 극단적이고 일탈적인 극소수의 집단과 개인에 주목하면서 그것이 페미니즘 전체의 모습인 것처럼 몰아감으로써 페미니즘에 대한 대중의 염증과 반감을 키워나가는 상황에 직면해 있다.

이 상황을 방치해선 안 되며, 프레임의 주도권을 미디어에 맡겨선 안 된다. 미디어의 속성 자체를 이슈로 만들어야 한다. 설사 그 일이 여의치 않더라도 주눅들거나 좌절해선 안 된다. 다시 말하지만, 시간이 얼마나 걸리느냐의 문제일 뿐 결론은 이미 나와 있다. 가부장제는 산산조각 난 채로 부서져 허공으로 사라지게 되어 있다. 다만 그게 저절로 이루어지는 건 아니기에, 우리에게 필요한 건 우리 모두를 위해 세상을 그렇게 바꾸겠다는 끈질기고 집요한 의지와 자세다. 본문에서 보았듯이, 손희정이 아주 좋은 말을 했다. 그는 "페미니스트의 싸움은 짧게 끝나지 않는다"며 "페미니즘에 모두를 거는 열정보다는 나가떨어지지 않고 버티는 기술이 더 필요할 것 같다"고 하지 않았던가.

우리 인간이란 참 묘한 동물이다. 강자의 횡포보다는 약자의 반란에 분노한다. 늘 강자들에게 당하고 살아왔기에 그러는 걸까? 그래서 평소 만만하게 보면서 자존감 유지의 마지막 보루로 삼아왔던 대상이 "이제 만만하게 보지 마라"고 나오면 이 세상이 뒤집어진 것처럼 충격과 분노의 수렁으로 빠져드는 걸까? 그래서 오히려 자신의 이익에 반하는 자해 행위를 공격적으로 저지르는 걸까?

설사 그렇다 하더라도 모든 건 시간이 말해준다. 그런 이치는 반대 방향으로도 작동하니까 말이다. 아무리 가부장제에 찌든 남자들일지라도 저항하는 여성에 대해 처음엔 펄펄 뛸망정 그 저항이 지속되면 익숙해지게 되어 있다. 인류 역사를 보라. 기득권자가 스스로 기득권을 포기한 적은 없다. 그 알량한 기득권이란 게 오히려 자신의 이익에 반할 경우에라도 말이다. '습관의 독재' 외에 달리 설명할 길이 없다.

당하는 사람들, 아니 우리 모두를 생각하는 사람들로선 부단한 투쟁 외에 답이 없다는 걸 역사는 가르쳐준다. '중단 없는 전진'은 독재자 박정희가 1971년에 쓴 신년 휘호였지만, 그 좋은 말을 그가 전유하게 내버려둘 수는 없다. 중단 없는 전진만이 성별 억압과 착취의 오랜 역사에 종지부를 찍을 수 있게 해줄 것이다.

오빠도 누이를 돌보는 책임과 고통에서 해방됨으로써 지금보다는 훨씬 더 행복한 삶을 살 수 있게 될 것이다. 오빠의 해방, 그것이 바로 페미니즘이 추구하는 목표다. 오빠들이 자신들이 허락한 페미니즘의 속박에서 벗어나 누이가 허락한 페미니즘, 아니 상호 소통하는 페미니즘의 새로운 세계로 진입해 자유와 광명의 기쁨을 누릴 수 있게 되기를 빈다.

주

머리말

1 Herbert Marcuse, 「Repressive Tolerance」, Robert Paul Wolff et al., 『A Critique of Pure Tolerance』(Boston, Mass.: Beacon Press, 1965), pp.81~123.
2 정희진, 「gender.or.kr」, 『한겨레』, 2017년 1월 21일.
3 거다 러너(Gerda Lerner), 강정하 옮김, 『왜 여성사인가』(푸른역사, 1997/2006), 82쪽.

제1장

1 「PC통신」, 『두산백과』(『네이버 지식백과』).
2 윤보라, 「온라인 페미니즘」, 『여/성이론』, 30호(2014년 5월), 169쪽.
3 윤보라, 「온라인 페미니즘」, 『여/성이론』, 30호(2014년 5월), 170~171쪽.
4 홍진수, 「[오래전 '이날'] 9월 26일자」, 『경향신문』, 2016년 9월 25일; 권김현영, 「영 페미니스트, 넷페미의 새로운 도전: 1990년대 중반부터 2000년대 중반까지」, 권김현영 · 손희정 · 박은하 · 이민경, 『대한민국 넷페미史: 우리에게도 빛과 그늘의 역사가 있다』(나무연필, 2017), 23~24쪽.
5 김완섭, 『창녀론: 21세기형 인간을 위한 혁명적 여성이론』(천마, 1995), 59~61쪽.
6 김완섭, 『창녀론: 21세기형 인간을 위한 혁명적 여성이론』(천마, 1995), 288~289쪽.
7 김완섭, 『창녀론: 21세기형 인간을 위한 혁명적 여성이론』(천마, 1995), 207~211쪽.
8 전현경, 「나는 매일 페미니즘을 목도한다」, 유숙열 외, 『대한민국 페미니스트의 고백』

(이프북스, 2017), 183쪽.

9 신정모라, 「노출 응원 단속하면 '유방 시위'로 맞서야 한다!」, 『천리안』, 1996년 8월 29일 (2006년 6월 16일 『대자보』에 재게재).

10 권김현영, 「영 페미니스트, 넷페미의 새로운 도전: 1990년대 중반부터 2000년대 중반까지」, 권김현영·손희정·박은하·이민경, 『대한민국 넷페미史: 우리에게도 빛과 그늘의 역사가 있다』(나무연필, 2017), 24~25쪽.

11 신정모라, 「노출 응원 단속하면 '유방 시위'로 맞서야 한다!」, 『천리안』, 1996년 8월 29일 (2006년 6월 16일 『대자보』에 재게재).

12 이유진, 「"찌찌가 찌찌지 별거냐" 여성들이 페이스북 앞에서 외친 까닭」, 『경향신문』, 2018년 6월 2일.

13 김환영, 「상반신 누드 시위로 주목받는 여성단체 피멘(FEMEN)」, 『중앙일보』, 2013년 4월 27일; 「FEMEN」, 『Wikipedia』.

14 김정현, 『아버지: 김정현 장편소설』(문이당, 1996).

15 홍정선, 「한국 문학 속에 나타난 '가장상'의 변화」, 『황해문화』, 제14호(1997년 봄), 145쪽.

16 고은광순, 「62세 내 인생의 페미니즘」, 유숙열 외, 『대한민국 페미니스트의 고백』(이프북스, 2017), 271~272쪽.

17 이문열, 「망해가는 말」, 『동아일보』, 1997년 5월 1일, 5면.

18 이문열, 「작가의 말」, 『선택: 이문열 장편소설』(민음사, 1997), 223쪽.

19 이문열, 『선택: 이문열 장편소설』(민음사, 1997), 9쪽.

20 진중권, 「문명도 외면한 여성의 굴레」, 『한겨레21』, 1999년 12월 16일, 100면.

21 이동하, 『한 문학평론가의 역사 읽기』(문이당, 1997); 「기득권을 가진 남성이 선택한 길: 이문열의 『선택』」, 『현대』, 1997년 여름, 20쪽.

22 이하늬, 「성폭행 사건에 언론은 늘 여성의 이름을 붙인다」, 『미디어오늘』, 2016년 6월 1일.

23 전경옥·유숙란·신희선·김은실, 『한국여성정치사회사 3: 한국여성근현대사 3 1980–현재』(숙명여자대학교 아시아여성연구소, 2006), 258쪽.

24 조한혜정, 「모계를 공식적인 부모로 살려내자」, 『여성신문』, 1997년 4월 11일, 8면.

25 김용환, 「위기의 한국 사회를 위한 실천적 제안」, 『사회비평』, 1999년 봄, 150쪽.

26 임현진, 『21세기 한국 사회의 안과 밖: 세계 체제에서 시민사회까지』(서울대학교출판부, 2001), 140쪽; 정창영, 『IMF 고통인가 축복인가』(문이당, 1998), 15~19, 38쪽.

27 이주승·이인열, 「한숨만 쌓이는 잿빛 어버이날」, 『경향신문』, 1998년 5월 8일, 19면.

28 이현숙·정춘숙, 「아내 구타 추방 운동사」, 한국여성의전화 엮음, 『한국여성인권운동사』(한울아카데미, 1999), 106~180쪽. 가정폭력에 대해선 정희진, 『아주 친밀한 폭력: 여성주의와 가정폭력』(교양인, 2016); 한국여성의전화 엮음, 『그 일은 전–혀 사소하지 않습니다: 아내 폭력에서 탈출한 여성들의 이야기』(오월의봄, 2017) 참고.

29 배은경, 「'경제 위기'와 한국 여성: 여성의 생애 전망과 젠더/계급의 교차」, 『페미니즘연구』, 9권 2호(2009년 10월), 41, 64~65쪽.

30 고은광순, 『한국에는 남자들만 산다: 그들만 모르는 그들의 이야기』(인물과사상사, 2004), 68쪽.

31 윤보라, 「온라인 페미니즘」, 『여/성이론』, 30호(2014년 5월), 169~172쪽; 장민지, 「디지털 네이티브 여/성주체(Digital Native Fe/male Subject)의 운동 전략: 메갈리아를 중심으로」, 『미디어, 젠더&문화』, 31권 3호(2016년 9월), 230쪽.

32 고은광순, 『어느 안티미스코리아의 반란』(인물과사상사, 1999), 68쪽.

33 손희정, 『페미니즘 리부트: 혐오의 시대를 뚫고 나온 목소리들』(나무연필, 2017), 94~95쪽.

34 김영란, 「이프 마케터의 깃털만큼 가벼운 고백」, 유숙열 외, 『대한민국 페미니스트의 고백』(이프북스, 2017), 176쪽.

35 서한기, 「성차별 논란 부른 민노총 노동절 포스터」, 『연합뉴스』, 1999년 4월 29일; 윤보라, 「온라인 페미니즘」, 『여/성이론』, 30호(2014년 5월), 169~170쪽.

36 전희경, 『오빠는 필요 없다: 진보의 가부장제에 도전한 여자들 이야기』(이매진, 2008), 102~105쪽.

37 강준만, 「'이중구속' 커뮤니케이션의 질곡: 힐러리 클린턴의 정치적 역정을 중심으로」, 『미디어, 젠더&문화』, 31권 4호(2016년 12월), 5~48쪽.

38 권김현영, 「군 가산점 소동과 싸이버테러」, 『여성과사회』, 11호(2000년 4월), 134~136쪽.

39 권김현영, 「군 가산점 소동과 싸이버테러」, 『여성과사회』, 11호(2000년 4월), 141~142쪽.

40 전혜원 · 천관율, 「'김치년'은 어떻게 탄생하게 되었을까」, 『시사IN』, 2015년 3월 24일.

제2장

1 이희정, 「인터넷 이용자 1,300만 휴대폰 가입자 2,500만」, 『한국일보』, 2000년 3월 16일, 1면.

2 「된장녀」, 『위키백과』; 박권일, 「여성 혐오 한국적인 너무나 한국적인」, 『나들』, 2014년 2월 4일.

3 최태섭, 『억울한 사람들의 나라: 세월호에서 미투까지, 어떤 억울함들에 대한 기록』(위즈덤하우스, 2018), 58쪽.

4 노성열, 「어버이날/달라지는 역할과 자리매김」, 『문화일보』, 2003년 5월 8일, 3면.

5 조창인, 『가시고기: 조창인 장편소설』(밝은세상, 2000).

6 편완식, 「KBS2 '추적 60분—아버지라는 이름의 약자' 7일 방송」, 『세계일보』, 2000년 5월 6일, 17면.

7 전희경, 「계속, 끝까지, 페미니스트로」, 권김현영 외, 『페미니스트 모먼트』(그린비, 2017), 179쪽; 전희경, 『오빠는 필요 없다: 진보의 가부장제에 도전한 여자들 이야기』(이매진, 2008), 263쪽; 「명분 앞세워 은폐한 운동권 성폭력에 메스」, 『여성신문』, 2010년 8월 27

일; 정성희, 「운동권 성폭력 가해자 인터넷 실명 공개 파문」, 『동아일보』, 2000년 12월 14일; 김기철, 「[만물상] '미투'와 좌파」, 『조선일보』, 2018년 3월 7일; 엄혜진, 「운동 사회 성폭력 의제화의 의의와 쟁점: '100인위' 운동의 수용과 현재적 착종」, 『페미니즘 연구』, 9권 1호(2009년 4월), 31~78쪽.

8   전희경, 「계속, 끝까지, 페미니스트로」, 권김현영 외, 『페미니스트 모먼트』(그린비, 2017), 187쪽.

9   전희경, 「계속, 끝까지, 페미니스트로」, 권김현영 외, 『페미니스트 모먼트』(그린비, 2017), 188~189쪽.

10 전희경, 「가해자 중심 사회에서 성폭력 사건의 '해결'은 가능한가: KBS 노조 간부 성폭력 사건의 여성 인권 쟁점들」, 한국여성의전화연합 기획, 정희진 엮음, 『성폭력을 다시 쓴다: 객관성, 여성운동, 인권』(한울아카데미, 2003), 45쪽.

11 전희경, 「가해자 중심 사회에서 성폭력 사건의 '해결'은 가능한가: KBS 노조 간부 성폭력 사건의 여성 인권 쟁점들」, 한국여성의전화연합 기획, 정희진 엮음, 『성폭력을 다시 쓴다: 객관성, 여성운동, 인권』(한울아카데미, 2003), 59쪽.

12 전혜원·천관율, 「'김치녀'은 어떻게 탄생하게 되었을까」, 『시사IN』, 2015년 3월 24일.

13 김소희, 「시여, 성희롱의 무기여」, 『한겨레21』, 제355호(2001년 4월 17일).

14 전혜원·천관율, 「'김치녀'은 어떻게 탄생하게 되었을까」, 『시사IN』, 2015년 3월 24일.

15 윤보라, 「온라인 페미니즘」, 『여/성이론』, 30호(2014년 5월), 176~177쪽.

16 윤보라, 「온라인 페미니즘」, 『여/성이론』, 30호(2014년 5월), 177~1787쪽.

17 개마고원 편집부, 「책을 펴내며: 이 땅에서 여성으로 산다는 것은」, 노혜경 외, 『페니스 파시즘』(개마고원, 2001), 8~9쪽.

18 고은광순, 『한국에는 남자들만 산다: 그들만 모르는 그들의 이야기』(인물과사상사, 2004), 63쪽.

19 고은광순, 『한국에는 남자들만 산다: 그들만 모르는 그들의 이야기』(인물과사상사, 2004), 65쪽.

20 이지은, 「"생물학적 족보는 암컷만 기록": 최재천 교수 '호주제' 헌재 답변 부계 혈통주의 과학 근거 부정」, 『한겨레』, 2004년 1월 20일, 13면.

21 고은광순, 『한국에는 남자들만 산다: 그들만 모르는 그들의 이야기』(인물과사상사, 2004), 232~233쪽.

22 김진경, 「"호주제는 일제 잔재 아닌 조선시대 관습법"」, 『동아일보』, 2004년 12월 4일, A8면; 김진경, 「호주제: 절정으로 치닫는 폐지 논의 전통인가 아닌가 막판 논란」, 『동아일보』, 2004년 12월 14일, A27면; 김혜림, 「"미풍양속" "일제 잔재" 호주제 설전」, 『국민일보』, 2004년 12월 4일, 9면; 문경란, 「호주제 국회 공청회 270분 격론」, 『중앙일보』, 2004년 12월 4일, 3면; 이유진, 「호주제 논쟁에 색깔론 '불쑥'」, 『한겨레』, 2004년 12월 4일, 6면.

23 석진환, 「헌재, 호주제 헌법 불합치 결정」, 『한겨레』, 2005년 2월 4일, 1면.

24 김경희, 「신자유주의와 국가페미니즘」, 『진보평론』, 40호(2009년 6월), 14~32쪽.

25 전혜원 · 천관율, 「'김치녀'은 어떻게 탄생하게 되었을까」, 『시사IN』, 2015년 3월 24일.

26 대니얼 솔로브(Daniel J. Solove), 이승훈 옮김, 『인터넷 세상과 평판의 미래: 루머, 가십, 익명성, 그리고 디지털 주홍글씨』(비지니스맵, 2007/2008), 12, 27쪽.

27 정희진, 『페미니즘의 도전: 한국 사회 일상의 성정치학』(교양인, 2005); 정희진, 『페미니즘의 도전: 한국 사회 일상의 성정치학(개정증보판)』(교양인, 2013).

28 최승범, 『저는 남자고, 페미니스트입니다』(생각의힘, 2018), 48쪽; 박현정, 「"페미 싫은 남학생들, 밤길 무서워 봤나요?": 페미니스트 남교사 최승범」, 『한겨레』, 2018년 4월 21일.

29 김지훈, 「여혐에 열 올리는 '한남'의 뒤통수를 강타하는 '뿅망치'」, 『한겨레』, 2017년 9월 22일. 서민, 『여혐, 여자가 뭘 어쨌다고』(다시봄, 2017), 참고.

30 전희경, 「계속, 끝까지, 페미니스트로」, 권김현영 외, 『페미니스트 모먼트』(그린비, 2017), 201~202쪽.

31 김영옥, 「성공시대의 '여성학 철거'」, 『한겨레』, 2007년 12월 26일; 박은하, 「페미니스트, 어떻게 적이 되었나」, 『경향신문』, 2015년 3월 7일.

32 「[사설] '이구백', '십장생'으로 늙어가는 나라」, 『한국일보』, 2006년 7월 5일, 31면; 이종탁, 「[여적] 신조어 이구백」, 『경향신문』, 2006년 7월 5일, 30면.

33 「[사설] 932명 뽑는 공무원 시험에 15만 명 지원한 나라」, 『경향신문』, 2006년 10월 2일, 31면.

34 장관순 · 김다슬, 「'비(悲)정규직': 공공기관 비정규직, 민간보다 홀대」, 『경향신문』, 2007년 5월 3일, 9면.

35 우석훈 · 박권일, 『88만원 세대: 절망의 시대에 쓰는 희망의 경제학』(레디앙, 2007).

36 임주환, 「2007 신조어로 본 고용 시장 풍속도/'학점 쇼핑족' 아시나요」, 『한겨레』, 2008년 1월 14일, 17면; 박형준, 「"이태백아 그만 울어라, 삼태백도 울고 있다"」, 『동아일보』, 2008년 1월 14일, 14면.

37 최창봉, 「20, 30대 사망 원인 '자살'이 최다」, 『동아일보』, 2008년 9월 10일, 14면.

38 우석훈 · 박권일, 『88만원 세대: 절망의 시대에 쓰는 희망의 경제학』(레디앙, 2007), 289~291쪽.

39 한우리, 「'이생망', '헬조선' 여성 청년들의 페미니스트 되기」, 『여/성이론』, 37호(2017년 12월), 61쪽.

40 송준호, 「유숙렬 '이프' 공동대표 "함께하는 페미니즘 유토피아 꿈꿔요"」, 『주간한국』, 2008년 10월 3일.

41 전희경, 『오빠는 필요 없다: 진보의 가부장제에 도전한 여자들 이야기』(이매진, 2008), 167쪽.

42 이영경, 「[책과 삶] 운동권 내부의 적 '가부장적 꼴보수'」, 『경향신문』, 2008년 10월 31일.

43 전희경, 『오빠는 필요 없다: 진보의 가부장제에 도전한 여자들 이야기』(이매진, 2008),

167~168쪽.

44 김기철, 「[만물상] '미투'와 좌파」, 『조선일보』, 2018년 3월 7일.

45 민주노총 김＊＊ 성폭력 사건 피해자 지지모임, 『하늘을 덮다. 민주노총 성폭력 사건의 진실: 잊고 싶은, 그러나 잊혀지지 않는 1639일 생존과 지지의 기록』(메이데이, 2013), 520쪽.

46 민주노총 김＊＊ 성폭력 사건 피해자 지지모임, 『하늘을 덮다. 민주노총 성폭력 사건의 진실: 잊고 싶은, 그러나 잊혀지지 않는 1639일 생존과 지지의 기록』(메이데이, 2013), 544~545쪽.

47 김용욱 「유시민 백토 승리, 이정희에 역풍…관악을 촛불집회」, 『참세상』, 2012년 3월 15일.

48 홍용덕, 「전교조 · 정진후 경기 교육감 후보 사퇴 논란」, 『한겨레』, 2018년 3월 25일.

49 강준만, 『룸살롱 공화국: 부패와 향락, 패거리의 요새 밀실접대 65년의 기록』(인물과사상사, 2011), 195~235쪽.

제3장

1 황정미, 「젠더 관점에서 본 민주화 이후의 민주주의: 공공 페미니즘과 정체성 정치」, 『경제와사회』, 114호(2017년 6월), 37쪽.

2 강준만, 『룸살롱 공화국: 부패와 향락, 패거리의 요새 밀실접대 65년의 기록』(인물과사상사, 2011), 239~251쪽.

3 성현석, 「"고려대 성추행 의대생 부모, 피해자 협박까지 했다"」, 『프레시안』, 2011년 8월 17일.

4 이범준, 「성추행 고대생 어머니 법정 구속」, 『경향신문』, 2012년 8월 22일.

5 「SlutWalk」, 『Wikipedia』.

6 「잡년 행진」, 『위키백과』.

7 이주영, 「탑골공원에 등장한 '잡년'…"내 몸 만지지 마": [현장] 한국에서 두 번째 '잡년 행진'…"성범죄, 여성 노출 탓 아냐"」, 『오마이뉴스』, 2012년 7월 28일.

8 「SlutWalk」, 『Wikipedia』.

9 김수진 · 엄혜진 · 윤보라 · 김원정, 「농담과 비키니, 나꼼수 사건을 바라보는 조금 다른 시선」, 『페미니즘 연구』, 12권 1호(2012년 4월), 221쪽.

10 김수진 · 엄혜진 · 윤보라 · 김원정, 「농담과 비키니, 나꼼수 사건을 바라보는 조금 다른 시선」, 『페미니즘 연구』, 12권 1호(2012년 4월), 222~223쪽.

11 나영, 「모순과 혐오를 넘어 페미니즘 정치를 향하여」, 『황해문화』, 97호(2017년 12월), 106쪽.

12 김수진 · 엄혜진 · 윤보라 · 김원정, 「농담과 비키니, 나꼼수 사건을 바라보는 조금 다른 시선」, 『페미니즘 연구』, 12권 1호(2012년 4월), 223~225쪽.

13 김현섭, 「'비키니 시위' 나꼼수 김어준의 공식 입장은…"권력 불평등 없어, 성희롱 아니다"」, 『쿠키뉴스』, 2012년 2월 5일.

14 박권일, 「나쁜 신호」, 『한겨레』, 2018년 3월 16일.

15 김수진·엄혜진·윤보라·김원정, 「농담과 비키니, 나꼼수 사건을 바라보는 조금 다른 시선」, 『페미니즘 연구』, 12권 1호(2012년 4월), 226쪽; 홍현진, 「"누님들 왜 그래 부끄러워요, 했어야지!"」, 『오마이뉴스』, 2012년 2월 11일.

16 홍현진, 「"누님들 왜 그래 부끄러워요, 했어야지!"」, 『오마이뉴스』, 2012년 2월 11일.

17 최태섭, 「〈나꼼수〉 '실패한 농담'이 남긴 뒷맛」, 『프레시안』, 2012년 2월 12일.

18 장슬기, 「남성들이 "내가 언제 여성을 혐오했냐"고 묻는 이유」, 『미디어오늘』, 2016년 7월 26일.

19 우에노 지즈코, 나일등 옮김, 『여성 혐오를 혐오한다』(은행나무, 2010/2012), 14쪽.

20 윤지영, 「전복적 반사경으로서의 메갈리안 논쟁: 남성 혐오는 가능한가」, 『한국여성철학』, 24호(2015년 11월), 64쪽.

21 김윤덕, 「"가족이 사랑 공동체? 살아남으려는 경제 동맹체"」, 『조선일보』, 2013년 1월 26일.

22 조주은, 『기획된 가족: 맞벌이 화이트칼라 여성들은 어떻게 중산층을 기획하는가?』(서해문집, 2013), 297~298쪽.

23 손원제, 「드라마만 보면…대한민국은 불륜 공화국?」, 『한겨레』, 2004년 10월 26일.

24 송영웅, 「위기의 아내들: 평범한 주부들까지 '애인 만들기' 유행」, 『한국일보』, 2006년 9월 2일, 1면.

25 조주은, 『기획된 가족: 맞벌이 화이트칼라 여성들은 어떻게 중산층을 기획하는가?』(서해문집, 2013), 37쪽.

26 조주은, 『기획된 가족: 맞벌이 화이트칼라 여성들은 어떻게 중산층을 기획하는가?』(서해문집, 2013), 39~40쪽.

27 조주은, 『기획된 가족: 맞벌이 화이트칼라 여성들은 어떻게 중산층을 기획하는가?』(서해문집, 2013), 275쪽.

28 박권일, 「여성 혐오 한국적인 너무나 한국적인」, 『나들』, 2014년 2월 4일.

29 권김현영, 「[추천의 글] 이 책은 백서가 아니다」, 민주노총 김＊＊ 성폭력 사건 피해자 지지 모임, 『하늘을 덮다, 민주노총 성폭력 사건의 진실: 잊고 싶은, 그러나 잊혀지지 않는 1639일 생존과 지지의 기록』(메이데이, 2013), 11~12쪽.

30 정희진, 「진보 운동과 성평등, 함께 갈 수 있을까?」, 『한겨레』, 2013년 6월 22일.

31 전혜원·천관율, 「'여성' 혐오하는 젊은 그대는?」, 『시사IN』, 2015년 3월 24일.

32 표창원, 「성재기 남성연대 대표의 죽음, 그리고 그를 따르는 젊은 남자들」, 『여성신문』, 2013년 8월 20일.

33 전혜원·천관율, 「'여성' 혐오하는 젊은 그대는?」, 『시사IN』, 2015년 3월 24일.

34 최태섭, 『잉여 사회: 남아도는 인생들을 위한 사회학』(웅진지식하우스, 2013), 21쪽; 김

종목, 「[저자와의 대화] '잉여 사회' 문화비평가 최태섭 씨」, 『경향신문』, 2013년 9월 7일.

35 양선희, 「[분수대] 잔혹 스토리가 난무하는 우리네 명절」, 『중앙일보』, 2013년 9월 23일.

36 「[사설] 행복한 설을 위한 '문화혁명'에 나서자」, 『한겨레』, 2007년 2월 17일, 19면.

37 이효상, 「4쌍 중 1쌍 황혼 이혼…신혼 이혼 앞질러」, 『경향신문』, 2013년 10월 21일; 장은교, 「"정 때문에 산다"고요? 황혼 이혼, 신혼 이혼 추월」, 『경향신문』, 2014년 10월 23일.

38 김보성 · 김향수 · 안미선, 『엄마의 탄생: 대한민국에서 엄마는 어떻게 만들어지는가』(오월의봄, 2014), 26쪽.

39 김보성 · 김향수 · 안미선, 『엄마의 탄생: 대한민국에서 엄마는 어떻게 만들어지는가』(오월의봄, 2014), 266~267쪽.

40 김보성 · 김향수 · 안미선, 『엄마의 탄생: 대한민국에서 엄마는 어떻게 만들어지는가』(오월의봄, 2014), 36~37쪽.

41 김효은, 「계보 따윈 없는 페미니즘을 위하여」, 『계간 시작』, 16권 2호(2017년 6월), 15쪽.

42 소현숙, 「정조는 취미다: 나혜석 이혼 사건」, 여성사연구모임 길밖세상, 『20세기 여성사건사: 근대 여성 교육의 시작에서 사이버 페미니즘까지』(여성신문사, 2001), 113~114쪽.

제4장

1 이영민, 「실종 김 군 "페미니스트 혐오"…누리꾼 "페미니즘에 대한 오해"」, 『머니투데이』, 2015년 1월 21일; 박은하, 「페미니스트, 어떻게 적이 되었나」, 『경향신문』, 2015년 3월 7일.

2 양선희, 「페미니즘의 종언」, 『중앙일보』, 2015년 1월 28일.

3 윤지영, 「증오의 프리즘으로서의 일간 베스트 현상 읽기: 파토스의 정치학과 윤리학은 가능한가?」, 『철학논집』, 41호(2015년 5월), 183쪽.

4 양선희, 「페미니즘의 종언」, 『중앙일보』, 2015년 1월 28일.

5 정인경, 「포스트페미니즘 시대 인터넷 여성 혐오」, 『페미니즘 연구』, 16권 1호(2016년 4월), 201쪽.

6 김태훈, 「IS보다 무뇌아적 페미니즘이 더 위험해요」, 『그라치아』, 제48호(2015년 2월).

7 정희진, 「gender.or.kr」, 『한겨레』, 2017년 1월 21일.

8 전혜원 · 천관율, 「'여성' 혐오하는 젊은 그대는?」, 『시사IN』, 2015년 3월 24일.

9 구자준, 「전략적 여성 혐오 서사의 등장과 그 의미: 웹툰 〈뷰티풀 군바리〉를 중심으로」, 『대중서사연구』, 23권 3호(2017년 8월), 246, 250, 272~273쪽.

10 김호기, 「청춘은 위로받아야 한다」, 『한국일보』, 2015년 2월 17일.

11 김정필, 「젊은층 절반이 '5포 세대'」, 『한겨레』, 2015년 3월 4일.

12 박은하, 「페미니스트, 어떻게 적이 되었나」, 『경향신문』, 2015년 3월 7일.

13 용미란, 「'마녀사냥' 장동민 "한혜진 설치고 떠들어 싫어" 웃음 폭탄」, 『TV리포트』, 2015

년 4월 4일.

14 김민석, 「"여자는 멍청해서 안 돼", "참을 수 없는 건 처녀 아닌 여자", "장동민 여성 비하 발언 파문…'저렴한 입'"」, 『쿠키뉴스』, 2015년 4월 12일.

15 신은정, 「진중권 "광대 장동민은 질펀하게 쌍욕할 수 있다"」, 『국민일보』, 2015년 5월 2일.

16 위근우, 「그 진중권은 어디로 갔을까」, 『아이즈』, 2015년 7월 6일.

17 남지우, 「방송계의 '남성연대'는 어떻게 '여성 혐오'를 조장했나」, 『오마이뉴스』, 2017년 6월 12일.

18 권김현영, 「질문하지 않고는 살아갈 수 없다」, 권김현영 외, 『페미니스트 모먼트』(그린비, 2017), 21쪽.

19 이은솔, 「'왕자 필요 없다'던 여성들, 이제 '무엇이든 할 수 있다'」, 『오마이뉴스』, 2018년 3월 6일.

20 정희진, 「왜 페미니즘일까?」, 정희진 외, 『소녀, 설치고 말하고 생각하라: 소녀들을 위한 페미니즘 입문서』(우리학교, 2017), 12쪽.

21 손희정, 「젠더戰과 퓨리오―숙들의 탄생: 2016년, 파퓰러 페미니즘에 대한 소고」, 『여/성이론』, 34호(2016년 5월), 36~37쪽.

22 박은하, 「[적이 된 페미니스트] 경제적 낙오자 양산하는 양극화 시대…'남성의 위기'가 페미니즘 혐오 부추겨」, 『경향신문』, 2015년 3월 7일.

23 홍상지, 「"선생님도 '김치녀'인가요?" 초등 남학생까지 여성 조롱」, 『중앙일보』, 2015년 4월 25일.

24 리베카 솔닛(Rebecca Solnit), 김명남 옮김, 『남자들은 자꾸 나를 가르치려 든다』(창비, 2014/2015), 25~29쪽.

25 리베카 솔닛(Rebecca Solnit), 김명남 옮김, 『남자들은 자꾸 나를 가르치려 든다』(창비, 2014/2015), 24~25쪽.

26 천정환, 「강남역 살인 사건부터 '메갈리아' 논쟁까지: '페미니즘 봉기'와 한국 남성성의 위기」, 『역사비평』, 116호(2016년 8월), 359쪽.

27 정희진, 「해제: 가장 오래된 문명, 여성 혐오」, 경향신문 사회부 사건팀 기획·채록, 『강남역 10번 출구, 1004개의 포스트잇: 어떤 애도와 싸움의 기록』(나무연필, 2016), 186쪽.

28 오보람, 「한국 남성 혐오 현상의 두 얼굴」, 『데일리한국』, 2016년 1월 30일.

29 게르드 브란튼베르그(Gerd Brantenberg), 히스테리아 옮김, 『이갈리아의 딸들』(황금가지, 1977/2016), 8쪽.

30 노정태, 「페미니즘을 위하여」, 『경향신문』, 2015년 6월 15일; 곽아람, 「우리가 김치녀? 그럼 너네 남자들은 '한남충'」, 『조선일보』, 2015년 10월 24일; 김서영, 「여성들의 반격 미러링, 오프라인으로 나오다」, 『경향신문』, 2015년 12월 12일; 김서영, 「페미니즘 전위 '메갈리아' 1년…'혐오'를 '혐오'로 지우려 한 그녀들은 유죄인가」, 『경향신문』, 2016년 7월 9일; 유민석, 『메갈리아의 반란』(봄알람, 2016), 7, 64~70, 104쪽.

31 김서영, 「페미니즘 전위 '메갈리아' 1년…'혐오'를 '혐오'로 지우려 한 그녀들은 유죄인

가」, 『경향신문』, 2016년 7월 9일.

32 노혜경, 「메갈리아로부터 떠날 때」, 『레디앙』, 2016년 9월 12일.

33 위근우, 「페미니즘 전쟁 ② 티셔츠 구매부터 '메갈리아' 비판까지, 주요 쟁점 5」, 『아이즈』, 2016년 8월 2일.

34 김서영, 「페미니즘 전위 '메갈리아' 1년…'혐오'를 '혐오'로 지우려 한 그녀들은 유죄인가」, 『경향신문』, 2016년 7월 9일.

35 이태희, 「당신 80년대에 뭐 했어?」, 『한겨레』, 2015년 8월 1일.

36 박권일, 「#혐오는 원인이 아니라 증상이다(헬조선 담론을 중심으로)」, 박권일 외, 『#혐오주의』(알마, 2016), 12쪽.

37 「[사설] 직장 내 성희롱에 농담으로 받아치라는 노동부」, 『경향신문』, 2014년 11월 17일; 김홍미리, 「이제야 '혐오'를 걱정하는 당신에게」, 『일다』, 2015년 9월 1일.

38 「"진짜 나쁜 남자는 바로 이런 거?"…맥심 9월호, 범죄자 콘셉트 표지 논란」, 『스포츠서울』, 2015년 8월 21일.; 김수아, 「온라인상의 여성 혐오 표현」, 『페미니즘 연구』, 15권 2호 (2015년 10월), 280쪽.

39 김익명 외, 『근본 없는 페미니즘: 메갈리아부터 워마드까지』(이프북스, 2018), 10쪽.

40 김홍미리, 「이제야 '혐오'를 걱정하는 당신에게」, 『일다』, 2015년 9월 1일.

41 천관율, 「메갈리안'…여성 혐오에 단련된 '무서운 언니들'」, 『시사IN』, 2015년 9월 17일; 윤단우·위선호, 『결혼 파업, 30대 여자들이 결혼하지 않는 이유』(모요사, 2010), 25쪽.

42 최은주, 「"아시아 남초 현상, 호전적 애국주의 부른다"」, 『한겨레』, 2006년 3월 2일, 9면.

43 천관율, 「여자를 혐오한 남자들의 '탄생'」, 『시사IN』, 2015년 9월 17일.

44 천관율, 「메갈리안'…여성 혐오에 단련된 '무서운 언니들'」, 『시사IN』, 2015년 9월 17일.

45 이라영, 「이슬람국가(IS)보다 페미니스트가 더 위험하다고?」, 『프레시안』, 2017년 12월 14일.

46 하지율, 「여자를 혐오한 남자들의 '습관'」, 『오마이뉴스』, 2015년 10월 1일.

47 황보연·김미향, 「여성 '무시'에서 '적대'로…SNS와 결합해 공격성 증폭」, 『한겨레』, 2016년 5월 24일.

48 김미향·황보연, 「'일베 놀이' 하며 '여혐' 배우는 10대들」, 『한겨레』, 2016년 5월 25일; 최태섭, 「Digital Masculinity: 한국 남성 청(소)년과 디지털 여가」, 연세대학교 젠더연구소 편, 『그런 남자는 없다: 혐오 사회에서 한국 남성성 질문하기』(오월의봄, 2017), 319쪽; 이준행, 「대안 팩트」, 『한겨레』, 2018년 5월 21일.

49 오보람, 「한국 남성 혐오 현상의 두 얼굴」, 『데일리한국』, 2016년 1월 30일.

50 황성필, 「메갈리아에 대한 낙인과 배제는 해결책이 될 수 없다」, 『미디어오늘』, 2016년 8월 3일.

51 노혜경, 「메갈리아로부터 떠날 때」, 『레디앙』, 2016년 9월 12일.

제5장

1 정종훈, 「'일베'가 되어가는 '메갈리아'」, 『중앙일보』, 2016년 1월 1일.

2 손희정, 「괴물은 침묵을 먹고 자란다」, 『경향신문』, 2016년 1월 13일.

3 김서영, 「페미니즘 전위 '메갈리아' 1년…'혐오'를 '혐오'로 지우려 한 그녀들은 유죄인가」, 『경향신문』, 2016년 7월 9일.

4 박다해·방윤영, 「페미니즘, 여성 혐오 맞서는 '미러링'이 다는 아니다」, 『머니투데이』, 2016년 3월 8일; 김서영, 「페미니즘 전위 '메갈리아' 1년…'혐오'를 '혐오'로 지우려 한 그녀들은 유죄인가」, 『경향신문』, 2016년 7월 9일.

5 김리나, 「메갈리안들의 '여성' 범주 기획과 연대: "중요한 건 '누가' 아닌 우리의 '계획'이다"」, 『한국여성학』, 33권 3호(2017년 9월), 112, 126쪽.

6 윤보라, 「메갈리아의 '거울'이 비추는 몇 가지 질문들」, 윤보라 외, 『그럼에도 페미니즘: 일상을 뒤집어보는 페미니즘의 열두 가지 질문들』(은행나무, 2007), 16쪽.

7 정희진, 「추천사」, 록산 게이(Roxane Gay), 노지양 옮김, 『나쁜 페미니스트』(사이행성, 2014/2016), 6쪽.

8 이유진, 「'나쁜 페미니스트'라도 괜찮아!」, 『한겨레』, 2016년 3월 11일.

9 「오상진 "남성도 페미니즘 공부했으면"…'나쁜 페미니스트' 추천」, 『아시아경제』, 2018년 3월 20일.

10 이하늬, 「성폭행 사건에 언론은 늘 여성의 이름을 붙인다」, 『미디어오늘』, 2016년 6월 1일.

11 [우리의 주장] '여성 혐오' 부추기는 언론」, 『기자협회보』, 2016년 4월 27일; 최민영, 「[지금 SNS에선] '여성 혐오' 부추기는 연합뉴스」, 『경향신문』, 2016년 5월 1일.

12 정민경, 「서버 폐쇄에도 죽지 않았던 '소라넷'…유사 사이트 고개 든다」, 『미디어오늘』, 2017년 4월 25일.

13 구민정, 「[강남역 사건 100일 ①] 끝나지 않은 혐오…사회 곳곳으로 '일파만파'」, 『헤럴드경제』, 2016년 8월 24일.

14 김서영, 「작업 후기: 강남역 10번 출구에서 엿본 추모와 희망」, 경향신문 사회부 사건팀 기획·채록, 『강남역 10번 출구, 1004개의 포스트잇: 어떤 애도와 싸움의 기록』(나무연필, 2016), 175~176쪽.

15 도유진, 「여성 혐오와 한국 사회, 도망칠 것인가 변화시킬 것인가」, 『ㅍㅍㅅㅅ』, 2016년 5월 26일.

16 김홍미리, 「'여성이 죽는다' 호소에 "같이 문제 풀자" 응답해야」, 『한겨레』, 2016년 5월 21일; 홍지아, 「젠더화된 폭력에 대한 뉴스 보도: 4개 언론사(『조선일보』, 『동아일보』, 『한겨레』, 『경향신문』)의 강남역 여성 살인 사건 보도를 중심으로」, 『한국언론정보학보』, 83권(2017년 6월), 186~218쪽.

17 송평인, 「'메갈리아'식 여성 혐오 편집증」, 『동아일보』, 2016년 6월 1일.

18 이나영, 「여성 혐오와 젠더 차별, 페미니즘: '강남역 10번 출구'를 중심으로」, 『문화와 사

회』, 22권(2016년 12월), 171~172쪽.

19 홍승은, 「페미니즘을 알려줘」, 『일다』, 2016년 9월 8일.

20 풍호, 「젠더 전쟁: 2. 또다시 갈라진 세계」, 『슬로우뉴스』, 2017년 2월 22일.

21 박현철, 「페미니즘은 선택이 아니라 생존의 문제예요」, 『한겨레』, 2016년 10월 15일.

22 권김현영, 「모든 것이 달라질 것이다」, 한국여성민우회 엮음, 『거리에 선 페미니즘: 여성 혐오를 멈추기 위한 8시간, 28800초의 기록』(궁리, 2016), 200~201쪽.

23 노도현, 「섬마을 성폭행 '엉뚱한 여교사' 신상 턴 일베 회원들 덜미」, 『경향신문』, 2016년 7월 12일.

24 최민호, 「섬마을 여교사 사건, 주민들 집단 성폭행 선처해달라 탄원서까지?」, 『헤럴드경제』, 2018년 4월 10일.

25 이세아, 「남성 연대라는 권력」, 『여성신문』, 2017년 8월 8일; 여성신문 뉴미디어팀, 「[2016 여성의 기억 16장면] 여성 혐오 넘어 젠더 민주주의 외치다」, 『여성신문』, 2016년 12월 12일.

26 이재윤, 「캠퍼스 '양성평등' 갈 길 먼데…사라지는 총여학생회」, 『머니투데이』, 2016년 3월 8일; 황보연·김미향, 「여성 '무시'에서 '적대'로…SNS와 결합해 공격성 증폭」, 『한겨레』, 2016년 5월 24일.

27 김서영, 「[메갈리아 1년] ⟨2⟩ '남성 메갈리안'의 시각」, 『경향신문』, 2016년 7월 13일.

28 노혜경, 「메갈리아로부터 떠날 때」, 『레디앙』, 2016년 9월 12일.

29 이민경, 「"성우 교체 반성하라" 100여 명, 넥슨 앞서 시위」, 『블로터』, 2016년 7월 24일.

30 김미영, 「"페미니즘 대중화…소비자로서 여성 문제도 고민해야"」, 『한겨레』, 2017년 2월 10일.

31 이선옥, 「메갈리안 해고 논란? 이건 여성 혐오의 문제가 아닙니다」, 『미디어오늘』, 2016년 7월 25일.

32 정민경, 「정의당, 메갈리아 관련 논평 '철회'」, 『미디어오늘』, 2016년 7월 25일.

33 정민경, 「정의당 논평 철회에 출당 요구까지 계속되는 의견 충돌」, 『미디어오늘』, 2016년 7월 28일.

34 정민경, 「"'메갈리아 싫다고 떠나 아쉽다'는 정의당을 떠난다"」, 『미디어오늘』, 2016년 8월 10일.

35 진중권, 「나도 메갈리안이다」, 『매일신문』, 2016년 7월 27일.

36 홍명교, 「반여성주의에 굴복한 정의당, 퇴행을 넘어 자멸로 가나」, 『미디어오늘』, 2016년 7월 28일.

37 정희진, 「"메갈리아는 일베에 조직적으로 대응한 유일한 당사자"」, 『한겨레』, 2016년 7월 30일.

38 정철운, 「'메갈리아=여자 일베' 인정 안 하면 『시사IN』처럼 된다?」, 『미디어오늘』, 2016년 8월 30일.

39 강준만, 「왜 촛불집회 참가자들은 시민단체에 가입하지 않을까?: 정치적 소비주의」,

『월간 인물과사상』, 2017년 9월, 38~49쪽.

제6장

1 박가분, 『일베의 사상: 새로운 젊은 우파의 탄생』(오월의봄, 2013), 19쪽.
2 박가분, 『혐오의 미러링: 혐오의 시대와 메갈리아 신드롬』(바다출판사, 2016), 58~60
   쪽. 박가분은 2017년 9월에 『포비아 페미니즘』(인간사랑)을 출간해 자신의 논지를 이어
   갔다.
3 박가분, 「메갈리아 논란에 대해 알아야 할 8가지 불편한 진실」, 『미디어오늘』, 2016년
   7월 30일.
4 박가분, 「메갈리아 논란에 대해 알아야 할 8가지 불편한 진실」, 『미디어오늘』, 2016년
   7월 30일.
5 리 콜린, 「메갈과 메갈4를 구분 짓는 건 분명히 의미가 있다」, 『미디어오늘』, 2016년
   8월 1일; 김성준, 「메갈리아가 실패했다고 말하기는 이르다」, 『미디어오늘』, 2016년
   8월 2일; 「메갈리아 논란에 대해 알아야 할 8가지 불편한 악의」, 2016년 8월 3일; http://
   gmoon.tistory.com/149.
6 데이비드 하비(David Harvey), 구동회·박영민 옮김, 『포스트모더니티의 조건』(한
   울, 1994), 299쪽; Todd Gitlin, 「Spotlights and Shadows: Television and the
   Culture of Politics」, 『College English』, 38:8(April, 1977), p.793.
7 Jacques Ellul, trans. Konrad Kellen and Jean Lerner, 『Propaganda: The
   Formation of Men's Attitudes』(New York: Vintage Books, 1973).
8 Christopher Lasch, 『Culture of Narcissism: American Life in an Age of
   Diminishing Expectations』(New York: Warner Books, 1979), pp.142~143.
9 이현재, 「도시적 감정으로서의 여성 혐오와 도시적 젠더 정의의 토대로서의 공감의 가
   능성 모색」, 『한국여성철학』, 25권(2016년 5월), 44쪽.
10 천관율, 「이제 국가 앞에 당당히 선 '일베의 청년들'」, 『시사IN』, 2014년 9월 29일.
11 김은실, 「일베식 팩트주의와 여성주의 지식 경합의 정치학」, 한국 여성주의 언어의 미
   래 월례포럼 발표문, 이화여자대학교, 2017년 5월; 김수아, 「남성 중심 온라인 커뮤니티
   에서의 페미니즘 주제 토론 가능성: '역차별' 담론 분석을 중심으로」, 『미디어, 젠더&문
   화』, 32권 3호(2017년 9월), 23~24, 35~36쪽.
12 조혜영, 「대중문화를 사건화 하는 페미니즘 서적: 『페미니즘 리부트: 혐오의 시대를 뚫
   고 나온 목소리들』과 『괜찮지 않습니다: 최지은 기자의 페미니스트로 다시 만난 세계』」,
   『아시아여성연구』, 56권 2호(2017년 11월), 311쪽.
13 박은하, 「바로 이 순간 '페미니즘'이 등장하는 이유는」, 『주간경향』, 제1194호(2016년
   9월 27일).

14 천관율, 「정의의 파수꾼들?」, 『시사IN』, 2016년 8월 25일.

15 김수아·이예슬, 「온라인 커뮤니티와 남성-약자 서사 구축 : '여성 혐오' 및 성차별 사건 관련 게시판 토론의 담론 분석을 중심으로」, 『한국여성학』, 33권 3호(2017년 9월), 92쪽.

16 정철운, 「'메갈리아=여자 일베' 인정 안 하면 『시사IN』처럼 된다?」, 『미디어오늘』, 2016년 8월 30일; 박세회, 「『시사IN』의 '분노한 남자들' 기사에 분노한 사람들이 절독하겠다고 일어섰다」, 『허핑턴포스트코리아』, 2016년 8월 28일; 노혜경, 「메갈리아로부터 떠날 때」, 『레디앙』, 2016년 9월 12일.

17 최승영, 「'메갈 언론' 낙인찍고…기자 신상 털이에 인신 공격도」, 『한국기자협회보』, 2016년 9월 7일.

18 박현철, 「페미니즘은 선택이 아니라 생존의 문제예요」, 『한겨레』, 2016년 10월 15일.

19 노혜경, 「메갈리아로부터 떠날 때」, 『레디앙』, 2016년 9월 12일.

20 토니 포터(Tony Porter), 김영진 옮김, 『맨박스: 남자다움에 갇힌 사람들』(한빛비즈, 2016), 43, 131, 173~175쪽; 김지현, 「남자가 남자에게 '페미니즘' 권하는 까닭」, 『한국일보』, 2016년 9월 29일.

21 정은령, 「미투 이후의 남성성」, 『경향신문』, 2018년 3월 14일.

22 강혜란, 「'원본'이 사라지면 '미러링'도 사라진다」, 『시사IN』, 2016년 8월 23일.

23 여성신문 뉴미디어팀, 「[2016 여성의 기억 16장면] 여성 혐오 넘어 젠더 민주주의 외치다」, 『여성신문』, 2016년 12월 12일.

24 정민경, 「정의당, "남성을 버리지 마세요" 현수막 자진 철거 요청」, 『미디어오늘』, 2016년 9월 7일; 이라영, 「이슬람국가(IS)보다 페미니스트가 더 위험하다고?」, 『프레시안』, 2017년 12월 14일.

25 정희진, 「여성주의는 양성평등일까?」, 정희진 엮음, 『양성평등에 반대한다』(교양인, 2017), 8~9쪽.

26 이라영, 「이슬람국가(IS)보다 페미니스트가 더 위험하다고?」, 『프레시안』, 2017년 12월 14일.

27 최태섭, 「Digital Masculinity: 한국 남성 청(소)년과 디지털 여가」, 연세대학교 젠더연구소 편, 『그런 남자는 없다: 혐오 사회에서 한국 남성성 질문하기』(오월의봄, 2017), 314~315쪽.

28 안치용, 「메갈리아, 이 구역에서 가장 '미친년'?」, 『프레시안』, 2016년 9월 6일.

29 김익명, 「모든 것은 고소로 시작되었다」, 김익명 외, 『근본 없는 페미니즘: 메갈리아부터 워마드까지』(이프북스, 2018), 34쪽.

30 노혜경, 「메갈리아로부터 떠날 때」, 『레디앙』, 2016년 9월 12일.

31 위근우, 「밥줄 끊는 남자들 ① 『시사IN』을 절독하는 정의의 파수꾼들」, 『아이즈』, 2016년 9월 19일.

32 이재훈, 「철학자 강신주 "페미니즘은 수준이 떨어진다"」, 『한겨레』, 2016년 9월 9일.

33 심혜리, 「장정일 "지식인 잡지들이 빠진 '성맹', 탈출에 고심"」, 『경향신문』, 2016년 9월 12일.

34 전우용, 「혐오의 상승작용」, 『경향신문』, 2016년 9월 23일.

35 이라영, 「이슬람국가(IS)보다 페미니스트가 더 위험하다고?」, 『프레시안』, 2017년 12월 14일.

36 나임윤경, 「이성애 연대와 친밀성, 드라마처럼 안 되는 이유」, 한국여성연구소 엮음, 『젠더와 사회: 15개의 시선으로 읽는 여성과 남성』(동녘, 2014), 263쪽.

37 김고연주, 「작품 해설: 우리 모두의 김지영」, 조남주, 『82년생 김지영』(민음사, 2016), 179~190쪽; 김향미, 「'82년생 김지영' 베스트셀러 1위로 역주행」, 『경향신문』, 2018년 3월 29일.

38 조남주, 「딸, 엄마, 페미니스트」, 유숙열 외, 『대한민국 페미니스트의 고백』(이프북스, 2017), 115쪽.

39 박현철, 「페미니즘은 선택이 아니라 생존의 문제예요」, 『한겨레』, 2016년 10월 15일.

40 최재봉, 「'문단 성폭력'을 넘어서」, 『한겨레』, 2016년 12월 16일.

41 엄주엽, 「#예술계_내_성폭력」, 『문화일보』, 2016년 10월 28일.

42 이하늬, 「"작가님 덕분에 월급 나오는데, 니 허벅지가 대수냐"」, 『미디어오늘』, 2016년 11월 10일.

43 이하늬, 「"기자님, 뽀뽀 한 번만 해주면 안 돼요?"」, 『미디어오늘』, 2016년 10월 29일.

44 이하늬, 「"기자 집단? 성폭력 폭로하자 오히려 왕따가 됐다"」, 『미디어오늘』, 2016년 11월 6일.

45 김민정·주희연, 「여성 혐오 '워마드패치' 운영자 잡았다」, 『조선일보』, 2016년 11월 29일; 신동윤·구민정, 「"한번 당해보라는 심정으로 범행"…'○○패치' 운영자들 檢 송치」, 『헤럴드경제』, 2016년 11월 28일.

46 아이즈 편집부, 『2016 여성 혐오 엔터테인먼트』(아이즈북, 2016); 양성희, 「'정치적 올바름'의 정치학」, 『중앙일보』, 2017년 1월 5일.

47 손희정, 『페미니즘 리부트: 혐오의 시대를 뚫고 나온 목소리들』(나무연필, 2017), 97~98쪽.

제7장

1 박주연, 「[인터뷰] 청탁금지법 100일…김영란 전 대법관 "'노'라고 말할 수 있는 근육을 키우는 법"」, 『경향신문』, 2017년 1월 1일.

2 정희진, 「여성주의는 양성평등일까?」, 정희진 엮음, 『양성평등에 반대한다』(교양인, 2017), 7~8쪽; 이유진, 「페미니즘, 양성평등을 반대하다」, 『한겨레』, 2017년 1월 6일.

3 최태섭, 「기만적 다수의 시대」, 『경향신문』, 2017년 2월 4일.

4 권영전, 「김치녀·호모」…"성소수자 95%·여성 84% 온라인 혐오 피해"」, 『연합뉴스』, 2017년 2월 19일.

5 오수경, 「"페미니즘이 뭐야?"라는 질문에 대하여」, 『시사IN』, 2017년 3월 9일.

6 최유리, 「"오늘 나는 페미니즘에 투표한다"」, 『뉴스앤조이』, 2017년 4월 16일.

7 정희진, 「성 인지 정책과 성인 잡지」, 『경향신문』, 2017년 4월 17일.

8 권김현영, 「해제: 우리에게는 미래가 '있다'」, 벨 훅스(Bell Hooks), 이경아 옮김, 『모두를 위한 페미니즘』(문학동네, 2015/2017), 265쪽.

9 뉴시스, 「"돼지 흥분제 구해줬다"…홍준표 저서에 '성범죄 모의' 서술 논란」, 『동아닷컴』, 2017년 4월 20일.

10 안상현, 「홍준표, '돼지 발정제' 논란 "이제 그만 용서해달라"」, 『조선일보』, 2017년 4월 22일; 하종대, 「솔직한 고백, 위험한 진실」, 『동아일보』, 2017년 4월 22일; 이민석, 「민주당이 '洪 자서전 흥분제' 뒤늦게 비판한 까닭은」, 『조선일보』, 2017년 4월 22일; 「[사설] 성범죄 혐의마저 '선거 마케팅'에 쓰겠다는 건가」, 『한겨레』, 2017년 4월 24일.

11 강성원, 「유시민 "야권의 집권, 정치권력만 잡은 것일 뿐"」, 『미디어오늘』, 2017년 5월 6일.

12 오창민, 「'진보 어용 언론'은 없다」, 『경향신문』, 2017년 5월 11일.

13 정희준, 「정녕, '나꼼수'를 무릎 꿇리려는 것인가?」, 『미디어스』, 2016년 2월 5일.

14 오창민, 「'진보 어용 언론'은 없다」, 『경향신문』, 2017년 5월 11일.

15 손희정, 『페미니즘 리부트: 혐오의 시대를 뚫고 나온 목소리들』(나무연필, 2017), 156~157쪽.

16 손희정, 「그 사내다움에 대하여: 음모론 시대의 남성성과 검사 영화」, 정희진 외, 『지금 여기의 페미니즘 X 민주주의』(교유서가, 2018), 219쪽.

17 이현재, 「'페미니스트 대통령' 제대로 보좌하라ㅡ탁현민 사건을 보며」, 『여성신문』, 2017년 5월 29일.

18 박수지, 「'여성 비하' 탁현민 청 행정관 내정에 여성단체 발끈」, 『한겨레』, 2017년 5월 31일.

19 정희진, 「섹스의 진정성?」, 『한겨레』, 2017년 6월 3일.

20 「문성근, '여성 비하 논란' 탁현민 두둔?…"흔들리지 마"」, 『서울신문』, 2017년 6월 9일.

21 홍지예, 「김미화, 탁현민 옹호 "여혐" 비난받는 탁현민, 홍보대사로서 봐온 나로서는 안타까워"」, 『중부일보』, 2017년 6월 9일.

22 윤조원, 「청와대의 젠더 감수성을 묻는다」, 『경향신문』, 2017년 6월 9일.

23 정희진, 「[정희진의 어떤 메모] 남자는 순간 숨이 막힌다」, 『한겨레』, 2017년 6월 10일.

24 정희진, 「문재인 정부의 '홍준표'들」, 『경향신문』, 2017년 6월 12일.

25 손희정, 「자라지 않는 남자들의 연대」, 『경향신문』, 2017년 6월 13일.

26 정희진, 「[정희진의 어떤 메모] 피플」, 『한겨레』, 2017년 6월 17일.

27 김아진, 「탁현민 "고1 때 여중생과 성관계…임신한 선생님들도 섹시했다"」, 『조선일보』,

2017년 6월 22일; 「[사설] 양식과 품위 훼손한 탁현민 행정관에 대한 청와대의 침묵」,
『매일경제』, 2017년 6월 24일.

28 성호준, 「욕설·협박 조직적 문자 폭탄, 여론 빌미 위임 독재 부를 수도」, 『중앙선데이』,
2017년 6월 25일.

29 박준호, 「'탁현민 구하기' 청원까지 올라왔지만…사퇴 여론 고조」, 『뉴시스』, 2017년 6월
25일.

30 최태섭, 『억울한 사람들의 나라: 세월호에서 미투까지, 어떤 억울함들에 대한 기록』(위
즈덤하우스, 2018), 224쪽.

31 박종면, 「안경환과 탁현민의 성 의식」, 『머니투데이』, 2017년 6월 26일.

32 문소영, 「진영 논리는 성(性) 무뢰한의 마지막 도피처」, 『중앙일보』, 2017년 7월 3일.

33 하준호, 「여성단체들 "페미니스트 대통령 되려면 탁현민 즉각 경질해야"」, 『중앙일보』,
2017년 7월 8일.

34 김영진, 「인터넷에 "초등생 성폭행" 예고…안동 경찰, 사건 날까 '초비상'」, 『매일신문』,
2017년 5월 17일.

35 「"호식이 치킨 꽃뱀"이라니…악플러 고소도 못해」, 『서울신문』, 2017년 6월 26일.

36 김현정, 「'호식이' 성추행 목격자 "꽃뱀 악플 폭탄, 이러면 누가 돕나"」, 『CBS 김현정의
뉴스쇼』, 2017년 6월 28일.

37 윤이나, 「[2030 세상보기] 여자를 돕는 여자들」, 『한국일보』, 2017년 6월 30일.

제8장

1 정재호, 「탁현민 이번엔 '성매매 찬양' 논란…"동방예의지국의 아름다운 풍경"」, 『한국
일보』, 2017년 7월 4일; 한승곤, 「탁현민 "터키탕, 안마시술소…동방예의지국 풍경, 칭
찬하지 않을 수 없어" 성매매 찬양 논란」, 『아시아경제』, 2017년 7월 5일.

2 박길자, 「야당의 때늦은 색깔론 공세에 여당 "젠더 전문가" 엄호」, 『여성신문』, 2017년 7
월 4일.

3 윤조원, 「민주주의와 성평등」, 『경향신문』, 2017년 7월 7일.

4 하준호, 「여성단체들 "페미니스트 대통령 되려면 탁현민 즉각 경질해야"」, 『중앙일보』,
2017년 7월 8일.

5 정희진, 「문재인 정부의 발목을 잡는 '남자들'」, 『경향신문』, 2017년 7월 10일.

6 윤지영, 「미투라는 혁명의 해일–페미니즘 프리즘으로 강간 문화 해부하기」, 『새한영어
영문학회 학술발표회 논문집』, 2018년 5월, 108쪽.

7 윤형준, 「이혜훈 "文 대통령 오찬서 탁현민 해임 건의했다"…文 대통령, 입장은 안 밝
혀」, 『조선일보』, 2017년 7월 19일.

8 손제민, 「'잡스 스타일' 100대 과제 발표 행사 기획자는 탁현민」, 『경향신문』, 2017년 7

월 20일.

9 정희진, 「[정희진의 어떤 메모] 탁현민」, 『한겨레』, 2017년 7월 22일.

10 박수지, 「페미니즘 교지 몰래 버리고, 대자보 찢고…대학가 '여혐' 기승」, 『한겨레』, 2017년 7월 24일; 나영, 「모순과 혐오를 넘어 페미니즘 정치를 향하여」, 『황해문화』, 97호 (2017년 12월), 108~109쪽.

11 박소영, 「왁싱샵 살인사건, "여혐 콘텐츠가 여성 살해 불렀다"」, 『한국일보』, 2017년 8월 2일.

12 차현아, 「'여성 혐오 근절' 외친 그들은 왜 마스크를 벗지 못했을까」, 『미디어오늘』, 2017년 8월 6일.

13 이세아, 「남성 연대라는 권력」, 『여성신문』, 2017년 8월 8일.

14 이세아, 「남성 연대라는 권력」, 『여성신문』, 2017년 8월 8일.

15 이민재, 「"메갈 BJ(갓건배) 죽이러 간다"던 男 BJ 경찰에 체포돼 범칙금 5만 원」, 『국제신문』, 2017년 8월 10일; 박소영, 「페미니즘 열풍에 '반격'도 컸던 한 해 지나고…2018년 은?」, 『한국일보』, 2018년 1월 6일; 손희정, 「한국어판 해제: 역사가 된 기록, 그러나 여전히 새로운 페미니즘 선언」, 수전 팔루디(Susan Faludi), 황성원 옮김, 『백래시: 누가 페미니즘을 두려워하는가?』(아르테, 1991/2017), 8쪽; 김은혜, 「내가 아들이었으면 교대에 보냈겠어?」, 초등성평등연구회, 『학교에 페미니즘을』(마티, 2018), 18쪽; 서민, 「한국 남성이 본 한국 남성」, 정희진 외, 『지금 여기의 페미니즘 X 민주주의』(교유서가, 2018), 45쪽.

16 한영혜, 「웹툰 작가를 '한남충'이라 지칭한 대학원생에 벌금형 선고」, 『중앙일보』, 2017년 7월 17일.

17 이라영, 「이슬람국가(IS)보다 페미니스트가 더 위험하다고?」, 『프레시안』, 2017년 12월 14일.

18 이옥진, 「'여성 비하' 탁현민 경질 꺼냈다가…오히려 경질 압박받는 여성부 장관」, 『조선일보』, 2017년 8월 31일.

19 김시운, 「[탁현민 논란 설명서 2] 언론 속 탁현민과 문재인 대통령의 대응」, 『오마이뉴스』, 2017년 8월 25일.

20 김시운, 「[탁현민 논란 설명서 4] 진보에 의해 밀려나는 페미니즘」, 『오마이뉴스』, 2017년 8월 25일.

21 정희진, 「'베스트 청원'이라는 슬픈 광기」, 『경향신문』, 2017년 9월 4일.

22 손희정 외, 「손희정 『페미니즘 리부트: 혐오의 시대를 뚫고 나온 목소리들』(나무연필, 2017)」, 『문화과학』, 92호(2017년 12월), 235쪽.

23 강성원, 「"남자 기자·취재원만 있던 술자리, 나는 '꽃순이'였다"」, 『미디어오늘』, 2017년 8월 20일.

24 신경숙, 「"#미투" 운동과 페미니스트 담론」, 『새한영어영문학회 학술발표회 논문집』, 2018년 5월, 79~81쪽; 박승희, 「[미투 혁명] 외침은 10년 전 시작…미투 운동 타임라

인』, 『뉴스1』, 2018년 3월 8일.

25 임진희, 「'올해의 인물' 미투 운동자들, 하비 와인스타인의 성폭행 폭로 보니? '안젤리나 졸리도…'」, 『뉴스인사이드』, 2017년 12월 7일; 이경희, 「룸살롱의 기억」, 『중앙일보』, 2017년 10월 28일.

26 이진욱, 「'미투' 대하는 한·미 온도차…"일제 잔재"」, 『CBS노컷뉴스』, 2018년 3월 5일.

27 이진선, 「"애호박으로 맞아봤음?" 유아인, 트위터리안과 '설전' 벌인 이유」, 『스포츠경향』, 2017년 11월 18일; 강푸름, 「자칭 '페미니스트' 유아인 씨, 당신이 '페미니즘 감별사'인가요?」, 『여성신문』, 2017년 11월 27일.

28 「"페미니스트인 척하는 메갈짓 그만" 유아인, '브이' 사진 게재」, 『경인일보』, 2017년 11월 25일; 강푸름, 「자칭 '페미니스트' 유아인 씨, 당신이 '페미니즘 감별사'인가요?」, 『여성신문』, 2017년 11월 27일.

29 강푸름, 「자칭 '페미니스트' 유아인 씨, 당신이 '페미니즘 감별사'인가요?」, 『여성신문』, 2017년 11월 27일.

30 차유진, 「유아인 "나는 '페미니스트' 아닌 '조직폭력배'와 싸우고 있다"」, 『한국일보』, 2017년 11월 28일.

31 강푸름, 「자칭 '페미니스트' 유아인 씨, 당신이 '페미니즘 감별사'인가요?」, 『여성신문』, 2017년 11월 27일.

32 권미현, 「'애호박' 유아인 씨, 전 '폭도'인가요 '진정한 여성'인가요?」, 『오마이뉴스』, 2017년 11월 29일.

33 최민우, 「유아인을 보며 언론을 돌아본다」, 『중앙일보』, 2017년 12월 1일.

34 위근우, 「'페미니스트' 자처한 그대가 '남초'들의 지지를 받는 건 왜일까요?」, 『경향신문』, 2017년 12월 2일.

35 신필규, 「제대로 사과한 김윤석…유아인과 김희철은 왜 달랐을까」, 『오마이뉴스』, 2017년 12월 27일.

36 이헌일, 「서울시 여성 10명 중 9명 데이트 폭력 경험…6명 아무 조치 안 해」, 『뉴스1』, 2018년 1월 30일.

37 손희정, 「한국어판 해제: 역사가 된 기록, 그러나 여전히 새로운 페미니즘 선언」, 수전 팔루디(Susan Faludi), 황성원 옮김, 『백래시: 누가 페미니즘을 두려워하는가?』(아르테, 1991/2017), 9~10쪽.

38 수전 팔루디(Susan Faludi), 황성원 옮김, 『백래시: 누가 페미니즘을 두려워하는가?』(아르테, 1991/2017), 45, 48~49쪽.

39 수전 팔루디(Susan Faludi), 황성원 옮김, 「15주년 기념판 서문」, 『백래시: 누가 페미니즘을 두려워하는가?』(아르테, 1991/2017), 27~30쪽.

40 손희정, 「한국어판 해제: 역사가 된 기록, 그러나 여전히 새로운 페미니즘 선언」, 수전 팔루디(Susan Faludi), 황성원 옮김, 『백래시: 누가 페미니즘을 두려워하는가?』(아르테, 1991/2017), 16~17쪽.

제9장

1 박주연, 「여성들이여, 세상을 바꿀 시간이 되었다」, 『일다』, 2018년 1월 7일.

2 윤지영, 「미투라는 혁명의 해일—페미니즘 프리즘으로 강간 문화 해부하기」, 『새한영어영문학회 학술발표회 논문집』, 2018년 5월, 106쪽.

3 김양진, 「현직 검사의 '#미투'…"법무부 간부에 성추행 당했다"」, 『한겨레』, 2018년 1월 30일; 「[사설] 어느 현직 여검사의 #미투가 말하는 것」, 『한겨레』, 2018년 1월 30일; 하성태, 「서지현 검사의 충격적인 고발 글, 손석희의 인상적인 위로」, 『오마이뉴스』, 2018년 1월 31일; 윤호진·정진우·박사라, 「러브 샷 회식, '따로 보자' 문자…검찰 망신 자초한 마초 문화」, 『중앙일보』, 2018년 2월 1일.

4 김영민·정진우, 「"그놈 때문에 아이도 유산" 성추행 여검사 분노의 일기」, 『중앙일보』, 2018년 1월 30일; 하성태, 「서지현 검사의 충격적인 고발 글, 손석희의 인상적인 위로」, 『오마이뉴스』, 2018년 1월 31일.

5 김윤정·유지영, 「"미투 제대로 이해 못 하니 '음모론'…남자들도 공부해야"」, 『오마이뉴스』, 2018년 4월 19일.

6 하성태, 「서지현 검사의 충격적인 고발 글, 손석희의 인상적인 위로」, 『오마이뉴스』, 2018년 1월 31일.

7 하성태, 「서지현 검사의 충격적인 고발 글, 손석희의 인상적인 위로」, 『오마이뉴스』, 2018년 1월 31일.

8 구정은, 「내가 못 배운 페미니즘」, 『경향신문』, 2018년 2월 7일.

9 장수경, 「"미투 지겹다" "미쓰리"…성폭력 피해 도 넘은 조롱」, 『한겨레』, 2018년 2월 7일.

10 「[사설] 약자의 '말할 자유' 위해 명예훼손죄 고치자」, 『경향신문』, 2018년 2월 5일.

11 김동호, 「류근, 최영미 'En 폭로'에 "고은 성추행 문제 드디어 드러났다"」, 『뉴스웍스』, 2018년 2월 7일.

12 박창욱·권영미, 「문단 '미투' 최영미에 "방조자 반성" vs "코스프레" 갑론을박」, 『뉴스1』, 2018년 2월 7일.

13 신진호, 「이승철 시인, 최영미 시인 '미투'에 "피해자 코스프레 남발"…'2차 가해' 논란」, 『서울신문』, 2018년 2월 7일.

14 곽상은, 「[취재파일] 고은 시인의 추문을 취재하고도 기사화하지 못했던 사연」, 『SBS』, 2018년 2월 17일.

15 신율, 「신율의 출발 새아침: 여성연극협회 "비대위 결성, 제2의 이윤택 드러낼 것"」, 『YTN라디오』, 2018년 2월 21일.

16 안예랑, 「[2018 #MeToo] '미투 운동'에 불 지핀 이윤택의 '관습'」, 『시크뉴스』, 2018년 2월 20일.

17 윤지영, 「미투라는 혁명의 해일—페미니즘 프리즘으로 강간 문화 해부하기」, 『새한영어영문학회 학술발표회 논문집』, 2018년 5월, 115쪽.

18 하나영, 「이윤택 구속 영장 신청, "상습·강제 추행 혐의"…약 62건 '충격'」, 『조선일보』, 2018년 3월 21일; 홍해인, 「극단원 상습 성추행' 이윤택 측 "추행 아닌 독특한 연기지도"」, 『연합뉴스』, 2018년 5월 9일.

19 「김어준 "미투, 공작의 관점서 보면"…금태섭 "진보 성폭력 감춰야 하나?"」, 『서울신문』, 2018년 2월 25일.

20 하준호, 「김어준 "미투, 문 정부 지지자들 분열에 이용"… 금태섭 "진보 성범죄는 감춰도 되나"」, 『중앙일보』, 2018년 2월 26일.

21 「[사설] #미투를 이용 말라」, 『한겨레』, 2018년 2월 27일.

22 현영복, 「국민 88.6% 미투 운동 지지…"용기 있는 행동 격려"」, 『연합뉴스』, 2018년 2월 27일.

23 이동연, 「그들의 꿈을 짓밟지 마세요」, 『경향신문』, 2018년 3월 2일.

24 한지혜, 「'그들만의 대의'가 더 두렵다」, 『경향신문』, 2018년 3월 7일.

25 「[사설] #미투는 일터와 일상의 민주주의를 요구한다」, 『한겨레』, 2018년 3월 2일.

26 「"너희의 시대는 갔다"…여성단체 성명」, 『코리아헤럴드』, 2018년 3월 6일.

27 조예리, 「[Who Is?] 손석희 JTBC 보도부문 사장」, 『비즈니스포스트』, 2018년 4월 3일.

28 조한대, 「안희정 "괘념치 말거라"…이 정도는 괜찮다는 권력자 착각」, 『중앙일보』, 2018년 3월 9일.

29 이재성, 「촛불 이후의 촛불, 미투」, 『한겨레』, 2018년 3월 12일.

30 이나영, 「미투는 '제2의 민주화 운동'」, 『중앙일보』, 2018년 3월 10일.

31 김선엽·구본우, 「여직원에 말 안 섞고 톡으로 지시…미투 이후 또다른 차별」, 『조선일보』, 2018년 3월 7일.

32 윤지영, 「미투라는 혁명의 해일—페미니즘 프리즘으로 강간 문화 해부하기」, 『새한영어영문학회 학술발표회 논문집』, 2018년 5월, 118쪽.

33 「PD수첩, 김기덕, 조재현 민낯…김기덕, 너 ○○색갈이 뭐냐? 2대 1 섹스까지 강요!」, 『경남매일』, 2018년 4월 30일.

34 김소연, 「조성현 PD "김기덕 고소? 예상하고 증거 남겨놨다"」, 『매일경제』, 2018년 6월 5일.

35 서어리, 「"나는 정봉주 전 의원에게 성추행 당했다": 현직 기자 폭로 "껴안고 강제로 키스 시도"…정봉주 "답할 이유 없다"」, 『프레시안』, 2018년 3월 7일.

36 오경묵, 「김어준 "안희정에 봉도사까지…'미투 공작 세력' 분명히 있다"」, 『조선일보』, 2018년 3월 11일.

37 김은중, 「학교 떠나겠다던 '미투' 교수, 잠잠해지자 막후에서 여론戰」, 『조선일보』, 2018년 5월 19일.

38 박현정, 「가해자 사라진 청주대 '미투'…"피해자들 2차 가해 시달려"」, 『한겨레』, 2018년 5월 29일; 배문규, 「[미투 이후] "유가족에게 빌어라" 악플, 공격, 2차 피해 시달리는 여성들」, 『경향신문』, 2018년 5월 30일.

39 정은혜, 「"민병두 아들입니다" 뉴스타파 기사에 올라온 댓글」, 『중앙일보』, 2018년 3월 11일.

40 「[사설] '미투' 소나기 지나자 두 달 만에 사퇴 쇼 접은 의원」, 『조선일보』, 2018년 5월 7일; 김은중, 「학교 떠나겠다던 '미투' 교수, 잠잠해지자 막후에서 여론戰」, 『조선일보』, 2018년 5월 19일.

41 김지헌, 「조기숙 "여성들 용기 있는 폭로가 사이비 미투에 오염"」, 『연합뉴스』, 2018년 3월 12일.

42 진중권, 「정봉주 '미투' 사건의 재구성」, 『오마이뉴스』, 2018년 4월 2일.

43 한동희, 「"불리하니 사과하라" 정봉주의 '법률 자문'에 법조계 "오히려 유죄 증거"」, 『조선닷컴』, 2018년 3월 14일.

44 주은정, 「'과연 어디까지 미투로 봐야 하는가' 최민희 전 의원이 소개한 '#미투'의 기준」, 『아주경제』, 2018년 3월 14일.

45 손석희, 「[앵커 브리핑] 세상은 '각하'를 잊지 않았다」, 『JTBC』, 2018년 3월 13일.

46 진중권, 「정봉주 '미투' 사건의 재구성」, 『오마이뉴스』, 2018년 4월 2일.

47 김성욱, 「금태섭 "김어준 발언 이해 불가, '각하가 사라진다'라니"」, 『오마이뉴스』, 2018년 3월 14일.

48 신승근, 「미투를 가로막는 꼼수들」, 『한겨레』, 2018년 3월 15일.

49 정지용, 「정봉주, 민병두 두고…조기숙 '미투' 글에 전여옥 날선 반박」, 『국민일보』, 2018년 3월 15일.

제10장

1 조은정, 「하일지 "안희정 결혼해준 댔으면 안 그랬을 것"」, 『CBS노컷뉴스』, 2018년 3월 15일; 백민경, 「하일지 대학 강의서 "이혼녀는 처녀와 달라"…미투 피해자 조롱」, 『중앙일보』, 2018년 3월 17일.

2 임재우, 「하일지 "미투 이름으로 비이성적 공격…강단 떠난다"」, 『한겨레』, 2018년 3월 19일.

3 이경희, 「그건 당신의 윤리관이야」, 『중앙일보』, 2018년 3월 23일.

4 이재덕·김찬호, 「"미투 폄훼 말라"…시민단체가 보호막 친다」, 『경향신문』, 2018년 3월 16일.

5 박권일, 「나쁜 신호」, 『한겨레』, 2018년 3월 16일.

6 양성희, 「미투 감별법과 펜스 룰」, 『중앙선데이』, 2018년 3월 17일.

7 이재호, 「아이린 '82년생 김지영' 독서 인증에 사진 불태운 누리꾼들」, 『한겨레』, 2018년 3월 20일; 위근우, 「아이린에 분노하는 한국 남성들」, 『경향신문』, 2018년 3월 24일.

8 위근우, 「아이린에 분노하는 한국 남성들」, 『경향신문』, 2018년 3월 24일.

9 지승연, 「[이번 주 이 책] 레드벨벳 아이린 언급에 판매 급증한 '82년생 김지영'」, 『천지일보』, 2018년 3월 25일; 한기호, 「'죽음의 수용소' 같은 세상을 벗어나는 법」, 『경향신문』, 2018년 3월 27일; 김향미, 「'82년생 김지영' 베스트셀러 1위로 역주행」, 『경향신문』, 2018년 3월 29일.

10 이승한, 「그것은 '페미니스트 논란'이 아니라 '사이버 불링'이었다」, 『한겨레』, 2018년 3월 24일.

11 신지수, 「"여자라 태어나지도 못했는데…" '90년생 김지훈'이라니요」, 『오마이뉴스』, 2018년 3월 27일; 이상윤, 『82년생 김지영 그리고 74년생 유시민』(리얼뉴스출판사, 2018), 9쪽.

12 정상혁, 「여자만 힘든가요? 남자에게도 잔인한 세상」, 『조선일보』, 2018년 3월 28일.

13 현혜란 · 김예나 · 이효석, 「'90년생 김지훈' 등장…男女 대결로 몰아가는 '유투 운동'」, 『연합뉴스』, 2018년 3월 25일.

14 성현석, 「'미투'도 오빠 허락 받으라고?」, 『프레시안』, 2018년 3월 23일; 최규진 · 권유진 · 정진호, 「지울 수 없는 그때 그 일, 2018분 동안 쏟아내다」, 『중앙일보』, 2018년 3월 23일.

15 김민정, 「미투, 한국 사회의 새 규범을 세우는 과정」, 『경향신문』, 2018년 4월 9일.

16 이재덕, 「게임업계, 만연한 '페미니즘 사상 검증'」, 『경향신문』, 2018년 3월 28일.

17 김동운, 「'신의 한수' 온라인 게임 소울워커, 유저 유입 '700%' 상승의 이유는」, 『국민일보』, 2018년 4월 1일.

18 박가분, 「서브컬쳐계의 '메갈 보이콧' 운동이 나아가야 할 방향」, 『리얼뉴스』, 2018년 3월 28일.

19 도우리, 「'반(反)메갈'은 돈이 된다고? 페미니즘 사상 검증, 보이콧인가 갑질인가」, 『미디어스』, 2018년 3월 30일.

20 진중권, 「나도 메갈인데 나는 왜 무사한가?」, 『오마이뉴스』, 2018년 3월 30일.

21 김태규, 「정봉주 "당일 렉싱턴 호텔 결제 확인…거취 밝히겠다"」, 『한겨레』, 2018년 3월 28일.

22 김지훈, 「정봉주, 김어준, 사과하라」, 『한겨레』, 2018년 4월 2일.

23 「[사설] 2차 가해, 거짓말…피해자 두 번 울린 정치인의 몰락」, 『중앙일보』, 2018년 3월 29일.

24 「[사설] 정봉주 전 의원의 '거짓말'이 남긴 것」, 『한겨레』, 2018년 3월 29일.

25 김지훈, 「정봉주, 김어준, 사과하라」, 『한겨레』, 2018년 4월 2일.

26 홍세화, 「진보의 경박성에 관해」, 『한겨레』, 2010년 10월 11일.

27 진중권, 「정봉주 '미투' 사건의 재구성」, 『오마이뉴스』, 2018년 4월 2일.

28 김종목, 「인상주의에서 음모론까지…'서양미술사' 완간 진중권 인터뷰」, 『경향신문』, 2018년 4월 24일.

29 고한솔, 「"방 빼"…'성추행 의혹' 이화여대 교수실 벽 가득 채운 쪽지」, 『한겨레』, 2018년

3월 23일; 황금비 · 최민영, 「"행동하면 바뀐다"…대학가 번지는 '미투 춘투'」, 『한겨레』, 2018년 3월 31일.

30 홍상지 · 여성국 · 김정연, 「용기를 만들어준 미투…인권위 성범죄 상담 올 33% 증가」, 『중앙일보』, 2018년 4월 5일.

31 여성국 · 김정연, 「인권위 "예전엔 징계 권고하면 불복…요샌 자료 요청만 해도 징계"」, 『중앙일보』, 2018년 4월 5일.

32 홍상지 · 여성국 · 김정연, 「용기를 만들어준 미투…인권위 성범죄 상담 올 33% 증가」, 『중앙일보』, 2018년 4월 5일.

33 박준용, 「"하루 짜깁기 기사50건…클릭 수 노려 미투 2차 가해」, 『한겨레』, 2018년 4월 4일.

34 박준용, 「과잉 취재 경쟁에 인권의식은 뒷전」, 『한겨레』, 2018년 4월 4일.

35 김한주 · 박다솔 · 윤지연, 「미투가 부숴야 할 6가지 백래시 유형」, 『참세상』, 2018년 4월 5일.

36 이세아, 「페미니즘이 불편한 남성들, 미투 운동에 반기 들다」, 『여성신문』, 2018년 4월 9일.

37 홍상지 · 여성국 · 김정연, 「"쟤는 왜 혼자 오버야" 방관자들 공격이 최악의 2차 피해」, 『중앙일보』, 2018년 4월 9일.

38 김윤정 · 유지영, 「"취업하려면 쇄골 보여줘야…" 방송국에 만연한 성폭력」, 『오마이뉴스』, 2018년 4월 8일.

39 선명수, 「시사토크 프로 진행자 10명 중 여성은 1명뿐」, 『경향신문』, 2018년 5월 2일.

40 유지영 · 김윤정, 「권김현영 "미투 피해자들의 폭로, 경이롭지만 두렵다"」, 『오마이뉴스』, 2018년 4월 30일.

제11장

1 심동준, 「"안희정 미투 피해자 2차 피해 받아" 대책위 주장」, 『뉴시스』, 2018년 4월 18일.

2 김윤정 · 유지영, 「"미투 제대로 이해 못하니 '음모론'…남자들도 공부해야"」, 『오마이뉴스』, 2018년 4월 19일.

3 한국여성민우회, 「페미니즘 옷 입었다고 교무실 불려가고, 해고당한 여성들」, 『오마이뉴스』, 2018년 5월 8일.

4 현소은, 「법무 · 검찰 여직원 62% "성희롱 · 성폭력 경험"」, 『한겨레』, 2018년 5월 18일; 박사라, 「권인숙 "여성 검사 70% 성적 피해당하는 사회…미래 있나"」, 『중앙일보』, 2018년 6월 14일; 안희, 「서지현 측 "조사단, 2차 피해 처벌 요청 묵살…수사 의지 없어"」, 『연합뉴스』, 2018년 4월 26일.

5 고상민 · 차지연, 「서지현 "조사단, 애초 수사 의지 없어…개인적 한풀이 아니야"」, 『연

합뉴스』, 2018년 5월 1일; 정은혜, 「서지현 "박창진 동료들, 땅콩 회항 당시 허위 진술 했다더라 그래도…"」, 『중앙일보』, 2018년 5월 6일.

6 이지훈, 「홍대 男 누드모델 몰카 유출 경찰 수사」, 『동아일보』, 2018년 5월 7일; 오승 훈 · 남지은 · 박준용, 「엉뚱한 '홍대 누드모델 도촬' 기사 버젓이…'어뷰징' 판 까는 네 이버」, 『한겨레』, 2018년 5월 7일.

7 「워마드, 홍대 누드 크로키 피해자 희화화한 사생대회 개최, 2차 가해 논란…회원끼리 품평회까지」, 『부산일보』, 2018년 5월 8일.

8 송채경화, 「"'홍대 누드모델 사진 유출' 워마드는 페미니즘이 아니다"」, 『한겨레』, 2018 년 5월 8일.

9 도우리, 「워마드, 사이비 페미니즘」, 『미디어스』, 2018년 5월 11일.

10 권순완, 「홍대 男 모델 나체 사진 유포자 알고보니…말다툼에 앙심 품은 동료 여성 모 델 짓」, 『조선일보』, 2018년 5월 11일.

11 안소영, 「몰카 범죄 처벌에도 '性차별?' 청와대 청원 23만 돌파」, 『조선일보』, 2018년 5 월 13일; 유설희, 「홍대 누드모델 불법 촬영 이례적 신속 수사에도 와글, 왜?」, 『경향신 문』, 2018년 5월 14일; 「사설」 불법 촬영 · 유포에 피해자 보호와 신속한 수사를」, 『경향 신문』, 2018년 5월 16일; 「사설」 '홍대 몰카 수사' 논란이 뜻하는 것」, 『한겨레』, 2018년 5월 16일; 이은의, 「몰카 사건은 여성들의 누적된 박탈감을 건드렸다」, 『중앙일보』, 2018 년 5월 23일.

12 송채경화, 「"'홍대 누드모델 사진 유출' 워마드는 페미니즘이 아니다"」, 『한겨레』, 2018 년 5월 8일.

13 도우리, 「워마드, 사이비 페미니즘」, 『미디어스』, 2018년 5월 11일.

14 정나라, 「비판적 개인들의 액체적 연대를 꿈꾸다」, 김익명 외, 『근본 없는 페미니즘: 메 갈리아부터 워마드까지』(이프북스, 2018), 200쪽.

15 「사설」 내부 성폭력 만연하지만 처벌은 못한다는 국회」, 『경향신문』, 2018년 5월 4일.

16 임재우, 「교복 들추고 만지고…고교생 10명 중 3명 "선생님이 성희롱"」, 『한겨레』, 2018 년 5월 4일.

17 「사설」 "성폭력 신고 말라"는 2차 피해자 여군의 기막힌 증언」, 『경향신문』, 2018년 5월 9일.

18 이재덕, 「"페미니스트라는 이유로…게임계에서 일감도 안 줘"」, 『경향신문』, 2018년 5월 8일.

19 양성희, 「단지 페미니스트라는 이유로…」, 『중앙선데이』, 2018년 5월 12일.

20 유설희, 「"여자들은 강간당하는 걸 좋아해" 노원구 여고 졸업생 20여 명 추가 폭로…잇 따른 '스쿨 미투' 해법은?」, 『경향신문』, 2018년 5월 18일.

21 김찬호, 「"성폭력 교수 파면해주세요" 스승의 날 분노 터뜨린 제자들」, 『경향신문』, 2018년 5월 16일.

22 정희진, 「이것이 반격일까」, 『경향신문』, 2018년 5월 16일.

23 이재덕 · 이유진, 「빗속 흰 우의 입고 강남역 모인 여성들 "여전한 혐오…세상 바꾸러 나왔다"」, 『경향신문』, 2018년 5월 18일.

24 김은중, 「학교 떠나겠다던 '미투' 교수, 잠잠해지자 막후에서 여론戰」, 『조선일보』, 2018년 5월 19일.

25 진명선, 「대학 교수의 성폭력은 어떻게 무마되는가」, 『한겨레21』, 2018년 5월 14일.

26 조중의, 「[논평] '홍대 몰카 사건' 국민청원에 34만여 명이 지지한 이유」, 『CBS노컷뉴스』, 2018년 5월 15일.

27 조중의, 「[논평] '홍대 몰카 사건' 국민청원에 34만여 명이 지지한 이유」, 『CBS노컷뉴스』, 2018년 5월 15일.

28 장수경 · 박현정 · 정환봉, 「'소라넷 폐쇄 17년, 홍대 검거 7일' 혜화역 메운 분노」, 『한겨레』, 2018년 5월 21일; 홍상지, 「[취재일기] 1만여 명 여성들이 거리로 나간 이유」, 『중앙일보』, 2018년 5월 21일.

29 박수진, 「혜화역 '붉은 시위' 여성들 "촛불시위 땐 다 응원해줬는데…"」, 『한겨레』, 2018년 5월 21일.

맺는말

1 김신명숙, 「페미니즘, 내가 사랑하는 방식」, 강홍구 외, 『그 삶이 내게 왔다: 나만의 길을 찾은 17인의 청춘 에세이』(인물과사상사, 2009), 241쪽.

2 이태희, 「당신 80년대에 뭐 했어?」, 『한겨레』, 2015년 8월 1일.

3 하지율, 「진보 좌파는 비빌 언덕을 제공 못한다」, 『오마이뉴스』, 2015년 10월 10일.

4 노정태, 「어디서 가르치려 들어?」, 『GQ』, 2017년 3월 6일.

5 강준만, 「왜 '도덕적 우월감'을 갖는 사람들이 부도덕해지기 쉬울까?: 도덕적 면허 효과」, 『월간 인물과사상』, 2017년 6월, 40~45쪽.

6 다음 글에 달린 댓글이다. 정희진, 「[정희진의 어떤 메모] 탁현민」, 『한겨레』, 2017년 7월 22일.

7 윤지연, 「"약자를 공격하는 사이비 진보, 그들의 파시즘과 싸우겠다"」, 『참세상』, 2018년 5월 4일.

8 박권일, 「그 포스터에 광분한 이유」, 『한겨레』, 2018년 6월 8일.

9 벨 훅스(bell hooks), 이경아 옮김, 『모두를 위한 페미니즘』(문학동네, 2015/2017), 25쪽.

10 벨 훅스(bell hooks), 이경아 옮김, 『모두를 위한 페미니즘』(문학동네, 2015/2017), 45쪽.

11 Todd Gitlin, 『The Whole World Is Watching: Mass Media in the Making and Unmaking of the New Le』(Berkeley: University of California Press, 1980), pp.25~31.

오빠가 허락한 페미니즘
ⓒ 강준만, 2018

초판 1쇄 2018년 8월 16일 펴냄
초판 3쇄 2020년 6월 30일 펴냄

지은이 | 강준만
펴낸이 | 강준우
기획 · 편집 | 박상문, 박효주, 김환표
디자인 | 최진영, 홍성권
마케팅 | 이태준
관리 | 최수향
인쇄 · 제본 | (주)삼신문화

펴낸곳 | 인물과사상사
출판등록 | 제17-204호 1998년 3월 11일

주소 | 04037 서울시 마포구 양화로7길 4(서교동) 2층
전화 | 02-325-6364
팩스 | 02-474-1413

www.inmul.co.kr | insa@inmul.co.kr

ISBN 978-89-5906-505-9 03300

값 17,000원

이 도서의 국립중앙도서관 출판예정도서목록(CIP)은 서지정보유통지원시스템 홈페이지
(http://seoji.nl.go.kr)와 국가자료공동목록시스템(http://www.nl.go.kr/kolisnet)에서
이용하실 수 있습니다. (CIP제어번호: CIP2018024116)